Karl Kertelge
Grundthemen paulinischer Theologie

KARL KERTELGE

Grundthemen paulinischer Theologie

Herder
Freiburg · Basel · Wien

CIP-Titelaufnahme der Deutschen Bibliothek

Kertelge, Karl: Grundthemen paulinischer Theologie / Karl Kertelge. –
Freiburg im Breisgau; Basel; Wien: Herder, 1991
ISBN 3-451-22188-8

© Verlag Herder Freiburg im Breisgau 1991
Herstellung: Druckerei Werner Schaubruch, Bodenheim 1991
ISBN 3-451-22188-8

Inhalt

Einführung

Die Theologie des Apostels Paulus bildet einen unverzichtbaren Schwerpunkt jeder Darstellung der Theologie des Neuen Testaments. Für eine Theologie des Neuen Testaments ist der Glaube an Jesus Christus, wie er im frühen Christentum von den Jüngern Jesu und den ersten Bekennern dieses Glaubens zum Ausdruck gebracht wurde und sich in den neutestamentlichen Texten niedergeschlagen hat, grundlegend. Alle Autoren der Schriften des Neuen Testaments lassen daran keinen Zweifel. Als der älteste neutestamentliche Autor hat Paulus zu gelten. Ihm kommt daher die Autorität eines literarischen Primärzeugen zu. Mehr noch: er hat uns nicht nur die ältesten Textzeugnisse des frühchristlichen Glaubens überliefert, er ist selbst ein sehr engagierter Verkünder dieses Glaubens geworden, er hat den ihm schon überlieferten Christusglauben weiter reflektiert und ihm mit den ihm zu Gebote stehenden theologischen Möglichkeiten und Mitteln einen umfassenden neuen Ausdruck mit einer weitreichenden Wirkung gegeben. Schon die nachpaulinischen Schriften des Neuen Testaments, einschließlich der „deuteropaulinischen", sind von der Wirkung der Person und der Theologie des Paulus zumindest berührt; zu einem guten Teil haben sie das paulinische Erbe übernommen und in abgewandelter Form auf neue Fragen anzuwenden gesucht. Eine Theologie des Urchristentums wäre ohne Paulus nicht denkbar.

Wer sich als Exeget mit dem Neuen Testament von Berufs wegen zu befassen hat, wird daher an Paulus nicht vorbeikommen, so sehr er andererseits der Versuchung widerstehen muß, den Glauben und die Theologie des Urchristentums in Paulus sich erschöpfen zu lassen und ihn *schlechthin* zum Maßstab für alle anderen Theologien im Neuen Testament und darüber hinaus in der Geschichte des Christentums zu machen. Vielmehr: von Paulus haben alle, die sich mit den ihnen gegebenen Möglichkeiten und Mitteln theologisch um den überlieferten Glauben bemühen, zu lernen. Die Briefe des Apostels Paulus im Neuen Testament sind in der Tat eine hohe Schule der Theologie. Sie sind dies vor allem in ihrem Dialog-Charakter. Paulus schreibt an junge Christengemeinden, die mit dem soeben übernommenen Christusglauben auch einige Schwierigkeiten hatten. Hierfür sind etwa der 1. Thessalonicherbrief, die beiden Korintherbriefe und der Galaterbrief besonders eindrucksvolle Belege. Der Apostel geht auf seine Weise – mit den ihm gegebenen „Möglichkeiten" – auf die wechselnden Situationen und Anfragen ein. So erlangen seine Briefe und seine Theologie einen fundamental *pastoralen* Grundzug. In seiner Theologie sind auf besondere Weise der überlieferte Glaube und die Erfordernisse der „Praxis" miteinander vermittelt. Paulus selbst steht in der Praxis der missionarischen Verkündigung des Evangeliums und ist so in einem guten Sinne Theologe aus „praktischer Notwendigkeit".

Paulus ist so auch ein hilfreicher und wichtiger Gesprächspartner für alle, die *heute* Theologie treiben und dies nicht nur aus der Perspektive des Schreibtisches tun wollen. So hat es der Autor dieses Bandes für seine Person erfahren können. Daß ich mich in meiner exegetischen Forschungsarbeit besonders mit Paulus und seiner Theologie befaßt habe und immer noch befasse, hat seinen Grund gewiß zuerst in den exegetisch-theologischen Herausforderungen und Fragestellungen, die die paulinischen Schriften des Neuen Testaments selbst darstellen. Um diese zu entdecken, dazu bedurfte es einer *äußeren* Veranlassung, die sich zum Teil auch biographisch festmachen läßt.

Meine erste Beschäftigung mit Paulus geht auf eine Anregung meines ersten exegetischen Lehrers, Professor Max Meinertz, zurück; er stellte mir in meinem Theologiestudium in Münster für die „Diplomarbeit" (damals die theologische Hausarbeit zum Introitusexamen) das Thema: Das Gesetz bei Paulus. (Mit einer Dissertation zum gleichen Thema hatte einige Jahre zuvor Peter Bläser bei Meinertz promoviert, veröffentlicht in den Neutestamentlichen Abhandlungen [NTA], 1941. Auf sie sollte und konnte ich mich stützen.) Auch wenn meine Arbeit (1949) deutlich die Gestalt einer studentischen Anfängerarbeit hatte, so habe ich hierbei doch viel Elementares und Grundlegendes zu Paulus und seiner Theologie gelernt. Entscheidende Anregungen hierzu erhielt ich in den beiden Externen-Semestern, die ich 1948 bis 49 an der Universität München verbrachte. Dort lernte ich den Neutestamentler Friedrich-Wilhelm Maier kennen, dessen Römerbrief-Vorlesung mich stark beeindruckte. Einen zweiten Anstoß zum Paulus-Studium, und wohl den entscheidenden, erhielt ich von Professor Josef Gewieß, Nachfolger von Meinertz in Münster, der mich nach Jahren der praktischen Tätigkeit als Religionslehrer und Seelsorger zum Promotionsstudium anregte und mir das Thema vorschlug, unter dem ich 1964 an der Katholisch-Theologischen Fakultät der Universität Münster meine Dissertation vorlegen konnte: ‚Rechtfertigung' bei Paulus, gedruckt als Band 3 der NTA, Neue Folge, 1967. (Josef Gewieß starb im Herbst 1962 infolge eines Unfalls; als Lehrer war er sehr geschätzt von seinen Studenten. Erfreulicherweise übernahm Joachim Gnilka die Betreuung der Arbeit, der zuerst als Professor für Biblische Zeitgeschichte und Biblische Hilfswissenschaften, dann ab 1963 für Exegese des Neuen Testaments in Münster tätig war.)

Das Thema „Rechtfertigung bei Paulus" hat mich danach in meiner exegetischen Arbeit nicht mehr losgelassen. Es kamen ergänzende theologische Aspekte und Teilthemen hinzu, die ich aus verschiedenen Anlässen bearbeitet habe, ein gut Stück auch herausgewachsen aus meiner akademischen Lehrtätigkeit in Trier (1968-1976) und in Münster. So entstand eine Reihe exegetischer Beiträge zu verschiedenen Fragen und Textzusammenhängen aus den Briefen des Apostels Paulus, deren Zusammenordnung so etwas wie ein Spektrum von *Grundthemen paulinischer Theologie* ergibt. Sie wurden für den Zweck dieses Bandes unverändert übernommen[1] und nach thematischen Schwerpunkten neu geordnet. Ein erster Teil befaßt sich mit Themen der Berufung des Paulus zum Apostolat (die ersten vier Beiträge). Ein zweiter Teil umfaßt, beginnend mit der Deutung des Todes Jesu, Themen der Christus- und Heilsverkündigung, zu der vor allem auch das Rechtfertigungsthema in seinen verschiedenen Aspekten zu zählen ist. In einem dritten Teil werden Themen der paulinischen Anthropologie und Ethik zusammengefaßt, dem abschließend ein Beitrag zur Ekklesiologie, näherhin zum Amtsverständnis des Paulus, folgt.

Mit dieser Zusammenstellung von Einzelaspekten ist die Theologie des Apostels Paulus keineswegs erschöpfend dargestellt. Sie bilden in dieser Zusammenordnung auch noch keine theologische Systematik (wenn es so etwas in sachgerechter Form für Paulus überhaupt geben kann). Es soll vielmehr versucht werden, in den verschiedenen Einzelaspekten immer auch das *Ganze* der paulinischen Theologie aufscheinen zu lassen und damit auch die in dieser Form vorgelegten „Teile" einem Ganzen zuzuordnen.

Um von dem *Ganzen* der paulinischen Theologie sprechen zu können, ergeben sich mir in einer Nachreflexion zu den vorliegenden Beiträgen etwa folgende Ausgangspunkte:

1. Um Paulus als Christ, „berufenem Apostel", missionarischem Verkündiger und Theologen gerecht werden zu können, ist sein geschichtlicher Ort im Urchristentum in den Blick zu nehmen. Er versteht sich selbst zwar als der „letzte" und „der geringste unter den Aposteln", aber seine Bedeutung für das Werk der Verkündigung des Evangeliums in der entscheidenden Anfangszeit des Urchristentums (30-60 nChr.) ist immens. Seine Verkündigung von Jesus Christus ist in einem guten Sinne gemein-urchristlich. Dies zeigt sich nicht zuletzt in den zahlreichen Übernahmen vorgegebener urchristlicher Glaubensverkündigung. Aber er entwickelt mit dem Evangelium von Jesus Christus, insbesondere in Auseinandersetzung mit dem torah-gebundenen Judenchristentum, eine betont heilsuniversale Perspektive des Glaubens. Dabei kommt ihm sein theologisches Charisma zugute und damit verbunden der geschulte, schriftgelehrte Umgang mit der Heiligen Schrift. Und darin ist er dem jüdischen Verständnis von Theologie als

---

[1] Die Seitenzählung der Erstveröffentlichung (vgl. die Nachweise am Schluß des Bandes) ist in eckiger Klammer beigefügt. Neu gesetzt sind die Beiträge auf Seite 11-24, und 62-91. Abdruck und Verwendung der Satzvorlagen mit freundlicher Genehmigung der Verlage.

Schrifttheologie verpflichtet. Darin verdankt christliche Theologie dem Apostel Paulus Entscheidendes.

2. Der hermeneutische Grund der paulinischen Schrifttheologie ist „Jesus Christus", die Begegnung mit ihm als dem auferweckten Gekreuzigten und das Bekenntnis zu ihm als dem erhöhten Kyrios. Von Jesus Christus her erschließt sich dem Apostel die Schrift; sie wird ihm zum Zeugnis der Verheißung auf Jesus Christus hin. So sehr er mit der gesamten urchristlichen Verkündigung an Jesus Christus als dem zentralen Inhalt des Evangeliums festhält, so sehr vermeidet er es, den Glauben zu einer ungeschichtlichen Religion nach Art der Gnosis werden zu lassen. Vielmehr sichert er ihm gerade im entschiedenen Rückgang auf die Verheißung an die Väter, besonders an Abraham in Gal 3 und Röm 4, den geschichtlich-heilsgeschichtlichen Tiefgang. Der Glaube an Jesus Christus erweist sich so als der von Gott selbst in der Heiligen Schrift „vor-gesehene" (Gal 3,8) tragende Grund für die Erlangung der Sündenvergebung und ein Leben „im Dienst der Gerechtigkeit" (Röm 6,19).

3. Die theologische Reflexion des Christuskerygmas führt bei Paulus schon aus den oben genannten Gründen nicht zu einer „Christo-Manie". Christus ist und bleibt auch als der erhöhte Kyrios der „Sohn", der schließlich „seine Herrschaft Gott, dem Vater, übergibt" (1 Kor 15,24). Und seine Herrschaft vollzieht sich über den Kosmos in der Gegenwart des „Heiligen Geistes, der uns gegeben worden ist" (Röm 5,5).

4. In die theologische Reflexion des Christusglaubens ist der Mensch in seinem Verhältnis zu Gott und zur Welt von vornherein einbezogen. Im Lichte dieses Glaubens erscheint der Mensch als der erlösungsbedürftige Sünder, verwiesen auf die durch Jesus Christus begründete und mitgeteilte Gnade der Erlösung, berufen und befähigt zu einem Leben im Geist. Die theologische „Anthropologie" des Paulus gewinnt damit in seiner Soteriologie und Ethik ihre eigentlichen Konturen.

5. Paulus entwickelt seine Theologie in Auseinandersetzung mit den situativen Herausforderungen, denen er sich in seinem Leben und apostolischen Wirken stellen muß. Er entwickelt sie damit als Verteidigung und Profilierung seiner Missionsverkündigung. Zugleich teilt sich seiner Theologie das (pastorale) „Gespräch" mit seinen Gemeinden mit. Theologie gewinnt so für Paulus, wenn auch nicht immer leicht erkennbar, die Züge eines kommunikativen Geschehens. Dies belegen in unterschiedlicher Deutlichkeit seine Briefe, die für uns die unmittelbaren Quellen seiner Theologie sind. In ihrer Unterschiedenheit und biographisch geschichtlichen Folge werden sie zu Zeugnissen eines theologischen Prozesses, der die Theologie des Paulus nicht von vornherein als ein fertiges System, wohl aber als eine spannungsvolle organische Einheit begreifen läßt.

Münster i. W., im Januar 1991   *Karl Kertelge*

Paulus

Die Berufung des Apostels und sein Werk

1. Berufung zum „Apostel der Heiden"

Anfang des 1. Jahrhunderts wurde Paulus als Sohn eines Diasporajuden in Tarsus, der Hauptstadt der römischen Provinz Kilikien in Kleinasien, geboren. Seiner Herkunft nach gehört er damit sowohl dem jüdischen als auch dem griechisch-römischen Lebenskreis an. Beide Bereiche haben ihn stark beeinflußt, wenngleich ihn die jüdische Gesetzesschule des Jerusalemer Rabbinats (Gamaliel, Apg 22,3) in seiner Jugend besonders geprägt hat (vgl. Phil 3,5; Gal 1,14).

Zur entscheidenden Lebenswende wurde für ihn die Begegnung mit dem auferstandenen Christus vor Damaskus (etwa 33 nChr.). Aus dem die Kirche verfolgenden „Saulus" (Apg 9,1; Gal 1,13) wird der engagierte Verkünder des Evangeliums: Paulus – der Apostel Jesu Christi. Autobiographisch kommt er Gal 1,15-16 auf die sein Leben verändernde Berufung zu sprechen: „Als es aber dem gefiel, der mich von meiner Mutter Schoß her ausgesondert und durch seine Gnade berufen hat, mir seinen Sohn zu offenbaren, damit ich ihn unter den Heiden verkündige ..." Mit deutlichem Anklang an die Berufungstopik der alttestamentlichen Propheten (Jer 1,4f) führt Paulus seine Berufung auf Gott selbst zurück. Wahrscheinlich nimmt er auch bewußt auf die Rolle des Gottesknechtes Bezug (freilich ohne Jes 53): „Es ist zu wenig, daß du mein Knecht bist, nur um die Stämme Jakobs wieder aufzurichten und die Verschonten Israels heimzuführen. Ich mache dich zum Licht für die Völker, damit mein Heil bis an das Ende der Erde reicht" (Jes 49,6). (Dieses Wort wird in Apg 13,47 durchaus sachgemäß auf die Sendung des Paulus und Barnabas angewandt). Paulus sieht in seiner Berufung Gottes Heilswillen am Werk, der über Israel hinaus auf die Völkerwelt gerichtet bleibt. Daher umfaßt die Gnade Gottes als seine berufende Gnade (1 Kor 15,10) auch das Wirken des Apostels, durch das Gottes Heil unter den Menschen verkündet und vermittelt wird.

Die Hauptsache, von der Paulus in Gal 1,15f sprechen will, ist die *Offenbarung,* die ihm von Gott zuteil geworden ist (die im Zusammenhang dieser Textstelle auch seine Distanz zu vorgegebenen menschlichen Autoritäten begründet). Gott hat sich dem „Eiferer" Paulus so einschneidend zuge-

wandt, daß er in Jesus den Sohn Gottes erkennt. Die entsprechende Kurz-
formulierung von V. 16 („seinen Sohn mir zu offenbaren") läßt keinen
Zweifel daran, daß diese Erkenntnis Gnade ist, also über die rationalen
Möglichkeiten des schlußfolgernden Denkens eines Schriftgelehrten hin-
ausgeht. Die Erkenntnis von Jesus als dem Sohn Gottes wird zum Inhalt seiner Verkündigung (Kim, Dietzfelbinger). Zwischen Offenbarung und Sendung ergibt sich so ein Begründungsverhältnis, durch das er sich gebun-
[370]den und in Pflicht genommen weiß: „Wenn ich das Evangelium verkünde, kann ich mich deswegen nicht rühmen, denn ein Zwang (ananke)
liegt auf mir" (1 Kor 9,16).

2. Missionsreisen

Als berufener Apostel war Paulus vorzugsweise missionarischer Verkünder
des Evangeliums, wenngleich seine apostolische Sendung darüber hinaus
auch die Sorge um das Feststehen der Gemeinden im Glauben umfaßt, wofür ja gerade seine Briefe einschlägige Zeugnisse sind.

Von der Missionstätigkeit des Paulus bietet uns die Apostelgeschichte einen zusammenhängenden Eindruck. Danach ergibt sich das Bild von den
drei Missionsreisen des Paulus, die jeweils ihren Ausgang vom syrischen
Antiochien nehmen. Die erste führt ihn – zusammen mit Barnabas – nach
Zypern und weiter nach dem südlichen Kleinasien in die Provinzen Pisidien
und Lykaonien. Von der ersten heben sich die zweite und dritte Missionsreise deutlich ab. 15,1-35 berichtet über die Probleme, die sich durch die be-
schneidungsfreie Heidenmission des Paulus in der Gemeinde von Antiochien ergaben, und die Lösung dieser Probleme auf dem „Apostelkonzil" in
Jerusalem. Dieses zweifellos wichtige und den weiteren Weg der urchristlichen Missionsbewegung entscheidend bestimmende Ereignis einer Zusam-
menkunft der führenden Männer des Urchristentums hat Lukas seiner Bedeutung nach richtig eingeschätzt und zur Grundlage der beiden großen
Missionsreisen des Paulus (15,36-18,22 und 18,23-21,17) gemacht. Die
zweite Reise führt ihn zunächst (wohl auf dem Landweg) nach Kleinasien
über Derbe und Lystra und „durch Phrygien und das galatische Land" bis
nach Troas, um von dort aus auf besondere Veranlassung durch den „Geist
Jesu" und aufgrund einer nächtlichen Erscheinung des Mazedoniers nach
Griechenland zu reisen. Dort ergibt sich eine wechselvolle, aber insgesamt
sehr fruchtbare Tätigkeit. An allen wichtigen Orten gelingt es ihm, Gemeinden zu gründen: Philippi, Thessalonich, Beröa, Athen (mit bemerkenswert geringerem Erfolg) und vor allem Korinth, wo er anderthalb
Jahre bleibt. Die Rückkehr erfolgt auf dem Seeweg von Kenchreä aus über
Ephesus, wo er gleichsam nur kurz seinen baldigen Missionsbesuch ankündigt, nach Cäsarea und Antiochien. Die dritte Reise läßt Lukas sogleich

nach einem kurzen Aufenthalt in Antiochien anschließen: Er durchwandert das galatische Land und Phrygien und gelangt nach Ephesus, wo er zweieinhalb Jahre bleibt und in der Form von regelmäßigen Lehrunterweisungen („täglich im Lehrsaal des Tyrannus", 19,9) ein Missionszentrum für die Provinz Asia errichtet. In enigmatischer Kürze berichtet Apg 20,1-3 sodann von seiner Reise nach Mazedonien und Griechenland, näherhin wohl Korinth, wo er drei Monate bleibt. Danach tritt er den Rückweg über Mazedonien, Troas und Milet nach Cäsarea an, dieser Weg endet mit seiner Gefangennahme in Jerusalem.

Die Darstellung des Lukas vom Missionswirken des Paulus folgt einem bestimmten Plan, nach dem das Wort Gottes seinen Lauf durch die Oikoumene nehmen sollte – mit maßgeblicher Hilfe des großen Heidenmissionars Paulus (vgl. Apg 20,24). So sehr dieser Plan die Anlage der Apostelgeschichte bestimmt, so daß auch die Einzelschilderungen der Gesamtanlage zugeordnet werden, so wenig ist daran zu zweifeln, daß Lukas im wesentlichen geschichtsgetreu arbeitet. (Die Zuverlässigkeit des Lukas in der Darstellung der urchristlichen Geschichte ist größer als aufgrund der theologischen Zielsetzung seines Doppelwerkes oft angenom[371]men wurde. Lukas stützt sich auf Traditionen und Quellen, die auch für das Detail seiner Darstellung vielfach Authentizität beanspruchen läßt (Hengel, Roloff, Schneider). Die Folge der drei Missionsreisen wie auch die Angaben über den Aufenthalt des Paulus an den einzelnen Orten bieten nach wie vor auch für die historisch-kritische Rückfrage nach dem „wahren" Bild seiner Missionstätigkeit einen brauchbaren Geschehensrahmen, mit dem sich die Nachrichten aus den Briefen des Apostels oft mühelos verbinden lassen. Gestützt wird die Zuverlässigkeit der Angaben nicht zuletzt auch durch eine synchronische Zuordnung einzelner Daten aus der Profangeschichte. Hierzu ist besonders auf die Bedeutung einer in Delphi aufgefundenen Inschrift zu verweisen, die eine Errechnung des korinthischen Aufenthalts des Apg 18,12-17 erwähnten Prokonsul Gallio ermöglicht (Barrett). Diese Angaben erlauben auch eine annähernde Datierung der Reisen und Aufenthalte des Paulus. Danach kommen wir für die Hauptzeit seines Missionwirkens, die sich nach der Darstellung der Apostelgeschichte auf die zweite und dritte Missionsreise bezieht, auf die Jahre 49-58. In diese Zeit fällt auch die Abfassung der authentischen Paulusbriefe: 1 Thess (etwa 50 nChr.), Phlm, Phil, 1 und 2Kor, Gal (etwa 55-57), Röm (im Winterhalbjahr 57/58 von Korinth aus – vgl. Apg 20,2f). Das missionarische Wirken des Paulus auf seinen Wegen durch die Oikoumene hat dem christlichen Glauben in entscheidender Weise zu geschichtlicher Wirkung verholfen (Biser, Hunzinger, Kallis, Ben-Chorin). In seinem beispiellosen Einsatz für die Verkündigung des Evangeliums unter den Heiden wurde er zum Vorbild für christliche Mission schlechthin (Haas).

3. Missionsverständnis und -praxis

Paulus ist im Urchristentum nicht der erste Missionar; er lernte das Urchristentum als Missionsbewegung kennen, er wurde ihr Mitträger von Antiochien aus (Apg 13,1-3) und konnte sich die anfänglichen Missionserfahrungen dienstbar machen, als er nach dem „Apostelkonzil" die Mission in größerer Unabhängigkeit von Antiochien durchführte. Hatte er anfangs zusammen mit Barnabas im Bereich des hellenistischen Judenchristentums die Heidenmission bereits als theologische Möglichkeit und Notwendigkeit kennen und praktizieren gelernt, nämlich als Sammlung des eschatologischen Gottesvolkes für den Kyrios in universaler Ausrichtung auch über Israel auf die Heidenwelt hinausgreifend, so gewinnt eben diese universale Bestimmung des Gottesvolkes in der Folgezeit eine radikalere Ausprägung. Aus dieser Israel-bestimmten Perspektive versteht sich die Verwendung des Wortes „ethne = Heiden" bei Paulus. Die Benennung der Nichtjuden bzw. Nichtchristen als „Heiden" hat natürlich nichts „Diffamierendes" an sich, wie bei der Verwendung dieses Wortes im heutigen Sprachgebrauch – auch in der Missionswissenschaft – gelegentlich befürchtet wird (Dabelstein). Er begnügt sich nicht mit den Heiden im Umkreis der Synagoge (wenngleich die Proselyten für seine Missionspraxis eine starke Brückenfunktion haben), sondern er wendet sich den Zentren der Heidenwelt, d.h. den Städten und regionalen Mittelpunkten, zu und sucht in ihnen Christengemeinden als neue Zentren des universalen Gottesvolkes zu gründen. Sein Ziel ist anspruchsvoller als es noch das der missionierenden Gemeinde von Antiochien war: Er will über Kleinasien und Griechenland hinaus nach Rom und, wenn möglich, bis nach Spanien. In Röm 15,23f erklärt er hierzu: „Jetzt aber, da ich in diesen Gebieten kein (neues) Arbeitsfeld mehr habe, seit mehreren Jahren jedoch mich danach sehne, zu euch zu [372] kommen, wenn ich nach Spanien reise ...". Der Ausblick auf Rom und Spanien, den er hier bemerkenswerterweise mit dem Rückblick auf seine bisherige Missionsarbeit im Osten des Mittelmeerraumes („von Jerusalem aus ringsum bis nach Illyrien", 15,19) verbindet, ist nicht von einer betriebsamen Rastlosigkeit eines Eiferers bestimmt, sondern von der Mitte seines Evangeliums her. Paulus hat die Oikoumene im Blick, weil er sich als der Botschafter Jesu Christi dazu berufen weiß, ihn als den Kyrios der Welt zu verkündigen und seinem im Evangelium ergehenden Anspruch Geltung zu verschaffen. Im Evangelium des Apostels greift Gott über Israel hinaus und läßt jetzt schon unter den zum eschatologischen Heil berufenen Völkern seine heilschaffende Macht im Zeichen seines gekreuzigten und auferweckten Sohnes wirksam werden. Der Weg des Evangeliums durch die Welt wird so zum „Triumphzug" Gottes, in dem er seinen Apostel als Gefangenen mitführt, damit er bei seinem Dienst „Christi Wohlgeruch" sei „für Gott unter denen, die gerettet werden ..." (2Kor 2,14f). Das Evangelium ist Botschaft für die

Welt – über Israel hinaus, und Paulus ist als sein berufener Verkündiger von diesem eschatologischen Heilswerk ganz in Anspruch genommen. „Weltmission" im besten Sinne des Wortes – als die Oikoumene durchdringende Verkündigung vom Heil in Jesus Christus – wurde von Paulus praktiziert und hat durch ihn ihre unverwechselbare theologische Begründung erhalten. Hierzu konnte er sich auf die Vorgaben des alttestamentlichen Motivs der endzeitlichen Völkerwallfahrt zum Zion (Jes 2,1-5; Mi 4,1-3; vgl. Jes 51,4) und der geistgewirkten Öffnung der zunächst judenchristlichen Gemeinde der Anfangszeit stützen. Für ihn ist es freilich bemerkenswert, daß er die Sammlung der Völker am Zion nicht einer referneren Endgeschichte überläßt, sondern sie in der Gegenwart schon durch die universale Verkündigung des Evangeliums vorbereitet und in der Ekklesia Gottes aus Juden und Heiden proleptisch realisiert sieht. Mit guten Gründen läßt sich auch das Kollektenwerk für die „Heiligen in Jerusalem" in diese Sicht von der vorweggenommenen Sammlung der Völker am Sion einbeziehen. Die Reise nach Jerusalem (Röm 15,25-27, vgl. Apg 20-21) ist so „ein Zeichen für das eschatologische Dankopfer der Heiden und die Völkerwallfahrt nach dem Zion. Aber eben doch nur ein Zeichen..." (Hahn). Insbesondere sieht er darin eine Abstattung der Schuld der Heiden an die judenchristliche Urgemeinde, weil sie auch an „ihren geistlichen Gütern Anteil erhalten haben". Die ab 1,16 im ganzen Römerbrief durchgehaltene heilsgeschichtliche Priorität der Juden bzw. Israels verbindet sich für Paulus auch mit der Vorrangstellung der Jerusalemer Urgemeinde, wenngleich sich die Israel gegebene Verheißung endgültig in der eschatologischen Rettung von „ganz Israel" realisiert (11,25f).

Damit wird deutlich, daß die von Paulus entwickelte theologische Konzeption der Heidenmission heilsgeschichtlich umschlossen bleibt von der an Israel ergangenen Verheißung und ihrer eschatologischen Realisierung, die das Volk der Verheißung mit den Völkern zusammenschließt, die aber auch für die Gegenwart schon eine im Glauben an Jesus Christus begründete universale Heilsgemeinde ermöglicht. Ihr konstitutives Zeichen ist daher ihre Offenheit zu den heilsbedürftigen Völkern in der Welt und zu Israel hin, dessen Weg zum Heil trotz einstweiliger Selbstverschließung nicht aussichtslos ist, sondern von der Verheißungsgnade Gottes umfangen bleibt.

[373] Zur *Missionspraxis* des Apostels Paulus gehört daher die Gründung von Gemeinden. Diese verstehen sich nach Paulus nicht einfach nur als gesellschaftlicher Zusammenschluß von Gleichgesinnten, auch nicht nur als hilfreiche Stützpunkte der weiteren Missionstätigkeit (was sie sicher waren, vgl. Phil 1,5; 4,10-19; Röm 15,24), sondern als Vorposten der jetzt schon in Geltung gesetzten „neuen Schöpfung". „Wenn also jemand in Christus ist, dann ist er neue Schöpfung: Das Alte ist vergangen, Neues ist geworden" (2Kor 5,17). Das Missionswerk des Paulus ist eschatologisch motiviert und orientiert. Er teilt die urchristliche Naherwartung der Parusie Christi, und

dadurch wird Mission „dringlich" (Zeller). Dennoch bleibt eine Zeit bis zum Ende, um die Gemeinden „für die Begegnung mit dem wiederkommenden Christus zuzurüsten" (ebd.). Die Parusieerwartung motiviert also nicht die scheinbare Eile und Rastlosigkeit des Missionars Paulus – etwa mit der Aussicht, daß „das Maß der Ausbreitung über den Anbruch des Heils" entscheidet (Wiefel), sondern die Hinordnung der Gemeinden auf den kommenden Christus und ihre Einübung in die christliche Grundhaltung der Hoffnung auf die Vollendung des im Evangelium begründeten und anfanghaft schon realisierten Heiles. Die „zusammengedrängte, knapp bemessene" (Balz) Zeit, als welche Paulus die Gegenwart begreift (1 Kor 7,29, vgl. Röm 13,11; Phil 4,5), fordert „die Konzentration auf das Wesentliche" (ebd.). Die Endzeit und ihre Anforderungen läßt Paulus die Bedeutung von „Kirche" in der Gegenwart nicht übersehen.

Die eschatologische Neuheit, die die Glaubenden in der Taufe gewonnen haben, schließt sie zum „Leib Christi" zusammen (1 Kor 12,27), sie befähigt sie zugleich zu einem „neuen Lebenswandel" (Röm 6,4), der inspiriert ist von der „Liebe Christi" (2 Kor 5,14).

Paulus weiß sich den von ihm gegründeten Gemeinden auch über die Gründungszeit hinaus als ihr „Vater", verpflichtet: 1 Kor 4,14f. „Darum ermahne ich euch: Ahmt mein Beispiel nach!" Lehre und Leben des Apostels werden zum orientierenden Maßstab für die Gemeinden. Er beläßt sie dadurch nicht in Abhängigkeit und Unmündigkeit. Im Gegenteil, er traut ihnen zu, daß sie dank des in ihnen wirkenden Geistes in der Lage sind, selbst ihre Angelegenheiten, vor allem die Fragen des Gemeinschaftslebens, zu regeln. Realistisch gesehen könnte man urteilen, Paulus habe seine Gemeinden in dieser Hinsicht – zumindest zum Teil – überschätzt. Wenn sie sich über die Anfangszeit hinaus gehalten haben, dann nur deswegen, weil sie bald schon in der nachapostolischen Zeit den Gemeindeämtern ein stärkeres Profil gegeben haben. Hierfür wäre besonders auf Eph 4,7-16, sowie das Presbyteramt in den Pastoralbriefen (und in Apg 14,23; 20,17-35) zu verweisen. Dennoch bleibt das Prinzip des Geistwirkens, auf das Paulus aus theologischen Gründen (weniger aus kirchenrechtlichen) gesetzt hat, auch für die Kirche der Folgezeit grundlegend und kennzeichnend.

4. Die Verkündigung von der „Rechtfertigung aus Glauben"

Im Mittelpunkt der paulinischen Verkündigung steht Jesus Christus als der Gekreuzigte und Auferstandene. Wo Paulus wie in 1 Kor 2,2 die Wirklichkeit des Gekreuzigten – aus gegebenem Anlaß – besonders betont, ist die Auferweckung des Gekreuzigten entsprechend dem urchristlichen Glaubensbekenntnis (vgl. 1 Kor 15,3-5) die selbstverständliche und notwendige Voraussetzung, um theologisch sachgemäß über das Kreuzesgeschehen zu sprechen. Das Kreuz Jesu Christi wird für Paulus so zum Inbegriff des von Gott geschenkten Heiles, das der sündi[374]ge Mensch nicht anders erlangt als durch den „Glaubensgehorsam" (Röm 1,5), und zwar Juden wie Heiden (1,16f).

Eben diese grundlegende Bedeutung des Kreuzestodes bzw. von Tod und Auferstehung Christi als Ort und Mittel der Heilsgabe Gottes reflektiert Paulus am stärksten in seiner „Rechtfertigungslehre", wobei die Eigenart dieser „Lehre" als theologisch reflektiertes Verkündigungswort zu beachten ist. Die Rechtfertigungsterminologie und -vorstellung, die ihm aus dem AT und der Überlieferung des Judentums schon in soteriologischer Verwendung vorgegeben waren, erlaubten es, das Heilsgeschehen im Modell des Bundesverhältnisses zwischen Gott und seinem Volk darzustellen (Kertelge, Art.). Stellen wie 2 Kor 5,21; Röm 3,3.25-26 lassen in ihrer Rede von der „Gerechtigkeit Gottes", d.h. von dem Recht schaffenden Handeln Gottes an den Sündern, diesen Zusammenhang gut erkennen. Paulus vertieft diese Anschauung allerdings in doppelter Hinsicht: Selbstverständlich ist die sündenvergebende Gnade Gottes in und durch die Sühne Jesu Christi vermittelt, aber die Sühne Christi wirkt *„durch den Glauben"*, so daß jeder, der glaubend die Sühne Christi annimmt, die Gerechtigkeit Gottes als neuschaffendes Geschehen erfährt. Der Glaube, der Jesus Christus als Grund für das Heilshandeln Gottes annimmt, bedarf der „Werke des Gesetzes" nicht mehr. Da die Gesetzeswerke von judenchristlichen Gegnern des Paulus in den galatischen Gemeinden den Heidenchristen als (zusätzliche) Heilsbedingung vorgestellt wurden, kommt Paulus zur antithetischen Formulierung seiner Heilsverkündigung: „... damit wir aus Glauben an Christus gerechtfertigt würden und nicht aus Werken des Gesetzes" (Gal 2,16, vgl. Röm 3,28). So wird dem Glaubenden sein Glaube zur Gerechtigkeit angerechnet – aus Gnade und nicht nach Verdienst, wie auch schon dem glaubenden Abraham von Gott geschehen war (Gen 15,6 in Röm 4,3; Gal 4,6). Ist das Heil daher die unverdiente und unverdienbare Tat Gottes an den Sündern, die zum Glauben gelangen, dann erweist sich das Christusgeschehen, in dem die Tat Gottes ihren geschichtlichen Grund und Ort hat, als Ermöglichung des Heiles Gottes für *alle*. Die „Voraussetzung" für die Erlangung dieses Heiles ist daher das Sünder-Sein von Juden und Heiden. Darin sind alle zusammengeschlossen, damit alle aus Gnade gerettet werden. Die *Universalität* des Heiles, die Paulus in seinem Missionsprogramm, auch gegen gewisse Einwendungen und Widerstände vertreten hat, hat ihren letzten Grund im biblischen Gottesgedanken (vgl. Röm 3,29f), und sie hat ihre theologische Sicherung in seiner Rechtfertigungslehre gefunden.

Literatur:

Balz, H., Art. systello, in: Exegetisches Wörterbuch zum Neuen Testament III, 1983, 750. –
Barrett, C. K., Die Umwelt des Neuen Testaments (WUNT 4), 1959. –
Biser, E./Hunzinger, C. H./Kallis, A./Ben-Chorin, S., Paulus – Wegbereiter des Christentums.
Zur Aktualität des Völkerapostels aus ökumenischer Sicht, 1984. –
Bornkamm, G., Paulus, [5]1983. –
Bussmann, C., Themen der paulinischen Missionspredigt auf dem Hintergrund der spätjüdisch-
hellenistischen Missionsliteratur (EHS.T 3), 1971. –
Dabelstein, R., Die Beurteilung der Heiden bei Paulus (BBE 14), 1981. – *Dibelius, M.*, Paulus
(SG 1160), [4]1970. –
Dietzfelbinger, C., Die Berufung des Paulus als Ursprung seiner Theologie (WMANT 58),
1985. –
Haas, O., Paulus der Missionar: Ziel, Grundsätze und Methoden der Missionstätigkeit des
Apostels Paulus nach seinen eigenen Aussagen (MüSt 11), 1971. –
Hahn, F., Das Verständnis der Mission im Neuen Testament (WMANT 13), 1965. –
Hengel, M., Zur christlichen Geschichtsschreibung, 1979. –
Kertelge, K., Art. dikaiosyne, in: Exegeti[375]sches Wörterbuch des Neuen Testaments I, 1980,
784-796. –
Ders., Art. dikaioo, in: EWNT I, 796-807. –
Ders., „Rechtfertigung" bei Paulus. Studien zur Struktur und zum Bedeutungsgehalt des pauli-
nischen Rechtfertigungsbegriffs (NTA N.F. 3), [2]1971. –
Kim, S., The Origin of Paul's Gospel (WUNT 2, Reihe 4), 1981. –
Kuss, O., Paulus. Die Rolle des Apostels in der theologischen Entwicklung der Urkirche (Aus-
legung und Verkündigung III), 1971. –
Lüdemann, G., Paulus, der Heidenapostel I: Studien zur Chronologie (FRLANT 123), 1980. –
Oepke, A., Die Missionspredigt des Apostels Paulus. Eine biblisch-theologische und religions-
geschichtliche Untersuchung (MWF 2), 1920. –
Ollrog, W.-H., Paulus und seine Mitarbeiter. Untersuchungen zu Theorie und Praxis der pauli-
nischen Mission (WMANT 50), 1979. –
Pratscher, W., Der Verzicht des Paulus auf finanziellen Unterhalt durch seine Gemeinde: Ein
Aspekt seiner Missionsweise, in: NTS 25, 1979, 284-298. –
Prümm, K., Zum Vorgang der Heidenbekehrung nach paulinischer Sicht, in: ZKTh 84, 1962,
427-470. –
Rengstorf, K. H. (Hrsg.), Das Paulusbild in der neueren deutschen Forschung (WdF 24),
1964. –
Rigaux, B., Paulus und seine Briefe. Der Stand der Forschung (BiH 2), 1964. –
Roloff, J., Die Apostelgeschichte (NTD 5), 1981. –
Schelkle, K. H., Paulus. Leben – Briefe – Theologie (EdF 152), 1981. –
Schneider, G., Die Apostelgeschichte (HThK VI), 1980. –
Suhl, A., Paulus und seine Briefe. Ein Beitrag zur paulinischen Chronologie (StNT 11), 1975. –
Wiefel, W., Die missionarische Eigenart des Paulus und das Problem des frühchristlichen Syn-
kretismus, in: Kairos 17, 1975, 218-231. –
Wilckens. U., Die Bekehrung des Paulus als religionsgeschichtliches Problem, in: ZThK 56,
1959, 273-293. –
Zeller, D., Juden und Heiden in der Mission des Paulus (FzB 8), 1973. –
Ders., Theologie der Mission bei Paulus, in: K. Kertelge (Hrsg.), Mission im Neuen Testament
(QD 93), 1982, 164-189.

„Durch die Gnade Gottes bin ich, was ich bin"
(1 Kor 15,10)

Die Bekehrung des Apostels Paulus und der Heilsweg der Christen

Die Theologie und Glaubensverkündigung des Apostels Paulus lassen sich nicht recht verstehen ohne seinen persönlichen Weg vom Judentum zum Christentum. Die Leidenschaftlichkeit, mit der Paulus etwa im Galaterbrief für die „Wahrheit des Evangeliums" (2,5), d.h. für die Reinerhaltung seiner Christusverkündigung kämpft, findet ihre Erklärung nicht allein in den bedrohlichen Zuständen bei den Neubekehrten Galatiens, sondern vor allem in der persönlichen Erfahrung, die er aufgrund seiner Bekehrung im Glauben gemacht hatte. Weil der Kyrios Jesus ihm selbst zur Mitte oder, besser, zum Anfang des Lebens geworden ist, darum empfindet er jeden Angriff auf seine Heilsverkündigung als eine ernsthafte Bezweiflung seiner Christuserfahrung und umgekehrt.

Paulus hat seine Bekehrung nicht als ein privates Ereignis angesehen. Die Bekehrung ist für ihn die Berufung, und zwar Berufung zum Apostolat. Hiermit gibt er seinem Bekehrungsereignis eine ganz bestimmte theologische Deutung, hinter die wir nach den tatsächlich vorliegenden historischen Vorgängen zurückzufragen haben. Durch die Unterscheidung von tatsächlich vorliegendem historischem Vorgang und seiner theologischen Interpretation suchen wir gerade die eigene Deutung des Paulus besser zu verstehen.

1. Das „Damaskuserlebnis"

Wenn wir unseren Ausgangspunkt nicht von den durch spätere Überlieferungen stark interpretierten Berichten der Apostelgeschichte über die Bekehrung des Paulus (Apg 9,1-19; 22,3-16; 26,9-19)[1] nehmen wollen, sondern von den Selbstzeugnissen des Apostels, lassen sich zunächst folgende Daten sicher ermitteln: Vor seiner Bekehrung lebte Paulus im Judentum als

---

[1] Vgl. G. *Lohfink*, Paulus vor Damaskus, Arbeitsweisen der neueren Bibelwissenschaft dargestellt an den Texten Apg 9,1-19; 22,3-21; 26,9-18, Stuttgarter Bibelstudien 4, Stuttgart 1965. Zur theologischen Bedeutung der Unterschiede zwischen der Darstellung der Apostelgeschichte und dem Selbstzeugnis des Paulus vgl. besonders a.a.O. S. 21-26. 85-89.

gesetzesstrenger Pharisäer (Phil 3,5)[2] „voll Eifer für die von den Vätern überkommenen Überlieferungen" (Gal 1,14) und als glühender „Verfolger der Kirche" (Phil 3,6; vgl. Gal 1,13). Seine Bekehrung zum Glauben an Jesus Christus verdankt er einer „Offenbarung". Wörtlich sagt er hierüber in Gal 1,15f: Gott „... hat es gefallen, seinen Sohn in mir zu offenbaren, damit ich ihn bei den Heiden verkündige ..." Paulus vermeidet hier jede psychologisierende Erklärung dieser „Offenbarung" als Bekehrungs*erlebnis*. Überhaupt ist bemerkenswert, daß er seine „Bekehrung" an dieser Stelle nur in einem Nebensatz erwähnt, und zwar nicht als bloßes historisches Faktum, sondern als theologisch interpretiertes Grunddatum seines Christseins. Die Berichte der Apostelgeschichte über den Vorgang der Bekehrung des Paulus dürfen hier nicht unkritisch nur zur Auffüllung oder Ergänzung des paulinischen Selbstzeugnisses hinzugezogen werden. Sie sind vielmehr in sich selbständige Interpretationen des zurückliegenden Geschehens, deren geschichtlicher Wert zunächst von der theologischen Absicht [2] des Lukas aus zu bestimmen ist[3]. Ein oberflächlicher Harmonisierungsversuch ist hier vom Übel. So spricht Paulus in seinen eigenen Briefen zum Beispiel nirgendwo von einer Beauftragung durch den bzw. die Hohenpriester (vgl. Apg 9,1f.14.21; 22,5; 26,12), auch nicht von der Reise von Jerusalem nach Damaskus als Rahmen des entscheidenden Bekehrungsereignisses. Allerdings brauchen wir gegenüber der Darstellung der Apostelgeschichte auch nicht zu skeptisch sein. Denn daß Damaskus tatsächlich der geschichtliche Ort der Bekehrung des Paulus war, geht aus seinen eigenen Angaben in Gal 1,17 und 2 Kor 11,32f deutlich genug hervor. Nach Gal 1,17 ging Paulus „hinab nach Arabien und kehrte *wiederum* nach Damaskus zurück". Damaskus scheint also Aufenthaltsort, vielleicht sogar Wohnsitz des Paulus für längere Zeit gewesen zu sein. Hier hat auch offenkundig seine Bekehrung und damit sein Anschluß an die dort schon bestehende Christengemeinde stattgefunden. Daß Paulus nach Arabien gegangen ist, verschweigt die Apostelgeschichte. Aber warum geht er nach Arabien und aus welchem Grund ist ihm diese Erwähnung im Galaterbrief wichtig? Wenn wir diesen Fragen nachgehen, scheint es, daß die historischen Umstände der Bekehrung des Paulus für uns größere Präzision erhalten.

Hierzu nur einige Überlegungen. Paulus hätte seinen Aufenthalt in Arabien sicher nicht erwähnt, wenn er sich dorthin nur zur Meditation und zum

---

[2] Dies braucht jedoch nicht zu bedeuten, daß Paulus, wie oft angenommen wird, ordinierter Rabbi gewesen sei. Zu den Schwierigkeiten dieser Auffassung vgl. besonders *A. Oepke*, Probleme der vorchristlichen Zeit des Paulus, in: Das Paulusbild in der neueren deutschen Forschung, Wege der Forschung 24, Darmstadt 1964, S. 410-446.

[3] Von hier aus ergeben sich methodische Bedenken etwa gegen *Holzners* Paulusbuch, aber auch gegen die Darstellung von *C. Tresmontant*, Art. Paulus, in: Handbuch theologischer Grundbegriffe, Bd. II, München 1963, S. 285-294, hier 286.

Studium zurückgezogen hätte. Zweifellos darf man seinen Arabienaufent-
halt als Vorbereitung auf seine spätere Missionstätigkeit in Kleinasien und
Griechenland ansehen. Aber diese Vorbereitung war offenkundig selbst
schon Mission, und zwar Heidenmission.[4] Hierzu gibt uns die in sich etwas
unverständliche Notiz 2 Kor 11,32f, die auch in Apg 9,23-25 ausgewertet
wird, einen Hinweis. Paulus mußte aus Damaskus fliehen. Wenn schon der
Statthalter des Königs Aretas selbst an der Festnahme des Paulus interes-
siert gewesen ist, wird der naheliegende Grund hierfür wohl nicht nur nach
Apg 9,22 die Predigt des Paulus sein, sondern seine Missionsverkündigung,
die schon in Damaskus begann und sich auch auf die Nicht-Juden er-
streckte. Hierüber, nicht aber über die Existenz einer zunächst nur aus Juden bestehenden Christengemeinde, mußten allerdings gerade die Juden
(vgl Apg 9,23) aufgebracht sein, so daß die Behörde zur Herstellung der öf-
fentlichen Ordnung gegen Paulus einschreiten zu müssen glaubte. Das bedeutet aber, daß, wie auch immer das Bekehrungsereignis des Paulus psychologisch zu beschreiben ist, seine Absicht, zu den Heiden zu gehen und
ihnen die Berufung zum verheißenen Erbe Abrahams (Gal 3,14; 4,28) zu
erschließen, mit seiner Hinwendung zum Christentum zusammenfällt, ja
sogar für sie mitbestimmend gewesen ist. Möglicherweise war Paulus vor
seiner Bekehrung schon jüdischer Missionar.[5] Dann dürfte aber ein der
Bekehrung vorhergehender Konflikt des Paulus mit seinen jüdischen Reli-
gionsgenossen in Fragen der Gültigkeit des Gesetzes für die Heiden wahrscheinlich sein, wie er sich später in den Auseinandersetzungen des Galaterbriefes wiederholt.
   Von dieser Feststellung aus läßt sich die nähere Angabe des Apostels
über seine Berufung Gal 1,16 besser verstehen. Danach erfolgte die „Offenbarung", die das Datum seiner Bekehrung bezeichnet, zu dem Zweck, daß
er den ihm offenbar gewordenen „Sohn" Gottes „den Heiden verkünde".
Das heißt: Die Bekehrung des Paulus und seine Berufung zur Heidenmission sind ein und dasselbe Ereignis. [3]

---

[4] Vgl. *J. Schmid,* Art, Paulus, in: Lexikon für Theologie und Kirche ²VIII, Sp. 216-220, hier
217; *G. Bornkamm,* Art. Paulus, in: Religion in Geschichte und Gegenwart ³V, Sp. 166-190,
hier 169-171.
[5] Vgl. *E. Barnikol,* Die vor- und frühchristliche Zeit des Paulus, Kiel 1929, S. 18-24.

2. Die Bekehrung des Paulus
in seiner eigenen theologischen Deutung

Paulus spricht mit einer gewissen Regelmäßigkeit und Selbstverständlichkeit vor allem in den Briefeingängen von seiner Berufung als „Apostel Jesu Christi" (1 Kor 1,1; vgl. Röm 1,1; 2 Kor 1,1; Gal 1,1).[6] Sie entspricht dem „Willen Gottes" (1 Kor 1,1; 2 Kor 1,1)[7], und das bedeutet nach Gal 1,1.15f, daß Gott dem Paulus Jesus als den von den Toten Auferweckten geoffenbart hat. Die Erscheinung des Auferstandenen ist nach 1 Kor 15,8f für ihn der Grund seines Apostolats, den er im ersten Kapitel des Galaterbriefs, auch in den Auseinandersetzungen mit seinen Gegnern in Korinth (vgl. besonders 2 Kor 3-5; 10-13) so heftig verteidigen muß. Die Auferweckung Jesu Christi wird darum zum zentralen Inhalt seiner Missionsverkündigung.

Auch wenn andere Lehrformeln und ihre theologischen Entfaltungen (Rechtfertigung, Versöhnung, Erlösung) in seinen Hauptbriefen größeren Raum zu beanspruchen scheinen, werden sie doch zutiefst durch den Glauben an die Auferstehung Christi als den motivierenden Grund seiner gesamten Verkündigung bestimmt. Paulus ist der Apostel Jesu Christi, weil er selbst ihn, den Gekreuzigten, als den Auferweckten und Lebendigen „gesehen" hat (1 Kor 9,1; vgl. 15,8; Gal 1,15f). Wovon er selbst angerührt wurde, davon legt er Zeugnis ab.

So erscheint die Berufung des Paulus zum Apostolat nicht als ein zu seinem bloßen Christsein von außen hinzukommender Vorgang, sondern als innerlich notwendiges Ergebnis der Kraft der Auferweckung Jesu Christi. Diese Kraft hat sich auch in ihm als wirksam erwiesen. Seine eigene Taufe, das heißt aber auch der Glaube als Hinwendung zum „Herrn", war das entscheidende Ereignis, durch das er an Jesu Leben Anteil erhielt (vgl. Gal 2,19f; Röm 6,4-11). Berufung ist für Paulus also Berufung zum Leben und damit Beauftragung zur Verkündigung des Lebens an alle Menschen ohne Einschränkung. Denn darin erweist sich die Sieghaftigkeit des Lebens des auferstandenen Herrn, daß dieser selbst in der Verkündigung seines Apostels die gesetzlichen Schranken überwindet und auch die Heiden erreicht (vgl. Gal 3,26-29; Röm 10,12). Das gerade sucht Paulus in seiner Rechtfertigungsbotschaft umfassend zu begründen.[8]

Wir sehen: Das Ereignis seiner eigenen Bekehrung, das nie für sich als bloß historisches Datum von Paulus reflektiert wird, geht in seiner theologi-

---

[6] Vgl. auch die stereotype Form in Eph 1,1; Kol 1,1; 1 Tim 1,1; 2 Tim 1,1; Tit 1,1.

[7] Vgl. Eph 1,1; Kol 1,1; 1 Tim 1,1; 2 Tim 1,1.

[8] Hierzu hoffe ich, bald einen kleinen Beitrag in der Biblischen Zeitschrift 12 (1968) 211-222 veröffentlichen zu können. Vgl. auch mein Buch: Rechtfertigung bei Paulus. Studien zur Struktur und zum Bedeutungsgehalt des paulinischen Rechtfertigungsbegriffs (Neutestamentliche Abhandlungen N.F. 3), Münster 1967.

schen Deutung als Berufung zum Apostolat ganz auf. Seine Bekehrung betrachtet Paulus nie als sein Verdient, sondern als Berufung aus Gnade. „Durch die Gnade Gottes bin ich, was ich bin" (1 Kor 15,10). Das Bewußtsein einer unverdienten Berufung wird in ihm noch besonders gesteigert durch den Rückblick auf seine Vergangenheit, in der er „die Kirche Gottes verfolgte" (1 Kor 15,9; vgl. Gal 1,13.23; Phil 3,6).[9] Diese seine Vergangenheit aber gehört für ihn grundsätzlich unter das Gesetz, das von sich aus keinen Weg zum Evangelium eröffnet. [4]

3. „Gesetz" und „Evangelium"[10]

Von der Vergangenheit des Menschen unter dem Gesetz gibt es keinen Weg in eine heilvolle Zukunft. Das hat Paulus zunächst an sich selbst erfahren (vgl. Phil 3,7). Er verdankt sein Leben ganz und gar dem Ereignis der Gnade. In grundsätzlicherer Formulierung lautet dies bei ihm: „Kein Mensch wird gerechtfertigt aufgrund von Gesetzeswerken, sondern nur durch den Glauben an Jesus Christus" (Gal 2,16; vgl. Röm 3,21f). Alle aber, „die in Gesetzeswerken aufgehen, stehen unter dem Fluch ..." (Gal 3,10). Jedoch „Christus hat uns von dem Fluch des Gesetzes losgekauft ..." (3,13). So stehen wir jetzt „nicht mehr unter dem Gesetz, sondern unter der Gnade" (Röm 6,14).

Diese Sätze erhellen schlaglichtartig die Verkündigung des Paulus von dem in Christus, dem Gekreuzigten und Auferstandenen, eröffneten Heilsweg für alle Menschen. Das „Gesetz", das unfähig war, das Leben zu schaffen, ist in der Interpretation des Paulus zunächst das Gesetz des Moses. Nicht wegen seiner drückenden Lasten oder wegen der schriftgelehrten Gesetzeskasuistik und damit wegen seiner angeblichen praktischen Unbrauchbarkeit wird es von Paulus für abgetan erklärt, sondern weil das Leben jetzt durch Jesus Christus beschafft wird. Hat diese Erklärung aber nicht etwas Willkürliches an sich? Woher weiß Paulus das? Die Antwort muß mit seinen eigenen Worten gegeben werden: „durch Offenbarung Jesu Christi" (Gal 1,12; vgl. 1,15f; 2,16: „wir wissen aber ...").

Damit sind wir wiederum auf die ursprüngliche Heilserfahrung des Paulus verwiesen. Sich für diese Erfahrung zu öffnen und offen zu halten, nennt Paulus Glauben an Jesus Christus. Die Verkündigung des Evangeliums

---

[9] Daß die „Verfolgung der Kirche" ursächlich mit der Bekehrung des Paulus zusammenhängt, darf nicht nur aufgrund von Apg 7,58; 8,1; 9,1f; 26,10f mit Recht angenommen werden, vgl. *M. Dibelius – W. G. Kümmel*, Paulus, Sammlung Göschen 1160, Berlin 1951, S. 46. Über dem Wie? des Zusammenhangs schwebt freilich historisch gesehen immer noch ein gewisses Dunkel.

[10] Zum grundsätzlichen Verhältnis beider Begriffe bei Paulus vgl. den Exkurs II in meinem oben (Anm. 8) zitierten Buch S. 222-224.

aber ist nun die Weise, in der er die ihm zuteil gewordene Offenbarung stets von neuem zu aktualisieren sucht. In der Verkündigung des Evangeliums erfolgt die Proklamation der Herrschaft Jesu Christi, und im Glauben an ihn wird der sich immer noch anmeldende Anspruch des alten Gesetzes stets von neuem überwunden.

4. Christliche Existenz als „Nachahmung" des Paulus

Hat die Bekehrung des Paulus in seiner eigenen Deutung beispielhafte Bedeutung für den Heilsweg aller Menschen, ist es selbstverständlich, daß Paulus seine Gemeinden auffordern kann: „Ahmet mich nach" (1 Kor 4,16; 11,1; Phil 3,17), ohne daß hiermit eine Konkurrenz zur Nachfolge Christi entstehen müßte (vgl. 1 Thess 1,6).[11] Denn einerseits versteht Paulus sich selbst als „Nachahmer Christi" (1 Kor 4,16), da Christus aufgrund seiner „Offenbarung" in ihm Gestalt angenommen hat (vgl. Gal 2,20). Andererseits bezieht sich die Nachahmung jeweils ganz konkret auf die von ihm verkündete Botschaft, die er selbst sehr verbindlich, d.h. in seiner Person, vertritt. In 1 Kor 4,16 spricht Paulus mit seiner Aufforderung etwas allgemeiner das aufgrund seiner Evangeliumsverkündigung entstandene Vater-Kind-Verhältnis zu seiner Gemeinde an. Daraus ergibt sich die bleibende Treue zu der von ihm verkündeten „Sache". In 11,1 ist jedoch ganz konkret die Praktizierung der christlichen Freiheit gemeint, für die Paulus seine eigene Haltung als Beispiel empfehlen kann. Nach Phil 3,17 schließlich wird die Nachahmung des Apostels als sichernder Schutz gegen die Verführung durch die „Feinde [5] des Kreuzes Christi" (3,18) gemeint. Es geht jedesmal nicht um eine ethische Selbstüberhebung des Paulus, sondern um den Heilsweg des Christen, der innerhalb seiner Geschichte auf stützende und mahnende Erinnerungen an den Ursprung seines Glaubens angewiesen bleibt.

Weil die Bekehrung des Paulus aufgrund der „Offenbarung Jesu Christi" und der mit ihr verbundenen Eröffnung der Heilsverkündigung an die Heiden eschatologische Bedeutung hat, kommt auch dem Verhalten des Paulus als Gläubiger und Verkündiger Vorbildlichkeit im pastoralen Sinne zu.

---

[11] Vgl. *A. Schulz*, Nachfolgen und Nachahmen. Studien über das Verhältnis der neutestamentlichen Jüngerschaft zur urchristlichen Vorbildethik, Studien zum Alten und Neuen Testament 6, München 1962, S. 270-289. 308-314.

Das Apostelamt des Paulus,
sein Ursprung und seine Bedeutung[*]

1. Die Frage nach dem kirchlichen Amt

In letzter Zeit wird die Frage nach dem Amt in der Kirche erneut diskutiert[1]. Hierbei ist bemerkenswert, daß die Anstöße dazu nicht so sehr rein innertheologischer, auch nicht, wie früher gelegentlich, kontroverstheologischer Art sind[2], sondern eher von einer neuen Praxis der Begegnung von Kirche und Welt herrühren. Aus der Erfahrung solcher Begegnung oder besser: aus der Konfrontierung traditioneller kirchlicher Strukturen mit den gesellschaftlichen Erfordernissen einer veränderten Zeit entsteht der Theologie die Aufgabe, die bisherige theologische Begründung der Kirche und ihres Amtes im Horizont eines von ihr selbst bejahten neuen Weltverhältnisses erneut zu überprüfen, um das Wesen des von Jesus gestifteten kirchlichen Amtes schärfer in den Blick zu bekommen.

Vom Neutestamentler erwartet man dabei vor allem Auskunft über die Anfänge des kirchlichen Amtes und die charakteristischen Merkmale des kirchlichen Amtsverständnisses nach den Selbstzeugnissen des Urchristentums[3]. Tatsächlich ist das NT

---

[*] Antrittsvorlesung, gehalten am 16. Oktober 1969 an der Theologischen Fakultät Trier.
[1] Hingewiesen sei hier nur auf Concilium 5 (1969) 157–248 (= Heft 3 mit dem Titel: «Dienst und Leben des Priesters in der Welt von heute»). Auf dieser Diskussion basiert auch das inzwischen veröffentlichte «Schreiben der deutschen Bischöfe über das priesterliche Amt. Eine biblisch-dogmatische Handreichung», Sonderdruck, Trier 1969. Dieses Schreiben ist eine Wegweisung in vielen Fragen, fordert von sich aber auch die weitere theologische Diskussion der angesprochenen Grundfrage heraus.

[2] Vgl. hierzu H. Riesenfeld: RGG [3]I 509.

[3] Vgl. besonders aus neuerer Zeit K. H. Schelkle, Dienste und Diener in den Kirchen der neutestamentlichen Zeit: Concilium 5 (1969) 158–164; J. Blank, Der Priester im Lichte der Bibel: Der Seelsorger 38 (1968) 155–164; J. Ernst, Amt und Autorität im Neuen Testament: ThGl 58 (1968) 170–183; H. Schlier, Grundelemente des priesterlichen Amtes im Neuen Testament: Theologie und Philosophie 44 (1969) 161–180; R. Schnackenburg, Der Heilsauftrag der Kirche in unserer Zeit, in: Rechenschaft vom Glauben, hrsg. von E. Hesse und H. Erharter, Wien 1969, 97–116; J. Gnilka, Geistliches Amt und Gemeinde nach Paulus: Kairos N. F. 11 (1969) 95–104; W. Thüsing, Aufgabe der Kirche und Dienst in der Kirche: Bibel und Leben 10 (1969) 65–80; K. Kertelge, Verkündigung und Amt im Neuen Testament: Bibel und Leben 10 (1969) 189–198; ders., Die Funktion der «Zwölf» im Markusevangelium: TrTZ 78 (1969) 193–206.

nicht arm an Spuren eines ausgeprägten kirchlichen Amtsverständnisses, vor allem, wenn man die späteren Schriften und
darunter besonders die Pastoralbriefe in Betracht zieht[4]. Schwieriger ist es jedoch, diese Spuren in eine bestimmte Geschichte der
urchristlichen Kirche und ihrer Ämter einzuzeichnen. Offenkundig
ergeben die verschiedenen im NT und darüber hinaus in den
apostolischen Väterschriften gebräuchlichen Ämterbezeichnungen
und die darin vorausgesetzten Ämter kein ganz einheitliches, in
sich geschlossenes und von Anfang an fertig vorliegendes Ämtersystem[5]. Immerhin vermag die ntl. Wissenschaft gewisse Entsprechungen und Entwicklungen von kirchlichen Amtsbezeich-
nungen und Ämtern in den verschiedenen Schichten des Urchristentums nachzuweisen, etwa zwischen den «Episkopen» und «Dia-
konen» in Phil 1, 1 einerseits und in den Pastoralbriefen andererseits[6]. Aber diese Feststellungen lassen keineswegs ein seit den
christlichen Anfängen perfekt durchstrukturiertes Ämtersystem
erwarten. Zudem erscheint es, theologisch gesehen, sehr fraglich,
ob es uns auf eine solche Erwartung überhaupt ankommen darf.
Hierfür gibt es vor allem in den frühen Schriften des NT keinen
Anhalt. Ein Einblick in die älteste Schicht der ntl. Zeugnisse kann
uns dagegen eher den Blick schärfen für die *Sache*, um die es *in
jedem Amt* geht oder gehen sollte.

Aus diesem Grunde wenden wir uns den Briefen des Apostels
Paulus zu mit der Frage: Wie hat Paulus über das Amt gedacht?
Allerdings erhalten wir hierzu von Paulus keine unmittelbare Auskunft. Für ihn stellte sich die Frage nach dem Amt vielmehr in
einer ihn persönlich angehenden Weise. Was Paulus uns hierzu
von sich aus sagt, ist dies, wie er sein eigenes Amt verstanden hat.

2. Das apostolische Selbstverständnis des Paulus

Die Selbstbezeichnung des Paulus als eines «Amtsträgers» ist
am deutlichsten in den Briefeingängen zu erkennen. Mit geringen
Abweichungen im einzelnen stellt er sich selbst dort als «Apostel

---

[4] Vgl. besonders *N. Brox*, Historische und theologische Probleme der
Pastoralbriefe des Neuen Testaments: Kairos N. F. 11 (1969) 81–94.
[5] Vgl. hierzu auch schon *J. Gewieß*, Die neutestamentlichen Grundlagen der
kirchlichen Hierarchie: HJ 72 (1953) 1–24, hier 1f; *Ph.-H. Menoud*, L'Église et les
ministères selon le Nouveau Testament, Neuchâtel–Paris 1949; *H. von Campenhausen*, Kirchliches Amt und geistliche Vollmacht in den ersten drei Jahrhunderten, Tübingen 1953; *E. Käsemann*, Amt und Gemeinde im Neuen Testament, in: Exegetische Versuche und Besinnungen, I, Göttingen 1960, 109–134;
K. H. Schelkle, Jüngerschaft und Apostelamt, Freiburg i. Br. ³1965.
[6] Vgl. *J. Gnilka*, Der Philipperbrief, Freiburg 1968, 32–39 (Exkurs 1: Die
Episkopen und Diakone); *ders.* in: Kairos N. F. 11 (1969) 95–104.

Jesu Christi» vor (Röm 1, 1; 1 Kor 1, 1; 2 Kor 1, 1; Gal 1, 1). Seinen Apostolat führt er auf eine «Berufung» zurück (Röm 1, 1; 1 Kor 1, 1); er ist κλητὸς ἀπόστολος[7]. In Röm 1, 1 wird die in der Berufung ausgesprochene göttliche Erwählung näher mit ἀφωρισμένος unterstrichen[8]. Seine Berufung zum Apostel entspricht dem «Willen Gottes» (1 Kor 1, 1; 2 Kor 1, 1; vgl. Eph 1, 1; Kol 1, 1; 2 Tim 1, 1)[9]. Der Tenor all dieser Äußerungen ist klar: Paulus versteht sich im Verhältnis zu den Gemeinden, denen er schreibt, als «Apostel», der unter einer besonderen Berufung durch Jesus Christus bzw. durch Gott steht[10]. Näherhin weiß er sich berufen zum Dienst am Evangelium, d. h. zur Verkündigung des «Evangeliums Gottes» unter den Heiden. Daher ist sein Dienst mit ἐθνῶν ἀπόστολος (Röm 11, 13)[11] kurz und prägnant umschrieben.

Mit dieser Selbstvorstellung des Paulus dürfte aber noch nicht alles gesagt sein. Angesichts der Selbstverständlichkeit, mit der Paulus sich als «berufener Apostel» einführt, haben wir *historisch-kritisch weiter zu fragen*: Mit welchem Recht bezieht er sich auf eine Berufung durch Jesus Christus bzw. durch Gott? Welche Realität steht hinter dieser seiner Berufung? In der Regel wird hierauf mit dem Hinweis auf das sog. Damaskuserlebnis geantwortet, jene Begegnung mit dem erhöhten Herrn, die nach der Auskunft der Apostelgeschichte zur Bekehrung des Paulus geführt hat (Apg 9, 1–9). Nun wird man ja nicht übersehen können, daß die Apostelgeschichte uns im einzelnen zwar wertvolle Nach-

---

7 Vgl. *K. L. Schmidt:* TWNT III 495.
8 Vgl. *K. L. Schmidt:* TWNT V 455; *O. Kuß,* Der Römerbrief, 1. Lieferung, Regensburg 1957, 3f.
9 Vgl. besonders *T. Holtz,* Zum Selbstverständnis des Apostels Paulus: TLZ 91 (1966) 321–330: Das θέλημα θεοῦ als «letzte Autorität» des Apostelamtes weist auf den atl.-prophetischen Hintergrund des paulinischen Amtsverständnisses hin. Die «prophetische Funktion» des Apostels sucht vor allem *A.-M. Denis,* L'Apôtre Paul, prophète «messianique» des gentils: EphTLov 33 (1957) 245–318, aufzuweisen. Vgl. auch *K. H. Rengstorf:* TWNT I 440–443. Letztere scheinen allerdings der besonderen Art der typologischen Betrachtungsweise des Paulus zu wenig Rechnung zu tragen. Hierzu *J. Roloff,* Apostolat – Verkündigung – Kirche, Gütersloh 1965, 42–44.
10 Es erscheint fraglich, ob Paulus seine Selbstbezeichnung als «Apostel Jesu Christi» im Sinne einer Legitimation im Gegensatz zu den ἀπόστολοι τῶν ἐκκλησιῶν, die ihre Bevollmächtigung von den Gemeinden hatten, verstanden hat, wie *H. Lietzmann,* An die Römer, Tübingen ⁴1933, 24, und *E. Lohse,* Ursprung und Prägung des christlichen Apostolates: TZ 9 (1953) 259–275, hier 268, annehmen. Paulus gebraucht den Begriff ἀπόστολοι ἐκκλησιῶν nur einmal, nämlich 2 Kor 8, 23, und Phil 2, 25 spricht er im gleichen Sinne von Epaphroditos als ὑμῶν ἀπόστολος, wobei weder an der einen noch an der anderen Stelle ein titularer Gebrauch vorliegt. Andererseits gebraucht Paulus den Titel Χριστοῦ ἀπόστολος unpolemisch bereits 1 Thess 2, 7, also schon vor seinem Kampf um seine apostolische Autorität im Galaterbrief.
11 Vgl. auch Röm 1, 5 (χάριν καὶ ἀποστολὴν ... ἐν πᾶσιν τοῖς ἔθνεσιν); 1, 13 (ἐν τοῖς λοιποῖς ἔθνεσιν); 15, 16 (εἰς τὰ ἔθνη); Gal 1, 15 (ἵνα εὐαγγελίζωμαι αὐτὸν ἐν τοῖς ἔθνεσιν).

richten über die Anfänge der Kirche hinterlassen hat, daß sie
diese aber in einer theologisch interessierten Geschichtsdarstel-
lung vermittelt [12]. Bevor wir daher bezüglich der Berufung des
Paulus die Nachrichten der Apg historisch auswerten [13], sollten
wir zunächst die uns zur Verfügung stehenden Selbstaussagen
des Paulus aus seinen eigenen Schriften hören.

a) Die Berufung des Apostels nach 1 Kor 15, 1–11

Von grundlegender Bedeutung ist *1 Kor 15, 1–11*. Paulus überliefert, erweitert und interpretiert an dieser Stelle ein in den
Versen 3–5 zitiertes urchristliches Glaubensbekenntnis [14]. Er erinnert die Korinther an dieses Bekenntnis als etwas ihnen Be-
kanntes:

«Denn ich habe euch in erster Linie überliefert, was ich auch
überkommen habe:

‹Daß Christus gestorben ist für unsere Sünden nach den Schriften,
und daß er begraben wurde,
und daß er auferweckt ist am dritten Tage nach den Schriften,
und daß er dem Kephas erschien, dann den Zwölf›».

In Fortsetzung des letzten Satzgliedes werden sodann die Erscheinungen vor den «mehr als fünfhundert Brüdern», dem Jakobus, allen Aposteln und schließlich auch vor Paulus aufgezählt.
Für unsere Fragestellung sind die letzten Verse besonders aufschlußreich: «Zuletzt aber von allen – gleichsam als der Fehlgeburt – erschien er auch mir. Denn ich bin der geringste der
Apostel, der ich nicht wert bin, Apostel zu heißen, weil ich die
Gemeinde Gottes verfolgt habe» (V. 8f). Hierin klingt deutlich

---

[12] Vgl. besonders M. *Dibelius*, Aufsätze zur Apostelgeschichte. Hrsg. von
H. Greeven, Göttingen ⁴1961, 91–95. 175–180.
[13] Vgl. W. *Heitmüller*, Die Bekehrung des Paulus: ZTK 27 (1917) 136–153;
G. P. *Wetter*, Die Damaskusvision und das paulinische Evangelium, in: Festgabe
für A. Jülicher, Tübingen 1927, 80–92, sowie den Forschungsbericht von
B. *Rigaux*, Paulus und seine Briefe. Der Stand der Forschung, München 1964,
62–94. Vgl. auch G. *Lohfink*, Paulus vor Damaskus, Stuttgart 1965.
[14] Vgl. hierzu als neuere Autoren vor allem H. *Conzelmann*, Zur Analyse
der Bekenntnisformel I. Kor 15, 3–5: EvT 25 (1965) 1–11; *ders.*, Der erste Brief an
die Korinther (KommNTMeyer 5), Göttingen ¹¹1969, 296–303; F. *Mußner*, «Schichten» in der paulinischen Theologie, dargetan an 1 Kor 15: BZ N. F. 9 (1965)
59–70; J. *Roloff*, a. a. O. (Anm. 9), 45–56; J. *Kremer*, Das älteste Zeugnis von der
Auferstehung Christi, Stuttgart 1966; Ph. *Seidensticker*, Das Antiochenische
Glaubensbekenntnis 1 Kor 15, 3–7 im Lichte seiner Traditionsgeschichte: TGl 57
(1967) 286–323; J. *Blank*, Paulus und Jesus, München 1968, 133–170; K. *Lehmann*,
Auferweckt am dritten Tag nach der Schrift, Freiburg–Basel–Wien 1968; P. *Stuhlmacher*, Das paulinische Evangelium. I. Vorgeschichte, Göttingen 1968, 266–282.

eine Entsprechung der Erscheinung des Auferstandenen zum
Apostelsein des Paulus an. Er ist zwar nicht wert, wie er sagt,
Apostel zu sein. Aber er *ist* Apostel. Und daß er der «letzte der
Apostel» ist, bedeutet für ihn in keiner Weise, daß er weniger
Apostel sei als die übrigen. Im Gegenteil, scheint er im folgenden
sagen zu wollen, was ich bin, das bin ich ja nicht aus mir selbst,
sondern durch die Gnade Gottes, und diese ist nicht leer gewesen,
«sondern ich habe mehr gearbeitet als sie alle, doch nicht ich, sondern die Gnade Gottes mit mir» (V. 10). In diesem Vers wird deutlich, worauf Paulus seinen Apostolat zurückführt. Er verdankt sein
Apostelsein der «Gnade Gottes». Die Betonung der Gnade an
dieser Stelle [15] entspricht dem Grundcharakter seiner Verkündigung: Was der Christ ist, das ist er aus Gnade. Das gilt auch und
in besonderer Weise für die ἀποστολή, die Paulus daher einfach als
die ihm «gegebene χάρις» [16] bezeichnen kann.

Daneben tritt in diesen Versen nun aber auch der *geschichtliche
Bezugspunkt* der göttlichen χάρις klar hervor. Diese hat sich auf
ihn gerichtet in der Erscheinung des Auferstandenen. Indem
Paulus sich in die Reihe der «Auferstehungszeugen», deren Aufzählung ihm von der urkirchlichen Überlieferung her schon vorgegeben war, einordnet oder genauer: an sie anhängt – er nimmt
ja die letzte Stelle ein –, behauptet er für sich die gleiche Qualität
des ὤφθη wie für sie. Ist der Auferstandene zuerst dem Kephas und
den Zwölfen und dann den «mehr als fünfhundert Brüdern», sodann dem Jakobus und schließlich allen Aposteln erschienen und
haben alle diese ihre spezifische Existenz, eben als Kephas, also
als «Fels», und als die «Zwölf», das ist der Kern des neuen Israel,
die «mehr als fünfhundert Brüder» als die «Primizialgemeinde» des
Neuen Bundes und damit als Kirche Christi [17], und daneben aber

---

15 Vgl. auch Gal 1, 15: καλέσας διὰ τῆς χάριτος αὐτοῦ.
16 Röm 12, 3. 6; 1 Kor 3, 10; Gal 2, 9. Vgl. auch die Parallelisierung von
χάρις und ἀποστολή in Röm 1, 5. Zur Bedeutung der χάρις als Begründung des
apostolischen Dienstes des Paulus vgl. besonders *A. Satake*, Apostolat und
Gnade bei Paulus: NTS 15 (1968/69) 96–107.
17 Auch wenn man mit vielen Exegeten (vgl. *W. G. Kümmel*, in: H. Lietzmann, An die Korinther I/II, Tübingen ⁴1949, 191; *J. Roloff*, a. a. O. 50) die gelegentlich behauptete Identität dieser Erscheinung mit dem Pfingstereignis von
Apg 2 (*A. von Harnack*, Die Verklärungsgeschichte Jesu, der Bericht des Paulus
[1 Kor 15, 3ff] und die beiden Christusvisionen des Petrus, in: SAB, Phil.-hist.
Kl., 1922, 62–80, hier 65) bestreitet, besteht kein Grund, die «kirchengründende»
Funktion dieser Erscheinung anzuzweifeln. Vgl. *K. Holl*, Der Kirchenbegriff des
Paulus in seinem Verhältnis zu dem der Urgemeinde, in: Ges. Aufsätze zur
Kirchengeschichte II: Der Osten, Tübingen 1928, 44–67, hier 47; *H. von Campenhausen*, Der Ablauf der Osterereignisse und das leere Grab (SAH, Phil.-hist. Kl.,
1952, 4), Heidelberg ³1966, 18: «... die ‹Kirche› ist im Entstehen, und die Ge-
meindebildung im großen Stil hat begonnen». Ob und wieweit die «Erscheinung
vor den 500 Brüdern» eine Art «demokratisierender» Tendenz in der frühen

auch als Jakobus, offenkundig ein Begriff für die Urgemeinde in
Jerusalem, und schließlich als die bestellten Apostel, haben diese
alle ihr jeweiliges Sein eben durch die Erscheinung des Auferstandenen, dann gründet auch Paulus als Apostel in dem gleichen Geschehen, das hier mit ὤφθη angedeutet wird [18]. Ihm ist die
Erscheinung des Auferstandenen zwar ganz zuletzt zuteil geworden, d. h. in einer Weise, daß keiner mehr damit rechnete –
mit dem Begriff des ἔκτρωμα = «Fehlgeburt» sucht Paulus selbst
diese «Unregelmäßigkeit» kenntlich zu machen [19] –, nichtsdesto-
weniger qualifiziert ihn diese Erscheinung in gleicher Weise [20],
nämlich als Apostel Jesu Christi.

Es ist zweifellos ein Zeichen *polemischer* Absicht, wenn er sich
in solch merkwürdiger Weise – merkwürdig zumindest im Vergleich zur betonten Behauptung seiner apostolischen Selbständig-
keit in Gal 1 und 2 – an die Tradition und an die aus der Tradition
bekannten Erscheinungen des Auferstandenen anschließt und sich
zugleich aber auch eigentümlich von der Tradition distanziert,
indem er sich betont an letzter Stelle hinzuzählt und darauf hinzuweisen wagt, daß er mehr gearbeitet habe «als sie alle». Offenkundig hat es in der korinthischen Gemeindesituation einen Anlaß
gegeben, der ihn an dieser Stelle auf sein Apostelamt eingehen
läßt. Es ist uns auch sonst bekannt, vor allem aus Gal und aus
2 Kor, daß Paulus nicht von selbst, sondern nur von äußeren Umständen gedrängt, auf seine Berufung zum Apostolat und sein
apostolisches Selbstverständnis eingeht. Überraschend wirkt in
1 Kor 15, 9–11 nur, daß er es gerade an dieser Stelle tut. Hierzu
folgendes:

Kirche widerspiegelt – «perhaps in reaction against the exclusive claims of
various would-be-leaders» (*W. O. Walker*, Postcrucifixion Appearances and
Christian Origins: JBL 88 [1969] 157–165, hier 165), bleibe dahingestellt.

[18] Zur eröffnenden und begründenden Bedeutung des ὤφθη vgl. besonders
J. Blank, Paulus und Jesus 158f.

[19] Vgl. *J. Blank*, a. a. O. 189 (im Anschluß an K. Holl): «Vom Standpunkt der
Urgemeinde, und das heißt unter dem Gesichtspunkt einer sich anbahnenden,
feste Gestalt annehmenden ‹Tradition›, war die Erscheinung vor ‹allen Aposteln›
die letzte. Bei Paulus handelt es sich um die absolut unvorhergesehene, nicht
‹eingeplante› Erscheinung ...» – *H. Lietzmann*, An die Korinther I/II, 78, und
J. Schneider: TWNT II 463–465, sehen das tertium comparationis mit dem
ἔκτρωμα in dem anormalen Zeitpunkt und Vorgang der Geburt sowie in der
«unvollkommenen Gestalt des Geborenen». Nach *E. Güttgemanns*, Der leidende
Apostel und sein Herr, Göttingen 1966, 89f, nimmt Paulus mit τὸ ἔκτρωμα ein
Schimpfwort der Gegner auf (so auch schon Harnack, J. Schneider): Das
«Schimpfwort» sollte in Korinth die «Außenseiterstellung» des Paulus in der
Auferstehungsfrage kennzeichnen: «Der wahre Apostel verkündige nämlich
(anders als Paulus) die Identität zwischen Christus und den Christen und kenne
darum keine christologisch-zeitliche Distanz».

[20] Vgl. *J. Blank*, a. a. O. 187: «In dem ὤφθη geschieht ... eine Gleichstellung
des Paulus mit den übrigen Auferstehungszeugen».

Wenn wir die *Argumentation des Paulus* in den Versen 1–11 und darüber hinaus im ganzen Kap. 15 zu überblicken suchen, so ergibt sich, daß das Thema des paulinischen Apostolats der umfassenderen Thematik von der Auferstehung von den Toten untergeordnet ist. Für dieses sein Hauptthema, das in dem folgenden V. 12 deutlich hervortritt, sucht er in den Versen 1–11 eine Basis zu legen, die auch von den Auferstehungsleugnern in der Gemeinde von Korinth akzeptiert wird[21]. Diese Basis bietet das εὐαγγέλιον, das Paulus wie die gesamte Kirche verkündet. Mit der gesamten Kirche bekennen auch die Korinther: Christus ist gestorben und auferstanden. So lautet die Verkündigung des Paulus wie der gesamten Kirche, und so haben es auch die Korinther bei ihrer Christwerdung gläubig angenommen (V. 2. 11). Aber welche Bedeutung hat dabei die Reihe der Erscheinungsempfänger von Kephas bis Paulus? Daß Christus als der Auferstandene den Erstlingen der Kirche erschienen ist, hat zunächst seinen festen Platz im Kerygma der Kirche, wie es in V. 3–5 zitiert ist. Wozu aber die Erweiterung des letzten Gliedes des überlieferten Glaubensbekenntnisses zu einer ganzen Kette von Erscheinungen? Sind die neben den erstgenannten weiter aufgezählten Erscheinungen[22] für Paulus etwa als zusätzliche Bekräftigung der Bezeugung des Auferstandenen wichtig?

So kommentiert z. B. H. Lietzmann[23]: «Zu der grundlegenden Unterweisung, die Paulus den Korinthern einst gegeben hat, gehörte ... außer dem Schriftbeweis auch ein historischer Zeugenbeweis für die Auferstehung». Dieser «Zeugenbefund» sichere die Auferstehung Christi «als historisch gegebene und theologisch zu würdigende Tatsache». Ähnlich urteilt auch R. Bultmann[24], Paulus versuche an dieser Stelle, «die Auferstehung Christi als ein objektives historisches Faktum glaubhaft zu machen», womit dieser allerdings «in Widerspruch mit sich selbst» gerate[25].

---

[21] Vgl. *H. D. Wendland*, Die Briefe an die Korinther, Göttingen ¹²1968, 139f; *H. Conzelmann*, Der erste Brief an die Korinther 293. Vgl. auch *J. H. Schütz*, Apostolic Authority and the Control of Tradition: I Cor. XV: NTS 15 (1968/69) 439–457. Schütz nimmt an, die Argumentation des Apostels aufgrund der zitierten Tradition sei bedingt durch die «Meinungsverschiedenheit» in der Auferstehungsfrage zwischen dem Apostel und den Korinthern, die sich selbst auf diese Tradition berufen hätten.

[22] Die Frage, ob die Verse 6 und 7 bereits zur vorpaulinischen Formel gehörten, wird unterschiedlich beantwortet. Jedenfalls hat Paulus V. 6b (ἐξ ὧν οἱ πλείονες ...) selbst eingefügt. Wahrscheinlich haben wir mit einer weiterführenden Interpretation des Grundbestandes der Formel in ihrer Überlieferungsgeschichte zu rechnen, so daß sie bereits vor ihrer Verwendung durch Paulus in 1 Kor 15 den Umfang von V. 3–7 (ohne V. 6b) erreichte. Vgl. *P. Stuhlmacher*, a. a. O. 267–269 (mit besonderem Hinweis auf sprachliche Eigentümlichkeiten der Verse 6a. 7).

[23] An die Korinther I/II, 77. Zustimmend W. G. Kümmel, ebd. 192.

[24] Karl Barth, «Die Auferstehung der Toten», in: GuV I, Tübingen ⁴1961, 38–64, hier: 54f.

[25] Der Widerspruch tritt nach Bultmann (ebd.) vor allem in V. 20–22 auf. Was Paulus dort von Tod und Auferstehung sage, könne nicht von einem historischen Faktum ausgesagt werden.

H. Conzelmann[26] sieht diesen Widerspruch bereits zwischen V. 1–11 und V. 12ff, wenn man an dieser Deutung der Zeugenreihe festhalte. Aber das ist die Frage, ob hier eine Zeugenreihe für die *Tatsächlichkeit* der Auferstehung Jesu angeführt werden sollte[27]. Conzelmann möchte nun die Aufzählung der Zeugen als ein Argument des Paulus gegenüber den Korinthern verstehen, wodurch dieser «die Auferstehung in der zeitlichen Distanz von der Gegenwart zu halten und dadurch eine direkte Aneignung derselben unmöglich zu machen»[28] suche. Richtig ist, daß Paulus in *Kap. 15 durchgehend* bemüht ist, die Auferstehung Christi als das einmalige Geschehen von der noch ausstehenden allgemeinen Auferstehung in der Zukunft zu unterscheiden und den Korinthern die theologische Relevanz der Auferstehungs-*Hoffnung* darzulegen[29]. Aber es ist doch unwahrscheinlich, daß er hierzu die Auferstehung Jesu von der Gegenwart weg in die Vergangenheit distanzieren will. Nach Conzelmann soll diese Tendenz im ganzen Abschnitt V. 1–11 beherrschend sein, also auch in den Versen 9–11, und zwar in V. 9 und 10 gerade durch die Betonung der Gnade als Ursprung seines Apostolates. Für Paulus sei die Gegenwart «nicht die Zeit, in der man direkten Zugang zum Auferstandenen» habe, sie sei vielmehr «die Zeit der Gnade»[30].

Conzelmann denkt hier offenkundig von dem von ihm angenommenen Auslegungsgrundsatz des Paulus her: Paulus betreibe «Theologie als Auslegung des Credo»[31]. Danach blickt Paulus in V. 8–10 immer noch auf die in V. 3–5 zitierte Glaubensformel, nur daß er jetzt die Auferstehung Jesu «als vergangenes Geschehen festzustellen» suche. Sieht man auf den Text in V. 8–10, so ist eigentlich nicht einzusehen, daß Paulus durch die Betonung seines Apostolates die Auferstehung Jesu in die *Vergangenheit* distanziert. Es scheint doch eher so zu sein, daß die Reihe der Erscheinungen des Auferstandenen bis in die *Gegenwart* hinein, nämlich bis zu Paulus, verlängert werden soll. Das ergibt sich jedenfalls, wenn man das Gefälle der «Zeugenliste» berücksichtigt. Dargelegt wird zunächst das Kerygma der Kirche, so wie Paulus es in Über-

---

[26] Der erste Brief an die Korinther 304.

[27] J. *Blank*, Paulus und Jesus, 169, verlagert m. E. das Problem nur, wenn er den Ton auf die «*Osterwirklichkeit* der Auferweckung Jesu» legt und letztere als «ein Geschehen, das tatsächlich stattgefunden hat», von Paulus «sicherstellen» läßt.

[28] A. a. O. 304.

[29] Vgl. besonders 1 Kor 15, 19: «Wenn wir nur in *diesem* Leben Hoffnung auf Christus haben, sind wir bemitleidenswerter als alle Menschen». Vgl. weiter besonders V. 22.

[30] A. a. O. 306.

[31] A. a. O. 293f.

einstimmung mit der Überlieferung, d. h. aber auch: mit der Gesamtkirche, verkündet hat. Zum kirchlichen Kerygma gehören die
Erscheinungen des Auferstandenen wesentlich hinzu. Das weiß
auch Paulus. Aber warum gehören sie dazu? Nicht nur als Selbst-
demonstrationen des Auferstandenen, sondern als Aussage über
die Gründung der Kirche in der Auferstehungswirklichkeit. Das
gilt wohl schon für den Anfang der Überlieferung dieser Glaubensformel vor Paulus [32]. Das gilt in neuer und besonderer Weise auch
für Paulus selbst. Ihm geht es nun nicht mehr um die Legitimation
der Kirche als der Gründung des Auferstandenen, sondern um den
*sachlichen Zusammenhang seines Evangeliums mit der Auf-
erstehung Christi.* Christus ist gestorben für uns und von den
Toten auferstanden, und er, Paulus, ist nun nicht etwa nur Zeuge
der *Faktizität* der Auferstehung Christi, sondern der *Verkünder*
der *Auferstehung* Christi. Er ist dies als der von Jesus Christus
hierzu bestellte Apostel. Und er verkündet die Auferstehung
Christi eben als sein Evangelium.

b) Apostolat und Evangelium

Hier zeigt sich der besondere Begriff des Paulus von εὐαγγέλιον.
«Das Evangelium», das er den Korinthern «verkündet» hat und das
diese «auch angenommen» haben, ist nach 1 Kor 15, 1f nicht
schlechthin nur die vorgegebene Botschaft in einer bestimmten
bekenntnismäßigen Ausformulierung [33]. εὐαγγέλιον ist die Weise,
in der sich der Auferstandene in der Gegenwart selbst bezeugt.
Paulus aber ist der Diener des εὐαγγέλιον, insofern er der Selbst-
bezeugung des Auferstandenen das artikulierende Wort leiht. Als
solcher aber gehört er mit ins Evangelium. Das ist der Sinn der
Aufzählung der Erscheinungen. Am Ende ist der Auferstandene
«auch» ihm erschienen. Das ist nicht nur ein historisches Datum,
sondern das vom Evangelium selbst intendierte Ereignis, durch
das sich das Evangelium oder, wir können auch sagen: der Auferstandene als der eigentliche Inhalt und Träger des Evangeliums
sein Werkzeug bereitstellt. Der Apostel kommt also nicht von
außen zum Evangelium als seinem Verkündigungsgegenstand
hinzu. Vielmehr ist *das Primäre und das eigentlich Wirksame das*

---

[32] Vgl. *H. D. Wendland,* Die Briefe an die Korinther 141; *H. Conzelmann,* in:
EvT 25 (1965) 8f; *J. Blank,* Paulus und Jesus 140. 159f.
[33] Zum Problem von «Evangelium und Tradition» bei Paulus vgl. *K.
Wegenast,* Das Verständnis der Tradition bei Paulus und in den Deutero-
paulinen, Neukirchen 1962, 40–49. 64–69; *J. Roloff,* a. a. O. 84–90; *J. Blank,*
Paulus und Jesus 136–139.

Evangelium, die Verkündigung, personal ausgedrückt: der Auferstandene, der sich den Verkünder erwählt, ihn beruft und sendet.

So muß auch das bekannte Wort in Röm 10, 14c. 15a verstanden werden: «Wie sollen sie hören ohne Verkünder? (Der Glaube kommt ja von Hören.) Wie sollen sie aber verkünden, wenn sie nicht gesandt sind?» Deswegen ist die Sendung von Bedeutung, weil es auf die Verkündigung ankommt. In dem Kettenschluß von Röm 10, 14f kommt die sachliche Einheit von Apostolat, Evangelium und Heilsgeschehen zum Ausdruck. Daher hat auch das Wort 1 Kor 1, 17 eine sehr grundsätzliche Bedeutung: «Denn nicht hat mich Christus gesandt zu taufen, sondern das Evangelium zu verkünden». Erkennt man die sachliche Ausrichtung des Apostolats auf das Evangelium, wird man aus der genannten Stelle nicht einen Gegensatz von Taufe und Verkündigung als zweier verschiedener Amtshandlungen, sondern eher die eschatologische Dringlichkeit der apostolischen Verkündigung heraushören [34].

Nach unserer Auslegung von 1 Kor 15, 8–10 sind diese Verse als eine Begründung des paulinischen Apostolates zu verstehen. Hatte Paulus zunächst in den Versen 1–5 das von ihm verkündete Evangelium im Wortlaut einer bekannten Kurzformel des kirchlichen Glaubensbekenntnisses in Erinnerung gerufen, um so eine Ausgangsbasis für seine weitere Argumentation in Fragen der Auferstehung der Toten zu gewinnen, so wirkt die betonte Herausstellung seines Apostolates in den Versen 8–10 auf den ersten Blick überraschend [35]. Beide Teile dieses Abschnittes erweisen sich jedoch als sachlich zusammengehörig, wenn gesehen wird, daß der *Apostolat,* wie Paulus ihn versteht, *im Evangelium begründet* ist und umgekehrt das Evangelium den Apostolat fordert und sich schafft. Mit der Aufzählung einer ganzen Reihe von Er-

---

[34] Vgl. auch 1 Kor 9, 16: «Denn wenn ich das Evangelium verkünde, ist das für mich kein Ruhm; denn eine Notwendigkeit (ἀνάγκη) liegt auf mir».

[35] *J. Roloff,* a. a. O. 51–54, sieht darin, daß Paulus in V. 8–10 seinen Apostolat mit solchem Nachdruck herausstellt, einen «schwer erklärbaren Umstand», da vorher von der «Augenzeugenschaft der Auferstehung» (!) die Rede sei. Diese «scheinbare Inkonsequenz» finde ihre Erklärung dadurch, «daß Paulus sich selbst an das Ende der Zeugenreihe stellt, an deren Anfang Petrus steht. Dem anerkannten ersten Haupt der Jerusalemer Urgemeinde tritt der ‹geringste der Apostel› (V. 9) gegenüber, dem Erstberufenen das ἔκτρωμα» (ebd. 51). Damit wird der pln. Apostolat nur «antitypisch» zu dem des Petrus erklärt. Roloff verkennt, daß Paulus seinen Apostolat nicht in einer «Augenzeugenschaft der Auferstehung», wenn an dieser Stelle hiervon überhaupt die Rede sein kann, begründet sieht, sondern im Geschehen der Auferstehung Christi selbst. Paulus geht es hier nicht darum, sich «anhand des Apostelbegriffes ... in einen vorgegebenen Deutungszusammenhang» einzuordnen (ebd. 56), sondern die innere Entsprechung seines Apostolates mit dem *einen* Evangelium, das er den Korinthern verkündet hat, zu erweisen.

scheinungen des Auferstandenen vor Personen und Personenkreisen vor ihm hat er tatsächlich einen «historischen» Beweis geliefert, wenn man so will, aber nicht primär für das Faktum der Auferstehung Jesu, sondern für seinen Apostolat. Dieser «Beweis» soll dadurch an zwingender Kraft gewinnen, daß er sich wie die anderen, wenn auch an letzter Stelle, auf eine Erscheinung des Auferstandenen berufen kann. Zugleich muß aber im Auge behalten werden, daß Paulus hier mehr will als nur seinen Apostolat begründen. In dem ganzen Abschnitt V. 1–11 geht es vielmehr um die *Einheit der christlichen Glaubensverkündigung und des Glaubens*. Das zeigt der abschließende V. 11 deutlich: «Ob nun ich oder jene: So verkünden wir und so seid ihr zum Glauben gelangt». Paulus gehört also in diese *eine* Glaubensverkündigung mit hinein. Von dieser Basis aus kann er nun in der Auferstehungsfrage weiter argumentieren.

Damit erscheint aber die Annahme Conzelmanns, Paulus betreibe Theologie als Auslegung von vorgegebenen, formulierten Glaubenssätzen[36], als nicht haltbar. Nicht die Tradition als solche steht hier am Anfang, um dann nur noch ausgelegt zu werden, sondern das Evangelium. «Ich tue euch aber kund, Brüder, das Evangelium, das ich euch verkündet habe, das ihr auch angenommen habt, in dem ihr auch steht, durch welches ihr auch gerettet werdet ...» (V. 1f). Der Bezug auf die Tradition in den folgenden Versen hat sodann supplementäre Bedeutung, nämlich zum Erweis der Universalität seines Evangeliums. Es ist eben das *eine* Evangelium der *einen* Kirche. Paulus treibt also Theologie als Auslegung seines Evangeliums, d. h. aber als Auslegung des *einen* Evangeliums, von dem er sich hat in Dienst nehmen lassen. Nur wenn wir Überlieferung als den lebendigen Vorgang der Selbstmitteilung des Auferstandenen im Evangelium fassen, läßt sich Theologie im Sinne des Apostels auch als Auslegung der «Tradition» verstehen.

c) Zusammenfassung

Paulus versteht sich als Apostel, insbesondere als Apostel der Heiden. Auf die anfangs gestellte Frage, wie Paulus seinen Apostolat begründet und welche Realität hinter seiner Berufung zum Apostel steht, ist zu antworten: Paulus weiß sich als Apostel

---

36 Vgl. oben S. 168.

durch den Auferstandenen selbst berufen. Außer dem Hinweis, daß «auch» ihm Christus erschienen ist oder, wie er 1 Kor 9, 1 sagt, daß er «den Herrn gesehen» habe [37], hat er keinen «historischen» Beweis anzuführen. Freilich versteht Paulus seine Berufung durch den Auferstandenen nicht eigentlich als ein historisches Datum, sondern eher als die im Evangelium selbst angelegte Konsequenz der Auferstehung Christi. Der Auferstandene bezeugt sich selbst im Evangelium, dessen Gesandter Paulus ist. Paulus denkt immer von der sachlichen Einheit von Apostolat und Evangelium aus. Und da sich diese Einheit eben nicht *historisch* erweisen läßt, gelingt ihm eigentlich auch nicht eine zwingende Argumentation in der Auseinandersetzung mit denen, die an seinem Apostolat einen Mangel finden wollen. Paulus selbst weiß darum und führt deshalb den Beweis für die Gültigkeit seines Apostolates mit geteiltem Herzen. Dies trifft vor allem für Gal 1–2 und für 2 Kor zu, aber auch für 1 Kor 15, 1–11. Offenkundig hat er bereits in 1 Kor 15 gespürt, daß es für seine Auseinandersetzung mit den Korinthern bzw. mit ihren Thesen wichtig sei, auf die Stichhaltigkeit seines apostolischen Anspruchs zu verweisen [38].

Aus diesem Befund ergibt sich uns: Mit Paulus haben wir zu erkennen und anzuerkennen, daß der Apostolat als Dienst am Evangelium eine *theologische* Wirklichkeit ist. Er ist theologisch in der Wirklichkeit der Auferstehung Jesu begründet, und insofern sperrt er sich gegen eine rein historische und rechtliche Ableitung.

Dieses Ergebnis bedarf noch einer Überprüfung und Nuancierung anhand der Frage, wie Paulus den Apostolat der *anderen*

---

[37] In diesem «Gesehen-haben» drückt sich apostolisches Selbstbewußtsein aus.

[38] Mit *E. Güttgemanns*, a. a. O. 88f, ist in 1 Kor 15 davon auszugehen, «daß nach Paulus mit dem Kerygma von der Auferweckung Jesu durch Gott auch die Glaubwürdigkeit der Verkündiger auf dem Spiele stand (vgl. V. 15). Sollte es darum nicht ... so sein, daß Paulus in V. 8ff. bewußt auf die konkreten Vorwürfe gegen seinen Apostolat eingeht?»
Diese Notwendigkeit wiederholt sich sodann in umfassenderer Weise im *zweiten Korintherbrief.* Recht verstanden ist der zweite Korintherbrief ein Kommentar des Paulus zu dem Anspruch, den er in 1 Kor 15, 1–11 als Apostel erhebt. Sagt er in 1 Kor 15, 9 von sich, er sei nicht ἱκανός, Apostel genannt zu werden, so wird er seine wahre, ihm von Christus verliehene ἱκανότης, die er in Korinth in Frage gestellt sieht, in 2 Kor 2, 14 – 7, 4 und 10–13 entschieden verteidigen. (Vgl. besonders 2 Kor 2, 16; 3, 5f. Vgl. auch das Stichwort δόκιμος bzw. δοκιμή 10, 18; 13, 3. 5–7.) Wagt er in 1 Kor 15, 10 sogar einen Vergleich mit den vorher genannten Autoritäten, da er nach seinen eigenen Worten mehr gearbeitet hat als sie alle, so wird er ein solches «törichtes» Rühmen in einem noch viel umfassenderen Maße in 2 Kor 10–13 zur Verteidigung gegenüber den Anwürfen seitens der «Überapostel» einsetzen. In dieser Entsprechung zeigt sich das Fortdauern einer grundsätzlicheren Problematik, die Paulus in den Griff zu bekommen sucht, bei der es sich aber immer mehr zeigen sollte, daß nicht so sehr die von ihm im ersten Korintherbrief behandelten Sachfragen im Wege stehen als vielmehr Fragen seiner Amtsautorität.

Apostel versteht und in welchem Verhältnis er sich selbst zu diesen stehen sieht.

3. Paulus und die anderen Apostel

Eine erste Antwort bietet sich bereits in *1 Kor 15, 7f* an. Paulus anerkennt die Autorität anderer Apostel aufgrund der gleichen Wirklichkeit, von der er auch sein Apostelsein getragen weiß. Ihnen ist der Auferstandene erschienen, und sie haben dadurch den gleichen Auftrag erhalten wie er[39]. Dies muß im Sinne des Paulus gesagt werden, auch wenn er die einzelnen Glieder der «Zeugenreihe» in V. 5–7 nicht genau auf ihre tatsächliche apostolische Funktion überprüft hat. Für ihn gilt, daß der vom Auferstandenen beauftragte Apostel sich darin ausweist, daß er das Evangelium verkündet.

Fraglich ist, ob unter τοῖς ἀποστόλοις πᾶσιν in V. 7 die «Zwölf» aus V. 5 verstanden[40] oder zumindest mitgedacht werden[41], oder ob Paulus hier zwei verschiedene, voneinander unabhängige Personenkreise aufzählt[42]. Das aufzählende εἶτα läßt jedenfalls an eine chronologische Reihenfolge und darin auch an verschiedene Kreise denken, wobei nicht ausgeschlossen ist, daß einzelne, die in der Überlieferung zu den Zwölfen gerechnet wurden, von Paulus auch unter «allen Aposteln» gefaßt sind[43].

Rein auf die Funktion gesehen waren alle, die mit Paulus Apostel waren, nichts anderes als Missionare[44]. Der Kanon ihres

---

[39] G. P. *Wetter*, a. a. O. (Anm. 13), 84, vermutet, «daß nach der Meinung Pauli eben diese Gesichte alle die hier Aufgezählten zu ‹Aposteln› gemacht haben». Allerdings scheint Wetter hiermit zu sehr den phänomenologischen Befund der «Gesichte» zu betonen und dabei zu übersehen, daß es Paulus hier auf die in den *Erscheinungen* zur Verkündigung drängende «Sache» des Auferstandenen geht.

[40] So etwa K. *Holl*, a. a. O. 49: «Die ἀπόστολοι πάντες sind im Unterschied von den δώδεκα in V. 5 die Zwölfe mit Jakobus zusammen». Vgl. auch E. *Lohse*, a. a. O. (Anm. 10).

[41] So etwa J. *Roloff*, a. a. O. 50f. 58–60.

[42] So H. *Mosbech*, Apostolos in the New Testament: ST 2 (1948/49) 166–200, hier 190; G. *Klein*, Die zwölf Apostel, Göttingen 1961, 38–43; W. *Schmithals*, Das kirchliche Apostelamt, Göttingen 1961, 56–77.

[43] Vgl. P. *Bläser*, Zum Problem des urchristlichen Apostolats, in: Unio Christianorum (Festschr. für L. Jaeger), Paderborn 1962, 92–107, hier 96; J. *Blank*, Paulus und Jesus 169: Die Christuserscheinung vor «allen Aposteln» setzt einen «fest umrissenen, begrenzten Kreis voraus, über dessen Umfang schlechterdings nichts mehr auszumachen ist, und zwar den Kreis derer, die zuerst mit der nachösterlich-missionarischen Verkündigung, wahrscheinlich in Jerusalem, begannen».

[44] Vgl. 1 Kor 9, 5f; 12, 28f; Röm 16, 7. Vgl. auch Gal 1, 17–19, wo zumindest für Petrus unbezweifelbar ist, daß auch «die vor mir Apostel» in Jerusalem tatsächlich Missionare waren (vgl. Gal 2, 8). Zum Ursprung des Apostelbegriffs vgl. K. H. *Rengstorf*: TWNT I 406–448 (Ableitung vom Schaliach-Institut); H. *von Campenhausen*, Der urchristliche Apostelbegriff: ST 1 (1947/48) 96–130; H. *Mosbech*, a. a. O.; E. *Lohse*, a. a. O. (entscheidende Prägung des urchristlichen Apostelbegriffs durch Paulus); E. M. *Kredel*, Der Apostelbegriff in der neueren Exegese: ZKT 78 (1956) 169–193. 257–305; L. *Cerfaux*, Pour l'histoire du titre

Apostelseins ist daher in seinen Augen kein anderer als der seine, nämlich das Evangelium und der Dienst am Evangelium. Allerdings gibt es gerade bezüglich des maßgebenden Kanons Spannungen zwischen Paulus und den anderen[45]. Daß die in Korinth und anderswo mit ihm konkurrierenden «Apostel»[46] einen anderen Kanon haben, zeigt sich ihm daran, daß sie «Empfehlungsbriefe» (2 Kor 3, 1) vorzeigen[47] und sich durch imponierende Demonstrationen ihres Geistbesitzes (vgl. 11, 4) ausweisen. Es sind jene σημεῖα τοῦ ἀποστόλου, von denen Paulus 2 Kor 12, 12 sagt, daß der, der sie bei ihm sucht, sie auch bei ihm finden könnte, da er in nichts jenen «Überaposteln» nachstehe. Und wer nach seinen Empfehlungsbriefen fragen möchte, den verweist er an seine Gemeinde. Eben diese selbst ist *sein* Brief (vgl. 2 Kor 3, 2f).

Es zeigt sich also eine Spannung zwischen dem Apostelbegriff des Paulus und dem anderer Apostel. Wird man daraus folgern müssen, es habe im Urchristentum verschiedene Apostelbegriffe gegeben? Ich glaube nicht. Denn der soeben aufgezeigte Gegensatz zwischen Paulus und den anderen tritt ja so überdeutlich erst dort hervor, wo Paulus sich in die Enge getrieben fühlt, wo er sich verteidigen muß und wo er aus diesem Grunde zum Angriff übergeht[48]. Solange man seine Arbeit, d. h. seine Verkündigung an die Heiden[49], akzeptiert und gewähren läßt[50], kann er durchaus auch mit den anderen Aposteln darin einverstanden sein, daß sich die ἐξουσία des Apostels in bestimmter Weise bezeugen muß. Wo dieser Ausweis aber zum eigentlichen Kanon gemacht wird, d. h. wo die gründende Wirklichkeit der Auferstehung Christi nicht mehr gesehen wird – gründend für die Kirche überhaupt –, dort protestiert er gegen solche Entleerung des apostolischen Amtes. Denn

---

Apostolos dans le Nouveau Testament: RechScRel 48 (1960) 76–92; W. *Schmithals*, a. a. O. (gnostische Herkunft des Apostolats); J. *Roloff*, a. a. O. (der Apostolat als das Amt eines Schaliach des Auferstandenen gründet im Jerusalemer Kreis der «Zwölf»).

45 In 2 Kor 10, 12–18 läßt Paulus die Eigenart seines κανών gegenüber dem seiner mit apostolischem Anspruch auftretenden Gegner erkennen. «Das eben ist sein ‹Kanon› – die Abhängigkeit von seinem Herrn» (E. *Käsemann*, Die Legitimität des Apostels: ZNW 41 [1942] 33–71, hier 58).

46 Paulus nennt sie ironisch ὑπερλίαν ἀπόστολοι (2 Kor 11, 5; 12, 11) und in heftigem Angriff ψευδαπόστολοι, «die sich in ‹Apostel Christi› verkleiden» (11, 13). An eine direkte Beziehung dieser Leute zu den Autoritäten der Urgemeinde ist weder an der einen noch an der anderen Stelle zu denken (gegen E. Käsemann, a. a. O. 37–52).

47 Vgl. D. *Georgi*, Die Gegner des Paulus im 2. Korintherbrief, Neukirchen 1964, 241–246. Diese Empfehlungsbriefe sind anscheinend Schreiben anderer Gemeinden, «so etwas wie Chroniken der pneumatischen Krafttaten» (ebd. 244), durch die sich ihre Besitzer ausweisen konnten.

48 Vgl. P. *Bläser*, a. a. O. 98.

49 Hierin ist der universale Anspruch des paulinischen Apostolats enthalten.

der auferstandene Kyrios kommt nicht in Empfehlungsbriefen als solchen vor, ebensowenig in legitimierenden σημεῖα, sondern im Evangelium, dem der Apostel dient. Anders: Der Auferstandene ist nicht nur an einem bestimmten Datum dem Apostel erschienen, sondern er erscheint jetzt als machtvoll in der διαχονία des Verkünders. Will man jenes einmalige geschichtliche Datum der Erscheinung des Auferstandenen und der Berufung zum Apostolat im Sinne des Paulus richtig deuten, darf man seinen Blick nicht auf ein bestimmtes historisches Faktum einengen lassen, sondern man hat zunächst und vor allem die im Evangelium und als Evangelium gegenwärtige Wirklichkeit des Auferstandenen wahrzunehmen. M. a. W.: Die hermeneutische Voraussetzung für das Verständnis der Erscheinungen des Auferstandenen und ihre Wirkungen ist die Kategorie des Evangeliums.

Von dieser Basis aus wird auch die geteilte Haltung des Paulus zu den Charismen in 1 Kor 12–14 verständlich.

4. Apostolat und Charismen

Zunächst scheint es in 1 Kor 12, 28f so zu sein, daß durch die parataktische Behandlung der Apostel mit den Propheten und Lehrern und darüber hinaus mit den heilenden, erbauenden, verwaltenden und führenden Kräften in der Gemeinde das apostolische Amt relativiert wird. Trotzdem könnte man aus der Vorordnung der «Apostel» vor den übrigen Gruppen noch entnehmen, daß es sich bei ihnen «um Amtsträger» handelt, «die den höchsten Rang in der Kirche einnehmen»[51]. Aber es geht Paulus an dieser Stelle nicht zuerst um eine bestimmte Vor-, Neben- oder Unterordnung der aufgezählten Gruppen und Charismen im Verhältnis zueinander; vielmehr soll in der Mannigfaltigkeit der untereinander sehr verschiedenen Geisteswirkungen[52] der *eine* Geist als

---

[50] Vgl. besonders Gal 2, 1–10. Vgl. hierzu *D. M. Hay*, Paul's Indifference to Authority: JBL 88 (1969) 36–44.

[51] *P. Bläser*, a. a. O. 98.

[52] Die Verschiedenartigkeit der in 1 Kor 12, 28–30 aufgezählten Kategorien verlangt nicht ihre Unterscheidung in eigentliche Charismen und Charismen im weiteren Sinne, die «Gemeindefunktionen». Gemeinsam ist allen, daß sie als Wirkung ein und desselben Geistes und in diesem Sinne als χαρίσματα = πνευματικά verstanden werden (vgl. *I. Hermann*, Kyrios und Pneuma, München 1961, 71–74; *H. Conzelmann*, Der erste Brief an die Korinther 245). *E. Käsemann*, a. a. O. 114, gliedert die hier und anderswo (auch in den Deuteropaulinen) genannten Geistesgaben in a) «kerygmatische» (Apostel, Propheten, Evangelisten, Lehrer, Mahner, Inspiration, Ekstase), b) «diakonische» (Diakone, Diakonissen, Almosengeber, Krankenpfleger, Witwen, Heilung, Exorzismus) und c) «kybernetische Charismen» (die Röm 16, 5 und 1 Kor 16, 15 erwähnten Erstlinge, die Vorsteher von Röm 12, 8 und 1 Thess 5, 12, die Hirten von Eph 4, 11 und die

die gründende und tragende christliche Wirklichkeit erkannt werden[53].

Auch wenn wir grundsätzlich für Paulus im Hinblick auf Röm 12, 6ff und 1 Kor 12, 4ff eine positive Einstellung zu den Geistesgaben annehmen dürfen, ist seine Kritik an der korinthischen Überschätzung der Geistphänomene nicht zu übersehen. Gerade wegen jenes «enthusiastischen Individualismus»[54], der sowohl in 1 Kor 12–14 als auch in Röm 12–15 (das Problem der «Starken» und der «Schwachen») vorausgesetzt wird, verweist Paulus auf den «*einen* Geist» bzw. den «*einen* Leib»[55] und auf die gegenseitige Zuordnung der «Glieder» in dieser Einheit[56]. Er erkennt und anerkennt, daß die Geistesgaben wesentliche Bedeutung für die Erbauung der Kirche haben, aber eben unter dem Vorbehalt, daß die gründende Wirklichkeit des Christen nicht dieses oder jenes Geistphänomen als solches ist, sondern der «*eine* Geist», der der «Geist Gottes» ist, in dem man die κυριότης Jesu bekennt (1 Kor 12, 3), oder nach 2 Kor 3, 17 der *im* Geist und *als* Geist wirksame Kyrios[57]. Paulus verankert also die Pneumatologie in der Christologie und bewahrt sie so vor einer enthusiastischen Verselbständigung. Nicht von ungefähr werden nach 1 Kor 13 alle Gnadengaben übertroffen und geradezu überflüssig durch die Liebe, die hier nicht so sehr als ethische Tugend, sondern als das Tun des Glaubens und damit als die in das Christenleben übersetzte Wahrheit des Evangeliums erscheint[58]. Nach seinem eigenen Verständnis ist der apostolische Dienst des Paulus eher in dieser transparent werdenden Wahrheit des Evangeliums begründet als in einem außerordentlichen Geistphänomen. Freilich äußert sich Paulus hierzu an dieser Stelle nicht ausdrücklich. Aber insofern Paulus auch seinen eigenen Apostolat als geistgewirkte Gnadengabe sehen kann, wie die Nennung der ἀπόστολοι in diesem Zusammenhang nahelegt, fällt auch sein Apostolat unter

---

«Bischöfe» von Phil 1, 1). Käsemann weist zugleich darauf hin, «daß nicht bloß die hervorragenden Dienste in der Gemeinde als charismatisch gelten».

[53] Vgl. 12, 4: διαιρέσεις δὲ χαρισμάτων εἰσίν, τὸ δὲ αὐτὸ πνεῦμα. Daß es «derselbe» bzw. «der *eine* Geist» ist, der die verschiedenen Charismen wirkt, betont Paulus durchgehend: V. 8. 9. 11. 13.

[54] *H. Conzelmann*, Der erste Brief an die Korinther 250.

[55] 1 Kor 12, 12f. 20; Röm 12, 4f.

[56] 1 Kor 12, 25; 14, 12. 17. 26; Röm 12, 5. 10. 16; 13, 8; 14, 19; 15, 5. 7.

[57] Vgl. *I. Hermann*, a. a. O. 69–84, zeigt an 1 Kor 12, «daß das Wirken des Pneuma nur verständlich ist als näher spezifizierte Aussage über das Wirken des Herrn» (ebd. 70).

[58] Vgl. *R. Bultmann*, a. a. O. (Anm. 24), 51: «Sind das Thema von 1. Kor. die ‹letzten Dinge›, und zwar nicht als Gegenstand der Spekulation, sondern als Wirklichkeit im Leben der Christen, so ist der Höhepunkt des Briefes in der Tat K. 13».

den Maßstab der in der Liebe wirksamen Wahrheit des Kyrios Christus.

E. Käsemann[59] beschreibt das kirchliche Amt offenkundig zu einseitig vom Begriff des Charisma aus. Unter Berufung auf Paulus, speziell 1 Kor 12, 14, sagt er: «‹Amtsträger› sind darum hier alle Getauften, die mit ihrem Charisma ja alle in Verantwortung stehen und gerade in 1. Kor. 14 alle auf ihre Verantwortung angesprochen werden»[60]. Es ist richtig, daß Paulus die Verantwortung in der Gemeinde so umfassend beschreibt. Gleichwohl ergibt sich uns von seinem apostolischen Selbstverständnis aus eine noch grundsätzlichere und in seinem Sinne differenziertere Sicht des Amtes. Er geht, wenn er sein apostolisches Amt beschreibt, nicht von einer ihm mitgeteilten besonderen pneumatischen Begabung aus, sondern von seiner Funktion als Verkünder des Evangeliums für die Heiden. Diese ist in seiner Berufung durch den Auferstandenen gegeben. Nicht in einem χάρισμα sieht er sein Amt gründen, sondern in der χάρις[61], und das bedeutet: in dem umfassenden Heilsgeschehen, das mit der Person Jesu Christi, des Gekreuzigten und Auferstandenen, verbunden ist. Amt ist danach die vollmächtige Vermittlung der Selbstmitteilung des Auferstandenen, und zwar zunächst und vor allem in der Verkündigung des Evangeliums, sodann aber auch und in einem grundsätzlichen Einklang hiermit in den verschiedenen Dienstleistungen innerhalb der Gemeinde[62]. Diese Dienste sind entsprechend ihrer «charismatischen» Natur Teilnahme an dem einen «Dienst der Versöhnung» (2 Kor 5, 18), den Gott der Kirche eingestiftet hat und den der Apostel in einmaliger Weise in seiner Verkündigung repräsentiert[63].

---

[59] A. a. O. 109–134.

[60] Ebd. 123.

[61] Vgl. hierzu besonders A. Satake, a. a. O. 101–103, dort auch das folgende Zitat von H. von Campenhausen (Kirchliches Amt und geistliche Vollmacht 35 Anm. 1): «Paulus hat seinen Apostolat nicht als freie ‹Begabung› empfunden und demgemäß auch niemals als ein χάρισμα bezeichnet».

[62] Auch W. Schmithals, a. a. O. 14, wird dem paulinischen Amtsverständnis nicht gerecht, wenn er feststellt, daß der Auftrag und die Vollmacht des Apostels «nicht anders als alle sonstigen Charismata in der Gemeinde», also als «Funktion der Gemeinde», anzusehen seien. Die apostolische «Diakonie» des Paulus (Röm 11, 13; 1 Kor 3, 5; 2 Kor 3, 3; 4, 1; 5, 18; 6, 3f) wird mit dem Begriff des χάρισμα nicht voll erfaßt. Dies ist auch kritisch zu G. Hasenhüttl, Charisma, Ordnungsprinzip der Kirche, Freiburg–Basel–Wien 1969, 163–181, anzumerken.

[63] Diese Doppelheit der Ausrichtung des Versöhnungswerkes Gottes auf die Kirche insgesamt und den Apostel besonders ist in dem zweifachen «uns» in 2 Kor 5, 18 eingeschlossen.

5. Die theologische Bedeutung des paulinischen Apostolats

Wir haben das Apostelamt zu beschreiben versucht, wie es sich
nach dem Verständnis des Paulus darstellt. Das von uns erarbeitete Selbstverständnis des Apostels scheint uns als das Ergebnis der Anwendung der historisch-kritischen Methode auf
die Aussagen des NT gelten zu dürfen. So begrenzt dieses Ergebnis im Hinblick auf die Frage nach der Lebensgeschichte des
Apostels Paulus erscheinen mag, so deutlich geht daraus hervor,
daß dieses begrenzte Ergebnis einer historisch-kritischen Be-
fragung der ntl. Texte *theologisch* relevant ist. Paulus äußert sich
über sein apostolisches Amt nicht aus biographischen Gründen,
sondern in theologisch-pastoraler Absicht. Eben diese praktisch-
theologische Intention des Paulus verlangt von uns eine weiterführende theologische Deutung, d. h. eine Übersetzung in unsere
theologische Praxis. Dabei suchen wir uns hier auf *eine* Frage zu
beschränken, die uns heute in mehrfacher Hinsicht dringlich erscheint, nämlich: Von welcher theologischen Bedeutsamkeit ist
das apostolische Selbstverständnis des Paulus für die Bestimmung
des kirchlichen Amtes in unserer theologischen Diskussion?

Zur Beantwortung dieser Frage ist zunächst von dem gängigen
kirchlich-theologischen Verständnis des Apostelamtes des Paulus
auszugehen. Hierzu nur einige Feststellungen. Dem Amt des
Apostels Paulus gegenüber zeigt die *traditionelle Amtstheologie*
eine merkwürdige Verlegenheit. Das kommt offenkundig daher,
daß man sich daran gewöhnt hat, das apostolische Amt als das
von Jesus Christus selbst gestiftete Amt hauptsächlich den
«Zwölfen» zuzuschreiben, denen Jesus nach der Darstellung der
Evangelisten noch während seines irdischen Lebens Amt und
Auftrag gegeben hat[64]. Zu diesen gehört Paulus nicht, zumindest
steht er mit ihnen nicht auf gleicher Stufe, was seine apostolische
Würde angeht. Das schließt freilich nicht aus, daß er auch als
Apostel geschätzt wird, aber als ein besonderer Apostel, der vor
allem nach der Apg der weitgereiste Völkermissionar und «doctor
gentium» und ausweislich seiner Briefe als der große und, wie
schon 2 Petr 3, 16 bemerkt, nicht immer ganz leicht verständliche
Theologe ist. Paulus wird hinsichtlich seiner Leistung geschätzt,

---

[64] Vgl. etwa *K. H. Schelkle:* LTK ²I 452, und *R. Schnackenburg,* a. a. O. 108:
«Unsere katholische Kirche ist überzeugt, daß Jesus Christus seine Vollmachten
den Aposteln als einem Kollegium übertragen hat, das in Petrus sein Haupt
besitzt, und daß von diesem Apostelkollegium die Vollmachten Christi auf die
Bischöfe übergegangen sind ...»

aber sein apostolisches Amt unterliegt dennoch einer unbeabsichtigten Herabsetzung, je mehr die «Zwölf» als die eigentliche Quelle der Tradition gelten und die Bezeichnung «apostolisch» für die «Zwölf» und ihre «Nachfolger» reserviert wird[65]. Das in der Kirche sich immer mehr durchsetzende Prinzip der apostolischen Sukzession[66] baut auf eine historisch-rechtliche Kontinuität mit den von Jesus beauftragten zwölf Aposteln. Zwar wird Paulus von Irenäus noch mit Petrus zusammen als Ursprung der römischen Bischofsliste berücksichtigt (Adv. haer. III 3, 2), aber schon seit dem 3. Jh. beruft sich die Autorität des römischen Bischofs grundsätzlicher auf das Amt des Petrus[67].

Nimmt man den Apostolat des Paulus geschichtlich ernst und läßt man sich auf die paulinische Beschreibung des apostolischen Amtes wirklich ein, so ergibt sich hieraus die Notwendigkeit einer *theologischen Korrektur* an unserem geläufigen Amtsverständnis. Denn es gibt für uns, neutestamentlich-exegetisch gesehen, keinen zwingenden Grund, bei der Beschreibung des kirchlichen Amtes und seiner Begründung in dem vom NT bezeugten, von Jesus Christus gestifteten Apostolat von Paulus und seinem apostolischen Amtsverständnis abzusehen. Im Gegenteil wird eine *gesamtneutestamentlich* begründete Erarbeitung einer Theologie des kirchlichen Amtes nicht an Paulus vorbeigehen können, sondern

---

65 Vgl. hierzu besonders *J. Wagenmann,* Die Stellung des Apostels Paulus neben den Zwölf in den ersten zwei Jahrhunderten, Berlin 1926.

66 Vgl. *A. Ehrhardt,* The Apostolic Succession in the First two Centuries of the Church, London 1953; *E. Molland,* Le développement de l'idée de succession apostolique: RHPhR 34 (1954) 1–29; *J. C. Margot,* L'apostolat dans le Nouveau Testament et la Succession Apostolique: VerbCar 11 (1957) 213–225; *H. Stirnimann,* Apostel-Amt und apostolische Überlieferung: FZPhT 4 (1957) 129–147; *J. G. Davies,* Church and Ministry. The Apostolic Succession Reconsidered: ET 70 (1959) 228–230. – Kürzlich hat *K. Stalder,* Die Nachfolger der Apostel: IKZ 59 (1969) 192–211, die Frage der «apostolischen Sukzession» besonders im Hinblick auf den paulinischen Apostolat erörtert. Dieser bleibe über die Lebenszeit des Apostels hinaus erhalten als die vom «Heiligen Geist» ermöglichte Vermittlung des «christlichen Zeugnisses», die von den «durch Gott gesetzten Sonderbeauftragten» (ebd. 207) wahrgenommen werde. Daß diese «Sonderverantwortlichen» (etwa die nach den Pastoralbriefen auszusuchenden Männer) ihre Legitimation «allein» durch den «Heiligen Geist» erhalten, kann im Sinne der von Stalder bemühten ntl. Schriften nicht überzeugen.

67 Vgl. *W. Breuning:* LTK ²IX 1143. Vgl. auch *J. Döpfner,* Petrus und Paulus: TGl 51 (1961) 180–194, hier 189: «Später hat die Kirche mehrfach die Ansicht verurteilt, daß zwischen Petrus und Paulus eine völlige Gleichheit in der Begründung der obersten Regierungsgewalt der ganzen Kirche bestehe». Döpfner fährt sodann fort: «Dennoch berufen sich die Päpste bis auf den heutigen Tag bei wichtigen Amtshandlungen, etwa bei Heiligsprechungen, Dogmatisationen und anderen wichtigen päpstlichen Amtshandlungen, auf die Autorität der beiden Apostel; sie lieben den Ausdruck: *auctoritate apostolorum Petri et Pauli.* Es ist, als wollten sie damit das Oberhirtenamt für die Gesamtkirche, das ihnen aus der Nachfolge Petri zukommt, mit dem Geist des heiligen Paulus beseelen und erfüllen.»

von dem von ihm vertretenen und in besonderer Weise akzentuierten Apostolat entscheidende theologische Impulse erhalten.

Wie dies gedacht ist, sei abschließend in *drei Punkten* wenigstens noch angedeutet.

1. Das apostolische Amt ist *das* von Christus gestiftete Amt der Kirche. Die gründende Wirklichkeit jedes kirchlichen Amtes ist die Auferstehung Jesu. In dieser Hinsicht ergibt sich, recht gesehen, kein ernsthafter Widerspruch zwischen Paulus und den Evangelien. Denn wie Paulus die Identität des Auferstandenen mit dem irdischen Jesus behauptet, so setzen auch die Evangelien voraus, daß der irdische Jesus schon zu seinen Lebzeiten in Verborgenheit der erhöhte Herr seiner zukünftigen Kirche ist. Sowohl Paulus wie auch die Evangelien beschreiben das Wesen des apostolischen Amtes als von Jesus Christus und seinem universalen Heilswillen aus bestimmt. Hierin findet die in der Bezeichnung ἀπόστολος angezeigte Struktur des kirchlichen Amtes ihre Berechtigung, nämlich die Entsprechung von Sendendem und Gesandtem. Das Amt des Apostels versteht sich so als Repräsentation des auferstandenen Herrn im Geschehen des Evangeliums. Das Amt ist daher unabdingbar. Die Kirche als die geschichtliche Gestalt des sich fortzeugenden Evangeliums ist angewiesen auf das Amt. Das Amt ist *mit* der Kirche gegeben und nicht von der Kirche. Die Kirche bestimmt daher nicht *das* Amt, wohl aber die Ämter.

2. Ist das apostolische Amt sozusagen *das* Amt der ersten christlichen Generation, so sind alle späteren und alle weiteren Ämter, die sich aufgrund verschiedener soziologischer Bedingungen und praktischer Erfordernisse der Kirche herausgebildet haben, als Teilnahme an dem *einen* von Christus gestifteten Amt der Kirche zu verstehen, das sich in dem apostolischen Amt der ersten Generation darstellt. Da das Amt von Christus der Kirche eingestiftet ist, ergibt sich die Näherbestimmung des Amtes oder der Ämter im einzelnen von ihrem Funktionszusammenhang mit der Kirche her und nicht nur etwa aus einer bloß äußerlich gedachten, geradezu neben der Kirche herlaufenden Ämtersukzession. Es ist klar, daß die Kirche aus naheliegenden Gründen nicht auf die rechtliche Ausweisbarkeit des Amtes verzichten kann. Aber ein in der Kirche institutionalisiertes Amt darf nicht seine *Funktion für* die Kirche verdecken. Dieser Zusammenhang beinhaltet, daß u. U. ein einzelnes kirchliches Amt aus Funktionsmangel abgebaut wird oder auch von selbst verschwindet, wie

umgekehrt dafür neue und andere Dienstfunktionen ausgebildet werden.

3. Ist das kirchliche Amt nach dem Verständnis des Apostels Paulus primär und ursprünglich ein Dienstamt, nämlich des Dienstes am Evangelium, so ist die Qualität jedes Amtes zwar nicht am Erfolg, wohl aber an der Wirksamkeit solchen Dienstes zu messen. Wird gerade vom Amt die Repräsentation der Sache Christi erwartet, so wird solche Repräsentation sich doch nicht in der Sorge für die Bewahrung und Reinerhaltung der Lehre Christi erschöpfen dürfen, sondern sich gerade in der «Sache» erweisen, die nach dem eigenen Wort und Vorbild Jesu der hingebende Dienst «für die vielen» ist. Ist die Sache des Amtes aber in einem sehr grundsätzlichen Sinne darin zu sehen, daß den Menschen durch die Verkündigung des Evangeliums das Heil «zugedient» wird, werden wir wohl mit vollem Recht urteilen dürfen, daß Paulus in der Weise solchen Dienens Jesus verstanden und seinem Willen entsprochen hat.

(Abgeschlossen am 20. Februar 1970)

Apokalypsis Jesou Christou (Gal 1,12)

1. Einführung

In der Auslegung des Galaterbriefes wird heute weitgehend angenommen, daß es Paulus in Kap. 1 und 2 um die Gott-Unmittelbarkeit seines Evangeliums und den Erweis seiner von irdisch-menschlichen Instanzen unabhängigen apostolischen Autorität geht[1]. Beides hängt für ihn miteinander zusammen: die unbedingte Geltung seines Evangeliums und die Unabhängigkeit bzw. Ursprünglichkeit seines Apostolates. Die Schärfe, mit der er beides verteidigt, läßt darauf schließen, daß beides von seinen Gegnern in Galatien in Frage gestellt wurde. Vermochten sie in seinem Evangelium nicht das „ganze" Evangelium zu sehen, wie es von ihnen selbst verstanden und gepredigt wurde und wie es ihrer Meinung nach auch in maßgeblichen Kreisen des Urchristentums vertreten wurde, dann legte sich ihnen damit auch nahe, seine Autorität als Verkünder der Botschaft Jesu in Frage zu stellen und seinen angeblichen Mangel an apostolischer Legitimation zum besonderen Angriffspunkt zu machen. In entsprechender Weise reagiert Paulus in seiner Abwehr damit, daß er die Nichtlösbarkeit seines Evangeliums, so wie es den Galatern von ihm verkündet worden ist (V. 11), von seiner Berufung zum Dienst an diesem Evangelium erkennen läßt[2]. Ein Angriff auf sein Evangelium muß dann notwendiger-

---

[1] Für die Auslegung in neuerer Zeit vgl. besonders die Kommentare von *Oepke, A.*: Der Brief des Paulus an die Galater (Berlin ²1960) und *Schlier, H.*: Der Brief an die Galater (Göttingen ¹³1965); ferner *Schmithals, W.*: Die Häretiker in Galatien, in: Paulus und die Gnostiker (Hamburg-Bergstedt 1965) S. 9–46 (= überarbeitete Fassung der Erstveröffentlichung in: ZNW 47 [1956] S. 25–67); *Blank, J.*: Paulus und Jesus. Eine theologische Grundlegung (München 1968) S. 208–230; *Stuhlmacher, P.*: Das paulinische Evangelium, I. Vorgeschichte (Göttingen 1968) S. 63–107; *Eckert, J.*: Die urchristliche Verkündigung im Streit zwischen Paulus und seinen Gegnern nach dem Galaterbrief (Regensburg 1971); *Borse, U.*: Der Standort des Galaterbriefes (Köln-Bonn 1972).

[2] Die „enge Verbindung zwischen dem Evangelium als dem neuen, gesetzesfreien Heilsweg und dem paulinischen Apostolat" wird besonders von *Blank*, Paulus S. 209f, betont. Zum

weise auch ein Angriff auf seinen Apostolat sein und umgekehrt. Denn er hat das Evangelium durch „Offenbarung Jesu Christi" (1,12), durch die er sich auch zur Verkündigung des Evangeliums an die Heiden gesandt weiß (1,15f). Eigentlicher Autor des von ihm verkündeten Evangeliums ist daher Gott, so sehr sich der Apostel für die „Wahrheit des Evangeliums" (2,5) und ihre Reinerhaltung verantwortlich weiß[3].

Die von Paulus behauptete Zusammengehörigkeit von Evangelium und Apostolat wird nun aber auch zum Problem für ein sachgerechtes Verständnis seiner Argumentation in Gal 1 und 2. Hat man zunächst in 1,6–9 und auch noch in 1,10–12 den Eindruck, es gehe ihm um die Unvereinbarkeit eines „anderen Evangeliums" mit dem von ihm verkündeten und in diesem Sinne auch um das *eine* Evangelium[4], so bewegt sich seine Argumentation ab 1,13 um seine persönliche Geschichte[5] vor und nach seiner Berufung zum Apostolat. Diese fortlaufende Bemühung um den Nachweis

---

Verhältnis von Apostolat und Evangelium vgl. auch *Kertelge, K.*: Das Apostelamt des Paulus, sein Ursprung und seine Bedeutung: BZ NF 14 (1970) S. 161–181, hier S. 169–171. *Schmithals*, Häretiker S. 13, sieht das Verhältnis von Evangelium und Apostolat bei Paulus in einer gewissen Korrespondenz zu der von den Gegnern des Paulus vertretenen Anschauung. „Für die schismatischen Christen in Galatien sind also Reinheit des Evangeliums und Unmittelbarkeit des Apostolates unlösbar voneinander, eine Vorstellung, die für die Feststellung des Wesens dieser Christen von Bedeutung sein wird, die aber Paulus mit ihnen teilt." Aber wieweit läßt sich die Auffassung der Gegner vom „reinen Evangelium" tatsächlich nachweisen?

[3] Ausdrücklich nennt Paulus das Evangelium daher „Evangelium Gottes" (1 Thess 2,2.8f; 2 Kor 11,7; Röm 1,1; 15,16), aber auch „mein Evangelium" (Röm 2,16; vgl. 16,25; 2 Kor 4,3; 1 Thess 1,5).

[4] Vgl. *Gräßer, E.*: Das eine Evangelium. Hermeneutische Erwägungen zu Gal 1,6–10: ZTkK 66 (1969) S. 306–344. Gräßer sieht die „Wahrheit des paulinischen Evangeliums" nicht eigentlich auf den Apostolat des Paulus gestützt, sondern in der „Sachevidenz des εὐαγγέλιον τοῦ χριστοῦ selbst" (S. 320).

[5] *Schlier*, Galater S. 45, spricht im Blick auf die nach seiner Meinung von den Gegnern des Paulus erwarteten „historischen Gründe" von einer „historischen" Argumentation des Paulus schon in 1,12 bezüglich der „direkten Übermittlung" des Evangeliums an den Apostel durch Jesus Christus. Schlier fügt hinzu: „Auch so läßt sich seine Wahrheit natürlich nicht beweisen, da das Geschehen dieser Übermittlung auf alle Fälle zweideutig ist. Immerhin machen es die Lebensführung des Apostels vor und nach seiner Berufung und Sendung und andere Ereignisse demjenigen, der aus historischen Gründen ... den Offenbarungscharakter seines Evangeliums bestreitet, einleuchtend, daß sein Ursprung in der direkten Offenbarung durch Jesus Christus liegt". Schlier denkt bei den „historischen Gründen" der Gegner an die fehlende und nicht nachweisbare Zugehörigkeit des Paulus zu den Jerusalemer „Uraposteln". Es ist aber fraglich, ob Paulus mit seiner Berufung auf Apokalypsis diese im Auge hat, um seine Gleichrangigkeit mit ihnen zu behaupten. Jedenfalls ist Schlier darin zuzustimmen, daß Paulus wegen der nicht zu beweisenden Apokalypsis auf andere Gründe aus seiner Lebensgeschichte (weniger „Lebensführung") ausweichen muß. In diesem Sinne ist dann auch von eigentlicher „historischer" Argumentation, freilich erst ab 1,13, zu sprechen.

seines „Alibis" soll dem Erweis seiner Unabhängigkeit dienen und indirekt damit auch dem Erweis der göttlichen Herkunft seines Evangeliums. Das Thema von 1,11f bleibt damit bestimmend für die weitere Argumentation. In Kap. 2 wird dann zunehmend deutlich, daß seine „Erinnerungen" letztlich dem Erweis der „Wahrheit" seines Evangeliums (2,5) und damit auch der Erhaltung der Treue der Galater zu ihm dienen sollen. Aus der „historischen" Argumentation wird in 2,15ff schließlich eine inhaltlich-sachliche, insofern er jetzt die „Rechtfertigung aus Glauben" polemisch gegen den Gesetzesstandpunkt der Gegner wendet[6].

2. Die Frage nach dem Hintergrund von Gal 1,12

Die „Apokalypsis Jesu Christi" stellt für Paulus den entscheidenden Bezugspunkt seiner gesamten Argumentation dar. Freilich vermag das, was er ab 1,13 an Beredtsamkeit über seine Vergangenheit aufwendet, die Unsagbarkeit und Unbeweisbarkeit der ihm zuteil gewordenen Apokalypsis nicht zu verdecken. Daß er überhaupt auf sie zu sprechen kommt, ist nicht allein in der vorausgehenden Gedankenfolge begründet. Nach dem vorhergehenden Zusammenhang ist zu erwarten, daß er die unbedingte Geltung des von ihm verkündeten Evangeliums erweist, wodurch die Möglichkeit ausgeschlossen wird, legitimerweise von einem „anderen Evangelium" zu sprechen. Diesen Erweis hat er bereits in der Absenderangabe in 1,1 vorbereitet, insofern er seinen Apostolat unmittelbar auf Jesus Christus und Gott den Vater unter betontem Ausschluß aller menschlichen Vermittlungen zurückführt: „nicht von Menschen noch durch einen Menschen, sondern durch Jesus Christus und Gott den Vater, der ihn von den Toten auferweckt hat". Im Blick auf diese Formulierung ergibt sich eine bemerkenswerte Parallele zwischen 1,1 und 1,11f. In gleicher Weise, aber doch in einer deutlichen Änderung der Formulierung führt Paulus das von ihm verkündete Evangelium auf göttliche Vermittlung zurück. Hätte Paulus hier nicht ebenfalls die Wendung wie in 1,1 „durch Jesus Christus und Gott..."einsetzen können? Statt dessen sagt er: „durch *Offenbarung* Jesu Christi". Wenn der vorausgesetzte Vorgang der Vermittlung an beiden Stellen gleich ist, so daß Apostelamt *und* Evangelium den gleichen christologisch-theologischen Ursprungsort haben, fällt die Abweichung in 1,12 auf. Dies läßt uns in der Exegese nach dem Anlaß fragen, hier von Apokalypsis zu sprechen.

---

[6] Vgl. hierzu *Kertelge, K.* : Zur Deutung des Rechtfertigungsbegriffs im Galaterbrief: BZ NF 12 (1968) S. 211–222.

Gewiß wird die Wendung „durch Offenbarung Jesu Christi" teilweise
durch 1,15f erklärt. In V. 16 heißt es: (Es hat Gott gefallen) „seinen
Sohn mir zu offenbaren". Diese Formulierung legt nahe, in V. 12 die
„Offenbarung Jesu Christi" im Sinne eines Genitivus objectivus zu verstehen, obwohl sich die „subjektive" Färbung des Genitivs nicht übersehen läßt[7]. Jesus Christus ist Inhalt und in bestimmter Weise auch der
Träger und Garant der „Offenbarung". Aber der eigentliche Urheber ist
und bleibt im Christusgeschehen Gott, wie auch nach 1,1 hinter Jesus
Christus die Autorität Gottes steht und das entscheidende Handeln Gottes
gerade in der Auferweckung seines Christus zur Geltung kommt. Dementsprechend ist auch die Rückführung des Evangeliums auf die „Apokalypsis Jesu Christi" in 1,12 als Hinweis auf die im Ostergeschehen gründende Kraft des paulinischen Evangeliums zu verstehen.

Darüber hinaus bleibt aber die Frage, was Paulus konkret unter „Apokalypsis Jesu Christi" versteht, weitgehend unbeantwortet. Genügt es,
hierzu auf den Vorgang des „Damaskuserlebnisses" zu verweisen, das
man im Anschluß an die Berichte der Apostelgeschichte näherhin als eine
Art Christusvision verstehen möchte?[8] Man stützt sich hierzu gerne auf
den Kontext in Gal 1,13f, wo Paulus in geradezu biographischer Folge
von seinem einstigen Wandel im Judentum und seinem Eifer in der Verfolgung der Kirche spricht, um vor diesem Hintergrund in 1,15f den
Einschnitt zu markieren, den die „Berufung" und „Offenbarung" in seinem
Leben darstellen. Obgleich sich an dieser Stelle gewisse Entsprechungen
zur Darstellung der Apostelgeschichte von der Bekehrung des Paulus

---

[7] Vgl. *Schlier*, Galater S. 47 („Das Evangelium . . . ist ihm also mittels der Selbstaufdeckung
des Jesus Christus zugekommen"); *Blank*, Paulus S. 213f („Einheit von Gen. subj. und obj.".
Blank fragt, „ob es hier überhaupt um ein grammatikalisches Problem geht oder ob nicht
vielmehr etwas für die Sache selbst Bezeichnendes vorliegt". Vgl. auch *Eckert*, Verkündigung
S. 175 Anm. 2). Die Interpretation im Sinne eines Gen. obj. berücksichtigt vor allem die Urhe-
berschaft Gottes und die eschatologische Qualität seiner Offenbarung. Vgl. *de Witt Burton,E.*:
A critical and exegetical Commentary on the epistle to the Galatians (1921, latest Reprint
Edinburgh 1964) S. 41–43; *Lührmann, D.*: Das Offenbarungsverständnis bei Paulus und in
paulinischen Gemeinden (Neukirchen 1965) S. 75f; *Stuhlmacher*, Evangelium S. 71. Den Gen.
subj. bzw. auctoris bevorzugt *Oepke*, Galater S. 29: „wegen des Gegensatzes zu παρὰ ἀνθρώπου".
Auch *Lagrange, M.-J.*: Saint Paul. Épître aux Galates (Paris ²1925) S. 10, hebt diesen Gesichtspunkt hervor und spricht von „Jésus-Christ qui l'a instruit en lui révélant la vérité".
[8] Vgl. *Lietzmann, H.*: An die Galater (Tübingen ³1932) S. 6 („es ist ein bestimmter Moment
gemeint, das Erlebnis von Damaskus"); *Wetter, G. P.*: Die Damaskusvision und das paulinische Evangelium, in: Festgabe für A. Jülicher (Tübingen 1927) 80–92. *Wilckens, U.*: Die
Bekehrung des Paulus als religionsgeschichtliches Problem: ZThK 56 (1959) 273–293, hier 275.
Zur Kritik an dem vielfach für ἀποκάλυψις in Gal 1,12 vorausgesetzten Begriff der „Vision"
vgl. besonders *Lührmann*, Offenbarungsverständnis S. 39f. 73f. 160.

ergeben, wird dadurch noch nicht erklärt, warum Paulus in Gal 1,12.16 von „Offenbarung" spricht. Vor allem ist damit in keiner Weise die scharfe Entgegenstellung dieser Offenbarung zum vorhergehenden κατὰ ἄνθρωπον bzw. παρὰ ἀνθρώπου erklärt. Die Berufung auf „Apokalypsis Jesus Christi" erhält zudem noch einen besonderen Nachdruck durch die defensiv-polemisch vorangestellte Formulierung οὐδὲ γὰρ ἐγώ (= denn auch ich habe nicht)[9]. Worauf wird hiermit zurückverwiesen? In ähnlicher Weise nimmt Paulus in 1 Kor 15,8 für sich die apostolische Autorität in Anspruch, die bei ihm wie bei den zuvor Genannten (V. 7) in der Erscheinung des Auferstandenen gründet.

Im Blick auf den weiteren Kontext in Gal 1 und 2 sieht H. Schlier[10] im Hintergrund von 1,12 die „Jerusalemer Apostel". Die Gegner des Paulus in Galatien hätten seine Autorität mit dem Hinweis angezweifelt, daß er sich für sein Evangelium und für seine Mission nicht auf Offenbarung berufen könne wie Petrus und die anderen Alt-Apostel. Danach würde Paulus in Gal 1,12 für sich die gleiche Offenbarung in Anspruch nehmen wie „die anderen Apostel ..., die das Evangelium unmittelbar vom Kyrios empfingen"[11]. Diese Erklärung läßt das erste, negativ formulierte Glied der Aussage von V. 12 weitgehend unberücksichtigt und versteht die paulinische Behauptung der Unabhängigkeit seines Evangeliums als Unterstreichung der nicht-menschlichen, also göttlichen Qualität dieses Evangeliums[12].

Dagegen sucht W. Schmithals[13] einen sachlichen Zusammenhang zwischen der Behauptung der Unabhängigkeit des Evangeliums gegenüber Menschen in V. 12a mit der Berufung auf die ἀποκάλυψις 'Ιησοῦ Χριστοῦ zu erweisen. Nicht die Jerusalemer Urapostel stehen hier im Hintergrund, sondern lediglich die Gegner des Paulus in Galatien, die diesem einerseits Abhängigkeit von den Uraposteln und andererseits den Mangel der apostolischen Legitimation vorwerfen, die sie selbst aufgrund von „Offenbarung Jesu Christi" als Gott-Unmittelbarkeit beanspruchen. Die Gegner des Paulus seien nicht Judaisten aus Palästina, wie lange angenommen wurde, sondern jüdische bzw. judenchristliche „Gnostiker". Hierfür spreche vor allem ihre Berufung auf Apokalypsis. „Der gnostische Apostel wird direkt von Gott berufen." Er „weist sich nicht durch eine Traditionskette, durch die apostolische Sukzession aus, sondern durch direkte pneumatische Berufung"[14].

---

[9] Vgl. *Schlier*, Galater S. 45 f.   [10] Galater S. 21. Vgl. auch *Stuhlmacher*, Evangelium S. 70.
[11] *Schlier*, Galater S. 45.   [12] Vgl. auch *Blank*, Paulus S. 211 f.
[13] Häretiker, passim.
[14] *Schmithals*, Häretiker S. 20. Vgl. *Wegenast, K.*: Das Verständnis der Tradition bei Paulus

Bei diesem entschiedenen Vorstoß, durch den Schmithals die bisherigen Aporien der Galaterbriefexegese, vor allem die Annahme einer doppelten Frontstellung des Paulus gegen Judaisten und Libertinisten, zu überwinden sucht, bleibt aber zu fragen, ob Paulus sich in 1,12 bei der Begründung der apostolischen Autorität seines Evangeliums auf dieselben Leute beziehen kann, über die er doch zuvor (V. 8f) das Anathem ausspricht. Vor allem muß bezweifelt werden, daß die Berufung auf die Apokalypsis Jesus Christi eindeutig im gnostischen Sinne zu verstehen ist.

Für die Frage nach dem Begriff der Offenbarung in 1,12 bedeutet die These von W. Schmithals, unabhängig davon, ob sie sich als richtig erweisen läßt oder nicht, eine Aufforderung an die Exegese des Galaterbriefes, genauer zuzusehen, in welchem Sinne Paulus hier von „Offenbarung Jesu Christi" spricht. Was läßt sich über den veranlassenden Hintergrund des Begriffs an dieser Stelle sagen? Von der Beantwortung dieser Frage dürfte eine gewisse Weiterführung der Exegese des Galaterbriefes zu erwarten sein, so sehr es dieser um das Verständnis der Theologie des Paulus geht und nicht um eine bloße Erhellung der historischen Situation als solcher. Aber die theologischen Aussagen sind durch eine entsprechende historische Hintergrunderhellung vor einer allzu rasch eintretenden Einflächigkeit und Konturlosigkeit zu bewahren, wenn aus ihr Maßstäbe und Anstöße für ein verantwortliches Vorgehen im theologischen Denken unserer Zeit gewonnen werden sollen.

3. Apokalypsis bei Paulus außer Gal 1,12.16

Um den Sinn des Terminus ἀποκάλυψις in Gal 1,12 zu bestimmen, genügt es nicht, von einem allgemeinen theologischen Offenbarungsbegriff auszugehen, wie er sich etwa für eine systematische Erörterung aus einem Überblick über den biblischen Befund ergibt[15]. Vielmehr ist die unter-

---

und in den Deuteropaulinen (Neukirchen 1962) S. 39 („eine Abart jüdischer Gnosis"); *Güttgemanns, E.* : Der leidende Apostel und sein Herr (Göttingen 1966) S. 184 („ein der korinthischen Gnosis vergleichbares Phänomen").

[15] Die Problematik eines *allgemeinen* Offenbarungsbegriffs ist hinreichend bekannt, sie wurde zuletzt noch einmal bestätigt durch den gemeinsamen Versuch von *Pannenberg, W., Rendtorff, R., Rendtorff, T. und Wilckens, U.* : Offenbarung als Geschichte (Göttingen 1961). So sehr hierbei das Bemühen zu begrüßen ist, vom biblischen Befund auszugehen, so wenig kann dieser Versuch im Blick auf die Systematisierung von „Offenbarungsvorstellungen" und Einzelaspekten im Sinne des fundamentaltheologischen Problemansatzes befriedigen. So setzt Wilckens in seinem Beitrag („Das Offenbarungsverständnis in der Geschichte des Urchristentums") ohne weiteres und ausdrücklich den von Pannenberg erarbeiteten „theologischen Offenbarungs-

schiedliche Bedeutung des Begriffs an den jeweiligen Stellen zu beachten und aus dem Überblick über die behandelten Stellen der Schwerpunkt des paulinischen Begriffsverständnisses zu erheben. Eine solche Untersuchung, die hier nicht im einzelnen durchzuführen ist[16], läßt ein bestimmtes Gefälle im theologischen Verständnis von „Offenbarung" bei Paulus erkennen, von dem aus auch die Einzelstelle Gal 1,12 besser beurteilt werden kann.

Für Paulus liegt der Schwerpunkt der Bedeutung von ἀποκάλυψις in der Eschatologie. Die Apokalypsis ist Gegenstand der eschatologischen Erwartung. Sie bezeichnet das offene, unverhüllte In-Erscheinung-Treten dessen, was Gott in der Endzeit tun wird. Hierzu gehört schon entsprechend vorchristlich-jüdischer Erwartung die „Offenbarung des gerechten Gerichtes Gottes" (Röm 2,5) und vor allem das Offenbarwerden des Heiles vor aller Welt, das die „Söhne Gottes" mit „dem Sohne" als Teilnahme an seiner δόξα erlangen (Röm 8,18f), dann nämlich, wenn Jesus Christus als der „Kyrios" bei seiner Parusie offenbar wird (1 Kor 1,7)[17]. Die enthüllende Offenbarung ist dabei als ein wesentlicher Teil des endzeitlichen Handelns Gottes selbst gedacht.

Neben diesem kosmologisch-eschatologischen Offenbarungsgeschehen, in dem sich das endzeitliche Heilshandeln Gottes vor aller Welt und für die Welt vollzieht, kennt Paulus die auf die Gegenwart des Glaubenden bezogene Offenbarung Gottes, die im Rahmen seiner Rechtfertigungsbotschaft zentrale Bedeutung einnimmt. Nach Röm 1,17 ereignet sich in der Verkündigung des Evangeliums Offenbarung der Heil schaffenden „Gerechtigkeit Gottes aus Glauben zum Glauben". Und als Kehrseite hierzu erscheint auch die „vom Himmel" erwartete Offenbarung des „Zornes Gottes" über alle Gottlosigkeit und Ungerechtigkeit von Menschen als ein Endereignis, das schon in die Gegenwart hineinreicht und in bestimmter Weise mit der offenbarwerdenden Gerechtigkeit Gottes

---

begriff" voraus („volle Selbstenthüllung Gottes"), um daraufhin nach der mit diesem Begriff gemeinten „Sache" in der urchristlichen Überlieferung zu fragen. Er tut dies, nicht ohne den Weg einer bloßen Begriffsuntersuchung im Blick auf die zu erwartende „Vielfalt verschiedener Offenbarungsbegriffe" abzulehnen. Gerade diese Begriffsuntersuchung aufgrund der einzelnen Textzeugnisse bleibt aber für den Neutestamentler geboten, auch wenn er dadurch nicht zu einem einheitlichen Offenbarungsbegriff kommt, nach dem der Systematiker notwendigerweise fragen muß. Aber auch die Disparität des biblischen Befundes dürfte auf besondere Weise dem Systematiker hilfreich sein.

[16] Vgl. besonders die Untersuchungen von *Oepke, A.* : ἀποκαλύπτω, ἀποκάλυψις, in: ThWNT III S. 565–597, und *Lührmann*, Offenbarungsverständnis.

[17] Vgl. 2 Thess 1,7; 1 Petr 1,7.13; 4,13.

verbunden ist (Röm 1,18)[18]. In betonter Wiederaufnahme des Themas von Röm 1,17 spricht Paulus in 3,21 von der Gerechtigkeit Gottes, die „jetzt" offenbar geworden ist (πεφανέρωται)[19], und zwar ohne *direkten* Bezug auf das „Evangelium" wie in 1,17, vielmehr im Blick auf die Wende vom Gesetz zum Evangelium (vgl. 3,19f), die durch Tod und Auferstehung Jesu Christi eingetreten ist. Diese dem Menschen im Glauben an Jesus Christus jetzt schon gewährte Offenbarung hat eschatologische Bedeutung. Sie versteht sich als Prolepse jener Endoffenbarung, die als letztes und endgültiges Eingreifen Gottes in die Geschichte der Welt erwartet wird. Diese proleptische Endoffenbarung Gottes wird durch das Christusgeschehen begründet und bleibt daran in ihrer Aneignung durch den Glauben gebunden.

Wieweit lassen sich dieser Konzeption die übrigen Stellen ein- bzw. zuordnen, an denen der Terminus ἀποκάλυψις/ἀποκαλύπτειν bei Paulus sonst noch begegnet?[20] Wenn wir 1 Kor 3,13 (vom „offenbarwerdenden Gerichtstag") den oben zusammengestellten Endaussagen zuordnen und in Gal 3,23 die Aussage von dem Offenbarwerden der μέλλουσα πίστις in Parallele zur Offenbarungsaussage Röm 3,21 interpretieren können, bleibt eine Reihe von Stellen mit abweichender Bedeutung von Apokalypsis. In 1 Kor 14,6.26.30 spricht Paulus von der Apokalypsis als einem Charisma. Zusammen mit der γνῶσις, προφητεία und διδαχή stellt er sie in V. 6 über die Glossolalie, da sie mehr als diese zur οἰκοδομή der Gemeinde beitragen. Was die Gemeinde braucht, ist die Weisung des Geistes Christi, der sie führt. Eben diese Weisung äußert sich in den genannten Charismen in besonderer Weise. In diesem Zusammenhang bedeutet Apokalypsis weniger ein ekstatisches Phänomen, etwa eine Vision, sondern eher einen bestimmten Anstoß, eine Anregung zum Handeln im Sinne Gottes. Dementsprechend erklärt Paulus in Gal 2,2, daß er „gemäß einer Offenbarung" nach Jerusalem hinaufging und nicht nur aus eigenem

---

[18] Vgl. hierzu weiter *Kertelge, K.*: „Rechtfertigung" bei Paulus (Münster ²1971) S. 70.87f., und neuerdings *Herold, G.*: Zorn und Gerechtigkeit Gottes bei Paulus (Bern-Frankfurt 1973).

[19] φανεροῦν wird bei Paulus weitgehend synonym mit ἀποκαλύπτειν gebraucht. Vgl. *Bultmann/Lührmann*: φανερόω, in: ThWNT IX 4f: Das Perfekt „bezeichnet aber nicht einen Zeitpunkt der Vergangenheit, sondern meint ein Ein-für-alle-Mal". Aber damit ist doch das Einmalige des „Ein-für-alle-Mal" nicht einfach als „Bedeutsamkeit" im Rechtfertigungsglauben aufgehoben und so als „Vergangenheit" abgeschafft.

[20] Röm 16,25 dürfte hier auszuschalten sein, da die Schlußdoxologie des Römerbriefes, 16, 25–27, wahrscheinlich nachpaulinischer Redaktion zuzuschreiben ist. An dieser Stelle ist das „Geheimnis, das seit ewigen Zeiten verschwiegen war", Inhalt der Offenbarung. Es handelt sich um eine apokalyptisch gesteigerte Aussage von der Offenbarung Gottes in Christus, die in dieser Form sonst bei Paulus nicht begegnet. *Lührmann*, Offenbarungsverständnis S. 122f, verweist auf die „gnostische σιγή-Spekulation".

Überlegen und Berechnen. Auch in Phil 3,15 dürfte diese Bedeutung zugrundeliegen, wenn Paulus zur Verstärkung seiner Weisung an die Gemeinde auf göttliche Offenbarungen verweist, auf die die Gemeinde sich zu stützen vermag. Auf sie soll die Gemeinde nur hören, um zu erfahren, daß sie der Weisung des Apostels folgen sollte. Die ironische Erklärung des Apostels „Auch dies wird euch Gott offenbaren" läßt erkennen, wie sehr „Offenbarungen" von der Gemeinde ihrem Vollendungsbewußtsein entsprechend geschätzt waren, vielleicht auch, weil sie von seinen Gegnern besonders hervorgehoben wurden[21].

Den genannten Stellen liegt ein Verständnis von Apokalypsis zugrunde, das nicht im eigentlichen Sinne eschatologisch zu nennen ist. Zwar versteht der Apostel auch die Charismen als Mitteilungen des eschatologischen Geistwirkens Gottes. Aber sie sind nicht so unmittelbar auf den Glauben bezogen wie die im Christusereignis gründende einmalige Offenbarung der Gerechtigkeit Gottes. Den charismatischen ἀποκαλύψεις räumt er daher auch nicht den gleichen Rang ein wie der grundlegenden eschatologischen.

In 2 Kor 12,1.7 gibt Paulus schließlich zu verstehen, daß auch er über pneumatische Begabungen verfügt und deswegen in nichts hinter den „Überaposteln" (V. 11) zurückzustehen brauche. Er spricht von ὀπτασίαι und ἀποκαλύψεις, deren er sich rühmen könne, offenkundig nach dem Vorgang seiner Gegner und ihnen gegenüber. Im Zusammenhang verweist er auf ein Entrückungserlebnis, das ihn in den „dritten Himmel" führte, wo er „unaussprechliche Worte" hörte. Aus äußerer Nötigung kommt er darauf zu sprechen, weil man ihm den Mangel an eindrucksvollem Geistbesitz vorwarf, mit dem er das Wirken Gottes in ihm und so auch seine Sendung von Gott hätte ausweisen können. D. Georgi[22] hat wahrscheinlich gemacht, daß die Gegner des Paulus in Korinth judenchristliche Wandermissionare waren, die im Stil hellenistischer religiöser Propagandisten und Wanderprediger auftraten. Danach haben wir es bei den *auch* von Paulus (notgedrungen) beanspruchten ἀποκαλύψεις in 2 Kor 12 mit ekstatischen Phänomenen zu tun, die als solche, eben hinsichtlich ihrer phänomenologischen Beschreibbarkeit, mit denen von religiösen Propagandisten anderer Prägung im zeitgenössischen Synkretismus durchaus vergleichbar sind. Damit ist von vornherein klar, daß sie für ihn nicht ernsthaft die Bedeutung eines eigentlichen Kriteriums seiner apostolischen Autorität haben konnten. Er verweist dagegen auf die δύναμις τοῦ Χριστοῦ, die in seiner ἀσθένεια zur Geltung kommt: 2 Kor 12,9f.

---

[21] Vgl. *Gnilka, J.*: Der Philipperbrief (Freiburg i. Br. 1968) S. 201.
[22] Die Gegner des Paulus im 2. Korintherbrief (Neukirchen 1964).

4. Apokalypsis in Gal 1,12.16

Keine der bisher dargestellten Verständnisweisen von Apokalypsis ist in Gal 1,12.16 einzusetzen. Das gilt besonders im Blick auf die zuletzt behandelten Stellen. Paulus gibt in Gal 1,12.16 zu erkennen, daß die Apokalypsis, die ihm zuteil geworden ist, nicht eine unter mehreren anderen ist, sondern die entscheidende, in der ihm Jesus Christus zum Grund und Inhalt seines Evangeliums geworden ist. Daher verbietet es sich, diese Apokalypsis einfach mit einem charismatischen oder gar ekstatischen[23] Phänomen gleichzusetzen, so sehr die *Möglichkeit* eines ekstatischen Begleitphänomens offen gelassen wird. Das Wesentliche an dieser Apokalypsis ist ebenso einmalig, wie es nach Röm 1,17; 3,21 die Offenbarung der Gerechtigkeit Gottes ist. Die Parallelität mit der Bedeutung von „Offenbarung" an diesen beiden Stellen bezieht sich in gewisser Weise auch auf ihren eschatologischen Charakter, insofern Paulus in seiner Berufung keine Spezialoffenbarung erhalten hat, sondern die auf seinen Beruf bezogene Verlängerung der *einen* in Christus vorweggenommenen eschatologischen Selbstmitteilung Gottes[24]. Die Apokalypsis Jesu Christi ist danach die entscheidende, in das Leben des Paulus eingreifende Selbstmitteilung Gottes, wodurch Paulus als dem Offenbarungsempfänger „wahrnehmbar" (und mitteilbar) wird, daß er, Gott, durch keinen anderen das Heil heraufführt als durch Jesus Christus, der sein Sohn ist und der als Grund des Heiles aller auch der Inhalt des Evangeliums geworden ist, das der Apostel den Heiden verkündet. Diese „worthafte" Apokalypsis wird so für Paulus zum „Ausweis" der *Ursprünglichkeit* seines Evangeliums. Evangelium und Berufung zum Apostolat werden von ihm in *gleicher* Weise auf Apokalypsis zurückgeführt, wobei das Eigentliche die Unmittelbarkeit zu Jesus Christus ist bzw. zu Gott, der in Jesus Christus handelt. Daß ihm Jesus Christus als der Gekreuzigte und Auferstandene zur entscheidenden, sein ganzes Dasein[25] wendenden Erfahrung geworden ist, vermag Paulus in 1 Kor 15,8–10 im Anschluß an die vorgegebene Tradition (V. 3–7) mit dem ὤφθη (χαμοί) auszudrücken. Was er hier auf die „Erscheinung" des Auferstandenen zurückführt, das sieht er in Gal 1,12.16

---

[23] Hiervon spricht z.B. *Lietzmann*, Galater S. 6: „ἀποκάλυψις hier wie 2,2; I Cor 14,6.26; II Cor 12,1.7 von einer in ekstatischem Zustand erfahrenen Offenbarung".

[24] *Lührmann*, Offenbarungsverständnis S. 79, sieht diesen Bezug zu wenig, wenn er erklärt: „Offenbarung ist nicht das Christusgeschehen als solches, sondern eine auf den Menschen bezogene Interpretation dieses Geschehens als den Menschen angehend durch ein neu einsetzendes Handeln Gottes". Vgl. dagegen *Stuhlmacher*, Evangelium S. 81 Anm. 2.

[25] Die das ganze Dasein des Apostels betreffende Offenbarung zeigt sich auch in der etwas ungewöhnlichen Formulierung ἀποκαλύψαι ... ἐν ἐμοί (1,16). Vgl. *Schlier*, Galater S. 55.

δι' ἀποκαλύψεως Ἰησοῦ Χριστοῦ vermittelt bzw. als Mitteilung Gottes[26]. Dabei ist zu vermuten, daß er sich in Gal 1,12 ebenso wie in 1 Kor 15,8 an eine bestimmte Sprechweise anschließt, die im Urchristentum vor und neben ihm gebraucht wurde. Dies legt nicht zuletzt auch der Argumentationszusammenhang von Gal 1 nahe. Hierzu können auch die folgenden Beobachtungen dienlich sein.

5. Vergleich mit Mt 16,17 und 11,25–27

Schon längere Zeit sind die Berührungen von Gal 1,16 mit Mt 16,17 und 11,25–27 bezüglich Terminologie und zugrundeliegender Vorstellungen aufgefallen[27]. Diese Berührungen betreffen in Mt 16,17 zunächst den Begriff der Apokalypsis. Simon Petrus wird von Jesus selig gepriesen, „da nicht Fleisch und Blut dir es geoffenbart hat, sondern mein Vater im Himmel". Als Inhalt der Apokalypsis ergibt sich aus der matthäischen Fassung des Petrusbekenntnisses 16,16 (σὺ εἶ ὁ χριστὸς ὁ υἱὸς τοῦ θεοῦ, abweichend von Mk 8,29) in Übereinstimmung mit Gal 1,16 die Aussage vom „Sohn Gottes". Zudem scheint die Feststellung des Paulus in Gal 1,16, daß er nicht sogleich „Fleisch und Blut" zu Rate zog, der Formulierung von Mt 16,17, „nicht Fleisch und Blut", zu entsprechen. Die terminologischen Berührungen könnten im Blick auf das beiderseits vorausgesetzte Geschehen bedeutsam sein. Wie dem Petrus nach Mt 16,17 eine Apokalypsis zuteil wird, die zur Basis seiner besonderen Beauftragung wird, so auch dem Paulus nach Gal 1,12.16. Diese Übereinstimmung, die nicht nur die Terminologie, sondern auch die gemeinte Sache betrifft, dürfte nicht rein zufällig sein.

Denis[28] hat versucht, ein bestimmtes literarisches Abhängigkeitsverhältnis zwischen Gal 1,16 und Mt 16,17 nachzuweisen. Er hält Mt 16,17–18a

---

[26] Eine weitere Parallele stellt Phil 3,8f dar. Die „überragende Gnosis Christi Jesu" wird Paulus zur entscheidenden Wende, so daß der Glaube an Christus ihm Grund und „Mittel" (διά) der Rechtfertigung durch Gott wird.

[27] Vgl. hierzu besonders *Denis, A. M.*: L'investiture de la fonction apostolique par „apocalypse". Étude thématique de Gal 1,16: RB 64 (1957) S. 335–362 und 492–515; *Dupont, J.*: La révélation du Fils de Dieu en faveur de Pierre (Mt 16,17) et de Paul (Ga 1,16): RSR 52 (1964) S. 411–420; *Feuillet, A.*: „Chercher à persuader Dieu" (Ga 1,10a). Le début de l'Épître aux Galates et la scène matthéenne de Césarée de Philippe: NovT 12 (1970) S. 350–360; *Hoffmann, P.*: Studien zur Theologie der Logienquelle (Münster 1972) S. 140; *ders.*: Die Offenbarung des Sohnes: Kairos (1970) S. 270–288.

[28] L'investiture. S. 502–512. Ähnlich auch *Refoulé, F.*: Primauté de Pierre dans les Évangiles: RSR 38 (1964) S. 1–41.

für eine redaktionelle Bildung, worin Matthäus die gleichen Begriffe, mit denen Paulus von seiner Berufung spricht, auf Petrus anwendet, um seine Autorität zu unterstreichen. Zur Begründung weist er auf zeitlich spätere Redaktion des Matthäus und den paulinischen Charakter der Thematik und Terminologie hin. Matthäus habe die paulinischen Ausdrücke benutzt, um zugunsten des Petrus eine ungeteilte Autorität über die Gesamtkirche zu etablieren.

Dagegen verweist Dupont[29], wohl mit größerem Recht, auf den Zusammenhang von Mt 16,17 mit Mt 11,25–27 (Par. Lk 10,21–22), was die Vorstellung und das Vokabular der „Offenbarung des Sohnes" angeht. Andere Wendungen aus Mt 16,17 wie „selig" und „mein Vater im Himmel" finden ihre näherliegenden Parallelen im Kontext des Matthäusevangeliums. Für Gal 1,16 verweist er bezüglich der Wendung „ich habe nicht Fleisch und Blut zu Rate gezogen" auf rabbinischen Sprachgebrauch, auf den auch der entsprechende Ausdruck in Mt 16,17 zurückgehe. Nur in der Gal 1,16 auf Gott zurückgeführten *Apokalypsis des Sohnes* ergebe sich eine gewisse Übereinstimmung mit Mt 16,17. Da der Sinn von Apokalypsis in Gal 1,16 von dem sonstigen Gebrauch des Wortes bei Paulus abweiche, kommt Dupont zu der der Auffassung Denis' entgegengesetzten Hypothese, daß die Formulierung des Paulus in Gal 1,16 irgendwie abhängig sei vom „Logion des Evangeliums". Eine solche „Anspielung an ein Wort Jesu" sei um so weniger verwunderlich, als sich auch sonst in den Paulusbriefen Hinweise auf Bekanntschaft mit evangeliaren Traditionen finden. Eine solche Anlehnung in Gal 1,16 entspreche auch eher der in Gal 1 vorausgesetzten Situation: Paulus mußte seinen Apostolat verteidigen, und dazu berief er sich auf die Gleichrangigkeit seines Apostolats mit dem des Petrus.

Nun bleibt die Herleitung der Apokalypsis-Vorstellung in Gal 1,12.16 aus einem direkten Vergleich mit dem in Mt 16,17 an Petrus gerichteten Wort Jesu doch unter traditionsgeschichtlichen Gesichtspunkten schwierig und fragwürdig, auch wenn man sieht, daß die im Kontext von Gal 1,12.16 von Paulus durchgeführte Beschreibung seines Verhältnisses zu Petrus eine solche Herleitung begünstigt. Näher liegt wohl ein Zusammenhang der Offenbarungsvorstellung von Gal 1,16 mit Mt 11,25–27 Par. Lk 10, 21–22. Die entsprechende Formulierung in Mt 16,17 versteht sich nach A. Vögtle[30] als „matthäische redaktionelle Verwendung des Gedankens

---

[29] La révélation S. 415–417.
[30] *Vögtle, A.*: Messiasbekenntnis und Petrusverheißung. Zur Komposition von Mt 16,13–23 par, in: Das Evangelium und die Evangelien (Düsseldorf 1971) S. 137–170, hier S. 166 (Erstveröffentlichung: BZ NF 1 [1957] S. 252–272 und 2 [1958] S. 85–103).

von Mt 11,25f und 11,27". Auch Dupont hat diesen Hinweis Vögtles kurz aufgegriffen, ohne ihn allerdings für seine Fragestellung voll auszuwerten[31]. Die ursprüngliche Verwendung von Mt 11,25-27 Par. in der Logienquelle läßt erkennen, welche Bedeutung die Apokalypsis-Vorstellung für die Träger der Logienüberlieferung gehabt hat. P. Hoffmann[32] hat „die Apokalypsis des Sohnes" als die grundlegende Erfahrung der „Anhänger Jesu" in der Logienquelle herausgearbeitet. Sie hat „österlichen" Charakter, d.h. „die Funktion, die in der urchristlichen Tradition der Auferstehungsaussage zukommt (Erweis der Hoheitsstellung Jesu und Legitimation der Sendung der Jünger), übernimmt... in Q die Mt 11, 25-27 bezeugte Erfahrung"[33]. Bei diesem Verständnis der Apokalypsis ergibt sich nach Hoffmann eine auffällige Berührung mit Gal 1,12.15f, wo Paulus ebenfalls die ihm zuteil gewordene Apokalypsis als „das entscheidenden Legitimationszeichen" für den Apostolat ansieht.

Diese Übereinstimmung fordert eine Erklärung, die den Gegebenheiten der in Gal 1,12.15f vorausgesetzten Situation Rechnung trägt. Eine unmittelbare literarische Abhängigkeit des Paulus von der Q-Vorlage in Mt 11,25-27 Par., etwa im Sinne einer direkten Anspielung, ist nicht zu erweisen. Sie wäre durch nichts motiviert. Anders verhält es sich damit, wenn das in Mt 11,25-27 Par. vorausgesetzte Verständnis von Apokalypsis dem apostolischen Sendungsbewußtsein[34] urchristlicher Wandermissionare zugrunde liegt, mit denen sich Paulus auf seinem Missionsfeld nicht nur in Galatien, sondern auch und vor allem in Korinth auseinandersetzen mußte. Die Berufung auf die Apokalypsis Jesu Christi, d.h. auf die die wahre, eschatologische Bedeutung Jesu aufdeckende Offenbarung Gottes, war wohl nicht auf den Tradentenkreis der Logienquelle beschränkt. In ähnlicher Weise dürften auch die von Paulus in 2 Kor 11,13 scharf angegriffenen ἀπόστολοι Χριστοῦ, die er als „Falschapostel" entlarvt[35], ihre Sendung auf besondere Offenbarung bzw. auf ihre pneumatische Unmittel-

---

[31] Vögtle äußert sich hierzu wiederum in seinem Aufsatz: Zum Problem der Herkunft von „Mt 16,17-19", in: Orientierung an Jesus. Festschrift J. Schmid (Freiburg i. Br. 1973) S. 372-393, hier besonders S. 373-376: „... erscheint mir der Versuch, von Gal 1,15f her ,Mt 16,17-19' als Bestandteil einer älteren petrinischen Protophanieerzählung wahrscheinlich machen zu wollen, als sehr problematisch" (S. 376).

[32] *Hoffmann*, Studien S. 102-142.   [33] S. 140.

[34] Mt 11,25-27 Par. war in der Logienquelle mit der Sendungsrede Lk 10,2-16 Par. verbunden. Die Offenbarungsempfänger in Mt 11,25-27 Par. sind danach identisch mit den Boten Jesu in Lk 10,2-16 Par.

[35] *Kasting, H.:* Die Anfänge der urchristlichen Mission (München 1969) S. 64 spricht hier von „Usurpatoren des Aposteltitels". Aber nicht solche „Usurpation" ist der eigentliche Angriffspunkt für Paulus, sondern ihre eigentümliche Verkündigungstätigkeit.

barkeit zu Christus zurückgeführt haben[36]. Es gehörte zum Selbstverständnis der in der urchristlichen Mission tätigen Apostel, sich auf Jesus Christus als Grund und Ursprung ihrer Sendung berufen zu können[37]. Dabei wird eine bestimmte Kenntnis des irdischen Jesus bzw. seiner Worte und Taten im Hintergrund solcher Berufung gestanden haben. Aber nicht diese Kenntnis als solche begründete ihre apostolische Autorität, sondern die Apokalypsis, durch die Gott ihnen die wahre Bedeutung Jesu aufdeckte. Das Wissen um den irdischen Jesus erlangte also durch die göttliche Apokalypsis *über ihn* seinen Wert als die entscheidende Basis der missionarischen Tätigkeit seiner Boten.

6. Folgerungen

Dieses Verständnis von apostolischer Apokalypsis, das durch einen Vergleich von Gal 1,12.15 f mit Mt 11,25–27 Par. und unter Berücksichtigung der Auseinandersetzung des Paulus mit konkurrierenden Missionaren, besonders im zweiten Korintherbrief, nahegelegt wird, dürfte der veranlassende Beziehungspunkt des Sprechens von Apokalypsis Jesu Christi in Gal 1,12 sein. Damit ist freilich noch nicht geklärt, ob und wieweit die judenchristlichen Gegner in Galatien für sich selbst eine solche Apokalypsis im Sinne apostolischer Legitimation in Anspruch nahmen oder sich dabei auf andere Autoritäten, etwa die Jerusalemer, bezogen, um Paulus seine Unterlegenheit diesen gegenüber vorzuhalten. Für den zweiten Fall scheint es dann aber schwer erklärlich, daß er sich von 1,17 an betont von einer Verbindung mit Jerusalem und seinen Autoritäten distanziert. Für die erste Annahme läßt der Galaterbrief allerdings alles vermissen, was auf „apostolischen" Anspruch der Gegner verweisen könnte wie im zweiten Korintherbrief. Immerhin ist festzustellen, daß es Berührungen mit dem zweiten Korintherbrief gibt, die es geraten erscheinen lassen, die beiden Gruppen von Paulusgegnern in Galatien und im zweiten

---

[36] Dieser Nachweis läßt sich im zweiten Korintherbrief durchgehend führen. Die Vorwürfe des Paulus an seine Gegner setzen einerseits eine besonders enge Beziehung der Gegner zu Christus voraus (vgl. 10,7: Χριστοῦ εἶναι; 11,23: διάκονοι Χριστοῦ; 13,3: Erweis des im Apostel redenden Christus) und andererseits einen deutlichen Unterschied in ihrer Christusverkündigung, so daß er ihnen in 11,4 die Verkündigung eines „anderen Jesus", eines „anderen Geistes" und eines „anderen Evangeliums" (vgl. Gal 1,6) vorhält.

[37] Solche Berufung auf Jesus Christus ist auch dann als kennzeichnend für den urchristlichen „Apostel" zu betrachten, wenn die Frage nach Legitimation erst im Zuge von „Verteidigung und Antikritik" auftauchte (*Georgi*, Gegner S. 48: „In dieser Diskussion mußten zwangsläufig Versuche angestellt werden, Maßstäbe für einen rechten Apostolat zu finden").

Korintherbrief nicht zu weit voneinander entfernt zu sehen, zumindest was ihre Vorstellung von apostolischer Autorität angeht. Sowohl im Galaterbrief (besonders 3,5) als auch im zweiten Korintherbrief spielen die von den Gemeinden besonders geschätzten pneumatisch-ekstatischen Phänomene eine gewisse Rolle, und zwar im zweiten Korintherbrief stärker als Begleitphänomene der Tätigkeit der „Apostel Christi" (11,13), durch die sie ihre Christus entsprechende Botenautorität zu bekunden suchten. Die Tatsache, daß die Gemeinde in Korinth diese außerordentlichen Bekundungen des Geistbesitzes der „Apostel Christi" schon als den Ausweis des Apostels selbst nahmen, veranlaßt Paulus, dagegen auf die eigentlichen Merkmale seines Apostelamtes hinzuweisen[38]. In Gal 1,12 argumentiert er dagegen grundsätzlicher. „Auch" ihm kommt die Apokalypsis Jesu Christi zu, und zwar als Grund und Ursprung seines Evangeliums. Damit stützt er sich nicht auf ein ekstatisch-pneumatisches Offenbarungserlebnis, das ja nichts anderes sein könnte als ein wunderhaftes Begleitphänomen der eigentlichen Offenbarung, sondern eben auf diese Offenbarung selbst, die für ihn nichts anderes ist als die „Selbstmitteilung" Jesu Christi als des Auferstandenen in sein Evangelium hinein. M.a.W.: Was in einem allgemeineren urchristlichen Verständnis (vgl. Mt 11,25–27 Par. = Q) als offenbarende Mitteilung Gottes über die eschatologische Bedeutung seines Sohnes Jesus an seine Boten gilt, das erfährt Paulus in einer für ihn eindeutigen Weise als „Apokalypsis Jesu Christi" (Gal 1,12).

Diese Erklärung von „Apokalypsis Jesu Christi" in Gal 1,12 läßt die eigentliche Absicht des Paulus an dieser Stelle deutlicher hervortreten. Er sucht die Gemeinde mit allem Nachdruck auf das *eine* Evangelium zu verpflichten, das er verkündet und das eine andere Art der Verkündigung mit dem Anspruch des „Evangeliums" ausschließt. Seine eigene Verkündigung wurde von seinen Gegnern offenkundig als ἀνθρώπους πείθειν (V. 10) verdächtigt[39]. Man suchte Paulus mit seiner Verkündigung auf die rein menschliche Ebene abzudrängen[40], um damit erklären zu können,

---

[38] Vgl. oben S. 274 zu 2 Kor 12,9 f. Eine Entsprechung ergibt sich auch im Motiv der νέκρωσις Ἰησοῦ in 2 Kor 4,10 zu den στίγματα Ἰησοῦ in Gal 6,17.

[39] Der gleiche Verdacht liegt in 2 Kor 5,11 zugrunde, wo Paulus ebenfalls diese Wendung aus dem Vorwurf der Gegner aufgreift, um sie seinerseits polemisch-ironisch umzubiegen: „Da wir also die Furcht des Herrn kennen, ,überreden' wir ,Menschen', vor Gott aber sind wir offenbar". Vgl. *Bultmann, R.*: Exegetische Probleme des zweiten Korintherbriefs. Nachdruck der Ausgabe von 1947 (Darmstadt 1963) S. 13.

[40] In V. 10 ist die erste Frage daher alternativ zu verstehen. Im Rückblick auf das Anathema in V. 9 stellt er fest: „Denn eben jetzt, überrede ich da Menschen oder (nicht eher) Gott?" Der in der zweiten Frage vorausgesetzte Vorwurf („Menschen gefallen") könnte von ihm selbst aus dem zuvor aufgenommenen Vorwurf gefolgert sein.

seinem Wort fehle die eigentliche göttliche Überzeugungskraft, weil ihm ja auch die erforderliche Qualität der Apokalypsis von Gott abgehe. Diesen Vorwurf weist Paulus zurück, wenn er geradezu feierlich erklärt: „Ich tue euch kund[41], Brüder, das Evangelium, das von mir verkündet wird, ist nicht nach Menschenart." Dies führt er in V. 12 zunächst noch einmal negativ („nicht von einem Menschen übernommen noch erlernt") und dann positiv weiter: „sondern durch Offenbarung Jesu Christi". Dabei ist das einführende οὐδὲ γὰρ ἐγώ stärker auf die positive Aussage als auf die negative in der ersten Satzhälfte bezogen. Grundsätzlich gehören aber beide Aussagen zusammen und sind als Entgegnung auf den *einen* Vorwurf zu verstehen, seine Verkündigung habe nur menschliche Qualität. Der Hinweis auf den Ursprung seines Evangeliums in der „Apokalypsis Jesu Christi" entzieht seine Verkündigung dem Zugriff der Kritiker und schützt so ihre eigentliche, eschatologische Qualität.

---

[41] *Stuhlmacher*, Evangelium S. 69, versteht γνωρίζω als „Ausdruck für die Kundgabe eines eschatologischen Tatbestandes".

Das Verständnis des Todes Jesu bei Paulus

EINFÜHRUNG

In der Geschichte des christlichen Glaubens ist die Deutung des Todes Jesu als Heilsgeschehen im Sinne der stellvertretenden Sühne bestimmend geworden. „Er wurde *für uns* gekreuzigt."[1] Dieses Verständnis beruft sich vor allem auf den Apostel Paulus und seine Aussagen über Erlösung, Sühne und Versöhnung, Stellvertretung und Stiftung des Neuen Bundes. Diese Begriffe geben zweifellos wesentliche Elemente des paulinischen Verständnisses vom Tode Jesu an. Offenkundig hat die heilstheologische Deutung des Todes Jesu ihren Ort von Anfang an im Gottesdienst der Kirche gehabt. Schon Paulus war von ihrer Verwendung in der urchristlichen Eucharistiefeier abhängig. Daneben zeigen sich bei ihm auch andere urchristliche Traditionen mit dem Gedanken des stellvertretenden Sühnetodes Jesu, die nicht unmittelbar auf den Gottesdienst verweisen, sondern dem lehrhaft-katechetischen Gebrauch entstammen. Die spätere kirchliche Lehre vom stellvertretenden Sühnetod Jesu kann sich also auf ein sehr frühes Stadium der urchristlichen Tradition berufen, das sich in den paulinischen Aussagen noch widerspiegelt und offenkundig auf die Interpretation des Todes Jesu durch Paulus selbst erheblich eingewirkt hat. Dieses sehr frühe Stadium der vorpaulinischen Tradition verdiente hinsichtlich unseres Themas eine eigene Behandlung. Diese Aufgabe kann hier nur im ersten Teil in der Form eines Überblicks geleistet werden[2]. In [115] diesem Beitrag soll es vor allem darum gehen, zu zeigen, welchen Gebrauch Paulus von diesen Traditionen macht und worin für ihn die besondere Bedeutung des Todes Jesu liegt. Sowenig die paulinische Deutung des Todes Jesu ein systematisch-theologischer Entwurf ist, so wenig ist es zweifelhaft, daß der Tod Jesu den entscheidenden Ansatz der paulinischen Theologie darstellt, auf den die gesamte

---

[1] So in der neuen deutschen Übersetzung des Nicaeno-Konstantinopolitanischen Glaubensbekenntnisses von 1968.
[2] Hierzu ist auch auf die Beiträge von J. Gnilka, A. Vögtle und R. Pesch in: K. Kertelge (Hrsg.), Der Tod Jesu. Deutungen im Neuen Testament (QD 74), Freiburg 1976, zu verweisen.

Verkündigung des Apostels und ihre theologischen Einzelaspekte bezogen bleiben.

I. STELLVERTRETENDE SÜHNE

Auszugehen ist von der Feststellung, daß der Tod Jesu seinen festen Platz in der paulinischen Soteriologie hat. „Christus starb für uns" bzw. „für unsere Sünden". Diese Aussage kennzeichnet den Tod Jesu als Heilsgeschehen, und zwar als das entscheidende, grundlegende, auf das „wir", die Menschen, angewiesen sind. Diese Aussageform wechselt mit anderen gleichbedeutenden wie: „Er wurde dahingegeben wegen unserer Übertretungen" (Röm 4,25), „er (Gott) hat ihn für uns hingegeben" (Röm 8,32) und „er (Christus) hat sich selbst für unsere Sünden hingegeben" (Gal 1,4; vgl. 2,20). Es handelt sich hierbei wie auch in der Sterbensaussage um geprägte Wendungen, die wegen ihrer lehrhaft gedrängten und katechetisch stilisierten Ausdrucksweise als „Formeln" zu kennzeichnen sind[3]. Ihre Entstehung geht auf das früheste vorpaulinische Urchristentum zurück. Paulus bedient sich ihrer mit sachlicher Selbstverständlichkeit – eben um mit ihrer Hilfe die christologische Mitte seiner Verkündigung zu akzentuieren und auch, wie in 1 Kor 15,1-5, eine unanfechtbare theologische Argumentationsbasis im Gespräch mit seinen Gemeinden zu gewinnen.

Den soeben kurz genannten „Formeln", die eine Aussage über den Tod Jesu enthalten, ist das ὑπέρ gemeinsam[4]. Der Tod Jesu wird als ein Geschehen „für uns", „für alle", „für unsere Sünden" gekenn[116]zeichnet. Das Verständnis dieser Wendung ist grundlegend für die Frage, wie Paulus den Tod Jesu gedeutet hat.

1. Die vorpaulinische Verkündigung

Nur wenige Texte, die als vorpaulinische Überlieferung anzusehen sind, sind von Paulus als solche auch ausdrücklich gekennzeichnet. Zu ihnen gehören das „Christusbekenntnis"[5] 1 Kor 15,3-5 und die Abendmahlsparado-

---

[3] Andere Stilisierungen, wie die in der Form einer Partizipialprädikation, verweisen auf den Bereich des Gottesdienstes. Vgl. *K. Wengst*, Christologische Formeln und Lieder des Urchristentums (Studien zum NT 7) (Gütersloh 1972) 71.

[4] Nur gelegentlich begegnet in diesem Zusammenhang διά mit Akkusativ (Röm 4,25; 3,25; 1 Kor 8,11) und an anderen Stellen im NT περί mit Genitiv (etwa Mt 26,28) und ἀντί mit Genitiv (MK 10,45 par Mt 20,28). Vgl. *K. H. Schelkle*, Die Passion Jesu in der Verkündigung des Neuen Testaments (Heidelberg 1949) 132f.

[5] Vgl. *J. Gnilka*, Jesus Christus nach frühen Zeugnissen des Glaubens (Bibl. Handbibl. 8) (München 1970) 78.

sis 1 Kor 11,23-25. In 1 Kor 15,3 kommt die Heilsbedeutung des Todes Jesu ausdrücklich in einer ὑπέρ-Wendung zur Sprache: „daß Christus für (ὑπέρ) unsere Sünden gestorben ist". Aber auch in der paulinischen Version der Abendmahlsüberlieferung spielt das ὑπέρ als Hinweis auf die Todeshingabe Jesu eine Rolle: „Dies ist mein Leben *für euch*" (1 Kor 11,24)[6].

So offen die Herkunft dieser Texte aus vorpaulinischer, urchristlicher Tradition zutage liegt, so wenig ist an vielen anderen Stellen, die ebenfalls den Gedanken des Christustodes „für uns" enthalten, zweifelhaft, daß sie entweder Zitate bieten wie Röm 4,25 oder Elemente einer schon vor Paulus geläufigen urchristlichen Deutung des Todes Jesu als stellvertretender Sühne enthalten. Hierzu gehören vor allem die Dahingabe- bzw. Selbsthingabeaussagen in Röm 8,32a; Gal 1,4; 2,20 und die Aussagen vom „Sterben für ..." in Röm 5,6-8; 14,15; 1 Kor 8,11; 2 Kor 5,14.15a. Abwandlungen dieser Aussageweise liegen auch in 2 Kor 5,21 und Gal 3,13 vor: „Den, der Sünde nicht kannte, hat er (Gott) *für uns* zur Sünde gemacht ...“; „Christus hat uns losgekauft vom Fluch des Gesetzes, indem er *für uns* zum Fluch geworden ist." Schließlich ist noch auf Röm 3,25.26a zu verweisen: „Ihn (Christus) hat Gott als Sühne hingestellt in seinem Blute ... wegen des Sündennachlasses ..." Diese Stelle verdient allerdings eine gesonderte Behandlung, da in ihr nicht der Gedanke des *stellvertretenden* Sühnetodes zugrunde liegt, sondern die Vorstellung vom Bund Gottes, der wegen der Sünden seines Volkes der Entsühnung bedarf, die bezeich[117]nenderweise von Gott selbst im Tode seines Christus bereitgestellt wird.

Die Aussagen von der Dahingabe bzw. vom Sterben[7] Jesu „für ..." beruhen traditionsgeschichtlich auf den Bemühungen des frühesten Urchristentums, den Tod Jesu als Ausdruck des Heilshandelns Gottes zu deuten. Im Licht des Ostergeschehens hatte der Tod Jesu für seine Jünger den Charakter eines katastrophalen Lebensendes verloren[8]. Aufgrund ihrer Ostererfahrung vermochte die Jüngergemeinde im Tode ihres Meisters den paradoxen Ausdruck der Heilszuwendung Gottes zu erkennen, die Jesus in seiner Gottesreichverkündigung schon zeichenhaft nahegebracht hatte. Die im Glauben an den Auferstandenen gewonnene Erkenntnis von der heilschaffenden Wende des Todes Jesu erlangte ihren sprachlichen Ausdruck zunächst mit Hilfe des Sühnegedankens, wie er etwa in 1 Kor 15,3 formuliert ist: „Christus starb *für unsere Sünden* ..."

---

[6] Die Parallelversion Lk 22,19.20 hat den Gedanken der Hingabe beim Brotwort mit διδόμενον verstärkt und außerdem im Kelchwort die Lebenshingabe Jesu mit dem Motiv des „für euch vergossenen Blutes" ausgedrückt.

[7] Zur form- und traditionsgeschichtlichen Unterscheidung vgl. K. *Wengst*, Formeln 55-77; „Die Dahingabeformel"; 78-86: „Die Sterbensformel".

[8] Vgl. W. *Schrage*, Das Verständnis des Todes Jesu Christi im Neuen Testament, in: E. *Bizer* – J. E. *Goeters* u.a., Das Kreuz Jesu Christi als Grund des Heiles (Schriftenreihe ... hrsg. von F. Viering) (Gütersloh 1967) 49-89, hier 60f.

Im griechischen Sprachraum hat die Wendung „sterben für" die Bedeutung von Sterben zugunsten von, und zwar sowohl mit persönlichem als auch mit sachlichem Objekt[9]. Es ergibt sich so für die Wendung „er starb für uns" (Röm 5,8 u.ö.) der allgemeine Sinn: Das Sterben Christi geschieht für uns und kommt uns zugute[10]. Der Gedanke eines „Opfertodes" in diesem allgemeinen Sinn gehört in die hellenistische Umwelt des Neuen Testaments und ist an sich noch nicht spezifisch christlich. In ähnlicher Weise starben die Helden der Makkabäerzeit „für (ὑπέρ) den Bund" (1 Makk 2,50) und „für (περί) die väterlichen Gesetze" (2 Makk 7,37)[11]. Mit diesen Wendungen verbindet sich im jüdischen Denken aber ausdrücklich der Sühnegedanke: Der Tod der Gerechten dient zur Sühne für das ganze Volk, so besonders deutlich im Gebet des Eleazar: „Sei gnädig deinem Volk, laß dir genügen die Strafe, die wir für sie erdulden (ὑπὲρ αὐτῶν δίκη). Zu [118] einer Läuterung laß ihnen mein Blut dienen, und als Ersatz für ihr Leben (ἀντίψυχον αὐτῶν) nimm mein Leben" (4 Makk 6,28f)[12]. Kennzeichnend für die hier zugrunde liegende Vorstellung ist das Angebot der Gerechten an Gott, ihren Märtyrertod als „Ersatz" für das durch die Sünden verwirkte Leben des Volkes gelten zu lassen. Sie sterben stellvertretend für das Volk und so den Volksangehörigen zugute. Dem Volk wird das Leben dadurch von Gott geschenkt.

Angesichts der offenkundigen Parallelen zur Sühneanschauung im Judentum wird man daher urteilen dürfen, daß die entsprechenden formelhaften Wendungen vom Sühnetod Jesu in der vorpaulinischen Überlieferung des Neuen Testaments hiervon beeinflußt sind. Nach dem Modell der jüdischen Sühneanschauung konnte der Tod Jesu positiv gedeutet werden als ein Tod zur Sühne „für unsere Sünden", das heißt a) wegen[13] unserer Sünden, b) an unserer Stelle, die wir eigentlich den Tod verdienten, c) uns zugute, also mit der Wirkung der Befreiung von den Sünden und der Neubegründung des Lebens.

Dabei gibt es allerdings zwei Besonderheiten zu beachten:
  1) Die Jüngergemeinde weiß sich aufgrund der Ostererfahrung von Gott selbst zu dieser Deutung ermächtigt. Dem entspricht es, daß nicht nur von der Selbsthingabe und dem Sterben Jesu „für uns" gesprochen wird, sondern auch und wohl ursprünglicher von der „Dahingabe" Jesu durch Gott

---

[9] Vgl. *H. Conzelmann*, Der erste Brief an die Korinther (MeyerK V) (Göttingen 1969) 300 Anm. 59 mit Verweis auf Plat., Symp. 179b; Epict. II 7,3; Philostr., Vit. Ap. VII 13.
[10] Vgl. *H. Riesenfeld*, Art. ὑπέρ, in: ThWNT VIII 511.
[11] Vgl. 2 Makk 7,9; 3 Makk 1,23; 4 Makk 6,27.
[12] Vgl. 4 Makk 17.22: „Sie sind gleichsam ein Ersatz geworden für die Sünde des Volkes. Durch das Blut jener Frommen und ihren zur Sühne gereichenden Tod hat die göttliche Vorsehung das vorher schlimm bedrängte Israel gerettet."
[13] So ausdrücklich Röm 3.25: διὰ τὰ παραπτώματα ἡμῶν.

„für uns"[14]. Der Tod Jesu war also nicht nur ein Martyrium mit Sühneabsicht des sterbenden Gerechten, sondern er ist ein von Gott selbst intendiertes und initiiertes Sühnegeschehen. Gott bereitet selbst im Tode Jesu die Sühne, deren wir bedürfen. Damit wird das jüdische Schema von der Ersatzleistung an Gott an einer entscheidenden Stelle in Frage gestellt. Im Sühnetod Jesu geht es nicht um die Besänftigung des Zornes Gottes, sondern um Gottes Heilsoffenba[119]rung, mit der er sich uns zuwendet. Besonders deutlich wird dies in der vorpaulinischen Tradition von Röm 3,25: „Ihn (Jesus Christus) hat Gott als Sühne in seinem Blute dargestellt ... "[15]

2) Die Sühnekraft des Todes Jesu richtet sich auf „uns" bzw. „die Vielen" (Mk 14,24). Sie ist nicht begrenzt auf die eigenen Volksgenossen Jesu. Die urchristliche Gemeinde, die die Bedeutung des Todes Jesu für sich erfaßt, versteht sich als die Repräsentation der „Vielen" nach Jes 52,13-53, 12. Die in diesem Text tragende Idee vom Leiden des Gottesknechtes für die Vielen dürfte von Anfang an auf die frühchristliche Deutung des Todes Jesu einen größeren Einfluß gehabt haben, als man in den ältesten neutestamentlichen Texten mit Zitaten oder deutlichen Anspielungen nachweisen kann und in der kritischen Forschung vielfach wahrhaben will[16]. Dabei ist zu beachten, daß die Bedeutung von Jes 53 für das Urchristentum nicht einfach in der Fluchtlinie der jüdischen Sühnevorstellung zu suchen ist, sondern in der besonderen, einmaligen Beziehung des Knechtes zu Jahwe. Der Knecht steht mit seinem Schicksal ganz in der Sendung, die er von Gott erhalten hat. Er repräsentiert in seiner Lebenshingabe für die Vielen den Heilswillen Gottes für die Völkerwelt.

Der Tod Jesu „für uns" bzw. „für unsere Sünden" gewinnt daher seine theologische Deutlichkeit nicht schon vom jüdischen Sühnegedanken her.

---

[14] Vgl. *W. Popkes,* Christus traditus. Eine Untersuchung zum Begriff der Dahingabe im Neuen Testament (AThANT 49) (Zürich 1967) 253 (bezüglich des Verhältnisses von „Dahingabe" und „Selbsthingabe"); *K. Wengst,* Formeln 82f (zur vermutlichen Priorität der „Dahingabeformel" gegenüber der „Sterbensformel").

[15] Vgl. *K. Kertelge,* „Rechtfertigung" bei Paulus. Studien zur Struktur und zum Bedeutungsgehalt des paulinischen Rechtfertigungsbegriffs (NTA NF 3) (Münster ²1971) 48-62.

[16] Vgl. *F. Hahn,* Christologische Hoheitstitel. Ihre Geschichte im frühen Christentum (FRLANT 83) (Göttingen 1963) 201 (zu 1 Kor 15,3): „Jes 53 spielte in diesem frühen Stadium noch gar keine Rolle." Anders urteilt er bezüglich der Hingabeaussage in Rom 4,25: „... bei der Verbindung von παραδιδόναι mit dem Sühnegedanken ist es zu Einwirkungen von Jes 53 gekommen, aber offensichtlich erst im Bereich der hellenistischen Gemeinde auf Grund des griechischen Alten Testamentes" (ebd. 63). Mit einem Einfluß von Jes 53 schon im frühesten Überlieferungsstadium rechnen dagegen *J. Jeremias,* Die Abendmahlsworte Jesu (Göttingen ⁴1967) 97; *E. Lohse,* Märtyrer und Gottesknecht. Untersuchungen zur urchristlichen Verkündigung vom Sühnetod Jesu Christi (FRLANT 64) (Göttingen ²1963) 220-224; *E. Käsemann,* Die Heilsbedeutung des Todes Jesu bei Paulus, in: *ders.,* Paulinische Perspektiven (Tübingen 1969) 73: Die Aussage vom Sterben Jesu für unsere Sünden „ist zweifellos der Verkündigung des leidenden Gottesknechtes entnommen und hat sehr wahrscheinlich ihren ursprünglichen Sitz in der Abendmahlsbotschaft". Vgl. auch *K. Lehmann,* Auferweckt am dritten Tag nach der Schrift (QD 38) (Freiburg 1968) 247ff.

Vielmehr tritt erst mit Hilfe des deuterojesajanischen Gottesknechtsgedankens die überraschende, universale Fruchtbarkeit [120] dieses Todes von Gott her ins Licht. Letztlich geht es in der urchristlichen Verkündigung vom Tod Jesu nicht um ein soteriologisches „System", sondern um die Selbstmitteilung Gottes im Gekreuzigten, durch die allein Vergebung der Sünden als eschatologisches Heil gewährleistet ist[17].

2. Die Rezeption der Tradition vom Heilstod Jesu bei Paulus

Wie verwendet Paulus die vorgegebene urchristliche Deutung des Todes Jesu als stellvertretender Sühne? Abgesehen davon, daß Paulus gelegentlich auch klangvolle Formeln zur Unterstreichung seiner eigenen Argumentation, etwa als Textabschluß, gebraucht, ist festzustellen, daß er wesentliche Inhalte seiner Verkündigung dem überlieferten christologischen Glaubensgut entnimmt. Dies gilt besonders für die Heilsbedeutung des Todes Jesu. Daß Jesus „für uns gestorben" ist, kann er grundsätzlich nicht anders verstehen als das Urchristentum vor ihm: Der Tod Jesu hat sühnende Kraft, durch seinen Tod sind wir mit Gott versöhnt worden (vgl. Röm 5,10), Tod und Auferstehung Jesu gereichen in der inneren Einheit ihrer Sachaussage den Glaubenden zum Heil. Diese grundsätzliche Übereinstimmung mit dem ältesten Glaubensbekenntnis des Urchristentums zeigt sich nicht nur dort, wo Paulus Tradition – ausdrücklich oder nicht ausdrücklich – zitiert, sondern auch an den zahlreichen Stellen, wo er nur fragmentarischen Gebrauch von ihr macht. Auch wenn er sie aktualisiert und neu akzentuiert, läßt er seine Verkündigung doch grundsätzlich von ihr getragen sein.

[121] Etwas anderes ist es dagegen, daß Paulus sein Evangelium als nicht aus Tradition ableitbar erklärt. „Das Evangelium, das von mir verkündet wird, ist nicht nach Menschenart; denn auch ich habe es nicht von einem Menschen erhalten noch erlernt, sondern durch ‚Apokalypsis Jesu Christi'" (Gal 1,11f)[18]. Wenn er also Jesus Christus als den „für uns Gestorbenen"

---

[17] Für die Frage nach der traditionsgeschichtlichen Herkunft der Aussage vom Sühnetod Jesu im Urchristentum wird vielfach mit dem Hinweis auf den semitischen Sprach- und Vorstellungshintergrund besonders in 1 Kor 15, 3-5 angenommen, daß sie zur „ältesten Verkündigung ... in der palästinischen Urgemeinde" gehöre (*E. Lohse,* Märtyrer 9; vgl. ebd. 131; *R. Bultmann,* Theologie des Neuen Testaments [Tübingen [4]1961] 49). *K. Wengst,* Formeln 62-71, hat demgegenüber auf die von Lohse vernachlässigte große Bedeutung des hellenistischen Judentums für die Ausbildung des Gedankens von der *stellvertretenden* Sühne hingewiesen, während er das palästinische Judentum hieran nicht beteiligt sieht. „Von hier aus liegt es nahe, die Entstehung der Deutung des Todes Jesu als Sühnetod in dem Christentum anzunehmen, das aus dem hellenistischen Judentum hervorging, also im hellenistischen Judenchristentum" (ebd. 70). Das bedeutet jedoch nicht eine späte Entstehung der „Formel" vom stellvertretenden Sühnetod Jesu; „denn man hat wohl von Anfang an eine hellenistisch-judenchristliche Gemeinde anzunehmen" (ebd. 71 Anm. 62).
[18] Vgl. *K. Kertelge,* Apokalypsis Jesou Christou (Gal 1,12), in: Neues Testament und Kirche (Festschrift für R. Schnackenburg), hrsg. von J. Gnilka (Freiburg 1974) 266-281.

verkündet, dann hat dies seinen Grund nicht in der Überlieferung als solcher, sondern darin, daß ihm der hiermit gemeinte Sachverhalt aus der Begegnung mit dem lebendigen Christus als Offenbarungsinhalt mitgeteilt wurde. Die Autorität des paulinischen Evangeliums liegt also nicht in der Tradition, sondern in seiner Begegnung und bleibenden Verbindung mit dem lebendigen Christus selbst.

An einigen Stellen seiner Briefe zeigt Paulus eine besondere Akzentuierung des Gedankens der stellvertretenden Sühne, so in 2 Kor 5,14f und Röm 5,6-11. Die wichtigsten Merkmale der paulinischen Interpretation des Todes Jesu an diesen beiden Textstellen sind kurz aufzuzeigen.

a) 2 Kor 5,14f: „Denn die Liebe Christi treibt uns, seitdem wir dieses Urteil haben: Einer ist für alle gestorben, also sind alle gestorben. Er ist ja dazu für alle gestorben, daß sie als Lebende nicht mehr sich selbst leben, sondern dem, der für sie gestorben ist und auferweckt wurde." Paulus geht es im Zusammenhang um eine theologisch begründete Darstellung seines apostolischen Dienstes. Daher versteht sich das Motiv der „Liebe Christi", von der er in seinem Amt gedrängt wird. Sie ist das eigentliche Motiv seiner missionarischen Verkündigung, seitdem er dem Gekreuzigten und Auferstandenen begegnet ist. In dieser Begegnung ist ihm die Tiefe und Reichweite der Liebe Christi sichtbar geworden. Um diesen Sachverhalt auszudrücken, greift er auf den Gedanken vom stellvertretenden Tod Jesu zurück und verbindet damit die Vorstellung von der „korporativen Persönlichkeit", wonach das Schicksal des Hauptes einer Gruppe auf alle ihre Glieder übertragen wird. Dadurch ergibt sich eine bemerkenswerte Verschiebung des Gedankens der stellvertretenden Sühne Jesu zugunsten des Stellvertretungsmotivs. Der Eine, Christus, ist stellvertretend für alle gestorben. Das bedeutet, für sich betrachtet, auch: allen zugute. Aber [122] Paulus entfaltet hier nicht so sehr die Sühne als Tilgung der Sünden, sondern die schicksalhafte Verbundenheit aller mit Christus. „Also sind alle gestorben." Eben diese schicksalhafte Verbundenheit aller mit dem Einen, wie sie auch in der Adam-Christus-Parallele von Röm 5,12-19 und 1 Kor 15,21f zum Ausdruck kommt, bestimmt auch den Sinn von V. 15: Die Verbundenheit mit dem für sie gestorbenen Christus hat Konsequenzen für die Existenz der jetzt Lebenden. Ein notwendiger Zwischengedanke wird von Paulus nicht ausgesprochen, sondern vorausgesetzt: Die Todesgemeinschaft mit Christus impliziert auch die Teilnahme an seinem Leben. „Als Lebende", die ihr Leben Christus verdanken, leben sie nicht mehr sich selbst, sondern für Christus, den für sie Gestorbenen und nunmehr Auferweckten.

Sieht man einerseits den gedanklichen Zusammenhang mit der traditionellen Aussage vom Sterben Christi „für uns" und beachtet man andererseits den grundsätzlichen Charakter der Argumentation des Paulus im Kontext, die es ihm gestattet, in V. 17 die Christusverbundenheit als Kriterium der „neuen Schöpfung" zu verkünden, dann erklärt sich in VV. 14f die Tendenz zur betonten Unterstreichung der universalen Bedeutung des Todes Jesu. Paulus greift hierzu nicht auf die „Vielen" von Jes 53 zurück, sondern bedient sich eines anderen Schemas, der Repräsentation aller durch den Einen. Es ist verfehlt, hierin die „Idee einer mystischen Sterbensgemeinschaft"[19] wiederfinden zu wollen. Vielmehr geht es um die die ganze Menschheit umfassende Heilsdimension des Todes Jesu[20], die sich dem Evangelium des Apostels mitteilt, insofern „alle" durch das Evangelium zur Lebensgemeinschaft mit Christus gerufen werden.

Für Paulus besteht also eine enge Verbundenheit der Menschheit mit ihrem Haupt. Der Tod Christi ist der Todesgehorsam des zweiten Adam, durch den der Ungehorsam des ersten Adam und seiner Nachkommenschaft aufgehoben wird (vgl. Röm 5,18f). In seinem Tod hat Christus daher die Unheilsgeschichte durchbrochen und der Menschheit einen neuen Anfang gesetzt: „Das Alte ist vergangen, siehe, Neues ist geworden" (2 Kor 5,17). Die so verstandene heilsgeschichtliche [123] Tragweite des Todes Christi bestimmt den apostolischen Einsatz des Paulus.

b) Röm 5,6-8: „Denn Christus ist, als wir noch schwach waren, schon damals für die Gottlosen gestorben. Denn kaum wird einer für einen Gerechten sterben; für den Guten freilich unternimmt vielleicht einer, sogar zu sterben. Gott aber erweist seine Liebe darin, daß Christus für uns gestorben ist, als wir noch Sünder waren." Zur Einzelauslegung kann hier auf die Kommentare verwiesen werden[21]. Bezüglich der mehrfachen Verwendung der Formel vom Sterben Christi „für …" in diesen Versen ist die Beziehung auf die Aussage von der Liebe Gottes in V. 5 zu beachten. Sie bildet das eigentliche Thema des Todes Jesu, wie besonders V. 8 als erklärende Wiederholung von V. 6 zeigt. Gott erweist seine Liebe „zu uns" darin, daß Christus „für uns" gestorben ist. Offenkundig ist dabei an die sündenvergebende Liebe Gottes gedacht, denn der Tod Jesu galt „uns, als wir noch Sünder waren".

Die Aussage vom stellvertretenden Sühnetod Christi erhält hier ihre besondere Bedeutung einerseits durch den Bezug auf die „Gottlosen", die „Sünder" und – in V. 10 – auf die „Feinde" Gottes und andererseits als Ausdruck der Liebe Gottes, die die Gottentfremdung der „Gottlosen" und „Gottesfeinde" überwindet. Theozentrischer und christozentrischer Aspekt des Heilsgeschehens treffen hier ganz unmittelbar zusammen, wie es dem sonstigen theologischen Kontext dieser Stelle, der Botschaft von der

---

[19] *H. Windisch.* Der zweite Korintherbrief (Göttingen 1970 = Neudruck der Auflage 1924) 182.
[20] Vgl. *J. Blank,* Paulus und Jesus. Eine theologische Grundlegung (StANT 18) (München 1968) 315: Paulus „macht ernst damit, daß im Tod Christi die kosmisch-universale Äonenwende erfolgt ist".
[21] Vgl. besonders *O. Kuss,* Der Römerbrief (Regensburger NT) (Regensburg 1957) 207-210; *E. Käsemann,* An die Römer (HNT VIIIa) (Tübingen 1973) 127f; *K. Kertelge,* Der Brief an die Römer (Geistliche Schriftlesung 6) (Düsseldorf 1971) 102f.

Rechtfertigung des Gottlosen, durchgehend, eigen ist. So wird die Aussage vom Heilstod Jesu für die Sünder bei Paulus zur Aussage über Gott und sein liebendes, lebenschaffendes Verhalten zu den Menschen.

Zusammenfassend läßt sich feststellen, daß Paulus in weitgehender terminologischer und sachlicher Übereinstimmung mit der vorgegebenen urchristlichen Überlieferung die Heilsbedeutung des Todes Jesu mit dem „Modell" des stellvertretenden Sühnetodes zur Sprache bringt. Die sehr häufig begegnende Wendung „dahingegeben" bzw. „gestorben für …" bringt die Heilsintention und -zuwendung Gottes bzw. Jesu zum Ausdruck. Sühne bedeutet für Paulus besonders die von Gott gewährte Sündenvergebung als Ausdruck seiner Liebesof[124]fenbarung in Christus[22]. Der Stellvertretungsgedanke wird dabei nicht so sehr vom Vorbild des deuterojesajanischen Gottesknechtes als vielmehr von der antitypisch verstandenen Vorstellung von der repräsentativen Einheit der Menschheit her aktualisiert. Im stellvertretenden Tod Christi ereignet sich die universal-geschichtliche Zeitenwende, die für die Glaubenden einen neuen Lebensstand der Gemeinschaft mit dem Gekreuzigten und Auferweckten begründet. Die besonders in Röm 5,5-8 nicht zu übersehende Theozentrik im Verständnis des stellvertretenden Sühnetodes Jesu ist Ausdruck der Liebe Gottes, die in der gesamten paulinischen Soteriologie bestimmend bleibt, wie sich weiter zeigen wird.

II. DER GEKREUZIGTE CHRISTUS

1. Das Evangelium als das „Wort vom Kreuz"

Die paulinische Verkündigung geht in ihren verschiedenen Artikulierungen vom zentralen Geschehen des Todes (und der Auferstehung)[23] Jesu aus. Dies zeigt sich schon sehr deutlich an der Verwendung der Sätze, die er aus vorgegebener Überlieferung übernimmt, zitiert und abwandelt. Ihren

---

[22] Vgl. *G. Theißen*, Soteriologische Symbolik in den paulinischen Schriften, in: KerDog 20 (1974) 282-304, hier 292: „Wo vom ‚Sterben für uns' gesprochen wird, ist meist an eine Liebeshingabe gedacht, bei der Christus das Subjekt der Hingabe ist." Theißen unterscheidet nach den in den soteriologischen Aussagen begegnenden „Bildern" als wichtigste Deutungskategorien bei Paulus die „Befreiungssymbolik", die „Rechtfertigungssymbolik" und die „Versöhnungssymbolik". Letzterer ordnet er die paulinischen Abwandlungen der „Sterbensformel" zu und erkennt im Motiv der Liebe Christi bzw. Gottes in Christus die eigentliche Sachintention dieser Aussagen – im Unterschied etwa zur „Rechtfertigungssymbolik", wo der Tod Christi mehr die Bedeutung des „stellvertretenden Fluchtodes" habe.
[23] Die theologische Konzentration des Paulus auf den Tod Jesu umgreift, wenn auch nicht immer ausgesprochen, die Auferstehung Jesu. Hierzu Weiteres im letzten Teil.

stärksten Ausdruck findet die theologische Bindung des Apostels an das Todesgeschehen Jesu in seiner Predigt vom Kreuz. Die Selbsterniedrigung Christi bis in den Tod erlangt ihren zeichenhaften Ausdruck im *Kreuz*, wie Paulus erklärend im Christushymnus Phil 2,8 betont[24]. Im Gekreuzigten sieht er die wahre [125] Identität des Christus. Deshalb vermag er nichts anderes zu kennen und zu verkünden als „Jesus Christus, und diesen als den Gekreuzigten" (1 Kor 2,2). Im „Wort vom Kreuz" (1,18) verdichtet sich Gottes Selbstzusage an die Menschen zu letzter „Eindeutigkeit", so daß sich ihr Schicksal an ihm als Verlust oder als Gewinn entscheidet[25].

Die Rede vom Kreuz bzw. vom Gekreuzigten ist bei Paulus nicht eine bloße Variierung der traditionellen Aussage vom Sühnetod Jesu, sondern in bestimmter Weise ihre Radikalisierung. In ihr zeigt sich besonders die Unableitbarkeit des Evangeliums, da sie nicht nur um eine Deutung des Todes Jesu im Sinne der traditionellen Heilsfrage bemüht ist, sondern das menschlich nicht verstehbare und auflösbare Rätsel des Kreuzes Jesu als Ausdruck der Selbstoffenbarung Gottes annimmt und sich damit kritisch gegen die Versuchung wendet, Gottes Offenbarung in menschliche Weisheit aufzulösen und sie in imponierende Kraftdemonstrationen zu überführen. Damit wird der polemische Argumentationszusammenhang sichtbar, in dem Paulus das „Wort vom Kreuz" zur Geltung bringt: Während Juden nach Zeichen fragen und Griechen Weisheit suchen, verkündet der Apostel den gekreuzigten Christus, Stein des Anstoßes und Torheit, aber zugleich auch die eigentliche, wahre Kraft und Weisheit Gottes (1,22-24).

Die Kreuzesaussagen begegnen bei Paulus besonders in zwei Zusammenhängen, die für seine Kreuzestheologie charakteristisch sind: in den ersten zwei Kapiteln des ersten Korintherbriefes und im Galaterbrief[26]. In 1 Kor 1-2 wendet sich Paulus gegen Tendenzen in der korinthischen Gemeinde, das von Christus mitgeteilte Heil auf [126] präsentische Geisterfahrung und

---

[24]Vgl. *E. Käsemann*, Paulinische Perspektiven 67f, und *J. Gnilka*, Der Philipperbrief (HThK X, 3) (Freiburg 1968) 124.

[25] Die sachlich-theologische Eindeutigkeit, die das Evangelium als „Wort vom Kreuz" gewinnt, steht nur in einem scheinbaren Widerspruch zu seiner Mißverständlichkeit, aufgrund deren die Korinther einer (christlichen) „Weisheitslehre" den Vorzug geben konnten: 1 Kor 1, 17 und 1 Kor 1-2 passim. Hierzu besonders *U. Wilckens*, Weisheit und Torheit. Eine exegetisch-religionsgeschichtliche Untersuchung zu 1 Kor. 1 und 2 (BHTh 26) (Tübingen 1959).

[26] Einen Überblick und eine Hinführung zur Exegese der einzelnen Stellen bietet *F.-J. Ortkemper*, Das Kreuz in der Verkündigung des Apostels Paulus (SBS 24) (Stuttgart 1967). Zur Kreuzestheologie des Paulus vgl. ferner aus neuerer Zeit *W. Schrage*, Das Verständnis des Todes Jesu Christi 67-89; *E. Brandenburger*, Stauros, Kreuzigung Jesu und Kreuzestheologie, in: Wort und Dienst. Jahrbuch der Kirchlichen Hochschule Bethel NF 10˙(1969), hrsg. von H. Krämer (Bethel 1969) 17-43, hier 35-43; *G. Delling*, Der Kreuzestod Jesu in der urchristlichen Verkündigung (Berlin 1971) 17-26; *U. Luz*, Theologia crucis als Mitte der Theologie im Neuen Testament, in: EvTh 34 (1974) 116-141, bes. 121-131; *H.-W. Kuhn*, Jesus als Gekreuzigter in der frühchristlichen Verkündigung bis zur Mitte des 2. Jahrhunderts, in: ZThK 72 (1975) 1-46, bes. 27-41.

Weisheitslehre und damit auf esoterische Einweihungspraktiken zu verkürzen. Demgegenüber beharrt er auf dem spekulativ unauflösbaren Grund des Heiles im Kreuz Christi. Wenn aber das Kreuz der gegebene Ort der Heilszuwendung Gottes ist und das Leben der Glaubenden dafür notwendigerweise vom Kreuz ihres Herrn geprägt ist, dann gibt es Heil nicht schon als Versenkung in eine pneumatische Christuswirklichkeit, sondern als Gleichförmigkeit mit dem Gekreuzigten in der glaubenden Annahme der Kreuzesgestalt des Heiles Gottes und in der geduldigen Erwartung der Vollendung dieses Heiles durch Gott selbst.

Paulus geht es in der Rede vom Kreuz Christi um die „kritische Potenz"[27] des Evangeliums. Im Evangelium ergeht das Gericht über die Welt. Die richtende, zum Heil befreiende und so zwischen Heil und Unheil scheidende Funktion des Evangeliums wird besonders als Wort vom Kreuz aufgerufen. Bezeichnend ist allerdings, daß Paulus das Wort vom Kreuz kritisch gegen *Christen* richtet, denen er dadurch, wie im Falle der korinthischen Gemeinde, ihren Mangel an wahrer Christusorientierung aufdeckt.

Die paulinische Verkündigung des Kreuzes ist besonders für die reformatorischen Kirchen zum Kriterium wahrer christlicher Theologie geworden. Dies hat E. Käsemann[28] vor einigen Jahren sehr eindringlich wieder ins Gedächtnis gerufen. „Crux sola est nostra theologia." Dieses Wort Luthers wird von Käsemann wirkungsvoll aktualisiert: Mit M. Kähler[29] bringt er die paulinische Kreuzestheologie entmythologisierend gegen die dogmatischen Verengungen in Christologie und [127] Soteriologie zur Geltung: So „wird die Christologie unter diesem Ausgangs- und Gesichtspunkt aus der Metaphysik und ihrer zeugungsunfähigen Denknotwendigkeit in die Geschichte und damit in das Reich unserer Wirklichkeit verpflanzt". Entmythologisierend wirkte die Kreuzestheologie nicht nur gegen den antiken Mythos, sondern – so Käsemann – „gegen alle religiöse Illusion"[30], die immer auch noch oder erneut wieder im Protestantismus heute wirksam sei, in der Gestalt einer neuen Gesetzesfrömmigkeit oder eines Enthusiasmus, der die Augen vor der Wirklichkeit verschließt.

---

[27] *U. Luz*, Theologia crucis 119f. Vgl. auch *K. Müller*, 1 Kor 1,18-25. Die eschatologisch-kritische Funktion der Verkündigung des Kreuzes, in: BZ NF 10 (1966) 246-272 (in überarbeiteter Fassung auch in *K. Müller*, Anstoß und Gericht [StANT 19] [München 1969] 84-101).
[28] *E. Käsemann*, Paulinische Perspektiven 64. Vgl. *ders.*, Die Gegenwart des Gekreuzigten, in: Christus unter uns, hrsg. von F. Lorenz (Stuttgart – Berlin 1967) 5-18; *G. Klein*, Das Ärgernis des Kreuzes, in: Ärgernisse. Konfrontationen mit dem Neuen Testament (München 1970) 115-131, und *E. Gräßer*, „Der politisch gekreuzigte Christus". Kritische Anmerkungen zu einer politischen Hermeneutik des Evangeliums, in: ZNW 62 (1971) 266-294. – Gegen eine „pauschale, nicht selten mehr oder weniger oberflächliche Rede von evangelischer oder christlicher oder auch nur paulinischer Theologie als ‚Kreuzestheologie'" wendet sich zugunsten der „originalen und fundamentalen Sachzusammenhänge der frühchristlichen Aussagen über Jesus als den Gekreuzigten und das Kreuz" besonders *H.-W. Kuhn*, a.a.O. 2 und passim.
[29] *M. Kähler*, Das Kreuz. Grund und Maß der Christologie (BFchTh 15) (Gütersloh 1911) 13.
[30] Ebd. 65.

Für Käsemann bewahrt die Kreuzestheologie ihre „kritische Potenz" nur im polemischen Gebrauch zwischen den Christen und Kirchen selbst. Er vermag dies mit der paulinischen Verwendung der Stichworte „Kreuz" und „Gekreuzigter" zu belegen. Allerdings sollte bei aller Hervorhebung des polemischen Charakters nicht die *grundsätzliche* Bedeutung der paulinischen Kreuzestheologie aus dem Auge gelassen werden. Sie besteht darin, daß Paulus das „Wort vom Kreuz" als Mitte und Maßstab des christlichen Glaubensvollzugs versteht und verkündet[31]. Erst aus dieser grundsätzlichen und umfassenden Sicht der paulinischen Kreuzestheologie läßt sich ihre kritische Relevanz erheben und anwenden. Dabei ist allerdings zu beachten, daß die Kreuzestheologie als auf Mensch und Welt angewandtes „Wort vom Kreuz" selbst auch wiederum vom Kreuz Jesu gemessen und kritisiert wird. Dies hat nicht zuletzt der Apostel Paulus gewußt, indem er zunächst sich selbst vom Gericht des Kreuzeslogos mitbetroffen sah: „Mit Christus bin ich mitgekreuzigt" (Gal 2,19). In dieser existentiellen Betroffenheit konnte er es wagen, das „Wort vom Kreuz" in seine eigenen Worte und Gedanken zu kleiden[32].[128]

2. Das Kreuz als Heilsgeschehen

Zweifellos hält Paulus mit seiner Kreuzesverkündigung ein wesentliches historisches Element der Leidens- und Todesgeschichte Jesu fest. Jesus starb am Kreuz. Hinter dieser einfachen Aussage stehen konkrete Vorgänge um den Tod Jesu. Von den jüdischen Behörden wurde er wegen angeblich staatsfeindlicher Umtriebe dem römischen Richter übergeben, und dieser ließ ihn kreuzigen. All dies reflektiert Paulus nicht, wie er auch das Kreuzesgeschehen nicht zum Gegenstand theologischer Spekulationen macht. Vielmehr nimmt er die geschichtliche Realität des Kreuzes Jesu als letztverbindlichen Ausdruck des Offenbarungswortes Gottes. Das schließt nicht aus, daß eine bestimmte Veranlassung dazu geführt hat, daß Paulus das Evangelium vom Heilshandeln Gottes in sehr bestimmter Weise als das Wort vom Kreuz festhält und zur Geltung bringt. Diese Veranlassung zeigt sich am deutlichsten im *Galaterbrief*.

H.-W. Kuhn[33] hat in einer neuen Untersuchung drei Kontexte eruiert, in

---

[31] Vgl. *R. Baumann*, Mitte und Norm des Christlichen. Eine Auslegung von 1 Korinther 1,3-3,4 (NTA NF 5) Münster 1968).
[32] Vgl. *H. Conzelmann*, Der erste Brief an die Korinther (MeyerK V) (Göttingen 1969) 52f, und *U. Luz*, Theologia crucis 130. Luz stellt mit Recht eine bleibende „Spannung zwischen der argumentativen Gestalt der paulinischen Kreuzestheologie und der von ihr gemeinten Sache" fest. „In ihrer argumentativen Gestalt kann die paulinische Kreuzestheologie nur die eigene Wort, der eigene theologische Versuch des Paulus sein. Das Wort vom Kreuz ist aber gerade die permanente Krisis aller eigenen theologischen Versuche." Zur Überbrückung dieser Spannung erlangt das persönliche Stehen des „Kreuzestheologen" unter dem Wort vom Kreuz freilich seine wesentliche Bedeutung.   [33] *H.-W. Kuhn*, a.a.O. 29.

denen Paulus von Jesus als dem Gekreuzigten und vom Kreuz spricht: „Kreuz Christi und Weisheit"; „Kreuz Christi und Gesetz"; „der Gekreuzigte und die neue Existenz der Glaubenden". Während der erste Zusammenhang in den ersten beiden Kapiteln des ersten Korintherbriefes gegeben ist, begegnet das Thema „Kreuz Christi und Gesetz" ausschließlich im Galaterbrief. Besonders vom Galaterbrief als dem chronologisch früheren ist ein Hinweis zur Beantwortung der Frage zu erwarten, warum Paulus nicht nur vom Tode Jesu, sondern von seinem Kreuz spricht. Nach Gal 3,1 ist Christus den Galatern „als der Gekreuzigte vor Augen geschrieben worden". Den Galatern, die unter dem Einfluß der Gesetzleute dabei sind, sich „bezaubern" und den Kopf verdrehen zu lassen, soll die Erinnerung an den Gekreuzigten zur Ernüchterung dienen. Denn der Gekreuzigte „bedeutet ‚die Entzauberung der Welt' schlechthin"[34]. Ist das Evangelium gerade als Wort vom Kreuz dazu geeignet, die auf Abwege geratenen Galater an den unveräußerlichen Grund und Ursprung ihrer christlichen Existenz zu erinnern, so zeigt sich im folgenden Zusammenhang, 3,13, eine weitere, noch ursprünglichere Absicht der paulinischen Rede vom Kreuz.

[129] „Christus hat uns losgekauft vom Fluche des Gesetzes, indem er für uns zum Fluch geworden ist, denn es steht geschrieben: Verflucht ist jeder, der am Holze hängt (Dt 21,23)." Ohne daß Paulus hier ausdrücklich das Kreuz und die Kreuzigung Jesu nennen muß, ist doch einleuchtend, daß der für uns zum Fluch gewordene Christus der *Gekreuzigte* ist. Am Kreuz hat Christus stellvertretend den Fluch auf sich geladen, den das Gesetz[35] selbst über die Gesetzesbrecher verhängt. Dieses Verständnis wird durch die Schriftstelle aus Dt 21,23 unterstrichen. Als ans Kreuz Gehängter fällt Jesus unter die „Verfluchten".

Dieser Verfluchungssatz aus Dt 21,23 vermag zwar die Fluchbeladenheit Christi zu erklären – eben als der Gekreuzigte –, spricht aber nicht die entscheidende Pointe der paulinischen Beweisführung an, nämlich den Stellvertretungsgedanken. Warum ist ihm in diesem Zusammenhang dann aber das Zitat (aus der LXX) so wichtig, wenn er die Sachaussage dieses Zitats – die Verfluchung des Gekreuzigten – nicht einfach stehen läßt, sondern mit dem Stellvertretungsgedanken interpretiert? Der Hinweis auf die im zeitgenössischen Judentum vorgegebene Anwendung von Dt 21,23 auf die Kreuzesstrafe[36] genügt allein noch nicht[37]. Wahrscheinlich hat Paulus das Zitat

---

[34] F. *Mußner*, Der Galaterbrief (HThK IX) (Freiburg 1974) 206f.

[35] „Vom Fluch *des Gesetzes*" ist Genitivus auctoris (vgl. F. *Mußner*, Galaterbrief 233 Anm. 105).

[36] H.-W. *Kuhn*, a.a.O. 33f, zitiert hierzu eine Stelle aus der sog. Tempelrolle von Qumran. „Kol 64,6-13 der sog. Tempelrolle gibt Dtn 21,22f in erweiterter Fassung wieder", und zwar derart, daß die Reihenfolge des Urtextes „töten – aufhängen" umgekehrt und der Text so auf die Kreuzesstrafe anwendbar werde. Zur verschiedenartigen Anwendung von Dt 21,22f auf zeitgenössische Hinrichtungsarten vgl. M. *Hengel*, Nachfolge und Charisma (BZNW 34) (Berlin 1968) 64 Anm. 77.

[37] F. *Mußner*, Galaterbrief 233f Anm. 112, betont mit Recht, daß es Paulus „um das *soteriolo-*

der Polemik des Judentums entwunden, das hiermit seinen „Vorbehalt gerade gegenüber dem gekreuzigten Christus" anmeldete[38]. Indem er die von [130] der Schrift begründete Verfluchung des Gekreuzigten mit dem Stellvertretungsgedanken interpretiert – Christus erleidet den vom Gesetz verhängten Fluch „*für uns*" –, wird die urchristliche Verkündigung vom gekreuzigten Christus nicht nur durch die Schrift selbst gerechtfertigt, sondern auch zum Ausdruck für die Befreiung von der Forderung und dem Verdikt des Gesetzes. Auch wenn Paulus sonst die Rede vom Kreuz und vom Gekreuzigten nicht mit dem Stellvertretungsgedanken verbindet[39], ist dieser doch überall notwendig mit vorausgesetzt. Nur so gewinnt das Kreuz seine Eindeutigkeit als Ausdruck des Heilsgeschehens.

Gal 3,13 ist also geeignet, die Entstehung der paulinischen Kreuzestheologie zu erklären. Natürlich erschöpft sich der Sinn dieser wichtigen Stelle nicht in einer solchen Erklärung. Vielmehr wird hier deutlich, daß Paulus die Verkündigung vom gekreuzigten Christus polemisch gegen die Gesetzesverfallenheit der Galater wendet. Der gekreuzigte Christus wird zum Ausdruck der Unvereinbarkeit von Gesetzesweg und Glaubensweg[40]. „Das Gesetz aber ist nicht aus Glauben" (Gal 3,12). Paulus läßt keinen Zweifel daran, daß der Glaube an den im gekreuzigten Christus präsenten Gott die von Gott selbst vorgesehene Erfüllung seiner Verheißung an Abraham ist (vgl. 3,14 mit 3,6.7-10). In diesem Glauben wird der „Anstoß des Kreuzes" (Gal 5,11) überwunden. Der Anstoß an dem vom Gesetz verfluchten Christus wird im Glauben zum heilschaffenden Anstoß, der hinfällig würde,

---

gische Verständnis des ‚Verfluchtseins' Christi" geht, „das auf interpretatio christiana beruht". Er hält es für möglich, „daß Paulus von sich aus Dt 21,23 auf den gekreuzigten Christus angewendet hat" und dazu nicht erst, wie besonders *G. Jeremias*, Der Lehrer der Gerechtigkeit (StUNT 2) (Göttingen 1963) 113f, annimmt, durch eine jüdische „Christuspolemik" veranlaßt sei, die sich auf Dt 21,23 berief.

[38] *H.-W. Kuhn*, a.a.O. 35. Zuerst als Vermutung geäußert von *P. Feine*, Das gesetzesfreie Evangelium des Paulus (Leipzig 1899) 18. Vgl. *J. Blank*, Paulus und Jesus (StANT 18) (München 1968) 245: „Vielleicht ist das Verdikt von Dt 21.23 ... schon dem Pharisäer Saulus als Parole gegen den Messias Jesus bekannt gewesen" (mit einem allgemeinen Verweis auf Heitmüller und Bultmann); ferner *G. Jeremias* (s. vorige Anm.); *J. Jeremias*, Der Opfertod Jesu Christi (Calwer Hefte 62) (Stuttgart ²1966) 14; *W. Schrage*, Das Verständnis des Todes Jesu Christi 58f; *W. G. Kümmel*, Die Theologie des Neuen Testaments nach seinen Hauptzeugen Jesus, Paulus, Johannes (NTD Ergänzungsreihe 3) (Göttingen 1969) 133f; *P. Stuhlmacher*, „Das Ende des Gesetzes". Über Ursprung und Ansatz der paulinischen Theologie, in ZThK 67 (1970) 14-39, hier 29.

[39] Hierauf legt *H.-W. Kuhn*, a.a.O. 35, besonderes Gewicht.

[40] Hierin sieht *E. Käsemann*, Heilsbedeutung 68, den eigentlichen theologischen Grund für die paulinische Rede vom Kreuz: „Für Paulus enthält Jesu Tod unwidersprechlich jenen Konflikt in sich, der seine Theologie zentral durch das unversöhnliche Gegeneinander von Gesetz und Evangelium charakterisiert."

wenn Paulus die Beschneidungspredigt betreiben und damit den Gesetzesstandpunkt seiner judenchristlichen Gegner übernehmen würde[41].

Antwortet somit nur der Glaube sachgemäß auf die Predigt vom [131] Kreuz, wird der Glaube an den gekreuzigten Christus anders als der Gesetzesweg zu dem *einen* Weg für *alle*. Im Glauben an Jesus Christus werden die Glaubenden zu Erben der Abrahamsverheißung (Gal 3,14). Diese im Glaubensbegriff angelegte Universalität des Heiles vermag Paulus gerade im Rückbezug auf das einmalige Kreuzesgeschehen zu entfalten und festzuhalten. Denn das Kreuz Christi ist für ihn das unaufhebbare Gegenüber der menschlichen Glaubensentscheidung und der bleibende Ort der Selbstidentifizierung Gottes mit seinem Sohn.

Die Kreuzestheologie ist als „kritische Theologie" des Apostels Paulus nicht richtig verstanden, wenn man nicht die im Kreuz Christi enthaltene Lebensdimension zur Sprache bringt. Die im Wort vom Kreuz ergehende Heilsmitteilung zeigt sich als „Neuheit des Lebens" aus Taufe und Glauben, wodurch der alte Mensch mit Christus „mitgekreuzigt" ist (Röm 6,6 mit 6,4). Die Teilnahme des Glaubenden am „Sterben Jesu" ist der paradoxe Ausdruck seiner Teilnahme am „Leben Jesu, das an unserem sterblichen Leib offenbar" werden soll (2 Kor 4,10f.). Sosehr das Leben der Glaubenden, etwa nach 2 Kor 5,15, die Frucht des Sterbens Jesu „für alle" ist und das Geschenk des Lebens in und mit Christus Gegenwart und Zukunft der Glaubenden umgreift, so sehr bleibt es doch vom Kreuz als seiner Ursprungsgestalt geprägt: es ist nicht ein zur Freizügigkeit entschränktes Leben, sondern ein Leben „*für* den, der für sie gestorben ist und auferweckt wurde". Nach Gal 5,24 bedeutet dies, daß die Glaubenden, „das Fleisch samt seinen Leidenschaften und Begierden gekreuzigt" haben. Anders gelangt die von Christus begründete Freiheit (Gal 5,1.13) nicht zu ihrer Auswirkung.

III. CHRISTOLOGISCHE, SOTERIOLOGISCHE UND THEOLOGISCHE RELEVANZ DES TODES JESU

Christusverkündigung und Heilsverkündigung stehen bei Paulus in einem unlösbaren Zusammenhang. Dabei wird deutlich, daß seine Heilsverkündigung ihr Gepräge von der Verkündigung des gekreuzigten und auferstandenen Christus erhält. Könnte man für die vorpaulinische Christusverkündi-

---

[41] Vgl. *K. Müller*, Anstoß und Gericht 120: „Im Rahmen der Wendung τὸ σκάνδαλον bezeichnet das Nomen σκάνδαλον die von Gott zu Heil und Heilsverlust ermächtigte, an das Regulativ des Glaubens gehaltene (vgl. V. 5f.) Kraft rechtmäßiger Predigt vom Kreuze."

gung, etwa in 1 Kor 15,3-5, eine vordergründig soteriologische Intention behaupten, so sind die soteriologi[132]schen Bezüge der vorgegebenen Tradition bei Paulus eher umgekehrt in seine Christologie vom gekreuzigten Christus zurückgenommen. So wird gerade verhindert, aus der vorpaulinischen Verwendung des Stellvertretungsgedankens zur Deutung des Todes Jesu ein „Heilssystem" zu erstellen, nach dem die Versöhnung zwischen Gott und Welt gleichsam von selbst verlaufen würde. Indem Paulus das in Christus erlangte Heil streng an die Verheißung Gottes im Alten Bund zurückbindet und dieses Heil der erfüllten Verheißung Gottes unter dem Namen des gekreuzigten und auferstandenen Christus verkündet, wird die Christologie zu seiner eigentlichen Soteriologie.

Der christologischen Zentrierung der Heilsaussagen bei Paulus entspricht umgekehrt auch die Entfaltung der Christologie in der *Rechtfertigungsverkündigung* als wichtigstem Ausdruck der Heilsverkündigung des Apostels. Wiederholt ist auf die Entsprechungen zwischen der Kreuzestheologie in 1 Kor 1-2 und der Rechtfertigungstheologie in Röm 1-3 hingewiesen worden[42]. Wird in Röm 1,16f das Evangelium von der „Gerechtigkeit Gottes" zum heilsentscheidenden Machterweis Gottes, so ist dies in gleicher Weise in 1 Kor 1,18 vom Kreuzeslogos zu sagen. Im Verhältnis der beiden genannten Briefe läßt sich feststellen: Die Kreuzestheologie des Apostels erlangt ihre wichtigste Auslegungsgestalt in der Rechtfertigungstheologie. In der Verkündigung von der Rechtfertigung des Sünders hält er fest, daß der gekreuzigte Christus das letzte und entscheidende Offenbarungswort Gottes ist und daß das Auferstehungsleben des Gekreuzigten nicht vergängliches Leben, sondern Leben aus dem Tode, Leben Gottes ist. Wie sehr die Rechtfertigungsverkündigung des Apostels an das Wort vom Kreuz und damit an den gekreuzigten Christus selbst gebunden bleibt, zeigt sich am ursprünglichsten im Galaterbrief. Die These von der Rechtfertigung aus Glauben und nicht aus Werken des Gesetzes (Gal 2,16; 3,6.8.11.24) ist die auf die judaistische Versuchung der Christen hin ausgelegte Verkündigung vom Gekreuzigten. Der Mensch ist und bleibt all seinen das Gesetz erfüllenden Werken auf die als Gnade wirksame Gerechtigkeit Gottes verwiesen, die in entscheidender Weise [133] im gekreuzigten Christus, in seinem Tod und seiner Auferstehung, sichtbar geworden ist[43].

---

[42] Vgl. etwa *H. Schlier*, Kerygma und Sophia, in: Die Zeit der Kirche (Freiburg [2]1958) 206-232, hier 220f, 225f; *U. Wilckens*, Weisheit und Torheit 222; *E. Jüngel*, Paulus und Jesus (HUTh 2) (Tübingen 1962) 30; *H. Conzelmann*, Der erste Brief an die Korinther 54f; *R. Baumann*, Mitte 81; *U. Luz*, Theologia crucis 124.
[43] *P. Stuhlmacher*, „Das Ende des Gesetzes" 32, stellt für die Frage nach Ursprung und Ansatz der paulinischen Theologie betont die christologische Verwurzelung des Rechtfertigungsgeschehens heraus. „Das dem Paulus vor Damaskus offenbarte Christusevangelium (ist) in sich –

Die Kreuzestheologie des Apostels ist Heilstheologie: Als der Gekreuzigte ist und bleibt Jesus Christus der lebenspendende Kyrios seiner Gemeinde (vgl. Gal 6,14). Auch ohne daß Paulus in seiner Kreuzestheologie die Auferstehung eigens thematisiert, wird aus dem Gesamt der paulinischen Verkündigung doch deutlich, daß *Tod und Auferstehung Jesu* als *ein* Sachzusammenhang und als Sinneinheit verstanden werden. Erst aufgrund der Begegnung mit dem Auferstandenen und Erhöhten vermag er die Heilsbedeutung des Todes Jesu anzunehmen und zu verkünden. Die Apokalypsis Jesu Christi, die Paulus zuteil wurde (Gal 1,12.15), bewirkte, daß er den Anstoß des Kreuzes zu seinem Heil überwand und zur Verkündigung des Kreuzes als Ausdruck der heilsentscheidenden Offenbarung Gottes befähigt wurde. Das schließt nicht aus, daß er den Anstoßcharakter des Kreuzes in seiner Verkündigung gerade gegenüber den Gläubiggewordenen wiederum aktualisiert, um ihr Christusverständnis und Christusverhältnis wie in Korinth vor einer hemmungslosen Mystifizierung der Person und des Werkes Jesu zu bewahren. In diesem Sinne wird es für Paulus nicht nur wichtig, Jesus als den Gekreuzigten *und* Auferstandenen zu verkünden – etwa im Anschluß an die Tradition in 1 Kor 15,3-5 und in der Weise von 2 Kor 13,4[44], sondern auch und vor allem als den *gekreuzigten Auferstandenen*[45]. Paulus setzt mit seiner Tradition die [134] Gewißheit der Auferstehung Jesu und ihrer Heilsbedeutung voraus[46]. Diese Gewißheit erscheint nun in seiner Christusverkündigung aber schon an vielen Stellen integriert in die Aussagen über die Heilsbedeutung des Todes Jesu bzw. in seine Kreuzestheologie. So ist das „Wort vom Kreuz" (1 Kor 1,18) wirklich der erschöpfende Ausdruck der Offenbarung Gottes, nämlich als Ausdruck

---

und nicht etwa erst in einer von Paulus nachträglich gezogenen theologischen Konsequenz! – Evangelium von der Rechtfertigung des Gottlosen durch Christus." „Predigt des gekreuzigten Auferstandenen oder Predigt des Christus als Ende des Gesetzes ist Predigt der Rechtfertigung des Gottlosen" (ebd. 33f).

[44] „Gekreuzigt wurde er aus Schwachheit, aber er lebt aus der Kraft Gottes. So sind auch wir wohl schwach in ihm, aber wir werden mit ihm lebendig sein aus der Kraft Gottes euch gegenüber."

[45] So besonders *P. Stuhlmacher*, „Das Ende des Gesetzes" 35: „Wenn Paulus von ‚Evangelium' spricht, geht es ihm um die Botschaft vom gekreuzigten und auferstandenen Christus. Der Auferstandene wird von Paulus gepredigt als der Gekreuzigte, als das Ende des Gesetzes." *H. Conzelmann*, Der erste Brief an die Korinther 71 Anm. 16, kennzeichnet die paulinische Kreuzestheologie als „die Antithese zur korinthischen Tendenz": „Die Korinther sind vom Kreuz zur Erhöhung fortgeschritten. Paulus kehrt die Denkrichtung um: von der Erhöhung zum Kreuz. Durch die Auferstehung ist das Kreuz nicht überholt; vielmehr ist es sagbar geworden."

[46] Außer 1 Kor 15, 3-5 vgl. besonders Röm 4,25; 6,4; 10,9 – *K. Müller*, Anstoß und Gericht 104, verweist zudem noch auf das Kerygma von Kreuz und Auferstehung Jesu in den Reden der Apostelgeschichte, nämlich insofern sich darin fragmentarisch die Überzeugung der frühchristlichen Gemeinde von der totenerweckenden Macht Gottes, die sich am Gekreuzigten offenbart, niedergeschlagen hat. Freilich bleiben traditionsgeschichtliche Analysen dieser Reden mit dem Ziel der Rekonstruktion ältester christologischer Traditionen nach wie vor schwierig und hypothetisch. Vgl. auch *W. Schrage*, Das Verständnis des Todes Jesu Christi 64.

der aus dem Tod zum Leben erweckenden Macht Gottes[47]. Damit wird die Kreuzestheologie des Apostels nicht schlechthin als Gegenentwurf zu einer „theologia gloriae" begriffen, sondern als Ausdruck einer Reflexion, die das Kerygma von Tod und Auferstehung Jesu in seiner kritischen Relevanz für die christliche Gemeinde festzustellen sucht.

Die Verkündigung des Apostels Paulus hat ihren besonderen Anstoß durch das Kreuz Jesu Christi erhalten. Ebendies teilt sich seinem Verständnis vom Tod Jesu unauslöschlich mit. Seine Heilstheologie ist die Kreuzestheologie. Der gekreuzigte Christus, der nach wie vor zum Anstoß für die Welt wird, wird von Paulus als die eigentliche Epiphanie Gottes erfahren und verkündet. Der Apostel sieht das Handeln Gottes an seinem gekreuzigten Sohn als die spannungsvolle Einheit von Gerichtshandeln und Neuschöpfung, durch die die Welt ihre wahre Gestalt als Schöpfung Gottes gewinnt.

War die vorpaulinische Auslegung des Todes Jesu als Gottes Heilshandeln durch Jesus Christus schon christozentrisch und theozentrisch zugleich, so wird der theozentrische Aspekt in der Kreuzestheologie des Apostels und damit in seiner gesamten Christusverkündigung unübersehbar. Alles, was Paulus mit der Tradition und in Gal 3,13 auch gegen ein jüdisches Vorurteil über die Heilsbedeutung des Todes Jesu aussagen kann, ist zutiefst von der Überzeugung getragen, daß im Gekreuzigten *Gott selbst* die Initiative zum Heil der Menschen ergriffen hat. Das Kreuz Christi kann daher nicht gegenüber der Gegenwart Gottes im irdischen Wirken Jesu zurücktreten, sondern es wird [135] zum äußersten und dichtesten Ausdruck der Gegenwart Gottes in Christus. „Gott war es, der in Christus", d.h. durch Christi Tod, „die Welt mit sich versöhnte" (2 Kor 5,19). Christus in seiner liebenden Selbsthingabe wird zum geschichtlichen Ort der Zuwendung Gottes zur Welt. Was im Tode Jesu sichtbar wird, wird von Paulus nicht erst als möglicher Ausdruck der Ohnmacht Gottes zur Sprache gebracht, sondern als Ausdruck der letztgültigen, eschatologischen Selbstoffenbarung Gottes, der „Gerechtigkeit Gottes" (Röm 1,17; 3,21). Dazu weiß er sich von Gottes Macht, die in Christus sichtbar geworden ist, autorisiert (vgl. 2 Kor 5,18-20).

Wird daher in der Verkündigung vom Tode Jesu bei Paulus so deutlich von Gottes Handeln gesprochen, dann ist als der theologische Schwerpunkt seiner Kreuzestheologie nicht die Heilsfrage des Menschen, sondern die Gottesfrage anzusehen. Im Kreuz Jesu äußert sich nicht nur das menschliche Schicksal Jesu, sein Nicht-verstanden-Sein und Scheitern, erst recht nicht eine blinde Schicksalsmacht, der der Mensch wehrlos ausgeliefert wäre, sondern der Gott der Lebensverheißung, als der er auch nach Paulus

---

[47] Vgl. *U. Wilckens*, Kreuz und Weisheit, in: KerDog 3 (1957) 77-108, hier 87-89.

den Vätern im Alten Bund offenbar geworden ist. Im Kreuz ist dieser Gott als der Gott Jesu nahegekommen und hat so dem Menschenschicksal die entscheidende Wende gebracht. Für die paulinische Kreuzestheologie ist die Gottesfrage in der Tat „ihr heimlicher Horizont und Ziel"[48].

Ist der Tod Jesu als Heilsgeschehen letztlich nur von dem Wahrheitskriterium der in Christus ergangenen Selbstoffenbarung Gottes her zu verstehen, dann scheint damit die Frage nach dem Anhalt der paulinischen Kreuzestheologie am *historischen Jesus* und seinem Kreuz überflüssig zu sein. Sie kann dennoch als „sekundäres Wahrheitskrite[136]rium"[49] dienen, insofern ihre Beantwortung dazu helfen kann, die Kreuzestheologie gegen den Verdacht einer Ideologie zu verteidigen und die Reflexion über sie vor einem Abgleiten in spekulative Konstruktion zu bewahren. Hierzu ist letztlich im Sinne der kritischen Evangelienauslegung auf die Reich-Gottes-Verkündigung Jesu zu rekurrieren. Insofern Jesus mit der von ihm verkündeten Basileia Gottes eng zusammengehört und die Erwartung der Basileia gerade angesichts seines Todes eine letzte Intensität erreichte und bewahrte, wie Mk 14,25; Lk 22,15-18 belegen, dürfen wir in dem hierin sichtbar werdenden Todesverständnis Jesu einen Anknüpfungspunkt für die nachösterliche Deutung des Todes Jesu als Heilsgeschehen im Sinne der von Paulus verkündeten Offenbarung der Gerechtigkeit Gottes sehen.

---

[48] *U. Luz*, Theologia crucis 124: „Wenn wir daran denken, daß für den Juden Paulus Gottes Sein sich in seinem Handeln erweist, so können wir ermessen, welche grundsätzliche Dimension die paulinische Kreuzestheologie für den Apostel hat." – Die Konzentrierung der paulinischen Kreuzestheologie auf die Gottesfrage darf nicht exklusiv, sondern muß inklusiv und intensiv verstanden werden. *G. Wiencke*, Paulus über Jesu Tod (Gütersloh 1939) 181, hatte besonders die eschatologisch-kosmische Bedeutung des Todes Jesu herausgestellt und sie als den „metaphysischen Unterbau für die Paulinische Betrachtung" angesehen. Der Tod Jesu als eschatologisches Ereignis ist in der Tat ein Schwerpunkt des paulinischen Denkens, von dem sein Evangelium zutiefst bestimmt wird. Aber das Evangelium erlangt seine Kraft eigentlich erst dadurch, daß es als das „Wort vom Kreuz" verkündet wird, in dem Gott als der „Autor" des Eschaton epiphan wird.

[49] Ebd. 129.

Jesus Christus verkündigen als den Herrn

(2 Kor 4,5)

Einführung

Der 2. Korintherbrief hat die exegetische Forschung vor zahlreiche Probleme gestellt, die in neuerer Zeit nach einer Reihe von wichtigen Einzeluntersuchungen in ihrer Vielschichtigkeit und Abhängigkeit voneinander vielleicht deutlicher erkannt werden, aber keineswegs auch schon zufriedenstellend gelöst sind. So zeichnet sich trotz vielfacher Zustimmung zu den Arbeiten von G. Bornkamm[1] und D. Georgi[2] in der Frage der literarischen und gedanklichen Einheitlichkeit des 2. Korintherbriefes in den jüngsten Kommentaren[3], Kommentarvorarbeiten[4] und Einzelstudien[5] keineswegs

---

[1] G. Bornkamm, Die Vorgeschichte des sogenannten Zweiten Korintherbriefes (SHAW Jg. 1961, 2. Abh.), Heidelberg 1961.

[2] D. Georgi, Die Gegner des Paulus im 2. Korintherbrief. Studien zur religiösen Propaganda in der Spätantike (WMANT 11), Neukirchen 1964; ders., Die Geschichte der Kollekte des Paulus für Jerusalem (ThF 38), Hamburg-Bergstedt 1965.

[3] Genannt seien hier besonders C. K. Barrett, A Commentary on the Second Epistle to the Corinthians (BNTC), London 1973; R. Bultmann, Der zweite Brief an die Korinther (KEK Sonderband), Göttingen 1971; F. P. Furnish, II Corinthians. Translated with Introduction, Notes and Commentary (AncB 32a), Garden City (NY) 1984; M. Carrez, La deuxième Epitre aux Corinthiens (CNT II/VIII), Genève 1986; H.-J. Klauck, 2. Korintherbrief (Neue EB 8), Würzburg 1986; F. Lang, Die Briefe an die Korinther (NTD 7), Göttingen/Zürich 1986; R. P. Martin, 2 Corinthians (WBC 40), Waco (TX) 1986.

[4] Siehe etwa J. Lambrecht, Structure and Line of Thought in 2 Cor 2.14-4.6, in: Bib 64 (1983) 344-380; M. E. Thrall, A Second Thanksgiving Period in II Corinthians, in: JSNT 16 (1982) 101-124.

[5] Einige Arbeiten in Auswahl: W. Schmithals, Die Korintherbriefe als Briefsammlung, in: ZNW 64 (1973) 253-288; H. Zimmermann, Jesus Christus. Geschichte und Verkündigung, Stuttgart ²1975, 227-245: Die Verkündigung Jesu Christi. Eine Apologie der apostolischen und der christlichen Existenz: 2 Kor 2,14-3,6; G. Barth, Die Eignung des Verkünders in 2 Kor 2,14-3,6, in: D. Lührmann – G. Strecker (Hg.), Kirche (FS G. Bornkamm), Tübingen 1980, 257-270; J. A. Fitzmyer, Glory Reflected on the Face of Christ (2 Cor 3:7-4:6) and a Palestinian Jewish Motif. in: ThSt 42 (1981) 630-644; H.-J. Findeis, Versöhnung – Apostolat – Kirche. Eine exegetisch-theologische und rezeptionsgeschichtliche Studie zu den Versöhnungsaussagen des Neuen Testaments (2 Kor, Röm Kol. Eph) (FzB 40), Würzburg 1983; L. de Lorenzi (Hg.), Paolo – Ministro del Nuovo Testamento (2 Co 2,14-4,6) (Serie Monografica di „Benedictina", Sez. Bib. Ev., 9). Roma 1987 (mit Beiträgen von M. Carrez, E. Gräßer, H.-J. Klauck, J. Murphy O'Connor, M. Thrall, A. Vanboye; diese Beiträge sind z.T. auch als Kommentarvorarbeiten zu verstehen); L. Aejmelaeus, Streit und Versöhnung. Das Problem der Zusammensetzung des 2. Korin-

schon der Konsens ab, der aufgrund einer weitgehend vorhandenen Übereinstimmung in methodischer Hinsicht als möglich erscheinen könnte. Allerdings gibt es auch bei unterschiedlicher Beurteilung der literarischen Einheitlichkeit des Briefes pragmatische Übereinstimmungen, die zu vergleichbaren Ergebnissen in der Einzelexegese führen. So hindert es die Ausleger, die 2,14–7,4 nicht als das [228] Fragment eines ursprünglich selbständigen Briefes des Paulus an die korinthische Gemeinde ansehen, nicht daran, diesen ganzen Text, also 2,14–7,4 – in der Regel ohne 6,14–7,1 –, als einen vom Kontext abgehobenen gedanklichen Zusammenhang und damit als eine besondere Interpretationseinheit zu behandeln,[6] der ein einheitliches Thema hat, nämlich das der *apostolischen Diakonie*. Allerdings müßte zum Erweis der ursprünglichen Zusammengehörigkeit dieses Briefteils mit dem ihn einfassenden Kontext dann auch überzeugend gezeigt werden, wie dieses Thema unter Voraussetzung der gleichen Situation in 1,1-2,13 eingeführt und vorbereitet und andererseits nach 7,4 weitergeführt wird.

Auf die damit verbundenen Probleme soll hier nicht weiter eingegangen werden. Vielmehr möchten wir uns in diesem Beitrag damit begnügen, das Thema dieses Briefteiles von einer dafür repräsentativen Kernaussage zu beleuchten. Nach 2Kor 4,5 weiß Paulus sich dazu berufen, Jesus Christus als den Herrn zu verkündigen. Die Weise, wie er diese für ihn theologisch selbstverständliche Aussage formuliert und im Kontext zur Geltung bringt, läßt das eigentliche Anliegen des Paulus deutlicher hervortreten, wenn er seinen Apostolat als Berufung zum Dienst am Evangelium darstellt. Daß diese Beschreibung des Dienstes auch heute noch für die Bestimmung dessen, was wir das „geistliche Amt" nennen, wegweisend ist, das hat Wolfgang Trilling, dem dieser Beitrag gewidmet ist, in theologischen Veröffentlichungen[7] wie in seinem vielfältigen theologisch-spirituellen Engagement bisher schon in hervorragendem Maße gezeigt.

---

therbriefes (Schriften der Finnischen Exegetischen Gesellschaft, 46). Helsinki 1987; sowie die beiden noch ungedruckten Dissertationen: *Reimund Bieringer,* „Laßt euch mit Gott versöhnen". Eine exegetische Untersuchung zu 2 Kor 5,14-21 in seinem Kontext. Leuven 1986; *Anacleto de Oliveira*. Die Diakonie der Gerechtigkeit und der Versöhnung in der Apologie des 2. Korintherbriefes. Analyse und Auslegung von 2 Kor 2,14-4.6; 5.11-6.10. Münster 1987 (erscheint voraussichtlich noch 1989 als Bd. 21 der Neutestamentlichen Abhandlungen).

[6] So schon *H. Windisch* in seinem nach wie vor unentbehrlichen Kommentar: Der zweite Korintherbrief (KEK 6), Göttingen 1924 (Neudruck, hg. von G. Strecker, Göttingen 1970), 95f. Vgl. auch die in Anm. 3 genannten Kommentare sowie *J. Lambrecht,* Structure (Anm. 4), 344: „2 Cor 2,14-7,4 situated as it is between the autobiographical sections 1,8-2,13 and 7,5-16, is generally considered as a fairly independent part of this Pauline letter and often more specifically called Paul's Apologia, a defense of his ministry." Vgl. auch *E. Gräßer,* Paulus, der Apostel des Neuen Bundes (2 Kor 2,14-4,6). Der Anlaß der Apologie und ihre Beziehung zum Briefganzen, in: *L. de Lorenzi,* Paolo (Anm. 5) 9.

[7] So zuletzt noch in seinem Beitrag: Zum „Amt" im Neuen Testament. Eine methodologische Besinnung, in: *U. Luz* und *H. Weder* (Hrsg.), Die Mitte des Neuen Testaments. Einheit und Vielfalt neutestamentlicher Theologie (FS E. Schweizer), Göttingen 1983, 317-344.

1. „Denn nicht uns selbst verkündigen wir ...", 2 Kor 4,5 – Text und Kontext

Paulus spricht von seiner „Verkündigung" (κηρύσσομεν), und dabei geht es ihm um den unverwechselbaren, zentralen *Inhalt* der Verkündigung: „Jesus Christus als den Herrn". Bemerkenswert ist es, daß er sich selbst zu diesem Verkündigungs*inhalt* in Beziehung setzt, und zwar in eine gegensätzliche: „Nicht uns selbst verkündigen wir, sondern ..." Diese Antithese läßt allerdings nicht übersehen, wie sehr er funktional und existentiell mit dieser Verkündigung zu tun hat; er ist der Verkündiger, der Botschafter. Als solcher gehört er notwendig zum Verkündigungsgeschehen hinzu, und zwar als Träger und Vermittler der Botschaft, die sich inhaltlich ganz auf den Anspruch des Kyrios Jesus Christus konzentriert. Die Antithese „nicht uns selbst ..., sondern Jesus Christus" bietet also die sprachliche Form, mit der er den eigentlichen Anspruch seiner Botschaft von ihrem Inhalt her verdeutlicht. Der christo[229]logisch fest umschriebene Inhalt gestattet es dann aber auch, daß im zweiten Teil von V. 5 in einer erklärenden Ergänzung zur Antithese von V. 5a die Person des Paulus hinsichtlich seines apostolischen Selbstverständnisses, d. h. hier: hinsichtlich seines Sklave-Seins für die Gemeinde, in den Inhalt der Verkündigung einbezogen wird.

Die sprachliche Form der Antithese in V. 5a zielt, rhetorisch gesehen, auf die „correctio"[8], durch die das Verhältnis des Apostels zu Jesus Christus unter dem bestimmten Gesichtspunkt des Verkündigungsinhaltes gegensätzlich bestimmt wird. Positiv wird dadurch die unvergleichliche Bedeutung Jesu Christi als Inhalt des Evangeliums hervorgehoben. Die sprachliche Form hat also eine eminent theologische Bedeutung: Der Verkündiger und der Verkündigte werden streng unterschieden.[9] Alles Gewicht wird hierbei auf die richtige Einschätzung des verkündigten Christus und seine unverwechselbare Position als Kyrios gelegt.[10] Aus dieser klaren fundamentaltheologischen Unterscheidung ergibt sich dann aber auch die sachgemäße Basis für eine positive Bestimmung des Selbstverständnisses des Apostels. Dem Kyrios Jesus entspricht der Apostel als δοῦλος. V. 5b, der – gleichsam in der Form einer Synthese – diese Beziehung positiv zum Ausdruck bringt, rückt damit zugleich als dritte Größe die Gemeinde in den Blick. Paulus ist

---

[8] Vgl. *N. Schneider*, Die rhetorische Eigenart der paulinischen Antithese (HUT 11), Tübingen 1970, 68ff. „Korrigiert" wird ein „Mißverständnis", das im ersten Teil der Antithese kurz und zusammenfassend genannt wird.

[9] *N. Schneider*, aaO. 85f, sieht im Hintergrund der Antithese von 4,5a das bei Paulus an zahlreichen Stellen in gleicher Form aufgegriffene Mißverständnis der „Verwechslung von Gott und Mensch". Ebd. 87: „Das Verhältnis zwischen Gott und Mensch ist nicht zufällig, sondern *grundsätzlich* vom Mißverständnis bedroht. Es zwingt daher im Bereich des theologischen Redens zur sprachlichen Präzisierung."

[10] Mit dem Problem der Vermischung von Verkündiger und Verkündigtem hatte Paulus bereits in 1Kor 1,11-13 und 3,3-11 bei dem Phänomen der „Parteienbildung" in Korinth zu tun.

im Verhältnis zum κύριος der δοῦλος, aber nicht nur „Sklave *Christi*"[11] –
das ist er sicher vor allem; er ist damit zugleich auch „*euer* Sklave", Sklave
und Diener[12] der Gemeinde „um Jesu willen".

Die antithetische Redeform des Satzes läßt nach der besonderen Veranlassung fragen, die Paulus das für ihn sonst so Selbstverständliche der
Zurücknahme seiner selbst hinter Christus in diesem Zusammenhang so po-
intiert hervorheben läßt. Warum muß Paulus die Vorstellung einer „Selbst-
verkündigung" so ausdrücklich abwehren?

Zu beachten ist, daß V. 5 in einem Begründungszusammenhang mit der
ganzen Texteinheit 4,1-6 steht. Als Texteinheit ist der Abschnitt 4,1-6 schon
durch die sprachlichen Signale in V. 1 und V. 7 gekennzeichnet: V. 1 blickt
zusammenfassend auf Kap. 3 zurück und führt begründend in den neuen
Abschnitt ein, und V. 7 hebt mit ἔχομεν δέ wie ähnlich schon in 3,4.12 und
4,1 zu einer weiterleitenden Erklärung an. Der umfassendere Kontext läßt
zudem die hervorgehobene Stellung dieses Abschnittes als Abschluß eines
gegliederten Textzusammenhangs erkennen.[13]

[230] „*Denn* nicht uns selbst ..." Aus dem Anschluß von V. 5 an den vorhergehenden Satz V. 3-4 wird deutlich, daß das „Evangelium" des Paulus
(τὸ εὐαγγέλιον ἡμῶν) umstritten ist: „Aber wenn auch unser Evangelium
verhüllt ist ..." Für Paulus besteht die Notwendigkeit, sich gegen den Verdacht einer „Verhülltheit" seiner Verkündigung erklärend abzugrenzen.
Dafür steht in V. 2 schon das betont gesetzte Stichwort der „Offenbarung
(φανέρωσις) der Wahrheit". Die in seiner Verkündigung sich offenbarende
„Wahrheit" als Inhalt seines Evangeliums ist „jedem menschlichen Gewissen vor Gott" zugänglich. Der Gegensatz von „Offenbarung" und „Verhüllung" kennzeichnet die „Apologie" des Paulus, in der er sich der Gemeinde
als der wahre Verkündiger des Evangeliums erklärt, durchgehend. In unserem Text schlägt also die Auseinandersetzung durch, zu der er sich im ganzen Brief bzw. Briefteil (2,14-7,4) veranlaßt sieht. Gegenüber den „Gegnern", die mit einer anderen Verkündigung in die von ihm gegründete
Gemeinde eingedrungen sind[14], greift er zu einer sehr „deutlichen" Spra-

---

[11] Röm 1,1; Gal 1,10; Phil 1,1.
[12] Vgl. 1Kor 3,5.
[13] Hierzu besonders *J. Lambrecht*, Structure (Anm. 4) 347, der 2,14-4,6 als eine Texteinheit ansieht, der eine dreiteilige Gliederung zugrunde liegt (2,14-3,6; 3,7-18; 4,1-6), und zwar nach
dem Schema A-B-A'. Unter Beachtung der rhetorischen Disposition dieses Briefteils kommt *A.
de Oliveira* (Anm. 5), 136-139, ebenfalls dazu, 4,1-6 als Schlußperikope einer umfassenderen
Texteinheit anzusehen, die er allerdings mit 3,1 beginnen läßt und folgendermaßen gliedert:
3,1-3 (exordium und narratio); 3,4-18 (argumentatio); 4,1-6 (peroratio). (Ebd. 500f A. 214f
auch eine kritische Auseinandersetzung mit Lambrechts Strukturierungsansatz.) Zur finalen
Stellung und zur Kontextverklammerung von 4,1-6 vgl. auch *H.J. Klauck*, Erleuchtung und
Verkündigung. Auslegungsskizze zu 2 Kor 4,1-6, in: *L. de Lorenzi*, Paolo (Anm. 5) 267-297.
[14] Hierzu bieten besonders 2,17; 3,1; 5,12 und 11,4f wichtige Hinweise. – Zur Identifizierung der „Gegner" des Paulus im 2. Korintherbrief hat *D. Georgi*, Gegner (Anm. 2)

che. Ihnen will er offenkundig in V. 2 die Verhaltensweisen „in Arglist wandeln" und „das Wort Gottes verfälschen" zuschreiben, von denen er sich für seine eigene Person ausdrücklich distanziert. Damit wird das vergleichbare Stichwort aus 2,17 in Erinnerung gerufen: „mit dem Wort Gottes Geschäfte treiben", womit Paulus seine Gegner kennzeichnet.

Dieser Zusammenhang läßt erkennen, daß die in V. 5 hervorgehobene Christusverkündigung der Verteidigung des Apostels eine letzte Klarstellung geben soll.[15] In einer pointierten, einprägsamen Formulierung stellt er den eigentlichen Grund seiner Sendung vor Augen: die Verkündigung des Evangeliums läßt Jesus Christus als den Herrn zur Geltung kommen; vom Kyrios-Sein Jesu Christi her gewinnt der Apostel als Verkündiger seine Legitimation. Geht es also insgesamt seit 2,14 bzw. 3,1 um die theologisch angemessene Erfassung der Diakonie des Apostels in scharfer Auseinandersetzung mit den Legitimierungsmaßstäben und -praktiken seiner Gegner, dann erweist sich V. 5 geradezu als *Kernsatz* nicht nur des Abschnitts 4,1 bis 6[16], sondern auch des ganzen Briefteiles 3,1-4,6[17]. „Sich selbst verkündigen", [231] das wäre dann die pointierende Wiedergabe eines Vorwurfs, der gegen ihn im Blick auf angeblich fehlende „eindeutige" Legitimationsmerkmale wie „Empfehlungsbriefe" (3,1) erhoben wurde. Schon in 3,1 war er der Unterstellung entgegengetreten, daß er in Ermangelung einer solchen Legitimation nur „Selbstempfehlung" betreibe, eben in seinem Rekurs auf die behauptete Berufung zur Verkündigung, die sich im Blick auf ihren Gegenstand als „sachgemäße" Verkündigung und dadurch als von innen her legitimiert erweist. Auch die in 5,11 etwas unvermittelt eingeführte Wendung „Menschen überreden", womit seine Verkündigung als bloße „Überredungskunst" ironisiert wird, läßt diesen Vorwurf in der dem Apostel eigenen Reflexion wiedererkennen. Paulus geht in 4,5 auf diesen Vorwurf positiv ein, indem er darauf verweist, daß in seiner Verkündigung Jesus Christus entsprechend der ihm allein zukommenden Stellung als Kyrios zur Geltung und zu der für die Gemeinde heilvollen Wirkung gelangt.

---

passim, den Weg gewiesen, auch in methodischer Hinsicht. Zur Fragestellung grundsätzlich *K. Berger,* Die impliziten Gegner. Zur Methode des Erschließens von „Gegnern" in neutestamentlichen Texten, in: *D. Lührmann – G. Strecker* (Hg.), Kirche (FS G. Bornkamm), Tübingen 1980, 373-400.

[15] Dem entspricht die folgende Beobachtung von *N. Schneider,* Die rhetorische Eigenart (Anm. 8) 69 zur Kontextbestimmung der Antithese: „Es ist typisch für Paulus, daß er einen Gedanken *am Ende auf einen Gegensatz* zurückführt, dessen Autorität groß genug ist, um weitere Rückfragen abzuschließen."

[16] Vgl. *A. de Oliveira,* Diakonia (Anm. 5) 113f.

[17] Vgl. *A. de Oliveira,* aaO. 117f, der aus einer strukturellen Parallelität von 4,3-6 mit dem „Eröffnungstext" 3,(1)2-3 die Bedeutung des Verses 4,5 erschließt, mit dem „die gesamte Argumentation der in 3,1 begonnenen Einheit ... ihre Pointe erreicht" (243). „Hier stellt sich Paulus als Vermittler zwischen Christus und der Gemeinde, zwischen dem eigentlichen Urheber und den Empfängern des Gottesheils dar und definiert seine Position in beiden Richtungen" (ebd.).

V. 6 führt diese Perspektive seines Verkündigungsverständnisses begründend[18] weiter, und zwar mit dem Bild der „Erleuchtung", das Paulus wirkungsvoll dem Motiv der Verblendung in V. 4 entgegensetzt.[19] Warnend hatte er in V. 3 und 4 von der negativen Wirkung seiner Verkündigung unter denen gesprochen, denen in der Weise des Unglaubens durch „den Gott dieses Äons" die intendierte Einsicht in den wahren christologischen Grund des Evangeliums verstellt wird. Jetzt, in V. 6, wird die positive Wirkung des Evangeliums als Ausstrahlung des Schöpfungswortes Gottes selbst dargestellt, dessen heilsamer Reflex sich als „die Herrlichkeit Gottes auf dem Antlitz Christi" zu erkennen gibt. Eben diese Herrlichkeitsoffenbarung Gottes in Jesus Christus, die allen zuteil wird, die das Evangelium glaubend annehmen, ist zugleich der letzte und tiefste Grund und Inhalt seines Dienstes als Apostel für die Gemeinde.[20]

2. Der Apostel und sein Evangelium

So sehr es Paulus in 2 Kor 4,1-6 um das *Evangelium* und Jesus Christus als Inhalt des Evangeliums geht, so wenig ist zu übersehen, daß er sich selbst als *Apostel* mit dem Evangelium eng zusammenschließt. Er spricht von „*unserem* Evangelium" (V. 3)[21], das er im gleichen Atemzug inhaltlich als „das Evangelium der Herrlichkeit Christi" bezeichnen kann (V. 4). Das Evangelium, das er verkündigt, erweist sich als Heilsbotschaft, indem es zur Erkenntnis der „Herrlichkeit Christi" führt. Aber zugleich erhält es auch seine theologische Prägung durch den Verkündiger und [232] sein apostolisches Selbstverständnis. Letzteres steht im Verhältnis des Paulus zu den Korinthern auf dem Prüfstand. Hierfür steht im gesamten Briefteil 2,14-7,4 das Stichwort der διακονία bzw. des διάκονος und (in 3,3) des διακονεῖν als Bezeichnung seines Dienstes am Evangelium. Das ganze 3. Kapitel zielt darauf, in Auseinandersetzung mit den Gegnern die besondere, unvergleichliche Qualität dieses Dienstes aufzuweisen. Daher blickt er in 4,1 zusammenfassend und begründend auf „diesen Dienst", wie er ihn vorher abgrenzend und überbietend als „Dienst des Geistes" (3,8), nicht „des Todes"

---

[18] Vgl. *H.-J. Klauck*, Erleuchtung (Anm. 13) 288.
[19] Die antithetische Parallelität von V. 4 und V. 6 legt *H.-J. Klauck*, aaO. 272. 295f, seiner Interpretation von V. 6 zugrunde.
[20] Vgl. *R. Bultmann*, Brief (Anm. 3) 112: „Es ist also aus dem Charakter des Evangeliums bewiesen, was 2,14-17 behauptet war. Der Ring ist geschlossen."
[21] Paulus verwendet seit 2,14 durchweg die 1. Person Plural, wenn er von sich als Apostel spricht („schriftstellerischer Plural"). Diese Redeform bleibt dafür offen, gelegentlich auch seine Mitarbeiter oder „alle" Christen (so in 3,18) einzubeziehen. Meistens geht es aber in dieser Redeform um Paulus selbst, so besonders auch an dieser Stelle: es ist das Evangelium, mit dem er in seiner Diakonia von Christus betraut ist. Vgl. Röm 2,16; 15,1; 1 Thess 1,5 und besonders 2 Kor 11,4 und Gal 1,8.11.16.

(3,7), und als „Dienst der Gerechtigkeit", nicht „der Verurteilung" (3,9), interpretiert hat.[22] Zum Grundverständnis seines Dienstamtes gehört es, daß jede Art von Selbstermächtigung und Selbstdarstellung ausgeschlossen ist. Es ist ein Dienst, mit dem er „aus Erbarmen betraut wurde" (ἐλεήθημεν, 4,1)[23] und dem er daher nur in der Weise der Verkündigung des ihm anvertrauten „Wortes Gottes" zu entsprechen vermag. An diesem Wort, das sein Evangelium darstellt, will er daher auch gemessen werden, wenn es um die Frage der *Legitimation* geht.

Die Frage nach der Legitimität seines Apostolats, wie sie ihm von seinen Gegnern aufgedrängt wurde, hat Paulus als eine ständige Last empfunden. Die betonte, zum Teil auch polemische Hervorhebung seiner Berufung zum Apostel schon in den Briefeingängen (1 Kor 1,1; 2 Kor 1,1; Gal 1,1; Röm 1,1.5) hat ihren sachlichen Grund gewiß in einem theologisch reflektierten Selbstverständnis, in dem sich seine Grunderfahrung in der Begegnung mit dem gekreuzigten und auferweckten Christus niedergeschlagen hat. Aber zugleich läßt er in der theologischen Begründung seines Apostolats auch die Herausforderung erkennen, der er sich stellen will und stellen muß.[24] So macht er in 1 Kor 15,9-11 deutlich, daß er zwar ein „Spätberufener", ein „Sonderfall" ist, daß er aber die Gegenüberstellung mit den übrigen Aposteln nicht zu scheuen braucht.[25] Und wenn dafür das Argument der gleichen Teilhabe an den Erscheinungen des Auferstandenen (V. 5-8) nicht reichen sollte, dann kann er schließlich auf sein überragendes Engagement in der Verkündigung des Evangeliums hinweisen, mit dem er hinter „ihnen allen" nicht zurücksteht. Allerdings leisten nicht die Verkündigung selbst und alle Mühen, die damit verbunden sind, die auch für ihn unverzichtbare *theologische* Begründung seines Apostolats. Dieses wird vielmehr in entscheidender Weise von der Gnade Gottes getragen: „Durch die Gnade Gottes bin ich, was ich bin, und seine Gnade gegen mich ist nicht leer geblie[233]-ben ..." (V. 10). Paulus beruft sich also letztlich auf die geschichtlich nicht ableitbare und historisch nicht kontrollierbare „Gnade Gottes" – nicht, um sich lästigen Überprüfungen zu entziehen, sondern weil für ihn die *Unmit-*

---

[22] Daß es in diesen Gegenüberstellungen nicht nur um eine graduelle Überlegenheit des „Neuen Bundes" (3,6) geht, sondern um die prinzipielle Unvergleichbarkeit von „alt" und „neu", stellt 3,10 nachdrücklich fest.
[23] Das gleiche Wort steht auch 1 Kor 7,25 zur Bezeichnung der unverdienten Berufung des Apostels.
[24] *J. H. Schütz*, Paul and the Anatomy of Apostolic Authority (SNTS MS 26), Cambridge 1975, 1-21, unterscheidet mit Recht zwischen (apostolischer) Autorität und (apostolischer) Legitimität. Ebd. 21: „Legitimacy ... is a formalization of authority in those circumstances where the shape and texture of the social aggregate allows or demands such formalization ... Thus it is not with the concept of legitimacy that we should set out to understand Paul as an apostle, but with the concept of authority itself." Gleichwohl muß Schütz der Paulus aufgedrängten Legitimationsfrage Rechnung tragen. S.w.u.
[25] Vgl. *K. Kertelge*, Das Apostelamt des Paulus, sein Ursprung und seine Bedeutung, in: BZ 14 (1970) 161-181.

telbarkeit des Verkündigers zum Verkündigten, des Apostels zu seinem Kyrios, theologischer Grundsatz ist.[26] So sehr bei der Wahrnehmung des so verstandenen Apostolats auch die ekklesiale Einbindung als notwendiger Kontext zur Vermeidung von „Vergeblichkeit" (Gal 2,2) geboten ist, so wenig läßt Paulus Zweifel daran, daß die Berufung zum Apostel für ihn nach dem Vorbild prophetischer Berufung unmittelbar von Gott her erfolgte. So Gal 1,15f: „Als es aber dem, der mich von meiner Mutter Schoß an ausgesondert und durch seine Gnade berufen hat, gefiel, seinen Sohn (in) mir zu offenbaren ..." Gleichwohl unternimmt er es auch in Gal 1 und 2, deutlich zu machen, daß diese Gnadenmitteilung Gottes zu einem grundlegenden biographischen Datum für ihn geworden ist.

Der Intention nach ist hiermit auch die sog. „Narrenrede" des Paulus in 2 Kor 11,16-12,10 zu vergleichen.[27] Er versucht das für ihn theologisch Unmögliche, das Wirken der Gnade Gottes, biographisch, und damit in sichtbaren Zeichen, darzustellen und so dem Legitimationsproblem zu begegnen.[28] Er tut das mit innerem Widerwillen, gleichsam in der Weise einer Annäherung von außen, die freilich ständig durch Hinweise auf die Paradoxie des Offenbarwerdens der Kraft Gottes in menschlicher „Schwachheit" (12,9) durchbrochen wird.

Letztlich kann Paulus nur auf seine Selbstentleerung im Dienst am Evangelium verweisen. So auch in 2 Kor 4,5. Den Vorwurf, er betreibe mit seiner Verkündigung nur Selbstempfehlung, vermag er positiv zu wenden, indem er betont, daß seine Verkündigung Jesus als den *Kyrios* zur Geltung bringt, und sich selbst dazu in Beziehung setzt. In der Tat trägt im ganzen Satz die Aussage „(wir verkündigen) Jesus Christus als den *Kyrios*" den Hauptakzent. „Kyrios" ist durch die prädikative Stellung[29] hervorgehoben und interpretiert so in der Weise der „Proklamation"[30] die christologische Grundaussage „Jesus Christus". Letztere versteht sich bei Paulus als bekenntnishafter Niederschlag des urchristlichen Verkündigungsinhaltes von Tod und Auferweckung Jesu. Der gekreuzigte Jesus ist der Christus, der wahre Messias.

---

[26] Vgl. auch 1 Kor 4,3f. Als „Diener Christi und Haushalter der Geheimnisse Gottes" ist er nicht menschlicher Beurteilung unterworfen, sondern dem „Herrn, der mich richtet".

[27] Vgl. *J. Zmijewski*, Der Stil der paulinischen „Narrenrede". Analyse der Sprachgestaltung in 2 Kor 11,1-12,10 als Beitrag zur Methodik von Stiluntersuchungen neutestamentlicher Texte (BBB 52), Bonn 1978.

[28] Vgl. *E. Käsemann*, Die Legitimität des Apostels. Eine Untersuchung zu II Korinther 10-13 (Libelli 33), Darmstadt 1956 (Sonderausgabe); *J. H. Schütz*, Paul (Anm. 24) 8: „The case for making some clear distinction between apostolic authority and legitimacy would seem to be set, in part, by the important and difficult material in II Cor. 10-13. This is a rich text for examining the problem of authority, but the material is found in a context where the issue of legitimacy is itself a primary fact." Zudem ebd. 1984.

[29] Vgl. *C. K. Barrett* (Anm. 3) 134, und *V. P. Furnish* (Anm. 3) 223.

[30] Vgl. 1 Kor 12,3; Röm 10,9. Nach *W. Kramer*, Christos Kyrios Gottesohn (AThANT 44), Zürich-Stuttgart 1963 (Nachdr. Berlin 1969), 46 Anm. 110, bedeutet κηρύσσειν „hier (in 2 Kor 4,5) die Proklamation Christi Jesu als des Kyrios".

In seiner Auferweckung und Erhöhung tritt seine Christus-Würde, für die Augen der Glaubenden wahrnehmbar, hervor. Wenn Paulus damit [234] betont die Kyrios-Stellung verbindet, kehrt er die im Glauben an den Auferstandenen gewonnene Einsicht von der wahren Messianität Jesu „nach außen". „Herr" ist der auferstandene Christus über diejenigen, die sich ihm unterordnen und dies in ihrem *Lebensverhalten* verifizieren. Die Kyrios-Bezeichnung zeigt *Öffentlichkeit* an, nämlich die Öffentlichkeit der Verkündigung an alle Welt, zu der sich Paulus gerade als Heidenapostel besonders berufen weiß[31], und die Öffentlichkeit der Gemeinde, die mit ihrem Bekenntnis zum Kyrios Jesus inmitten der Welt seine Herrschaft gegenüber allen anderen Herrschaftsansprüchen bezeugt.[32]

Die Christusverkündigung des Apostels tritt damit in einen scharfen Gegensatz zum Verhalten seiner Gegner und auch zu ihrer Vorstellung von Jesus Christus. Der „Verhülltheit" ihrer Verkündigung[33] hatte er schon in V. 2 die „Offenheit" seiner Verkündigung gegenübergestellt, in der die von Gott in Jesus Christus geoffenbarte „Wahrheit" allen zugänglich ist. Eine „andere", diese Wahrheit verstellende Christusverkündigung wirft er ihnen mit polemischer Deutlichkeit dann in 11,4 vor – gewiß in inhaltlich-sachlicher Entsprechung zu der mehr indirekten Auseinandersetzung in 3,1-4,6. D. Georgi hat die Elemente der gegnerischen Christus-Verkündigung anhand von Anhaltspunkten, die die Auseinandersetzung des Paulus mit seinen Gegnern im 2. Korintherbrief bietet, erhoben und damit das andersartige Bild ihrer „Jesus-Tradition"[34] nachgezeichnet. Vor allem die Berufung dieser „Apostel" auf besondere Legitimationsmerkmale wie „die (wunderbaren) Zeichen des Apostels" (12,12) und ihre charismatische Begabung (vgl. 5,13), mit denen sie sich als die echten Repräsentanten des von ihnen verkündigten Jesus darstellen wollen, läßt an eine Christologie in den Grundlinien des zeitgenössisch verbreiteten Bildes vom θεῖος ἀνήρ denken. Paulus weist dagegen auf die unverwechselbaren Konturen des gekreuzigten Kyrios hin[35], dem er in seinen Drangsalen (vgl. 4,8f) gleichför-

---

[31] Vgl. Gal 1,16; 2,7.9; Röm 1,5; 11,13.

[32] Dieser Perspektive des Herr-Seins Christi entsprechen schon die Kyrios-Aussagen in 3,16-18. Die Hinwendung zum Kyrios (3,16 mit Ex 34,34) begründet die Freiheit der Glaubenden, die „mit aufgedecktem Antlitz die Herrlichkeit des Herrn widerspiegeln" (V. 18).

[33] Siehe hierzu besonders die Verwendung des Verhüllungsmotivs in 3,12-18 zur Kennzeichnung des „Alten Bundes". Die Erklärung von *D. Georgi*, Gegner (Anm. 2) 169, „daß die Gegner positiv von der Verhüllung ihrer Verkündigung gesprochen haben", könnte auch V. 2a (mit 3a) verständlich machen. Das Verhüllungsmotiv spielte in der Verkündigung und in der Praxis der Gegner eine gewisse Rolle. So auch *J. H. Schütz*, Paul (Anm. 24) 174: „The term ‚veiled' has been introduced by the opponents' understanding of the Old Testament and Moses (hier Verweis auf Windisch, Der zweite Korintherbrief, 134) and is in fact a positive term as much as it is a negative one. The claim that his gospel is veiled is Paul's own appropriation of his opponents' terminology." *H.-J. Klauck*, Erleuchtung (Anm. 13) 273-275, rechnet dagegen in V. 2a mit einem Vorwurf der Gegner gegen Paulus, der auch aus V. 3 herauszuspüren sei: „seine Verkündigung verschleiere die Wahrheit". [34] *D. Georgi*, Die Gegner (Anm. 2) 282-300.

[35] Vgl. auch 1 Kor 1,23; 2,2; Gal 3,1; Phil 2,8.)

mig geworden ist. Daher wird das „Todesleiden Jesu", das er in seiner leiblichen Existenz erträgt, zum Wahrheitszeichen für die Gemeinde und zum glaubwürdigen Hinweis darauf, daß sie von diesem für sie dahingegebenen Christus „das Leben" erwarten kann (4,11f).

Die betonte Kyrios-Prädikation in 4,5 steht also in einem umfassenden Vorstel[235]lungszusammenhang, der sowohl von der vorgegebenen frühesten Christologie[36] als auch von der aktuellen Auseinandersetzung des Apostels mit den konkurrierenden Gegnern bestimmt ist. Der Kyrios-Prädikation entspricht dann aber auch die Selbstbezeichnung des Apostels als δοῦλος.[37] Für diesen Kyrios steht Paulus mit seiner ganzen Existenz und der Bereitschaft zu letzten Konsequenzen ein. Dazu gehört auch und vor allem sein Kampf um die Gemeinde, die er dem Kyrios Christus als „reine Jungfrau zugeführt" hat (11,2) und die er ihm erhalten will.

3. Der Apostel und seine Gemeinde

So sehr die δοῦλος-Bezeichnung das Verhältnis des Apostels zum Kyrios Jesus kennzeichnet, so sehr verdient in unserem Vers, 2 Kor 4,5, die Zuordnung des δοῦλος Paulus zur Adressaten-Gemeinde Beachtung: „(wir verkündigen) uns selbst aber als eure Knechte um Jesu willen". Paulus steht als Apostel in einer doppelten Beziehung: zum Kyrios Jesus und zur Gemeinde. Zwischen beiden kommt dem Apostel eine „vermittelnde" Bedeutung zu. Da ihm der „Dienst der Versöhnung" anvertraut ist (5,18), nimmt er an dem Versöhnungswerk Christi teil, und zwar in der Weise der Verkündigung des „Wortes der Versöhnung" (5,19f). Eigentlicher Mittler zwischen Gott und Mensch ist Christus, der „für uns", „für Gottlose gestorben ist" und so die „Feindschaft" zwischen Gott und Mensch überwunden hat (Röm 5,6-11). In diesem Werk der Versöhnung ist Christus unvertretbar. Aber *aufgrund* dieses einmaligen Versöhnungsopfers Christi ist der Apostel dazu berufen, die Gemeinde die in Christus bewirkte Versöhnung „zu-zudienen".[38] Die Gemeinde ist auf diesen seinen Dienst angewiesen. Das zeigt

---

[36] Hierzu ist besonders auf den Hymnus Phil 2,6-11 mit der hervorgehobenen Kyrios-Akklamation zu verweisen.

[37] Vgl. *A. de Oliveira*, Diakonie (Anm. 5) 248: „Mit δοῦλος definiert Paulus also auf christologischer Basis seine Konzeption des Apostolats als Diakonia gegen die Auffassung der Gegner." Für die Knechtsbezeichnung dürfte sich Paulus nach Gal 1,15f (vgl. Röm 10,16; 15,21; 2 Kor 6,2; Phil 2,16) auf das prophetische Amt des Gottesknechtes aus Deuterojesaja als „Vorbild seines Apostolats" bezogen haben (ebd. 249f). Vgl. auch *T. Holtz*, Zum Selbstverständnis des Apostels Paulus, in: ThLZ 91 (1966) 321-330: „Die einzigartige Stellung, die Paulus seinem Apostolat beimißt, (erhält) ihre Vor-Bildung bei Deuterojesaja."

[38] Das gleiche Grundverständnis des apostolischen Dienstamtes im Gegenüber zur Gemeinde läßt Paulus Röm 15,16 erkennen, und zwar in der Sprache des priesterlichen Handelns: „(... kraft der Gnade, die mir von Gott gegeben wurde), damit ich Diener (λειτουργός) Christi Jesu

sich ihm in der aktuellen Situation dieses Briefes besonders nachdrücklich. Mit der Erinnerung an den zentralen Inhalt seines Evangeliums, aber auch mit der Zeichnung seiner christusförmigen Existenz als ein im Dienst des Kyrios Jesus „Dahingegebener"[39] sucht er die Gemeinde auf dem im Glauben begonnenen Weg zu erhalten. Letzteres zeigt sich [236] deutlich im folgenden Textabschnitt, 4,7-12.13-15. Hierzu bietet der Ausdruck „uns selbst als eure Knechte" in V. 5 schon das vorausweisende thematische Stichwort.

Ist die Gemeinde also auf den Dienst ihres Apostels angewiesen, dann gehört er als Träger dieses Dienstamtes nach und mit Christus auch in die Verkündigung des Evangeliums hinein. Als Prädikat zu V. 5b bleibt daher κηρύσσομεν aus V. 5a erhalten, wenngleich ohne besondere Betonung.[40]

Daß die Korinther sich durch das Auftreten der Gegner beeindrucken lassen, zeigt dem Apostel, daß sie eine entscheidende Dimension im Verständnis des Evangeliums nicht begriffen haben, nämlich die Leidensgestalt des Apostels, seinen Dienst für sie. Dieser schließt – anders als bei den Eindringlingen (vgl. 11,20) – ein „Herrschen" des Apostels über sie aus. „Nicht als Herren über euren Glauben treten wir auf, sondern wir sind Mitarbeiter an eurer Freude" (1,24). Dieses Wort, mit dem Paulus befriedigt auf das wiederhergestellte Verhältnis zu seiner Gemeinde blickt[41], zeigt schließlich auch, wie sehr er bei all seinem Engagement für die Gemeinde diese selbst in den Vorgang der Selbstfindung unter ihrem Kyrios Jesus einbezogen sieht.

Schluß

2 Kor 4,5 zeigt, daß Paulus sich durch die Auseinandersetzung mit seinen Gegnern nicht daran hindern läßt, die Christusverkündigung als sein eigentliches Thema in den Mittelpunkt zu rücken. Damit gibt er seiner Gemeinde das entscheidende Kriterium für die Beurteilung eines Apostolats (und für das Amtsverständnis seiner Gegner) an die Hand. Er ist der Gesandte des Kyrios Jesus; ihn bringt er in seinem Dienst für die Gemeinde zur Geltung – zu ihrem Heil. In der Wahrnehmung dieses Dienstes tritt er ganz hinter den Herrn zurück. Von dieser doppelten Zuordnung her: zum Kyrios und zur Gemeinde, will er in seinem Apostel-Sein verstanden und beurteilt werden.

---

an den Heiden sei, der den priesterlichen Dienst (der Verkündigung) des Evangeliums Gottes vollzieht, damit die Darbringung der Heiden als Opfer Gottes wohlgefällig werde, geheiligt im heiligen Geist".

[39] Daran erinnert noch einmal das mit Schlußbetonung nachgestellte διὰ ᾽Ιησοῦν. Die Nennung des bloßen Jesus-Namens soll wohl kaum auf den *irdischen* Jesus im Unterschied zum erhöhten hinweisen. Vgl. *V. Furnish*, II Corinthians (Anm. 3) 250: „The background is still the confessional acclamation ‚Jesus is Lord'."

[40] Eine Ergänzung etwa durch λογιζόμεθα statt κηρύσσομεν so *H. Lietzmann*, An die Korinther I/II (HNT 9), Tübingen [4]1949, 115, ist nicht erforderlich.

[41] Wohl nach all den Auseinandersetzungen, die er in der „Apologie" 2,14-7,4 und im sog. „Tränenbrief" 10-13 (vgl. 2,4), zu bestehen hatte, wenn wir der Teilungshypothese von *G. Bornkamm* (Anm. 1) folgen.

Autorität des Gesetzes und Autorität Jesu bei Paulus

1. Einführung

Dieser Aufsatz behandelt einen besonderen Aspekt des umfassenden Themas „Paulus und Jesus". Wie spricht Paulus über Jesus? Wozu beruft er sich, wenn auch nicht häufig, ausdrücklich auf Jesus? Nach einem verbreiteten Urteil hat er sich aufgrund seiner Berufungserfahrung betont dem *auferstandenen* Christus zugewandt. Die Dimension des *irdischen* Lebens und Wirkens Jesu scheint dabei weitgehend übergangen zu sein. Aber auch für Paulus gilt, was für die Breite des neutestamentlichen Christuszeugnisses festzustellen ist, nämlich, daß er bei aller Betonung von Tod und Auferstehung Jesu als dem zentralen Ort der eschatologischen Heilsoffenbarung Gottes die Identität des *auferstandenen* mit dem *irdischen* Jesus festhält und positiv in seiner Verkündigung und Theologie zur Geltung bringt. Hierfür sprechen die gelegentlich von Paulus argumentativ eingesetzten Herrenworte und manche anderen Hinweise auf den irdischen Jesus wie „geboren von einer Frau, dem Gesetz unterstellt" (Gal 4,4). Diese Texte sollten allerdings nicht aus dem Gesamtzusammenhang der paulinischen Rede über Jesus, näherhin seiner Christologie, isoliert werden. Sie zeigen gewiß eine bestimmte Einschätzung der Autorität Jesu und seines Wortes bei Paulus an. Für ihn gewinnt Jesus vor allem aber in seiner *„Pro-Existenz"*, die sein irdisches Leben bis zur Lebenshingabe am Kreuz bestimmt, maßgebliche Autorität, und dies insbesondere in einem kritischen Gegenüber zum mosaischen Gesetz.

Das Grundkonzept dieses Aufsatzes geht auf ein Referat für das Paulusseminar der Tagung der Studiorum Novi Testamenti Societas 1985 in Trondheim zurück. Die dort behandelte Fragestellung entspricht in einer für mich glücklichen Weise der thematischen Zielsetzung dieses Bandes, so daß ich das jetzt ausgearbeitete Exposé gerne den Joachim Gnilka gewidmeten Freundesgaben hinzufüge.

Für Paulus war das überlieferte Gesetz des Mose höchster Ausdruck des religiösen und ethischen Anspruchs des Judentums, dessen Bedeutung er autobiographisch in Phil 3, 5–9 reflektiert und dem er in kühner Radikalität den „überragenden Wert der Erkenntnis Christi Jesu, meines Kyrios" (V. 8) entgegenstellt. Eben diese umwerfende Erkenntnis hat in seinem Leben jene „Umwertung aller Werte" (vgl. V. 7: κέρδη – ζημίαν) hervorgerufen, die dem mosaischen Gesetz die allgemein anerkannte Autorität als verbindliche Wegweisung und göttliche Gabe für das Leben[1] genommen bzw. sie verändert hat.

Es besteht also kein Zweifel, daß Paulus sich seit der Christuserkenntnis von Damaskus zutiefst vom Inhalt dieser Erkenntnis bestimmen läßt. Sie bedeutet einen tiefen Einschnitt in sein Leben, das ganz und gar ein jüdisches Leben war. Als Jude fand er seine jüdische Identität in der Treue zum Gesetz und den im Gesetz verankerten Überlieferungen. Die *Apokalypsis Jesu Christi,* die ihm nach Gal 1, 12 zuteil wurde, erschütterte diese Grundlagen und ließ ihn den neuen Lebensgrund im Glauben an Jesus Christus gewinnen. Seine Briefe insgesamt bezeugen diesen fundamentalen Befund. Insbesondere der Galaterbrief und in seinem Gefolge der Römerbrief lassen erkennen, daß er christliche Existenz auf dem Fundament des Glaubens an Jesus Christus gegründet sieht, für dessen unverwechselbaren Inhalt er mit seiner eigenen Biographie und mit der von ihm entwickelten Theologie einsteht. Dabei verdient die zum Teil scharfe, insgesamt aber unnachgiebige und auf die Konsequenzen blickende Auseinandersetzung mit dem mosaischen Gesetz besondere Beachtung. Paulus hat seinen Lebensgrund in Jesus Christus, und das bedeutet: er macht Ernst mit der Erkenntnis, daß das Gesetz in Jesus Christus an sein Ende gekommen ist (vgl. Röm 10, 4). Aber zugleich ist zu sehen, daß er vom Gesetz nicht loskommt. Das überlieferte und seine eigene Biographie bestimmende Gesetz begleitet auch den Christen Paulus, wenngleich zunächst in der Negativperspektive des οὐκ ἐξ ἔργων νόμου (Gal 2,16). Das Gesetz ist durch die in Christus geoffenbarte Gerechtigkeit Gottes abgetan (vgl. Röm 3, 21: χωρὶς νόμου), und dennoch gibt es für Paulus einen nicht zu leugnenden Anspruch des Gesetzes, dem er als Christ überhaupt erst Geltung verschafft: νόμον ἱστάνομεν (Röm 3,31).

Die Probleme, die mit den genannten Textstellen und den Aussagen des Apostels gegeben sind, sind nicht leicht zu lösen. Ihre Behandlung

---

[1] Hierzu ist für das Alte Testament besonders auf Ps 119 zu verweisen. Für das Judentum zur Zeit des Paulus (und darüber hinaus) vgl. die differenzierte Darstellung von *Jehoshua Amir,* Art. „Gesetz. II. Judentum", in: TRE XIII (Berlin 1984), 52–58.

soll nicht die eigentliche Aufgabe dieses Beitrags sein. Unser besonderes Interesse gilt vielmehr der Frage, wie sich für Paulus im kritischen Gegenüber zur jüdischen Einschätzung des mosaischen Gesetzes seine Bindung an den Kyrios Jesus nicht nur biographisch, sondern auch theologisch auswirkt. Christus ist „das Ende des Gesetzes" (Röm 10, 4). An die Stelle des Gesetzes als orientierende Größe für Glauben und Leben tritt Jesus Christus.

In diesem Sinne ist von der Autorität Jesu zu sprechen, die für Paulus fundamentale Glaubens-Autorität ist. D. h.: Die Autorität Jesu, sein Anspruch auf Anerkennung, wird im Glauben an ihn wahrgenommen. Der Glaube erkennt in Jesus, dem Sohn Gottes, jene Maßstäblichkeit, die jede vorgegebene Autorität relativiert. Das Gesetz ist für den Juden Paulus die überkommene maßgebliche Autorität, die aufgrund der gewonnenen „Erkenntnis Christi Jesu" (Phil 3, 8) ihre maßstäbliche Bedeutung verloren hat. Im Gegenüber zum überkommenen Gesetz muß sich daher die im Glauben wahrgenommene Autorität Jesu bewähren.

2. Die Autorität Jesu im Gegenüber zum Gesetz

2.1 Die Bedeutung der erfahrenen Apokalypsis Jesu Christi für Paulus

Paulus führt die erlangte Neuorientierung und seine Bindung an Jesus Christus nicht auf ein persönliches Scheitern am mosaischen Gesetz zurück[2], sondern auf die *Apokalypsis Jesu Christi.* So ausdrücklich in Gal 1, 12 bzw. 1, 15 f[3]. In diesem Text wird deutlich, wie er angesichts des akuten galatischen Streitfalls im Rückblick das grundlegende Geschehen der Apokalypsis einschätzt:

a) Seine Bekehrung ist nicht das Ergebnis eines psychologischen Prozesses, sondern Gnade, die ihm Gott unverdient und im Hinblick auf seinen früheren Lebenswandel (V. 13 f) völlig überraschend zuteil werden ließ.

b) Seine Bekehrung ist zugleich auch seine Berufung zur apostolischen Verkündigung des Evangeliums unter den Heiden. Hierin kommt das Spezifikum seiner Neuorientierung zum Ausdruck. Das Evangelium, das er den Heiden zu verkündigen hat, ist *von vornherein* das *gesetzesfreie*

---

[2] Dagegen spricht schon der Ausdruck jüdischen Selbstvertrauens in Phil 3, 6: κατὰ δικαιοσύνην τὴν ἐν νόμῳ ἄμεμπτος. Vgl. auch Gal 1, 14.

[3] Vgl. *K. Kertelge,* Apokalypsis Jesou Christou (Gal 1, 12), in: J. Gnilka (Hg.), Neues Testament und Kirche (FS R. Schnackenburg), Freiburg 1974, 266–281.

Evangelium. Anders wäre der enge Zusammenhang der Apokalypsis mit der Verkündigung unter den Heiden in V. 16 nicht zu erklären. Das gesetzesfreie Evangelium bietet im Zusammenhang von Gal 1 das Kriterium zur Abgrenzung von jenem „anderen Evangelium" (V. 6), dessen Identität als „wahres Evangelium" er bestreitet.

c) Auch wenn Paulus seine Bekehrung nicht auf eine persönliche Gesetzeskrisis zurückführt, so wird im Zusammenhang doch deutlich, daß die Erkenntnis von Jesus als dem Sohn Gottes seine Orientierung an der jüdischen Gesetzestradition im Kern getroffen hat. Das bedeutet: Für Paulus gibt es einen unauflösbaren antithetischen Sachzusammenhang zwischen der autoritativen Geltung des mosaischen Gesetzes und der Christuserkenntnis, die für ihn die Grundlage seiner Neuorientierung wird.

Aufgrund der Apokalypsis hat Paulus eine *Unmittelbarkeit* zu Jesus Christus gewonnen, durch die er seine Unabhängigkeit von allen vorgegebenen Autoritäten gewährleistet sieht. Dies betrifft im Argumentationszusammenhang von Gal 1 und 2 zunächst sein Verhältnis zu denen, die vor ihm Apostel waren (V. 17). Daß diesen eine autoritative Stellung in der Urgemeinde als στῦλοι zukam, braucht er nicht zu bestreiten; vielmehr macht er in 2,1–10 (bzw. in 2,1–14) deutlich, daß die Geltung und die Anerkennung, die er für das gesetzesfreie Evangelium auch von ihrer Seite erlangt hat, letztlich nicht aus menschlicher Autorität, sondern aus der Autorität Jesu Christi kommen, die sich seinem Evangelium der Freiheit mitgeteilt hat [4].

Die Paulus zuteilgewordene Unmittelbarkeit zu Jesus Christus wirkte sich bei ihm *prinzipiell* darin aus, daß die ihm vom Judentum her vorgegebene Autorität des Gesetzes ihre Geltung verlor. Die Neuorientierung an Jesus Christus steht für ihn von vornherein [5] in einem kritischen Gegenüber zur überkommenen Orientierung am mosaischen Gesetz. Paulus entwickelt dieses antithetische Verhältnis von Christuserkenntnis und mosaischem Gesetz im weiteren Zusammenhang des Galaterbriefes – offenkundig in polemischer Deutlichkeit, um den Galatern klar zu machen, welche theologische Inkonsequenz in ihrem Interesse an Beschneidung und Gesetzeswesen steckt. Dabei erhält die Rede vom *gekreuzigten* Christus einen besonderen Stellenwert: 3,1. Jesus Christus ist als der Gekreu-

---

[4] Das bedeutet schließlich auch, daß Paulus als Apostel des gesetzesfreien Evangeliums an der Autorität dieses Evangeliums und damit an der Autorität des Kyrios Jesus partizipiert. Darauf ist später noch einzugehen.

[5] Vgl. auch *G. Klein,* Art. „Gesetz. III. Neues Testament", in: TRE XIII (Berlin 1984), 58–75, hier 64f (mit Verweis auf weitere Autoren).

zigte Inhalt des Evangeliums und Ursprung der im Glauben mitgeteilten Geistesgabe (3,2–5). Die Einsicht in den im Lichte des Auferstehungsglaubens (vgl. 1,1) gedeuteten Sachverhalt des Kreuzes bringt Paulus in seiner Rede von der *Apokalypsis Jesu Christi* mit letzter Verbindlichkeit zur Geltung. Ihm wurde Jesus Christus geoffenbart als der „Sohn Gottes" (1,16), das heißt: als der von Gott auferweckte Gekreuzigte, mit dem er „mitgekreuzigt" worden ist (2,19), dessen Kreuzestod vor aller Welt zum wirksamen Zeichen der Entmachtung des Fluch bringenden Gesetzes geworden ist (3,13). Die dem Paulus zuteilgewordene Christusoffenbarung besteht gerade in dieser umstürzenden Erkenntnis, daß der Gekreuzigte der Sohn Gottes ist, der in seinem Tod und seiner Auferstehung der Welt neue Maßstäbe gesetzt hat. Das Gesetz muß aufgrund dieser fundamentalen Einsicht, die den „uneinsichtigen Galatern" (3,1) abgeht[6], neu interpretiert werden: 3,19–29; 4.

Aus diesem Ansatz gewinnt Paulus sein Verständnis von der „Autorität Jesu", die für ihn freilich nicht eine statisch vorgegebene, nur aus der Überlieferung übernommene Wirklichkeit ist, sondern die sich vielmehr als *Lebenswirklichkeit* erweist, nämlich als unausweichlicher Anspruch des Kyrios Jesus im Leben der Glaubenden.

2.2 Elemente der Einschätzung der Autorität Jesu

a) Die eschatologisch-soteriologische Dimension der Autorität Jesu
Auszugehen ist von der paulinischen Einschätzung des Heilswerkes Jesu in Kreuz und Auferstehung. Wenn von der Autorität Jesu bei Paulus die Rede sein soll, dann ist nicht von vornherein oder gar exklusiv auf die Stellen seiner Briefe zu rekurrieren, an denen Jesus als Lehrautorität zitiert wird wie in 1 Thess 4,15 und in 1 Kor 7,10. Vielmehr ist auch im Hinblick auf die genannten Stellen zunächst fundamental auf jenes Geschehen zu verweisen, durch das für Paulus die Messianität und Gottessohnschaft Jesu ihre unverwechselbaren Konturen erhielt. Dies gilt auch und gerade gegenüber der für den vorchristlichen Paulus fraglosen Autorität des mosaischen Gesetzes. Jesus tritt gegenüber Moses nicht als der neue (messianische) Gesetzgeber auf, sondern als der bis zum Kreuzestod gehorsame Sohn Gottes (Phil 2,8; Röm 5,19), der die Sünder vom Fluch des Gesetzes loskauft und dadurch Autorität über sie gewinnt. Die

---

[6] Vgl. *F. Mußner*, Der Galaterbrief (HThK IX), Freiburg 1974, 206: das Wort ἀνόητοι bezeichnet hier „mangelnde Einsicht, nämlich in das Wesen des Evangeliums und damit des Christentums".

Anerkennung der Autorität Jesu erfolgt im Bekenntnis des Glaubens, das Paulus aus vorgegebener urchristlicher Überlieferung übernehmen kann, dessen Inhalt er freilich deutlicher in Richtung auf die Freiheit vom Gesetz entfaltet. Hierzu ist besonders auf *Gal 3, 13* einzugehen, eine Stelle, die sich als Schlüsseltext für das Thema „Kreuz Christi und Gesetz" erweist[7].

Bereits in 2, 19 f hatte Paulus seine persönliche Bindung an den Christus, dem er sein Leben verdankt, zum Ausdruck gebracht. Die Lebenshingabe Jesu wurde für ihn zum Kennzeichen der ihm zuteilgewordenen Liebe und zum verpflichtenden Lebensgrund. In 2, 21 a führt Paulus die ihm zuteilgewordene Heilstat Christi auf die Gnade Gottes zurück. Er sieht in Jesus Christus Gott am Werk, und zwar den Gott, der nach 2, 21 b von Anfang an Gerechtigkeit nicht an das Gesetz gebunden hat, sondern an Jesus Christus.

Dieses „von Anfang an" führt Paulus in Kap. 3 mit seiner Schriftargumentation weiter aus. Die Rechtfertigung Abrahams nach Gen 15, 6 belegt den Weg der Glaubensbotschaft und der Glaubensgerechtigkeit und damit verbunden die Ausschaltung des Gesetzesweges von der Realisierung der Gabe der Gerechtigkeit. Was das Gesetz – wider seinen Willen (aber unter dem Einfluß der ἁμαρτία, 3, 22) – über die Menschheit gebracht hat, ist der Fluch, der nach 3, 10 mit den „Werken des Gesetzes" verbunden ist, der geradezu schicksalhaft auf denen lastet, die ihr Leben im Gesetz und somit in einer selbst geleisteten Gerechtigkeit suchen. Eben diese „Gerechtigkeit ... aus dem Gesetz" (3, 21) erweist sich nicht als Leben, sondern als Tod. Aus solcher Verstrickung in die Unheilswirkung des Gesetzes hat Christus uns „losgekauft": er hat sich selbst in die Unfreiheit begeben, die das Gesetz de facto bewirkt[8], er hat die „Wirkungsgeschichte" des Gesetzes am eigenen Leibe erfahren – bis in den Kreuzestod. Dies geschah aber nicht seinetwegen, sondern unseretwegen. Am Kreuz wurde offenbar, daß er den „Fluch", den das Gesetz bewirkt, „an unserer Stelle" getragen hat – mit lösender Wirkung „für uns". Beides

---

[7] Vgl. außer den Kommentaren *P. Stuhlmacher,* „Das Ende des Gesetzes". Ursprung und Ansatz der paulinischen Theologie, in: ZThK 67 (1970) 14–39; *H.-W. Kuhn,* Jesus als Gekreuzigter in der frühchristlichen Verkündigung bis zur Mitte des 2. Jahrhunderts, in: ZThK 72 (1975) 1–46; *K. Kertelge,* Das Verständnis des Todes Jesu bei Paulus, in: ders. (Hg.), Der Tod Jesu. Deutungen im Neuen Testament (QD 74), Freiburg 1976, 114–136, bes. 128–131; *H. Weder,* Das Kreuz Jesu bei Paulus. Ein Versuch, über den Geschichtsbezug des christlichen Glaubens nachzudenken (FRLANT 125), Göttingen 1981, 186–193; *J. Lambrecht,* Gesetzesverständnis bei Paulus, in: K. Kertelge (Hg.), Das Gesetz im Neuen Testament (QD 108), Freiburg 1986, 88–127, hier 108–126.
[8] Vgl. 4, 4: γενόμενον ὑπὸ νόμον.

beinhaltet das aus der vorpaulinischen Deutung des Todes Jesu übernommene ὑπὲρ ἡμῶν[9]. Gelöst wird der Mensch aus der Herrschaft des Gesetzes, die Paulus im Tode Christi als eine unfreimachende Scheinherrschaft entlarvt sieht (vgl. 3, 23 f).

Wir haben hier nicht die religions- und traditionsgeschichtlichen Voraussetzungen des Satzes Gal 3, 13 sowie seine immanente Logik im einzelnen zu untersuchen. Hierzu müßte sicher auch noch die tragende Bedeutung des Zitats aus Dtn 21, 23 – einschließlich seiner möglichen Verwendung in der frühjüdischen Polemik gegen den urchristlichen Messiasglauben[10] – berücksichtigt werden. Der Satz findet seine Erklärung nur im Zusammenhang des ganzen Abschnitts, also auch und gerade unter Wahrung des Zusammenhangs mit der Verheißung an Abraham, die Paulus nach V. 14 mit V. 8 f in der universalen Berufung der Heiden erfüllt sieht. V. 13 zeigt hierfür die geschichtliche Bedingung der Möglichkeit auf: Im Kreuzestod Jesu kommt nicht nur das Gesetz an sein *Ende*[11], sondern *Gott* kommt (mit seiner Verheißung) an sein *Ziel*. Die Ablösung des Gesetzes liegt in der Konsequenz des bei Paulus schöpfungs- und verheißungsgeschichtlich inspirierten Gottesgedankens.

Hier wird auch die Grenze für einen Rückgriff auf die Überlieferung vom irdischen Jesus erkennbar. Für Paulus kennzeichnet das Kreuz Jesu den geschichtlichen Ort, an dem Gott sein eschatologisches Heil für die Menschen Wirklichkeit werden läßt. Christologisch gewendet bedeutet dies: Jesus erweist sich dadurch als der Sohn Gottes, daß er „mich (uns) geliebt und sich für mich (uns) dahingegeben hat" (Gal 2, 20; vgl. 2 Kor 5, 14). Die geschichtliche Wirklichkeit seines Stehens unter dem Gesetz (Gal 4, 4) zielt von vornherein – von Gott her – auf den Loskauf der Menschen, die bislang unter den Bedingungen des Gesetzes lebten (4, 5). Die so wirksam werdende Liebe Jesu Christi äußert sich in seinem Kreuzestod, und darin ist gewiß die ganze irdische Existenz Jesu (oder mit Schürmann: seine „Pro-Existenz") eingeholt. Diese soteriologische Grundaussage des Paulus von der liebenden Selbsthingabe Jesu bedarf nach seiner eigenen Meinung allerdings nicht der Vergewisserung mit Hilfe eines „historischen" Beweises etwa derart, daß die das Gesetz entmachtende Liebestat des Gekreuzigten mit der „gesetzeskritischen Liebe" der Worte und Taten des irdischen Jesus vermittelt oder gar durch sie verifiziert

---

[9] Vgl. *K. Wengst,* Christologische Formeln und Lieder des Urchristentums (SNT 7), Gütersloh 1972, 55–86.
[10] Vgl. hierzu *K. Kertelge,* Das Verständnis des Todes Jesu bei Paulus, 129 f.
[11] Besonders betont von *H. Weder,* Das Kreuz Jesu bei Paulus, 190–193.

wird[12]. Für Paulus gewinnt der Tod Jesu seine den Anspruch des Gesetzes überwindende Bedeutung nicht aus einem vorausgesetzten Zusammenhang mit der Gesetzeserfüllung und Gesetzeskritik des irdischen Jesus, auf die Paulus keinen Bezug nimmt, sondern aus seinem „Sohn-Gottes-Sein", d.h. aus der eschatologisch-soteriologischen Definition dieses Todes durch Gott selbst, nämlich in der Auferweckung seines Sohnes. Nicht die tatsächliche Erfüllung und Neuauslegung des Gesetzes durch Jesus (etwa nach Mt 5, 17–48) wird heilsrelevant, sondern das Todesgeschick Jesu in seiner (schon im Alten Testament angezeigten) Einbindung in die heilstheologische Perspektive des Handelns Gottes, dem Jesus in seinem Tode Geltung verschafft.

b) Der normative Gehalt der Bindung an Jesus Christus
Die Bindung der Glaubenden an Jesus Christus hat für diese normative Bedeutung. Dies ist für Paulus nicht nur eine autobiographische Einsicht, sondern die universale Konsequenz aus der Heilstat Christi. Christus hat als der „*eine* für alle" genuggetan: er wurde „für uns" zum Fluch (Gal 3, 13); Gott machte ihn „für uns" zur Sünde (2 Kor 5, 21). Sein Sterben „für alle" findet nach 2 Kor 5, 15 seine Auswirkung im Leben der Glaubenden, das ein Leben für den ist, „der für sie gestorben ist und auferweckt wurde". Die Bindung an den gekreuzigten und auferstandenen Herrn setzt dem Leben der Glaubenden neue Maßstäbe. Ihr „In-Christus-Sein" läßt mit der Wirklichkeit der „neuen Schöpfung" rechnen (2 Kor 5, 17), und zwar so, daß die Gegenwart der Glaubenden schon die versöhnten Verhältnisse des Eschaton erkennen läßt. Es ist bemerkenswert, wie der Indikativ der „neuen Schöpfung" und des Versöhnungshandelns Gottes in 2 Kor 5, 17–20 wie selbstverständlich überleitet zum Imperativ an die Glaubenden, die Versöhnung mit Gott anzunehmen und zu realisieren. Das Versöhnungshandeln Gottes in Jesus Christus setzt neue Maßstäbe für das Verhalten der Glaubenden als Versöhnte. Die im Glauben angenommene Wirklichkeit der „neuen Schöpfung" ist für die Glaubenden immer auch eine ethisch zu verwirklichende. Das Leben der Glaubenden soll zum Zeugnis der in Christus schon in die alte Welt hin-

---

[12] Zwischen der paulinischen Deutung des Todes Jesu im Horizont des Gesetzesproblems und der synoptischen Überlieferung von der Gesetzeserfüllung Jesu sind gewisse motivgeschichtliche und sachlich-theologische Konvergenzen nicht zu übersehen. Vgl. H. Weder, a.a.O. 190f Anm. 261. Ebd.: „Es dürfte auch historisch zutreffen, daß Jesus infolge seiner Liebe ans Kreuz kam." Allerdings liegt Weders Interesse hierbei nicht an einer „historischen Vergewisserung", sondern am „Geschichtsbezug" der paulinischen Aussagen. Dieser ist allerdings *für Paulus* schon im Kreuz Jesu selbst gegeben.

einragenden „neuen Schöpfung" und ihres universalen Anspruchs werden.

Dieser Zusammenhang von „Sein" und „Sollen" begegnet auch im Galaterbrief, zu dem wir hier noch einmal zurückkommen. In Gal 3 setzt Paulus Glaube und Gesetz in Spannung zueinander. Der Glaube bewirkt den Anschluß an den Segen, der Abraham selbst zuteil und ihm zugleich im Blick auf seine Nachkommen verheißen wurde (3,7–9.14.16.29). Das Gesetz berührt und bewirkt die Erfüllung der Verheißung nicht, sondern hat nur eine Zwischenrolle zu spielen (V. 19: τῶν παραβάσεων χάριν προσετέθη; V. 24: παιδαγωγὸς ἡμῶν γέγονεν εἰς Χριστόν). Am Gesetz vorbei realisiert sich die Verheißung Gottes „durch den Glauben – in Christus Jesus" (V. 26). Als solche, die „in Christus" ihren Ort gefunden haben, sind die Glaubenden nun auch in ein neues Verhältnis zueinander versetzt: „Es gilt nicht mehr Jude oder Grieche, Sklave oder Freier, Mann oder Frau. Alle seid ihr einer in Christus Jesus" (V. 28).

Wie normativ ist eine solche Feststellung des Apostels für das konkrete Leben von Christen in der Gemeinde? Handelt es sich hier nur um eine enthusiastische Äußerung aufgrund der Geisterfahrung der Anfangszeit?[13] Auch wenn wir den pneumatologischen Stellenwert dieses Wortes nicht verkennen dürfen, so ist doch damit zu rechnen, daß Paulus von dem Wahrheitsgehalt dieses „Jubelrufes" Auswirkungen auf die Gestaltung der zwischenmenschlichen Lebensverhältnisse erwartet. Der programmatische Freiheits- und Gleichheitsgehalt dieses Satzes, der in abgewandelter Form auch an anderen Stellen bei Paulus begegnet[14], wird von ihm nicht ohne weiteres in den Entwurf einer neuen Gesellschaftsordnung überführt. Aber Paulus setzt auf die eschatologisch-revolutionäre Kraft, die in der Bindung der Glaubenden an Jesus Christus gegeben ist. Diese Bindung an Jesus Christus wäre gründlich mißverstanden, wenn man sie auf die religiöse oder „mystische" Dimension des christlichen Lebens beschränken würde, so sehr das „In-Christus-Jesus-Sein" den sakramentalen und geistlichen Grund des Christseins darstellt[15]. Aber die in Taufe und Glaube begründete Bindung an Jesus Christus ist individual- und sozialethisch virulent. Sie schafft in der Gemeinde der Glaubenden neue Verhältnisse, zwar nicht den „Himmel auf Erden", wohl aber eine ständige Offenheit für das eschatologische Gut der

---

[13] Vgl. E. Käsemann, Zum Thema der urchristlichen Apokalyptik, in: ders., Exegetische Versuche und Besinnungen, Bd. II, Göttingen 1964, 105–131, hier 124f; P. Stuhlmacher, Erwägungen zum ontologischen Charakter der καινὴ κτίσις, in: EvTh 27 (1967) 1–35, hier 3f.
[14] Vgl. Röm 10,12; 1 Kor 7,19; 12,13; Gal 5,6; 6,15; vgl. auch Kol 3,11.
[15] Vgl. 3,26f mit 3,2–5.14; 4,6; 1 Kor 12,13.

„neuen Schöpfung", durch die die bestehenden Verhältnisse der alten Welt grundlegend relativiert und im Zeichen der Liebe verändert werden. Nach 5,6 ist die Liebe die Kraft durch die der Glaube wirksam wird. Die Galater sollen sich von diesem in der Liebe wirkenden Glauben bestimmen lassen und nicht von der Errechnung eines angeblich heilswirksamen Vorsprungs der „Beschneidung" (ebd.). In der gleichen Absicht stellt Paulus in 6,15 die in Christus schon in Geltung gesetzte Wirklichkeit der „neuen Schöpfung" vor Augen, die er ausdrücklich als den „Kanon" bezeichnet, an den es sich zu halten gilt (V. 16). Dieser Kanon [16] ist in dem in Christus eröffneten Heilsgeschehen und in der Bindung der Glaubenden an Jesus Christus so deutlich gegeben, daß Paulus in seiner Beachtung die alle vorgegebenen Unterschiede aufhebende und die Gegensätze verneinende Existenzgrundlage der Kirche als eschatologische Heilsgemeinde sieht. Die eschatologische Wirklichkeit der „neuen Schöpfung" hat „im Kreuz unseres Herrn Jesus Christus" (V. 14) den Kanon der Beschneidung überholt und außer Kraft gesetzt.

Die Normativität, die wir mit Paulus der Bindung an Jesus Christus bzw. dem „In-Christus-Sein" zu entnehmen haben, liegt also auf der Ebene des *Glaubens,* d. h. eines Glaubens, der „durch die Liebe wirksam" wird, der damit auch alle „natürlichen" Lebensbereiche der Glaubenden durchdringt und sie dazu befähigt, darin „sachgemäß" zu urteilen und zu handeln [17].

c) Die Lehrautorität Jesu im Lehrwort des Paulus
Paulus bezieht sich an einigen Stellen seiner Briefe ausdrücklich auf ein „Wort des Herrn", durch das er seinem Lehrwort an die Gemeinden ein besonderes Gewicht gibt. Die ausdrücklichen Bezugnahmen auf Herrenworte wie auch die mehr oder weniger deutlichen Anspielungen auf „Jesusüberlieferung" bei Paulus spielen im Rahmen des Gesamtthemas „Paulus und Jesus" eine erhebliche Rolle, und zwar sowohl im Blick auf die Frage nach einer überlieferungsgeschichtlich nachweisbaren Kontinuität zwischen Jesus und Paulus als auch im Blick auf die Frage nach

---

[16] *J. Becker,* Der Brief an die Galater (NTD 8), Göttingen 1976, 84, bezieht den Ausdruck „diesen Kanon" (V. 16) auf den ganzen Satz von V. 15, der dadurch als „anerkannter verbindlicher Maßstab bei der Bestimmung des Christlichen" und indirekt als vorgegebene gemeinsame Tradition gekennzeichnet wurde. Anders *P. Stuhlmacher,* Erwägungen, 6 f, der hier die normierende Bedeutung der καινὴ κτίσις angezeigt findet. Vgl. auch *A. Sand,* κανών, in: EWNT II 614: κ., bezogen auf die „neue Schöpfung", ist „der neue Maßstab für den Glaubenden".

[17] Hierzu ist beispielhaft auf Röm 14,22 f zu verweisen: Der „Glaube", der das Gewissen bestimmt und bindet, ist letztlich die Gebundenheit des Glaubenden an Jesus Christus.

dem theologischen Stellenwert einer erkennbaren Orientierung am irdischen Jesus bei Paulus. Die damit gestellten exegetischen Aufgaben sind schon öfter behandelt worden [18]. Sie werden hier nur im Rahmen unserer Fragestellung aufgegriffen.

Besonders aufschlußreich ist *1 Kor 7, 10–12*, wo Paulus in seiner Belehrung über die Trennung von Verheirateten zwischen dem Gebot des Kyrios Jesus (παραγγέλλειν) und der Weisung (λέγω), die er als Apostel erteilt, genau unterscheidet. Die gleiche Unterscheidung begegnet dann noch einmal in *7, 25* im Wort über die Jungfrauen: „Bezüglich der παρθέ-νοι habe ich kein Gebot des Herrn (ἐπιταγὴν κυρίου), aber ich gebe meine Meinung (γνώμην) kund, da ich vom Herrn aus Gnade mit dieser Vertrauensstellung betraut wurde." In diesen Texten verdient sowohl der Hinweis auf das „Gebot des Herrn" als auch das davon abgehobene Autoritätswort des Apostels besondere Beachtung. Zwischen beiden Worten besteht eine bestimmte Beziehung, wie schon aus der Folge von V. 10 f und V. 12–16 und insbesondere aus den einleitenden Worten in V. 12 hervorgeht.

In 1 Kor 7, 10 beruft sich Paulus wie selbstverständlich auf ein Wort des Herrn, das inhaltlich mit dem Ehescheidungslogion der synoptischen Jesusüberlieferung identisch ist [19]. Über ein solches Wort verfügt er, während er in V. 25 zum Thema der „Jungfrauen" nicht ohne Absicht bemerkt, daß er hierzu über ein Herrenwort nicht verfügt. Paulus mißt dem konkreten Fall der Gattentreue in der Ehe für die Realisierung des Lebens aus dem Glauben erhebliche Bedeutung zu, so daß er die in der heidnischen Gesellschaft keineswegs selbstverständliche lebenslängliche eheliche Bindung durch ein Herrenwort schützen möchte. Durch das Herrenwort sucht er seiner eigenen Weisung als Apostel Nachdruck zu verleihen. Diese Intention wird dadurch nicht in Frage gestellt, daß er

---

[18] Im Rahmen des Paulusseminars der SNTS hatte Nikolaus Walter 1984 die einschlägigen Fragen hierzu angesprochen und in exegetisch sachgemäßer Differenzierung behandelt; siehe *N. Walter,* Paulus und die urchristliche Jesustradition, in: NTS 31 (1985) 498–522. An weiteren Beiträgen aus neuerer Zeit sind besonders zu nennen *H. W. Kuhn,* Der irdische Jesus bei Paulus als traditionsgeschichtliches und theologisches Problem, in: ZThK 67 (1970) 295–320; *P. Stuhlmacher,* Jesustradition im Römerbrief? Eine Skizze, in: ThBeitr 14 (1983) 240–250; *C. Allison,* The Pauline Epistles and the Synoptic Gospels: The Pattern of the Parallels, in: NTS 28 (1982) 1–32; *F. Neirynck,* Paul and the Sayings of Jesus, in: A. Vanhoye (Hg.), L'Apôtre Paul. Personnalité, Style et Conception du Ministère (BEThL 73), Leuven 1986, 265–321 (mit einer kritisch zusammengestellten Liste der Parallelen zwischen Paulus und der synoptischen Jesusüberlieferung).

[19] Aus der synoptischen Überlieferung des Herrenwortes (Lk 16,18; Mt 5,32; 19,9; Mk 10,11 f) kommt die Mk-Version mit der Berücksichtigung des (hellenistischen) Scheidungsrechtes der Frau der Fassung in 1 Kor 7,10f am nächsten.

selbst in V. 15 im Falle der Ehe zwischen einem Getauften und einem Nichtgetauften eine Trennung unter bestimmten Umständen als Ausnahme erlaubt. Ein Widerspruch zum Gebot des Herrn in V. 10 entsteht für Paulus dadurch nicht, da es ihm hier nur um die konsequente *Anwendung* des Herrenwortes geht, das auch für die in der Anfangszeit besonders häufigen „Mischehen" zwischen Christen und Nichtchristen gelten soll. Das Wort des Apostels in V. 12–16 erhält so die Bedeutung einer interpretierenden Abwandlung des Herrenwortes aus V. 10.

Diese Intention, die pastoral notwendige Weisung für den konkreten Fall durch ein Gebot des Herrn zu stützen, bleibt auch in V. 25 erhalten. Da er über ein Herrenwort hinsichtlich des Verhaltens der Jungfrauen nicht verfügt, er aber diesen Fall nicht ohne eine Weisung lassen kann, beruft er sich auf die ihm „vom Kyrios (!) aus Erbarmen" mitgeteilte *Autorität als Apostel*.

Dem Gebot des Kyrios kommt *„höchste Verbindlichkeit"*[20] zu. Um dies anzuzeigen gebraucht Paulus in V. 10 das Wort παραγγέλλειν, das hier die Bedeutung von verbindlichem Anordnen hat[21] – also durchaus gleichbedeutend mit ἐπιταγή in V. 25[22]. Dem entspricht auch der absolut stehende Titel ὁ κύριος als Bezeichnung für Jesus, durch die hier seine Autorität als „vollmächtiger Lehrer" seiner Gemeinde betont wird[23]. Das Wort des Kyrios ist Ausgangs- und Anhaltspunkt für seine Orientierung, die Paulus aus pastoralen Gründen seinen Gemeinden geben und wofür er höchstmögliche Zuverlässigkeit bieten will. Er konnte dabei von einer allgemeinen Einschätzung des Wortes Jesu „als *für die Gemeinde gültige* ,kirchenordnende' Weisung" ausgehen[24].

---

[20] *W. Trilling*, Ehe und Ehescheidung im Neuen Testament, in: ThGl 74 (1984) 390–406, hier 394: „Als *Wort des Kyrios* besitzt diese Sentenz höchste Verbindlichkeit für Paulus und für seine Gemeinden; sie reicht weit über seine eigenen ,apostolischen' Anordnungen hinaus ..."

[21] Als Bezeichnung des „gültigen Befehls, dessen Ausführung sich von selbst versteht" (*Blaß–Debrunner–Rehkopf*, Grammatik § 328,1).

[22] ἐπιταγή bezeichnet hier (wie auch in 7,6) „die sicher tradierte, verbindliche *konkrete Weisung* des messianischen Lehrers Jesus ... Sie wird deutlich unterschieden von der zwar geistgewirkten und argumentativ abgesicherten, aber nicht absolut verbindlichen γνώμη (,Meinung, Rat') des Apostels" (*W. Grimm*, ἐπιταγή, in: EWNT II 103 f).

[23] Vgl. *C. Wolff*, Der erste Brief des Paulus an die Korinther. II. Teil (ThHK 7,2), Berlin 1982, 26: Der Kyriostitel lasse in Verbindung mit einem Wort des irdischen Jesus in 7,10 f (und 9,14) auf ein „altes palästinisches christologisches Motiv" schließen, „wonach Jesus als vollmächtiger Lehrer ,der Herr' war ..."

[24] *W. Trilling*, a.a.O. 394. Trilling sieht hierin einen „erstaunlichen Vorgang, der sich in dieser Prägnanz nur in unserem Fall der Ehescheidung findet." Er bemerkt weiter: „Wie viele Jesusworte hätte man ähnlich nicht nur als ethischen Appell, als Anruf zu radikaler Nachfolge tradieren, sondern auch mit rechtlicher, mit kirchenordnender Geltung ausstatten können?"

Damit das Gebot Jesu gemeindeordnende Weisung werde, bedarf es allerdings der nachhelfenden und konkretisierenden Interpretation des Apostels[25]. Es bietet eine Grundlehre, die das einholende Bemühen des Rezipienten anfordert. Durch solches vermittelnde Bemühen kommt der Sinn des vorgegebenen Herrenwortes zu seiner Geltung.

Von einer „Anordnung" des Kyrios spricht Paulus auch in *1 Kor 9,14:* ὁ κύριος διέταξεν. Hier sind allerdings nicht die Gemeinden und die Gemeindechristen die direkten Adressaten des Weisungswortes, sondern die Verkünder des Evangeliums. Ihnen sagt der Herr, „daß sie von dem Evangelium (das sie zu verkünden haben, auch) leben sollen." Das Weisungswort des Herrn, das inhaltlich mit dem als Jesuslogion in Lk 10,7b (par. Mt 10,10b) überlieferten Regelwort identisch ist und dadurch als urchristliche Jesusüberlieferung bezeugt wird[26], bildet hier den wirkungsvollen Abschluß einer Argumentationskette für das Recht der Apostel auf Unterhaltung durch die Gemeinden in V. 3–14[27]. Paulus befindet sich in Auseinandersetzung mit den Korinthern über sein Verständnis des apostolischen Dienstes am Evangelium. Gegenüber denen, die ihn wegen seines *Verzichts* auf Unterhalt kritisieren (V. 3), sucht er sich zunächst mit dem grundsätzlichen Zugeständnis eines Unterhaltsrechtes für die Verkünder des Evangeliums zu verteidigen. Die in V. 14 zitierte Anordnung des Kyrios entspricht diesem Grundsatz[28], für den Paulus weite Verbreitung nachweisen kann. Das Herrenwort hat hier also eine unterstützende Bedeutung. Es verschafft einer allgemeinen Verhaltensregel eine autoritative Geltung[29]. Selbstverständlich hat diese Regel auch für Paulus Gültigkeit; sie gilt grundsätzlich auch als Anweisung für die Gemeinden, die

---

[25] Vgl. auch *W. Trilling,* a. a. O. 396: „Das Herrenwort gilt ihm nicht als ein *absolut geltendes* ,göttliches' Gesetz, das keine Ausnahme zuließe, sondern als eine Weisung höchster Autorität, die in den Gemeinden sinnvoll angewandt werden muß."

[26] Vgl. *B. Fjärstedt,* Synoptic Tradition in 1 Corinthians: Themes and Clusters of Theme Words in 1 Corinthians 1–4 and 9 (Dissertation), Uppsala – Theologiska Institutionen, 1974, 76, wonach Lk 10 mit 1 Kor 9 durch eine Reihe gemeinsamer Wörter verbunden ist: „an ,apostle' who is (,to saw' and) ,to reap' and therefore has the ,right' to get a ,reward' for his ,preaching the good news' because a ,workman' has the right ,to eat' and ,to drink'." Vgl. auch *J. Murphy-O'Connor,* What Paul knew of Jesus, in: ScrB 12 (1981) 35–40.

[27] Vgl. *C. Wolff,* Der erste Brief des Paulus an die Korinther, 26: Die Anordnung des Kyrios „stellt nach dem Erfahrungsbeweis (V. 7) und dem alttestamentlichen Gesetz (V. 8–12) den Höhepunkt in der Argumentation dar."

[28] Als „Grundsatz" – ohne Berufung auf den Kyrios – von Paulus auch gebraucht in Gal 6,6.

[29] Damit ist nicht ausgeschlossen, daß Paulus hier möglicherweise einen Vorwurf seiner Kritiker aufgreift, „durch sein (im Vergleich zu anderen Wanderpredigern) nichtkonformes Verhalten verstoße er gegen eine verpflichtende Weisung des Herrn" (*H.-J. Klauck,* 1. Korintherbrief [Die Neue Echter Bibel 7], Würzburg 1984, 66).

danach handeln sollen. Für die *Anwendung* dieser Regel auf seine Person
als Apostel möchte er allerdings seinen eigenen Verstehenskanon vom
Dienst am Evangelium gewahrt wissen, der zur Verdeutlichung dieses
Dienstes unter Umständen[30] auch die Möglichkeit des Verzichtes einschließt. So nach V. 15: „Ich aber habe keinerlei Gebrauch davon gemacht." Er wollte – zumindest in Achaja – „niemandem zur Last fallen"
(2 Kor 11, 9 f). Nach 1 Kor 9, 17 möchte er damit auch verdeutlichen, daß
er im Dienst des Kyrios Jesus steht, von dem er „(nur) mit einem Verwal-
teramt betraut" ist. Seinen Dienst versteht er als persönliche Schuldigkeit
gegenüber dem Herrn und seinem Evangelium. Auch dadurch, in der Gestalt eines *existentiellen* Zeichens, sucht er dem Anspruch und dem Charakter des Evangeliums gerecht zu werden. „Wir haben dieses Recht (auf
Unterhalt) nicht genutzt ..., um nur nicht dem Evangelium von Christus
ein Hindernis zu schaffen" (V. 12). Das Wort des Herrn bleibt für ihn verbindlich, nur besagt es für ihn in einer besonderen Deutlichkeit, daß der
Apostel dem Evangelium zu dienen hat und nicht umgekehrt.

Die Verbindlichkeit, die Paulus dem Wort des Kyrios zuspricht, gründet in der unbestrittenen *Lehrautorität Jesu,* die der Lehrautorität des
Apostels prinzipiell vorgeordnet bleibt. Auf keinen Fall geht es um einen
Autoritätenstreit zwischen zwei „Lehrern", wenn Paulus, wie in 1 Kor
9, 14 f, von dem Wort des Kyrios abzuweichen scheint. Vielmehr zeigt sich
hier nicht anders als sonst die vom Kyrios Jesus *abgeleitete* Autorität des
Apostels, die eine interpretierende Anwendung des Herrenwortes nicht
überflüssig macht, sondern vielmehr fordert. Mißt Paulus sich selbst *apostolische* Lehrautorität zu, so läßt er den tragenden Grund in der Lehrautorität des Kyrios gelegentlich deutlich erkennen.

Hierzu ist besonders auf *1 Thess 4, 15* zu verweisen. Zur Frage der endzeitlichen Auferweckung der Entschlafenen beruft Paulus sich auf ein
„Wort des Herrn" oder genauer: er sagt, daß er ἐν λόγῳ κυρίου spreche.
Es ist nicht eindeutig auszumachen, ob Paulus hier ein Herrenwort zitie-
ren will, das wir so aus den Evangelien nicht kennen[31], oder ob er die Information, die er zu der anstehenden Frage der Gemeinde zu geben hat,
in der Autorität des Herrn festmacht, wobei er etwa voraussetzen würde,
daß ihm dies vom Herrn so in persönlicher Offenbarung gesagt wurde.
Daß Paulus mit der Kennzeichnung als „Wort des Herrn" einen Prophe-

---

[30] Daß Paulus von den Gemeinden Unterstützung angenommen hat, belegen Phil 4, 10–20
und 2 Kor 11, 8 f.
[31] *J. E. Frame,* Epistles of St. Paul to the Thessalonians (ICC), 1946, 171, spricht von einem
„Agraphon".

tenspruch aus der urchristlichen Gemeinde einführen würde[32], wird durch den sonstigen Sprachgebrauch des Paulus nicht bestätigt. Wahrscheinlich hat sich Paulus bei seiner Berufung auf „ein Wort des Herrn" auf mündliche Jesusüberlieferungen stützen können[33], die er mit seinen eigenen Worten wiedergibt. Hierfür spricht auch, daß das Wort *in der dritten Person* vom Kyrios und seiner Parusie spricht. Als „Wort des Herrn" gewinnt die Information des Apostels über das Schicksal der Entschlafenen eine besondere Verbindlichkeit. Gewiß ist dabei vorausgesetzt, daß Paulus von einer entsprechenden Überlieferung weiß, die sich auf Jesus zurückführen lasse. Dabei ist jedoch zu beachten, daß das „Wort des Herrn" von Paulus nicht überbeansprucht wird. Der eigentliche *Grund* seiner ermutigenden Belehrung, die „Basis für seine Argumentation"[34], ist nach V. 14 „unser Glaube", daß „Jesus gestorben und auferstanden ist". Daraus folgt für ihn die Gewißheit, daß „Gott durch Jesus auch die Verstorbenen zusammen mit ihm zur Herrlichkeit führen wird".

Wenn von der Berufung des Apostels auf die Autorität des „Kyrios" gesprochen wird, ist auch *1 Kor 14, 37* zu nennen. Paulus erklärt, daß das, was er den Korinthern im Zusammenhang dieser Stelle schreibt, „Gebot des Kyrios" ist. Dem gegebenen Textzusammenhang nach bezieht sich V. 37 auf die in V. 33 b–36 erteilte Anordnung zum Schweigen der Frauen in den Gemeindeversammlungen. V. 37 würde also diese Anordnung mit Berufung auf den Kyrios mit höchster Autorität sanktionieren. Allerdings sind die Probleme, die das Verständnis dieses Textes belasten, nicht zu übersehen. Daß Paulus in V. 33 b ff nach der vorhergehenden Belehrung über das Verhältnis der Propheten und der Glossolalen in den Gemeindeversammlungen nun zum Thema „die Frau im Gottesdienst" wechselt, bedarf gewiß einer Erklärung. Inhaltlich fällt, besonders nach der Weisung zum prophetischen Reden der Frauen in 11,5 ff, auf, daß den Frauen das Reden in den Gemeindeversammlungen überhaupt untersagt wird. Wegen der kontextuellen und inhaltlichen Schwierigkeiten dieses

---

[32] Vgl. *W. Marxsen*, Der erste Brief an die Thessalonicher (ZBK NT 11,1), Zürich 1979, 67: In V. 16–17 liege ein Zitat vor, das aber nicht ein Wort des irdischen Jesus sei, aber „auch nicht … ein Wort, das der Erhöhte dem Apostel unmittelbar offenbart hat. Es handelt sich vielmehr um eine Parusieweissagung aus der frühen urchristlichen Gemeinde …, um einen ‚Prophetenspruch‘, aus dem nach urchristlicher Überzeugung der Herr redet." Vgl. auch *R. Collins*, Studies on the First Letter to the Thessalonians (BEThL 66), Leuven 1984, 159 f. Zur Diskussion über die mögliche Eruierung eines „Herrenwortes" in V. 15–17 ebd. 39–43.
[33] Vgl. *H. W. Kuhn*, Der irdische Jesus, 296; *T. Holtz*, Der erste Brief an die Thessalonicher (EKK XIII), Zürich-Neukirchen 1986, 183 f.
[34] Vgl. *F. Laub*, 1. und 2. Thessalonicherbrief (Neue Echter Bibel 13), Würzburg 1985, 29.

Textes vertreten manche Exegeten die, wie es scheint, recht plausible Lösung, daß es sich bei der Anordnung zum Schweigen der Frauen um eine sekundäre Interpolation handle, die von einem späteren Redaktor geschickt zum Stichwort „Unordnung" in V. 33 a eingefügt worden sei. Da auch schon die „Haustafeln" der Deuteropaulinen Epheser- und Kolosserbrief und erst recht 1 Tim 2,9–15 die Unterordnung der Frauen unter die Männer vertreten, sei mit einer ähnlichen Tendenz aus der nachpaulinischen Entwicklung der Einschätzung der Frau auch in der Interpolation von 1 Kor 14,33 b–36 zu rechnen.

Die Schwierigkeiten, die der Abschnitt V. 33 b–36 und damit auch V. 37 im Verhältnis zu diesen Versen bereitet[35], sind nicht leicht aus dem Weg zu räumen. Allerdings wird dabei oft etwas zu schnell übersehen, daß die Interpolationshypothese keinen Anhalt an der ältesten handschriftlichen Bezeugung der Textüberlieferung hat. Dies hat zuletzt Christian Wolff in seinem Kommentar dazu bewogen, die vielfach empfundenen Schwierigkeiten, vor allem im Verhältnis von 14,34 f zu 11,5 ff, durch eine mögliche *Textinterpretation* zu beheben. In V. 33 b–36 gehe es nicht um ein „allgemeines Redeverbot für Frauen", sondern um ein Verbot „für das Dazwischenfragen oder das eigenmächtige Reden, auf jeden Fall um ein nicht geistgewirktes Sprechen der Frauen", wie V. 34 b zeige[36]. Aber auch wenn man wegen der genannten inhaltlichen Schwierigkeiten von einem ursprünglichen Anschluß von V. 37 an V. 33 a ausgeht"[37], ist V. 37 als Ausdruck für einen höchst autoritativen Anspruch des Apostels zu lesen[38]. Die Verbindlichkeit seiner Anordnung als „Gebot des Herrn" sollte sich ohnehin, so setzt er in V. 37 a voraus, für den prophetisch Begabten oder den „Pneumatiker" aus seiner Einsicht ergeben. Weit davon entfernt, an dieser Stelle auf ein Wort der Jesusüberlieferung zu reflektieren, läßt Paulus allerdings offen, ob er sein Wort auf ein „Gebot" des Kyrios *Jesus* oder *Gottes* selbst[39] zurückführen möchte. Aber gerade wenn Paulus hier mit höchster apostolischer Autorität sprechen will, ist voraus-

---

[35] Zum „Problem der entolē kyriou 1 Kor 14,37" vgl. G. *Dautzenberg*, Urchristliche Prophetie. Ihre Erforschung, ihre Voraussetzungen im Judentum und ihre Struktur im ersten Korintherbrief (BWANT 104), Stuttgart 1975, 291–298. Dautzenberg erklärt V. 37 als zur „Interpolation" von 14,33 b–36 gehörig.

[36] Vgl. C. *Wolff*, Der erste Brief des Paulus an die Korinther, 142 f.

[37] So H.-J. *Klauck*, 1. Korintherbrief, 106 f.

[38] Vgl. J. D. G. *Dunn*, The Responsible Congregation (1 Cor 14,26–40), in: L. de Lorenzi (Hg.), Charisma und Agape (1 Kor 12–14) (Monogr. Reihe von „Benedictina", Bibl.-ök. Abt. 7), Rom 1983, 201–236, hier 233: „.... we gain from these verses a valuable insight into Paul's conception of his own authority."

[39] So C. *Wolff*, Der erste Brief des Paulus an die Korinther, 145. Dies gibt auch H.-J. *Klauck*, a. a. O. 106, zu überlegen.

zusetzen, daß er aus seiner besonderen Verbundenheit mit dem Kyrios Jesus, also aus der ihm durch Berufung mitgeteilten Autorität spricht[40].

Zweifellos steht Paulus in einer breiteren Überlieferung von der Verkündigung des irdischen Jesus, als die hier behandelten Texte erkennen lassen[41]. Hierfür lassen sich, besonders in den paränetischen Teilen der Briefe, zahlreiche Parallelen mit Jesusworten aus den synoptischen Evangelien nachweisen[42]. An den wenigen Stellen, an denen Paulus sich ausdrücklich auf ein Wort des Kyrios beruft, wird deutlich, daß er das autoritative Lehrwort Jesu zur Begründung und zur Verstärkung seiner Argumentation in Anspruch nimmt. Durch seine eigene, von ihm als Apostel des Kyrios Jesus verantwortete Interpretation sucht er die für ihn verbindliche Weisung des Herrn für die Praxis der Gemeinde zu erschließen.

3. Christus, das „Ende des Gesetzes", und das „Gesetz Christi"

Die wenigen Texte, an denen Paulus sich auf ein „Wort des Herrn" bezieht, reichen gewiß nicht aus, um aus ihnen eine durchgehende „Normativität" der Herrenworte in der Belehrung der Gemeinden durch ihren Apostel zu (re-)konstruieren. Die wenigen Herrenworte, auf die Paulus sich beruft, können das dichte Netz der Gesetzesweisungen jüdischer Provenienz nicht annähernd ersetzen. Darauf legt Paulus auch keinen Wert, wenn er von der Ablösung des mosaischen Gesetzes durch die Autorität des Kyrios Jesus ausgeht. Jesus ist für ihn nicht ein Ersatz für die Autorität des mosaischen Gesetzes im jüdischen Lebensverbund. Jesus ist für Paulus überhaupt „nicht gesetzliche Autorität, sondern zuerst und vor allem Heilsperson", wie Jürgen Becker mit Recht feststellt[43]. Dennoch sind die Jesusworte bei Paulus ein deutlicher Hinweis darauf, daß er dem

---

[40] Vgl. auch *J. D. G. Dunn*, a.a.O. 234 Anm. 114: „Entolê Kyriou presumably refers to the immediately preceding instructions (14,26–36) (!) understood by Paul as words given him by Christ in the immediacy of Paul's relation with him (‚in Christ', through the Spirit)."

[41] Mit den oben besprochenen Texten ist unter dem Gesichtspunkt der Berufung auf den Kyrios Jesus auch 1 Kor 11,23–25 zusammenzustellen. Der Abendmahlsbericht, den er hier auf „Überlieferung vom Kyrios" zurückführt, erscheint allerdings nur indirekt als ein autoritatives „Lehrwort" des Kyrios. Ihm geht es um das berichtete *Geschehen* des letzten Mahles Jesu, das er der Gemeinde als ein normatives Geschehen vorstellt. Dieses findet allerdings seine Deutung durch die Worte Jesu, deren Intention der Apostel hier weiterzuführen und zu aktualisieren sucht.

[42] Besonders aufschlußreich ist Röm 12,9–21, wo „ein ganzes Geflecht von Berührungen mit Jesusworten" vorliegt, und zwar vorwiegend aus dem Komplex der Bergpredigt: *N. Walter*, Jesustradition, 501 f.

[43] *J. Becker*, Paulus und seine Gemeinden, in: ders. u.a., Die Anfänge des Christentums. Alte Welt und neue Hoffnung, Stuttgart 1987, 102–159, hier 121.

Kyrios Jesus Christus, dem irdischen und auferstandenen Herrn, die Bedeutung einer verbindlichen Norm auch und gerade für das praktische Gemeindeleben zuschreibt[44]. Paulus bemüht zur Regelung des Gemeindelebens nicht jederzeit die Autorität des Kyrios; vielmehr setzt er dafür *seine* apostolische Autorität ein. Und nur gelegentlich läßt er erkennen, daß hinter ihm die Autorität des Kyrios steht, die nicht nur die Autorität des irdischen Weisheitslehrers Jesus ist, sondern die des irdischen *und* erhöhten Christus. Von dieser Grundeinstellung her ergibt sich auch die Bedeutung, die Paulus nach der Befreiung aus der Sklaverei des Gesetzes dem *„Gesetz Christi"* zuschreibt.

Von dem „Gesetz Christi" (Gal 6,2) ist bei Paulus nur vor dem Hintergrund der Botschaft von der Freiheit der Glaubenden zu sprechen, die in besonderer Weise die Freiheit vom Gesetz einschließt. Insgesamt macht Paulus im Galaterbrief deutlich, daß es zwischen Gesetz und Christus nicht das Verhältnis einer additiven Ergänzung oder Kooperation geben kann, sondern das Verhältnis des Ausschlusses. Er erklärt den Galatern, daß sie mit der Verpflichtung zur Erfüllung des mosaischen Gesetzes nicht eine zusätzliche Vervollkommnung ihres Christseins erreichen, sondern nur *des* Heiles verlustig gehen, das sie ganz und gar *durch Christus* erlangen und im Glauben an ihn schon erlangt haben. Der Ausschluß des Gesetzes ist hier wie auch in Röm 10,4 („Christus – das Ende des Gesetzes") soteriologisch bestimmt. Die Heilskraft des Kreuzes Christi ist unteilbar.

Dennoch beharrt Paulus darauf, daß er das Gesetz nicht außer Kraft setzt, sondern es vielmehr *„aufrichtet"* (ἱστάνομεν, *Röm, 3,31*). Worin besteht dieses „Aufrichten" des Gesetzes, und wie ist die Dialektik zwischen dem durchgehenden χωρὶς νόμου und der hier behaupteten Geltung des Gesetzes zu verstehen? Wie bleibt die Einheit des paulinischen Gesetzesverständnisses dabei gewahrt?

Ulrich Wilckens, der die „Einheit des Gesetzes" bei Paulus nicht an dessen Dialektik zerbrechen lassen möchte, bezieht das χωρὶς νόμου in Röm 3,21 auf die Aufhebung der verurteilenden Wirkung des Gesetzes[45]; eine „Außerkraftsetzung der Tora" wäre auch für Paulus „nichts anderes als Frevel"[46]. 3,31b begründe hingegen, zusammen mit 3,27 (νόμος

---

[44] Vgl. *H. Schürmann,* „Das Gesetz des Christus" (Gal 6,2). Jesu Verhalten und Wort als letztgültige sittliche Norm nach Paulus, in: J. Gnilka (Hg.), Neues Testament und Kirche (FS R. Schnackenburg), Freiburg 1974, 282–300; *W. Schrage,* Ethik des Neuen Testaments (GNT 4), Göttingen 1982, 198–202: „Entsprechung zu Jesus Christus und seinem Wort".
[45] *U. Wilckens,* Der Brief an die Römer 1 (EKK VI,1), Zürich-Neukirchen 1978, 185 f.
[46] Ebd. 249.

πίστεως), „eine christliche Verpflichtung auf das Gesetz"[47], wie sie in
Röm 8,4; 13,8-10; Gal 5,14.23; 1 Kor 7,19; 9,21 sichtbar werde. Man
wird die Besorgnis von Wilckens um die Einheit des paulinischen Gesetzesverständnisses, vor allem auch gegenüber den alten und neuen „mar-
cionitischen" Versuchungen[48], ernst zu nehmen haben. Paulus ist in
seiner Auffassung vom Gesetz zwar keineswegs einheitlich und einli-
nig[49], aber seine dialektische Gedankenbewegung muß die begriffliche
Einheit nicht in Frage stellen, wenn deutlich wird, daß seine eigene Biographie und die Herausforderungen, auf die er schon aus pastoralen
Gründen eingehen mußte, die theologische Begriffsbildung nicht unbe-
rührt gelassen haben.

Tatsächlich öffnet Paulus mit Röm 3,31 einem christlichen Gesetzesverständnis die Tür, in dem das Gesetz des Mose, freilich in neuer, „ver-
wandelter" Gestalt, erhalten bleibt[50]. Dazu gehört nach Röm 3,31
zusammen mit Kap. 4 die positive Bedeutung der Torah als Schrift und
Verheißungszeugnis. Dazu gehört bei aller heilsgeschichtlichen Begrenzt-
heit der Funktion der Torah, daß der Mensch seiner wahren Situation vor
Gott inne wird. Dazu gehört vor allem aber auch, daß die „Rechtsforderung" der Torah (8,4), der vom Gesetz bezeugte Wille Gottes, nicht anders als in Christus und kraft des Heiligen Geistes von denen erfüllt wird,
die „nach dem Geist" leben. Aufgrund dieser christologisch-pneumatolo-
gischen Neubestimmung kann das Gesetz seinen Anspruch auch und gerade gegenüber den Glaubenden erheben. Diese Neubestimmung des
Gesetzes findet ihre konkrete, die christliche Praxis normierende Gestalt
im Liebesgebot, in dem nach Gal 5,14 „das ganze Gesetz erfüllt ist". Im
Liebesgebot bleibt das in Christus an sein Ende gekommene Gesetz aufgehoben, und in dieser Gestalt gewinnt es seine wahre Autorität als das
„Gesetz Christi" (6,2).

---

[47] Ebd. Anm. 782.
[48] Ebd. 187.
[49] Vgl. U. *Luz*, in: R. Smend / U. Luz, Gesetz (Kohlhammer Taschenbücher 1015), Stuttgart
1981, 89–112; H. *Räisänen*, Paul's Theological Difficulties with the Law, in: ders., The
Torah and Christ, Helsinki 1986, 3–92; G. *Klein* in: TRE XIII, 65: „Aporien im pauulini-
schen Gesetzesverständnis?"
[50] Vgl. hierzu auch P. *Stuhlmacher*, „Das Ende des Gesetzes", 187–189, bes. Anm. 46;
E. *Lohse*, „Wir richten das Gesetz auf!" Glaube und Thora im Römerbrief, in: Treue zur
Thora. Beiträge zur Mitte des christlich-jüdischen Gesprächs (FS G. Harder), Berlin 1977,
65–71, hier 68: „Aufrichten des Gesetzes bedeutet, daß die ursprüngliche, durch spätere
Überlieferung verdeckte Bedeutung der Thora wieder freigelegt wird." Eben dies beansprucht Paulus, durch die Gegenüberstellung des Gesetzes mit dem Gehorsam des gekreuzigten Gottessohnes geleistet zu haben.

Zur Deutung des Rechtfertigungsbegriffs
im Galaterbrief*

I.

Der Chronologie der Briefe des Apostels Paulus entsprechend begegnet bei ihm der Rechtfertigungsbegriff zum ersten Mal in Gal 2, 16. Die Nachdrücklichkeit[1], mit der er an dieser Stelle auf die Rechtfertigung zu sprechen kommt, hat W. Wrede[2] dazu veranlaßt, die Rechtfertigungslehre als die «Kampfeslehre des Paulus» zu erklären. Die Rechtfertigungslehre des Paulus sei, so meint Wrede, «nur aus seinem Lebenskampfe, seiner Auseinandersetzung mit dem Judentum und Judenchristentum verständlich und nur für diese gedacht»[3]. Tatsächlich scheint die Tendenz des Galaterbriefes Wrede recht zu geben. In 5, 2ff und 6, 12f polemisiert Paulus gegen die Beschneidungsformel der judaistischen Eindringlinge. Wie immer diese auch näher zu charakterisieren sein mögen[4], jedenfalls versteht der Apostel ihr Treiben in den galatischen Gemeinden als den Versuch, die Heidenchristen nachträglich noch oder noch einmal (vgl. 4, 3. 9) unter das Gesetz zu stellen.

---

* Dieser Aufsatz ist die durch Anmerkungen ergänzte Niederschrift meines Promotionsvortrags vor der Kath.-theol. Fakultät der Universität Münster im Frühjahr 1967. Der Vortrag sollte eine Teilfrage meiner Dissertation: «Rechtfertigung» bei Paulus. Studien zur Struktur und zum Bedeutungsgehalt des paulinischen Rechtfertigungsbegriffs (Ntl Abh N. F. 3), Münster 1967, behandeln. Durch Abhebung auf die in diesem Aufsatz entwickelte besondere Fragestellung wird die erwähnte Untersuchung zugleich auch ergänzt.

[1] Das Verb δικαιοῦσθαι wird in diesem Vers dreimal gebraucht.

[2] Paulus, Halle 1904, 72 (abgedruckt in: Das Paulusbild in der neueren deutschen Forschung. Hrsg. von K. H. Rengstorf [Wege der Forschung, XXIV], Darmstadt 1964, 1–97, hier 67).

[3] Ebd. – Die These Wredes fand Widerhall vor allem bei A. Schweitzer, Die Mystik des Apostels Paulus, Tübingen 1930 (Nachdruck 1954), 214–221, und H. J. Schoeps, Paulus. Die Theologie des Apostels im Lichte der jüdischen Religionsgeschichte, Tübingen 1959, 206f. Beide sehen in der Rechtfertigungslehre des Paulus nur «eine mit der abrogatio legis verbundene Kampflehre» (Schoeps, a. a. O. 206). Nach Schweitzer ist sie nur ein Nebenprodukt, das «Fragment einer Erlösungslehre» (a. a. O. 216). Schoeps beruft sich auf Gal 2, 16 und Röm 3, 20 und sieht in der Rechtfertigungslehre des Paulus «vom rabbinischen Gesetzesverständnis her geurteilt einen zu Unrecht aus der übergeordneten Heiligungsbedeutung herausgelösten Teilaspekt des Gesetzes» (a. a. O. 206).

[4] Vgl. hierzu einführend W. Marxsen, Einleitung in das Neue Testament, Gütersloh 31964, 49–55.

Wenn Paulus seinen Brief auch nicht direkt an seine Gegner in Galatien adressiert, so wird aus diesem Schreiben doch klar, daß er sich in heftiger Auseinandersetzung mit Judenchristen und darüber hinaus mit den Ansprüchen eines nachchristlichen Judentums befindet. Diese generelle Frontstellung des Apostels tritt an der Stelle deutlich zutage, an der er zum ersten Mal den Rechtfertigungsbegriff gebraucht.

Folgender Zusammenhang ist dabei zu berücksichtigen: In Kap. 2 zitiert Paulus zum Zweck der Argumentation gegen seine Gegner in Galatien, die seine apostolische Autorität und damit die Suffizienz seines Evangeliums anzweifeln, zwei entscheidende Begebenheiten, deren geschichtliche Tragweite ihm für seine Argumentation bedeutsam ist: das sog. Apostelkonzil und den Zwischenfall mit Petrus in Antiochien. In Jerusalem hat sich Paulus bei aller Übereinstimmung mit den Autoritäten die Anerkennung der Unabhängigkeit seines Apostolates und seines Evangeliums verschafft, so nach 2, 1–10. Die «Wahrheit seines Evangeliums» erwies sich sodann in Antiochien, als Paulus «in Gegenwart aller» dem Petrus gegenübertrat und ihm sein Verhalten gegenüber den Heidenchristen vorwarf, so nach 2, 11–14. Seine in V. 14 thematisch formulierte antiochenische Rede führt Paulus nun in den Versen 15–21 weiter aus, ohne daß er damit den genauen Wortlaut seiner in Antiochien gehaltenen Rede wiedergeben möchte [5]. Danach scheint die Rechtfertigungslehre des Apostels ihren ursprünglichen historischen Ort in der antiochenischen Auseinandersetzung mit Petrus und den übrigen Judenchristen oder vielmehr in der Aktualisierung dieses Streites zum Zweck der Argumentation gegen seine Gegner in Galatien gehabt zu haben [6]. Ihr käme also, zumindest an der Stelle, wo sie zum ersten Mal begegnet, tatsächlich die Funktion einer gelegentlichen «Kampfeslehre» zu, die sich selbst mit Beendigung des Kampfes überflüssig machte. Diesen ersten Eindruck gilt es jetzt, anhand der Exegese von Gal 2, 16 näher zu prüfen. Mit dem Ergebnis

---

[5] Überhaupt dürfen die Angaben des Paulus in Gal 1–2, seine eigene Vergangenheit betreffend, nicht auf ihre absolut historische Zuverlässigkeit gepreßt werden, da sie weitgehend «unter apologetischen Gesichtspunkten geschrieben wurden» (*H. Schlier*, Der Brief an die Galater, Göttingen, [13]1965, 87 Anm. 2). *J. T. Sanders*, Paul's «Autobiographical» Statements in Galatians 1–2: JBL 85 (1966) 335–343, bemerkt gut, daß Paulus mit «historischen Ereignissen» seiner eigenen Vergangenheit nur zum Zweck der Begründung eines theologischen Streitpunktes argumentiert und daß die Exegese auf diese Absicht zu achten habe.

[6] Vgl. *W. Schmithals*, Paulus und Jakobus (FRLANT 85), Göttingen 1963, 60: «Daß Paulus nicht historisch im Blick auf Petrus, sondern aktuell im Blick auf die Galater formuliert, liegt am Tage».

unserer Exegese suchen wir einen ersten Anhalt für die Beurteilung der Funktion des Rechtfertigungsbegriffs bei Paulus zu gewinnen.

II.

V. 16 lautet, mit V. 15 zusammen: «Wir sind von Natur Juden und nicht aus Heiden stammende Sünder (16), aber wir wissen, daß ein Mensch nicht gerechtfertigt wird aus Werken des Gesetzes, sondern (nur) durch Glauben an Christus Jesus. (So) haben auch wir den Glauben an Christus Jesus angenommen, damit wir aus Glauben an Christus gerechtfertigt werden und nicht aus Gesetzeswerken, denn aus Gesetzeswerken wird kein Mensch gerechtfertigt».

Überraschend ist zunächst die etwas inkommensurabel erscheinende Gegenüberstellung von «Juden» und «Sündern» in V. 15. Daß die Juden sich auf Grund ihres Erwählungsbewußtseins von den Heiden als den geborenen Sündern unterscheiden, entspricht einer geläufigen Ansicht des zeitgenössischen Judentums[7]. Aber auffällig ist, daß das Attribut der Zugehörigkeit auf Grund von Geburt nicht den Heiden, sondern den Juden beigelegt wird. Sie sind φύσει Ἰουδαῖοι. Mit dem Gegensatz Ἰουδαῖοι – ἐξ ἐθνῶν ἁμαρτωλοί betont Paulus aufs stärkste die Grenze zwischen Juden und Heiden, wie sie auf Grund des jüdischen Erwählungsbewußtseins besteht. Mit der näheren Bestimmung φύσει zu Ἰουδαῖοι wird deutlich, daß er diese Grenze als eine zugleich nationale und heilsgeschichtliche ansieht[8]. Die Gegenüberstellung von Juden und Heiden in V. 16 wird dadurch zum pleonastischen Ausdruck des vorchristlichen jüdischen Selbstbewußtseins. Das Eigentümliche ist nur, daß Paulus sich selbst wie auch die Judenchristen in Antiochien, vertreten durch Petrus, mit diesem vorchristlichen jüdischen Selbstbewußtsein identifiziert. Das wird erst verständlich, wenn wir V. 15 nicht isoliert betrachten, sondern im engen Zusammenhang mit V. 16, wie durch die grammatische Verklammerung beider Verse nahegelegt wird.

---

[7] Vgl. *K. H. Rengstorf:* TWNT I, 328. Zur Bezeichnung der Heiden als «Sünder» vgl. besonders 1 Makk 1, 34; 2, 48; Tob 13, 6 (?); PsSal 1, 1. An diesen Stellen (mit Ausnahme von Tob 13, 6) wird allerdings nur eine bestimmte historische Gruppe als «Sünder» bezeichnet, wie in den Makkabäerkämpfen aus naheliegenden Gründen die syrischen Machthaber. In einem grundsätzlichen Sinne werden die Heiden mit der Bezeichnung ἄνομος als Sünder charakterisiert: vgl. Apg 2, 23 mit Lk 18, 32 und 24, 7. 1 Kor 6, 1 nennt Paulus die Heiden schlechthin die ἄδικοι.

[8] Vgl. *G. Klein,* Individualgeschichte und Weltgeschichte bei Paulus: EvT 24 (1964) 126–165, hier bes. 128.

«Aber wir wissen, daß ein Mensch nicht gerechtfertigt wird aus Gesetzeswerken ...» Hier scheint der in V. 15 formulierte Gegensatz von «Juden» und «Sündern» verschwunden zu sein. Er spielt wenigstens terminologisch keine Rolle mehr. Aber V. 15 ist nicht einfach vergessen, wie die weiterführende Partikel δέ zeigt. Die beiden gegeneinander abgegrenzten Gruppen «Juden» und «Sünder» finden sich in V. 16 eingeebnet in dem artikellosen verallgemeinernden ἄνθρωπος wieder. Und die in V. 15 behauptete Erwählungsqualität der Juden reflektiert nun, in sich selbst gespalten[9], in dem dreifachen ἐξ ἔργων νόμου. Von diesem Ausdruck aus vermag sich uns das weitere Verständnis des ganzen Verses zu erschließen, denn erstens steht er offensichtlich in antithetischer Relation zu dem in V. 15 herausgestellten jüdischen Erwählungsbewußtsein, und zum anderen gibt es im ganzen Vers keinen anderen Ausdruck, der so genuin paulinisch ist wie dieser.

Man hat versucht, den Begriff ἔργα νόμου aus dem Hebräischen herzuleiten[10]. Aber die wörtliche hebräische Entsprechung מַעֲשֵׂי תוֹרָה ist literarisch, zumindest als vorpaulinische Tradition, nicht belegbar. Billerbeck[11] weist als nächste Parallele auf syrBar 57, 2 (opera praeceptorum) hin. Dieser Ausdruck dient dort zur rühmenden Charakterisierung der Lebensgeschichte Abrahams, seines Sohnes, seines Enkels und derer, die ihnen glichen: Obwohl das Gesetz zu ihrer Zeit noch ungeschrieben war, war es bei ihnen allgemein bekannt und vollbrachten sie die «Werke der Gebote»[12]. Daß mit den «Werken der Gebote» hier «genau dasselbe bezeichnet werde, was der Apostel ἔργα νόμου nennt»[13], kann allerdings wohl nicht behauptet werden, auch wenn man den Unterschied von singularischem νόμος und der «Vielheit der einzelnen Gebote» mit Billerbeck[14] als unwesentlich ansieht. Paulus denkt nicht nur wie syrBar 57, 2 an vollbringbare und vollbrachte Gebotserfüllungen[15], sondern an das Selbstbewußtsein der Juden, insofern es sich im menschlichen Tun äußert und dieses Tun, das im jüdischen Bereich immer ein Tun des im Gesetz Geforderten ist, nun zum

---

9 Daß die Erwählung durch Gott nicht schlechthin hinfällig wird, zeigt sich in Kap. 3, wo die Christen als die eigentlich von der Erwählung Gottes Gemeinten erkannt werden.

10 So G. Bertram: TWNT II, 643.

11 Kommentar zum Neuen Testament aus Talmud und Midrasch III, München ³1961, 160.

12 Vergleichbar sind in diesem Sinne auch die Ausdrücke «Werke der Gerechtigkeit» in 1 QH 1, 26; 4, 31 und «Täter des Gesetzes» 1 Makk 2, 67; 1 QpHab 7, 11; 8, 1; Röm 2, 13; Jak 4, 11 (vgl. 1, 23).

13 Billerbeck, a. a. O. 160.

14 Ebd.

15 So etwa H. Schlier, Galater, 91f.

Ausdruck eines Rechtsanspruchs gegenüber Gott wird. Die ἔργα
νόμου sind also nicht schlechthin die vom Gesetz geforderten
Werke, sondern sie sind es hinsichtlich des Anspruchs, den sich
der Jude durch sie zu begründen sucht. Insofern ist der Gebrauch
des Wortes ἔργον in diesem Ausdruck zu unterscheiden von dem
in anderen Zusammenhängen, etwa in Röm 2, 6: Gott «wird jedem
vergelten nach seinen Werken»[16], und in Röm 2, 7; 13, 2; 2 Kor
11, 15, wo Paulus von dem ἔργον ἀγαθόν im eindeutig positiven
Sinne spricht[17].

Die ἔργα νόμου in V. 16 sind also der Ausdruck des jüdischen
Selbstbewußtseins von V. 15. Eben dieses Selbstbewußtsein wird
in V. 16 radikal in Frage gestellt mit der Feststellung: «Nicht wird
ein Mensch aus Gesetzeswerken gerechtfertigt». Das heißt: Die
Gesetzeswerke als Ausdruck des jüdischen Erwählungsbewußtseins begründen kein Recht vor Gott. Der Rechtsgedanke klingt
deutlich in dem Wort δικαιοῦται an, das in V. 16 noch zweimal
wiederkehrt.

Dem Begriff δικαιοῦν / δικαιοῦσθαι liegt die atl-jüdische Vorstellung vom Rechtsstreit Gottes mit seinem Volke zugrunde[18],
wie die Zitation von Ps 143, 2 am Ende unseres Verses deutlich
zeigt. In Ps 143, 2 bittet der Psalmist Gott: «Geh nicht ins Gericht
mit deinem Knecht, denn vor dir ist kein Lebendiger gerecht»[19].
Die in diesem Psalmvers verallgemeinerte Erfahrung der persönlichen Ungerechtigkeit vor Gott überträgt Paulus in Gal 2, 16 auf
die jüdische Situation überhaupt. Das heißt in diesem Zusammenhang: Vor Gott kann das jüdische Erwählungsbewußtsein nicht
bestehen. Die von Paulus zitierte LXX-Version von Ps 143, 2 begegnet noch einmal in Röm 3, 20, wo die forensische Bedeutung
von δικαιοῦσθαι noch mehr als hier, nämlich durch Beibehaltung
des ursprünglichen ἐνώπιόν σου, betont wird. Daß aber auch in Gal
2, 16 der Gebrauch von δικαιοῦσθαι forensisch gemeint ist, ergibt
sich aus dem Zusammenhang, dem das Zitat aus LXX zu dienen
hat: Die «Gesetzeswerke» sind nicht geeignet, den Rechtsanspruch
eines Menschen vor Gott zu begründen. Durch diese Antithese
entkräftet Paulus das in V. 15 herausgestellte, scharf akzentuierte
jüdische Erwählungsbewußtsein. Denn Erwählung bedeutet für

---

16 Vgl. 1 Kor 3, 13–15.
17 Vgl. auch Röm 2, 10 und Gal 6, 10 (ἐργαζώμεθα τὸ ἀγαθόν).
18 Vgl. C. Müller, Gottes Gerechtigkeit und Gottes Volk. Eine Untersuchung
zu Römer 9–11 (FRLANT 86), Göttingen 1964, 57–64; P. Stuhlmacher, Gerechtigkeit Gottes bei Paulus (FRLANT 87), Göttingen 1965, 137–139; K. Kertelge,
«Rechtfertigung» bei Paulus, 65–67 und 124–126.
19 So in der Übersetzung von A. Weiser, Die Psalmen (ATD 14/15), Göttingen
71966, 565. Vgl. H. J. Kraus, Psalmen II, Neukirchen 31966, 935.

den Juden gerade: im Recht sein vor Gott, oder: Gott recht sein. Diese auf Grund des Gesetzes behauptete Heilssicherheit sucht Paulus radikal zu zerstören.

Halten wir an dieser Stelle einmal inne. Bis jetzt ist das Thema der Rechtfertigung, d. h. nach traditioneller Formulierung: die Frage, wie der Mensch gerechtfertigt wird, noch nicht zum eigentlichen Thema geworden. Nach den bisherigen Ausführungen ging es Paulus im Zusammenhang von Gal 2, 15f zunächst nicht um die Frage der Rechtfertigung, sondern um die Entkräftung des jüdischen Selbstbewußtseins. Sie erfolgt durch die scharf akzentuierte Herausstellung des jüdischen Erwählungsgedankens in V. 15 und seine antithetische Überwindung in V. 16.

Worin gründet aber die in V. 16 aufgestellte Antithese? Paulus sagt einfach: εἰδότες δέ ... In dieser etwas lakonisch klingenden Formulierung drückt sich der entscheidende hermeneutische Ausgangspunkt aller paulinischen Argumentation aus. Das «Wissen», auf das Paulus verweist, gründet in der persönlichen Christuserfahrung des Apostels[20]. Es wird hier durch die Beziehung auf das «Wir» von V. 15 verallgemeinert, und so wird es zum Ausdruck der Glaubenserfahrung der Urkirche insgesamt. Hinter diese Glaubenserfahrung der Kirche läßt sich nach Paulus nicht mehr zurückfragen. Die Kirche kann das, was sie erfahren hat, nur noch zu formulieren versuchen, um es sich selbst und in der katechetisch-missionarischen Unterweisung allen Menschen zum Bewußtsein zu bringen und daraus die Konsequenzen zu ziehen. Die paulinische Formulierung der urkirchlichen Christuserfahrung findet sich in V. 16 in den Worten: «durch den Glauben an Christus Jesus (wird ein Mensch gerechtfertigt)». Die Konsequenz aus dieser Erkenntnis ist die von Paulus im ganzen Galaterbrief verkündete christliche Freiheit als Freiheit vom Gesetz oder, in der Formulierung von 2, 16, die «Rechtfertigung nicht durch Gesetzeswerke». Man darf also nach der paulinischen Darstellung nicht ohne weiteres den Christusglauben als neues Heilsprinzip an die Stelle der Gesetzeswerke als des alten Heilsprinzips treten lassen. Nach Schlier[21] ergibt sich die Erkenntnis, daß der Glaube an die Stelle der ἔργα νόμου tritt, aus dem Wissen, «daß sich die Gerechtigkeit Gottes überhaupt nicht in Leistungen, auch nicht in den von Gott geforderten Leistungen durchsetzt». So scheint es nach der Folge der Satzglieder in V. 16a zu sein. Doch die grammatische

---

[20] Vgl. Gal 1, 15f.
[21] Galater, 92.

Satzfolge ist nicht ohne weiteres identisch mit der Folge der theologischen Begründung. Vielmehr steht theologisch am Anfang die
Glaubenserfahrung, und aus dieser als Christusglaube formulierten Erfahrung ergibt sich als Konsequenz die Ausschaltung der
Gesetzeswerke oder anders, was Paulus eigentlich im Zusammenhang meint: die Entmachtung des jüdischen Erwählungsbewußtseins.

Sehen wir nun auf die weiteren Versglieder in 2, 16, so bestätigt sich unsere Exegese schon in V. 16b: «Auch wir sind zum
Glauben an Christus Jesus gelangt ...» Damit wendet Paulus das
in V. 16a formulierte Prinzip unmittelbar auf seine mit Petrus und
den übrigen Judenchristen gemeinsame Glaubenserfahrung an.
Diese finalisiert [22] sich in der durch den Glauben erlangten Rechtfertigung, und das bedeutet: eben «nicht durch Gesetzeswerke».
Erst vom Christusglauben aus erscheinen die «Gesetzeswerke»
als untaugliche Werke. Diese Konsequenz aus dem Christusglauben wird schließlich in V. 16c noch mit Worten aus dem
schon erwähnten Ps 143, 2 wiederholt, wobei Paulus das Psalmzitat
durch Hinzufügung von ἐξ ἔργων νόμου in seinem Sinne interpretiert.
So wird es zu einem geeigneten Beleg seiner These, deren Durch-
schlagskraft so gerade die judaisierenden Galater anerkennen
müßten.

Die Aussage von der «Rechtfertigung aus dem Glauben» erscheint also erst als Kehrseite der von Paulus den Juden unter-
stellten «Rechtfertigung aus Gesetzeswerken». In dieser Formulierung wird sich Paulus nachträglich, d. h. nachdem er und die
übrigen Judenchristen schon längst zum Glauben gelangt sind, der
weittragenden grundsätzlichen Bedeutung des im Glauben erfahrenen Christusereignisses bewußt. Das drückt sich in der sehr
eigenwilligen Wortverbindung von δικαιοῦσθαι und πίστις aus. Indem das δικαιοῦσθαι nun nicht mehr vom jüdischen Privileg, sondern vom «Glauben an Christus» bestimmt wird, erfährt der jüdische Rechtfertigungsgedanke eine gründliche Umdeutung. «Recht
vor Gott» kann nicht vom Christen als Anspruch behauptet werden. Dazu gibt das, was Paulus mit «Glauben» bezeichnet, keine
Basis ab. «Recht vor Gott» kann durch «Glauben an Christus» nur,
wie es der Struktur des paulinischen Glaubensbegriffs entspricht,
im Gehorsam gegen die in dieser entscheidenden Zeit sich aus-

---

[22] Die Angabe des Zweckes oder Sinnes des ἐπιστεύσαμεν enthält zugleich
auch dessen Begründung. Vgl. *R. Bultmann*, Zur Auslegung von Galater 2, 15–18,
in: Exegetica. Aufsätze zur Erforschung des NT, hrsg. von E. Dinkler, Tübingen
1967, 394–399, hier 394f.

wirkenden Tat Gottes als Geschenk[23] angenommen werden. Die «Rechtfertigung aus dem Glauben» ist somit nichts anderes als ein souveränes Verfügen Gottes über den Menschen – in derartig veränderter Gestalt erscheint nun die zugrunde liegende forensische Struktur des jüdischen Rechtfertigungsbegriffs – oder, mit Blick auf den Erfolg der Verfügung Gottes, eine von Gott geschaffene neue Beziehung des Menschen zu seinem Gott[24].

Blicken wir noch einmal zurück auf den Gedankengang des Paulus in den beiden Versen Gal 2, 15f. Paulus bekennt sich zusammen mit Petrus zum Judentum als einem durch die Erwählung Gottes ausgezeichneten geschichtlichen Phänomen. Das muß im Hinblick auf den antiochenischen Zwischenfall zunächst als ein Zugeständnis erscheinen. Aber es ist kein eigentliches Zugeständnis. Vielmehr erscheint es im Zusammenhang mit V. 16 nur als die Erinnerung an eine geschichtliche Begebenheit, die dem Paulus nur dazu dient, die Kompromißlosigkeit des in seiner Christuserfahrung gründenden einzig gültigen Heilsprinzips um so schärfer darzustellen. V. 15 erscheint von V. 16 aus als Ausdruck der im Christusglauben erkannten und zugleich überwundenen heilsgeschichtlichen Voraussetzung.

Die Überwindung der als jüdisches Erwählungsbewußtsein sich artikulierenden heilsgeschichtlichen Voraussetzung ist aber nicht das einzige Ziel der Argumentation des Paulus. Dieser mehr negativ formulierte Gedanke steht vielmehr im Dienste einer positiven Aussage über die im Christusgeschehen begründete neue Menschheit, in der die früheren heilsgeschichtlichen Unterschiede von Juden und Heiden eingeebnet sind. Dies deutet sich in dem verallgemeinernden ἄνθρωπος in V. 16a und in dem umfassenden πᾶσα σάρξ in V. 16c an.

Die durch das Christusgeschehen als die entscheidende heilsgeschichtliche Wende begründete Allgemeinheit der neuen Menschheit stellt sich nach V. 17 zunächst in dem allgemeinen Sündenbewußtsein derer dar, die sich auf Christus eingelassen haben und «in Christus gerechtfertigt zu werden suchen». Als «Sünder» müssen sich auch die heilsgeschichtlich privilegierten Juden notwendigerweise bekennen. Dieser Feststellung entspricht sodann im weiteren Zusammenhang von 2, 15–21, daß Paulus von V. 18 an in der 1. Pers. Sing. von dem durch Christus erlangten neuen Lebensstand spricht. Das Ich des Paulus wird zum Prototyp

---

[23] Vgl. Röm 3, 24: δικαιούμενοι δωρεὰν τῇ αὐτοῦ χάριτι ...
[24] Vgl. hierzu im einzelnen K. *Kertelge*, «Rechtfertigung» bei Paulus, vor allem 120–128.

aller – Juden und Heiden –, die in Christus ihren Heilsstand erlangt haben[25]. In diesen Feststellungen dürfen wir Hinweise auf ein theologisches Anliegen erkennen, das noch hinter der von Paulus verteidigten Freiheit vom Gesetz sichtbar wird und in dem die Freiheit erst zu ihrem vollen Sinne kommt. Das eigentliche Anliegen des Paulus ist die Allgemeinheit des Heiles auf Grund des Glaubens. Diesen Gedanken sucht Paulus durch seine weitere Argumentation in Kap. 3 und 4 zu voller Klarheit und Einsichtigkeit zu bringen. Wenn der Weg des «Schriftbeweises» in Kap. 3 und 4 uns auch zunächst als sehr kompliziert vorkommt[26], so zieht sich doch, immer deutlicher werdend, durch seine Ausführungen der eine Gedanke hindurch, daß «ihr alle einer seid in Christus Jesus» (3, 28), weil die Erwählung von Abraham her den Glaubenden gilt. Das in 2, 15f abgebaute jüdische Erwählungsbewußtsein ist nicht schlechthin irrelevant für die Verwirklichung des Heilswillens Gottes. Das jüdische Erwählungsbewußtsein muß von Christus her als deformierter Ausdruck des Heilswillens Gottes erscheinen, da jetzt durch die Offenbarung im Christusereignis deutlich geworden ist, daß Gott mit Abraham schon (prototypisch) angefangen hat, allen auf Grund des Glaubens das Heil zu eröffnen. Die wahre Heilsgeschichte ist somit nicht schlechthin mit der Geschichte des alten Israel gleichzusetzen, sondern sie ist das im Zerbrechen der jüdischen Geschichte sich durchhaltende und in Christus definitiv verwirklichte Heilshandeln Gottes[27]. Jetzt aber gilt «nicht mehr Jude noch Grieche, nicht Sklave noch Freier, nicht mehr Mann und Frau, denn alle seid ihr einer in Christus Jesus» (3, 28). In einer weiteren Abwandlung dieses Gedankens

---

25 *H. Schlier*, Galater, 96, sieht in dem Wechsel von der 1. Pers. Plur. in die 1. Pers. Sing. ein «Stilmittel», das «ohne besonderen Grund» hier eingeführt sei. Da jedoch das ἡμεῖς in V. 15–17 eine besondere Bedeutung hatte, nämlich als Bezeichnung für die Juden(christen), dürfte in Ablösung der Unterscheidung von Juden und Heiden aus V. 15 gerade das betonte ἐγώ einer Absicht des Paulus entsprechen, nämlich die Überwindung des früheren Unterschiedes anzudeuten. Vgl. auch *G. Klein*, Individualgeschichte: EvT 24 (1964) 140f, der jedoch die Bedeutung des Personenwechsels darin sieht, daß ab V. 18 in individualisierender Absicht «auf den neuen Stand der Glaubenden reflektiert wird» (141).
26 Der «Schriftbeweis» des Paulus ist kein logisch-historischer Beweis im modernen Sinne. Er besteht vielmehr in «midraschartigen Erörterungen» (H. Schlier, Galater, 127) von einzelnen Motiven aus dem AT. Führendes Motiv ist die «Rechtfertigung» des Abraham.
27 *G. Klein*, Individualgeschichte: EvT 24 (1964) 140, interpretiert die Aufhebung der jüdischen «Heilsgeschichte» durch das Rechtfertigungsgeschehen als «Profanisierung», «die jegliche vorgegebene Ausgrenzung einer heiligen Gemeinschaft ... vernichtet». Vgl. *ders.*, Römer 4 und die Idee der Heilsgeschichte: EvT 23 (1963) 424–447. Diese Interpretation übersieht allerdings die im paulinischen Glaubensbegriff angelegte neue «Ausgrenzung» aus der Welt, durch die «Kirche» entsteht als Ausdruck der im Christusereignis gestifteten eigentlichen Heilsgeschichte.

sagt Paulus in 5, 6: «Denn in Christus Jesus gilt weder Beschnitten-
sein etwas noch Unbeschnittensein, sondern (nur) Glaube, der
sich durch Liebe als wirksam erweist».

Fassen wir zusammen: Paulus argumentiert von seiner eigenen
Christuserfahrung aus gegen eine als Privileg behauptete jüdische
Heilsgeschichte. Das jüdische Erwählungsbewußtsein hatte die
Wahl Gottes zur Voraussetzung. Aber der Jude vermag sich diese
Voraussetzung nicht mehr zu sichern, wie es auf Grund von Ge-
setzeswerken versucht wird. Gottes Wahl bleibt dennoch be-
stehen, auch wenn das Spezifikum des jüdischen Erwählungsbewußtseins hinfällig wird. Gottes Wahl fällt denen zu, die mit
dem gläubigen Abraham gerechtfertigt werden. Von der πίστις
Χριστοῦ Ἰησοῦ her wird der jüdische Rechtfertigungsbegriff durch
Paulus neu bestimmt. Auch wenn Paulus den Rechtfertigungsbegriff nicht selbst in die christliche Lehre eingeführt hat – nach
Röm 3, 24–26 (und 1 Kor 6, 11) findet er sich schon im vorpaulinischen urchristlichen Kerygma –, so zeigt doch gerade Röm 3, 24–26
in Übereinstimmung mit Gal 2, 16, daß der aus vorgegebener
Tradition stammende Rechtfertigungsbegriff durch den von Paulus
hiermit verbundenen Glaubensbegriff neu geprägt wird.

III.

Bezüglich unserer Fragestellung ergeben sich hieraus folgende
Einsichten:

1. Paulus führt im Galaterbrief nicht einen «theoretischen
Kampf»[28] um die Gültigkeit eines bestimmten Heilsprinzips, sondern es geht ihm um die Lösung eines missionspraktischen Problems: Welche Bedeutung hat die jüdische Heilsgeschichte für die
aus dem Heidentum bekehrten Christen? Die Antwort des Paulus
lautet: Sie hat keinerlei Bedeutung für die Heiden, weil sie auch
grundsätzlich keine Bedeutung mehr für die Juden hat.

2. Paulus interpretiert das Judaisieren[29] der Galater, das sich
vor allem in ihrer Beschneidungspraxis und Kalenderobservanz
äußert, als ein Bemühen, «im Gesetz gerechtfertigt zu werden»
(5, 4). Das aber bedeutet für ihn Abfall von Christus. Diesem
drohenden Abfall der Galater gilt es entgegenzuwirken. Von daher erst erhält der Rechtfertigungsbegriff im Galaterbrief seine

---

[28] W. Wrede, Paulus, 72.
[29] In Gal 2, 14 spricht Paulus im Hinblick auf die Galater von dem ἰουδαΐζειν,
zu dem das Verhalten des Petrus in Antiochien die Heidenchristen «nötigte».
Vgl. hierzu W. Schmithals, Paulus und Jakobus, 57.

besondere Bedeutung. Durch die Wendung «nicht aus Werken des Gesetzes wird man gerechtfertigt» negiert Paulus die jüdische Reklamation der Erwählung. Umgekehrt verkündigt er zugleich durch die Verbindung von Rechtfertigungs- und Glaubensbegriff den in Christus offenbar gewordenen universalen Heilswillen Gottes.

3. Die Frage nach der Herkunft des Rechtfertigungsbegriffs kann auf Grund seines Vorkommens im Galaterbrief allein nicht umfassend beantwortet werden. Hierzu müßte der Begriff der δικαιοσύνη θεοῦ hinzugenommen werden, der im Römerbrief theologischer Zentralbegriff ist, im Galaterbrief aber gar nicht vorkommt. Gal 2, 16 bietet allerdings einen ersten Anhalt für die Beantwortung unserer Frage. Der Rechtfertigungsbegriff steht schon vor Paulus in enger Verbindung mit dem jüdischen Erwählungsgedanken. Der charakteristische Ausdruck hierfür ist der alttestamentlich-jüdische Begriff der «Gerechtigkeit Gottes». Seine Bedeutung als Ausdruck für das Heilswirken Gottes ist uns durch das Alte Testament und das Spätjudentum, vor allem durch die Qumranschriften, bezeugt[30]. Paulus knüpft im Galaterbrief aber bezeichnenderweise gerade nicht an diesen ihm vom Judentum her nahegelegten Ausdruck an, obwohl er in unmittelbarem Kontext der in Gal 2, 16 zitierten Psalmstelle vorkommt (Ps 143, 1), sondern er entnimmt den Rechtfertigungsbegriff dem Satz aus der erwähnten Psalmstelle: «Kein Mensch ist vor dir gerecht» (Ps 143, 2). Dieses Zitat benutzt er in Röm 3, 20 noch einmal, also unmittelbar vor der Hauptstelle des Römerbriefes, an der der Apostel die eschatologische Offenbarung der Gerechtigkeit Gottes verkündigt[31]. Diese verhältnismäßig späte Psalmstelle liefert ihm die materiale Basis für seine Argumentation gegenüber der Selbstbehauptung des jüdischen Erwählungsbewußtseins in Gal 2, 16.

4. Was heißt «Rechtfertigung durch den Glauben»? In Ablehnung eines Rechtsanspruchs des Menschen vor Gott, der Erwählten gegenüber dem Erwählenden, des Geschöpfes vor seinem Schöpfer, verkündigt Paulus: Recht vor Gott gibt es nur in Christus. Das aber bedeutet nach Gal 2, 17: Der Mensch, der in Christus ist, findet sich Gott gegenüber als Sünder vor und wird nun als solcher gerechtgesprochen, gerechtgesprochen durch den Glau-

---

30 Vgl. *P. Stuhlmacher*, Gerechtigkeit Gottes bei Paulus, 113–174, und *K. Kertelge*, «Rechtfertigung» bei Paulus, 15–33.
31 Vgl. *S. Lyonnet*, De «Iustitia Dei» in Epistola ad Romanos 1, 17 et 3, 21–22: VD 25 (1947) 23–34, bes. 31–34; *ders.*, De notione «iustitiae Dei» apud S. Paulum: VD 42 (1964) 121–152, bes. 128.

ben, d. h. gerechtgesprochen nicht an sich, sondern insofern er in dem durch den Glauben angezeigten Verhältnis zu Christus steht.

5. Wredes These, die Rechtfertigungslehre sei die «Kampfeslehre» des Paulus, mit der er «die Mission ... von der Last der jüdischen Nationalbräuche» freihalten und «die Überlegenheit des christlichen Erlösungsgedankens über das gesamte Judentum»[32] sichern wolle, findet im Galaterbrief nicht die zunächst und besonders von diesem Brief erwartete Bestätigung. Der Apostel entwickelt seine Rechtfertigungsthese zwar zuerst zum Zweck der Argumentation gegen seine Gegner in Galatien. Insofern trägt sie einen situationsbezogenen polemischen Akzent: «Nicht aus Gesetzeswerken». Seine Rechtfertigungsaussage bleibt allerdings nicht in der Polemik stecken, sondern wendet sich sofort zur positiven Verkündigung der «Rechtfertigung aus Glauben», die schon im Galaterbrief und dann noch einmal, in umfassender und grundsätzlicher Form, im Römerbrief zum zentralen Ausdruck seiner Botschaft von dem jetzt offenbar gewordenen und letztgültig in Kraft gesetzten universalen Heilswillen Gottes wird. Im Galaterbrief überwiegt freilich der missionspraktische Aspekt seiner Verkündigung, so daß die in diesem Brief zum ersten Mal begegnende Wendung «gerechtfertigt durch den Glauben» als der theologisch vertiefte Ausdruck seines universalen Missionsgedankens erscheint, oder, wenn man es recht versteht – Paulus kämpft im Grunde ja nicht gegen die Judenchristen, sondern für die, wenn auch in sich differenzierte, Einheit von Judenchristen und Heidenchristen –: als der ökumenisch akzentuierte Ausdruck seiner Soteriologie.

(Abgeschlossen am 11. März 1968)

---

[32] W. *Wrede*, Paulus, 74.

Die paulinische Rechtfertigungsthese
nach Röm 3, 21-26

Beitrag zum Theologischen Symposion des DÖSTA am 11./12.11.1982

1. Einführende Überlegungen zum Thema des Symposions

a) Mit dem Thema Sola Scriptura wird die reformatorische Theologie Martin Luthers in ihrem fundamental-theologischen Ansatz erfaßt. Der Verzicht auf die Tradition als hermeneutischen Zugang zur Heiligen Schrift, wie er in dem „sola" angezeigt ist, und die Beschränkung der hermeneutischen Medien auf die Schrift als „sui ipsius interpres" hat weitreichende Folgen für die theologische Auslegung der Schrift. Das Wort Gottes in der Schrift entbirgt sich danach nicht zuerst der Kirche als vermittelnder Instanz, sondern dem Hörer, der auf dieses Wort zu hören vermag. Das Hören des Wortes Gottes in der Schrift ist selbst schon Gnadengeschehen; es bedarf, um wirksam zu werden, nicht der deutenden Vermittlung durch die Kirche.

Dieses „sola" im fundamental-theologischen Ansatz des reformatorischen Schriftverständnisses hat seinen inneren Grund im Glauben, der die Rechtfertigung von Gott erlangt. Dem fundamental-theologischen sola scriptura entspricht das soteriologische sola fide. Im Glauben eröffnet sich dem Sünder das rettende Wort Gottes. Die These, daß der Mensch ohne sein Zutun, ohne Werke, allein aus Gnade gerechtgesprochen wird, ist der radikale Ausdruck dieses Glaubensverständnisses.

Im Hinhören auf die Schrift ist Luther der befreienden Erfahrung des rettenden Handelns Gottes im Glauben innegeworden. Die Schrift und nicht die Tradition belehrte ihn über den wahren Sinn der im Evangelium geoffenbarten Gerechtigkeit Gottes — nicht als seine vergeltende Gerechtigkeit (justitia vindicativa), sondern als die uns von ihm geschenkte Gerechtigkeit, näherhin die Gerechtigkeit, die uns vor Gott gerecht macht, die vor ihm „gilt".

Das Verständnis von der Gerechtigkeit Gottes als Glaubensgerechtigkeit ist für die reformatorische Theologie grundlegend geworden. In seiner Radikalität, die in dem „sola fide" bei der Interpretation von Röm 3,28 zum Ausdruck kommt, hat dieses Veständnis die katholische Antwort der Sessio VI des Tridentinums hervorgerufen, die nicht als eine Verurteilung Luthers und seiner Rechtfertigungslehre verstanden werden muß, sondern als Ausdruck einer Präzisierung der traditionellen katholischen Gnadenlehre in Auseinandersetzung mit den herausfordernden Thesen Luthers.

b) Die Positionen des 16. Jhs. zur Rechtfertigungslehre haben sich in der weiteren Entwicklung der Konfessionskirchen bis in unsere Zeit als sehr konsistent erwiesen. Ihre jeweilige dogmatische Gestalt in der Schriftauslegung Luthers und in den Definitionen des Tridentinums haben das konfessionstheologische Verständnis der Kirche stark bestimmt. Im 20. Jh. hat vor allem die Weiterentwicklung der exegetischen Methoden zu einer Annäherung und Verständigung zwischen den Konfessionstheologien geführt, so daß E. Lohse feststellen konnte[1], „daß manche Ansichten, die früher die kontroverstheologische Debatte bestimmten, hinfällig geworden sind". Und im Blick auf das interkonfessionelle Gespräch über die paulinische und die reformatorische Rechtfertigungslehre bemerkt Lohse, daß „das sachliche Recht der particula exclusiva (grundsätzlich) nicht mehr strittig" sei.

Also — so könnte man folgern — die exegetische Arbeit am Neuen Testament überwindet die konfessionellen Gegensätze und läßt zur Einheit der Kirche finden! Was leistet die Exegese in der Ökumene und für die Ökumene?

Gewiß gibt es keine konfessionsspezifische exegetische Methode, aber es gibt zugestandenermaßen eine Bindung des Exegeten an seine konfessionelle Tradition. Indem er dieses konfessionell bedingte Vorverständnis ins Gespräch mit dem Text einbringt, bleibt dieses Verständnis bzw. das vorgegebene Verständnis der Kirche, zu der er sich bekennt, wirksam. Dieses „kirchliche Vorverständnis" bestimmt allerdings den exegetischen Vorgang nicht in der Weise einer Vorwegnahme des wissenschaftlichen Ergebnisses, sondern in der Weise, daß es auf unterscheidende Gesichtspunkte aufmerksam macht, unter denen der biblische Text zu befragen ist, so daß vom Text her mit Hilfe der exegetischen Arbeit auch vorgegebene Verständnisse möglicherweise neu geklärt, präzisiert und verdeutlicht werden.

c) Gegenüber einer Überschätzung der exegetischen Möglichkeiten in der Ökumene ist darauf hinzuweisen, daß die eigentliche Aufgabe der Exegese nicht die Lösung vorgegebener Mißverständnisse und Probleme ist, sondern die methodische Erschließung der Heiligen Schrift für ein neues Verstehen ihres Wahrheitsanspruchs in einer veränderten Situation. Es sind die wechselnden geschichtlichen Situationen, in denen die Heilige Schrift ihre ständige „Aktualität" beweist, in denen freilich auch neue Fragen an den Text der Schrift gestellt werden. Dies zeigt sich auch in neueren Auslegungen der paulinischen Rechtfertigungstexte, die zum Teil freilich auch die Gefahr einer Überfremdung der ursprünglichen Schriftaussagen deutlich werden lassen:

— Rechtfertigung und Befreiung,
— Rechtfertigung und Friedenschaffen,
— Gottes Gerechtigkeit und Menschenrechte.

Bemerkenswerterweise zeigen sich in diesen Fragestellungen weniger konfessionsspezifische Verständnisse von der Rechtfertigung. So entsteht die Frage, ob eine verstärkte gemeinsame Hinwendung zu den Herausforderungen der Zeit auch zu einer Überwindung der Gegensätze der Vergangenheit führt.

In dieser Frage werden wir uns vor falschen Erwartungen hüten müssen. Zur Aufgabe der Theologie gehört es jedenfalls, auch die Last der Geschichte des Glaubens und ihrer ungelösten Probleme mitzutragen und aufgrund der Weiterentwicklung der wissenschaftlichen Methoden auch die Lösung dieser Probleme erneut anzugehen.

2. Auslegung von Röm 3,21-26[2]

2.1 Textanalyse

Der Text Röm 3,21-26 bietet die Rechtfertigungsverkündigung des Apostels Paulus in konzentrierter Form. Darauf verweisen schon die gedrängte Verwendung von theologisch bedeutsamen Begriffen auf engstem Raum und die thesenartige

Redeweise des Autors bei gleichzeitigem Bemühen, die Grundthese von der geoffenbarten Gerechtigkeit Gottes argumentativ (σέ, γάρ) zu entwickeln. Schon die ersten Worte in V. 21 „jetzt aber ..." verlangen eine Berücksichtigung des Begründungszusammenhangs aus dem vorhergehenden Kontext, besonders von 3,9-20. Andererseits ist zu erwarten, daß ein solch konzentrierter Text im folgenden Kontext seine weitere Entfaltung erfährt, so besonders in 3,27-31, aber auch in Kap. 4 mit dem Rückgriff auf das Schriftzeugnis und in den folgenden Kapiteln. Die Berücksichtigung des Kontextes des gesamten Römerbriefes bringt nicht nur die argumentativen Zusammenhänge zur Geltung, aus denen die Rechtfertigungsthese des Paulus zu erklären ist, sondern auch den zugleich missionstheologischen und pastoralen Charakter seiner Verkündigung.

Wir begnügen uns hier zunächst mit dem Aufweis einer textimmanenten Gliederung, die den Gedankengang des Apostels deutlicher werden läßt, um danach die Hauptprobleme der Auslegung dieses Textes zu benennen.

Gliederung des Textes

V. 21   Grundlegende Aussage von der Heilswende („jetzt aber ..."): Offenbarung der Gerechtigkeit Gottes ohne Gesetz. (Diese Aussage bezieht sich einerseits antithetisch auf V. 20 zurück und schließt andererseits mit 1,17 zusammen.)

V. 22a.b Präzisierende Weiterführung der Aussage von V. 21 mit dem Glaubensmotiv: Der Christusglaube signalisiert Universalität des Heiles.

V. 22c-24 Begründende Erklärung: Der allgemeinen Sündhaftigkeit der Menschen begegnet Gott mit seiner Gnadenzuwendung.

V. 22c: Nochmalige Erinnerung an das Wegfallen bestehender (heilsgeschichtlicher) Vorzüge. (Vgl. V. 9-19 sowie den durchgehenden Tenor von 2,1-3,20.)

V. 23:   Bekräftigung der Aussage von V. 22c mit den Motiven des Verfehlens aller und der ihnen ermangelnden Gottesherrlichkeit.

V. 24:   Asyndetischer Anschluß der positiven Aussage von der Rechtfertigung der Sünder aus Gnade.

V. 25-26 Christologische und theo-logische Entfaltung der Rechtfertigung aus Gnaden. (Die besonderen Probleme, die mit dem gedrängten Stil in diesen beiden Versen zusammenhängen, sind bei der Einzelauslegung zu behandeln.)

2.2 Hauptprobleme der Auslegung

Offensichtlich kommt es Paulus darauf an, die tragende Bedeutung der „jetzt" offenbar gewordenen Gerechtigkeit Gottes herauszustellen. Die „Offenbarung" rückt das grundlegend Neue im Verhältnis von Gott und Mensch in den Blick. An der Betonung der Initiative Gottes liegt hierbei sehr viel.

Damit kommen weitere Fragen in den Blick, von denen hier nur einige angesprochen werden sollen:

a) Was liegt am Begriff der „Gerechtigkeit" (Gottes) bzw. an dem der „Rechtfertigung" (V. 24)? Ist nicht sachgemäß besser von Barmherzigkeit und Gnade Gottes zu sprechen?

b) Inwiefern präzisiert und verdeutlicht der Glaubensbegriff den der Gerechtigkeit Gottes in V. 22? Wenn durch den Glaubensbegriff der des „Gesetzes" bzw. der „Gesetzeswerke" (V. 28) ausgeschlossen ist, wie stellt sich das Verhalten und das Verhältnis des Menschen zu Gott mit Hilfe des Glaubensbegriffs adäquat dar? In welchem Verhältnis steht die am Ende von V. 22 betonte „Unterschiedslosigkeit" zum „Glauben an Jesus Christus"?

c) Welche Bedeutung kommt im Zusammenhang mit der zentralen Aussage von der geoffenbarten Gerechtigkeit Gottes dem Erlösungsgeschehen zu, das mit V. 24 und 25 seinen „Ort" in der sühnenden Selbsthingabe Jesu Christi hat? Was gewinnt Paulus über das Motiv der universalen Gnadenoffenbarung hinaus mit dem Motiv der Sühne Jesu Christi, die Sündenvergebung schafft?

Zu a): Der Begriff der „*Gerechtigkeit* Gottes" (genitivus auctoris) hält in Übereinstimmung mit dem alttestamentlichen Verständnis dieses Begriffs fest, daß es sich zwischen Gott und Mensch um ein „Rechts"-Verhältnis handelt, und zwar entsprechend dem alttestamentlichen Verständnis um den von Gott im Gegenüber zu seinem Volk begründeten *Bund*. Daher findet der Mensch sein „Recht" nicht anders als dadurch, daß er Gott als seinem Schöpfer „Recht gibt" (vgl. Röm 3,4 mit Ps 51,4). Daher gilt grundsätzlich für den soteriologischen Charakter des Rechtfertigungsgeschehens: Das Heil, das Gott dem Menschen (in Jesus Christus) schafft, ist das (vergebende) Ja des Schöpfers zu seinem Geschöpf, des Bundesgottes zu seinem Volk.

(Bezüglich der Einzelableitungen verweise ich auf meine Artikel δικαιοσύνη und δικαιόω in: Balz-Schneider, Exegetisches Wörterbuch zum NT I (1980) Sp. 784-807.)

Für den *heutigen Theologen* ergeben sich allerdings gewisse Einwände gegen das Festhalten an der Rechtfertigungsterminologie und an einem bestimmten Verständnis der Rechtfertigungslehre des Paulus. Hierzu etwa die Ausführungen von E. Käsemann, Römer, 86: „Durchaus berechtigt ist die Frage ..., warum nicht einfach von Gnade und Vergebung gesprochen wird ..."

Zunächst zum *konfessionsspezifischen* Argument Käsemanns: Rechtfertigung werde von der katholischen Theologie bevorzugt als „Heilsgeschehen" oder anders: als „Heiligung", als Verwandlung des Menschen ausgelegt. Aus dem Sünder wird durch die Taufe und den Glauben ein Gerechter! So das Tridentinum: Gerechtigkeit werde nicht nur angerechnet, sondern werde auch gerechtmachend wirksam im sündigen Menschen. Nun gibt es zweifellos ein verkürzendes und verkürztes Verständnis der Rechtfertigungslehre des Paulus in manchen Versionen katholischer Tradition, wo das Rechtfertigungshandeln Gottes ganz in das Innere des Menschen verlegt und als „heiligmachende Gnade" verstanden wird. (Danach habe sich der „Gerechtfertigte" jetzt nur noch durch „gute Werke" vor dem Verlust der Gnade zu bewahren und sie zu mehren; so könne er am Ende vor dem Gericht Gottes bestehen.) Demgegenüber betont die Reformation und im Anschluß daran die protestantische Tradition das „extra nos" der Rechtfertigung. Der Gerechtfertigte ist „simul justus et peccator". Rechtfertigung ist ein forensischer Begriff!

Demgegenüber kann eine Besinnung auf die paulinische Verkündigung deutlicher folgendes zur Geltung bringen:

α) Dem Apostel Paulus ist zwar die forensische Struktur des Rechtfertigungsbegriffs wichtig (Gericht Gottes, Rechthandeln Gottes), andererseits stellt er aber auch betont fest, daß mit der Rechtfertigungstat Gottes etwas Neues eintritt: „Wenn einer in Christus ist, dann ist er neue Schöpfung; das Alte ist vergangen, siehe Neues ist geworden" (2 Kor 5,17). Der Mensch ist in Christus nicht mehr Sünder im Sinne der alten Schöpfung, sondern er ist in der Taufe „von der Sünde gerechtfertigt (= abgelöst)" (Röm 6,7). Das schließt nicht aus, daß der Gerechtfertigte immer auch noch die Sünde zu überwinden hat, nämlich als versucherische Macht, die ihre alten Rechte behauptet. Vgl. Röm 6,12-23.

β) Das „extra nos" der „Gerechtigkeit Gottes" ist und bleibt die Voraussetzung und der Grund für das „intra nos" der im Glauben geschenkten und wirksam werdenden Rechtfertigungsgnade. Die Rechtfertigung des Sünders bleibt ganz Gottes Werk, das im Glauben angeeignet wird, das aber nicht zu einer „Eigengerechtigkeit", zu einem Anspruch vor Gott werden kann. Die Rechtfertigung ist und bleibt letztlich Gottes eschatologisches Handeln am Sünder.

Zu b): „...Gottes Gerechtigkeit aber durch den Glauben an Jesus Christus für alle, die glauben" (V. 22). Gottes Gerechtigkeitsoffenbarung bindet sich an den Christusglauben. Gottes Offenbarung wird durch den Glauben an Jesus Christus wahrnehmbar und wirksam.

Was heißt hier „Glaube"? Wie konkretisiert sich dieser heilswirksame Glaube wirklich auch im Verhalten der „Glaubenden"?

Glaube ist dem Gesetz gegenübergestellt. Damit ist es nicht möglich, den Glauben als eine (sublime) Form von Gesetzeswerken zu verstehen. Glaube ist zwar der Glaube des Menschen, aber nicht als dessen Leistung, sondern als die ihm von Gott eröffnete neue Möglichkeit des Lebens. Dieser Glaube ist an die Person und das Werk Jesu Christi gebunden, weil sich Gott in Jesus Christus geoffenbart hat. Deshalb ist der Glaube an Jesus Christus zugleich auch der wahre Glaube an Gott.

Der Glaube wird in V. 22 als das Medium der Gottesoffenbarung verstanden, zugleich aber auch als das Ziel: Gottes Gerechtigkeitsoffenbarung gilt „allen Glaubenden", d.h. allen Menschen, insofern sie zum Glauben berufen sind und im Glauben zu einem entsprechenden Verhalten gegenüber Gott gelangen. Eben auf dieses neue, an Jesus Christus orientierte Verhalten der Menschen zielt Gottes Offenbarung.

Offenkundig legt Paulus auf die allgemeine Geltung des Glaubens besonderen Wert. Alle sind zum Glauben berufen; „denn es besteht kein Unterschied" (V. 22 Schluß). D.h.: Alle sind bedürftig. Im Glauben werden alle als Bedürftige und von Gott Beschenkte zusammengeschlossen. Der Glaube bildet also über alle bestehenden Unterschiede hinweg eine *neue Gemeinschaft* aus dem Geist Christi.

Die Gerechtigkeitsoffenbarung Gottes wird von Paulus also universal ausgelegt. Kennzeichen dieser Auslegung ist das Wort πάντες, das in V. 22 und 23 dialektisch mit den Begriffen „glauben" und „sündigen" verbunden ist. Aus der indifferenten Masse der Sünder entsteht die neue auf Universalität angelegte Gemeinschaft der Glaubenden aus Juden und Heiden. In diesem Sinne ist von dem *ekklesiologischen* Aspekt der paulinischen Rechtfertigungsverkündigung zu sprechen. D.h.: Das Rechtfertigungshandeln Gottes betrifft nicht nur den je einzelnen Sünder, der zum Glaubenden wird, sondern im Rechtfertigungshandeln Gottes begründen sich die Glaubenden als die Gemeinde des neuen Gottesvolkes. Der Glaube an Jesus Christus ist der Juden und Heiden offenstehende, eschatologisch neue Zugang zu Gott, der die Glaubenden zu seiner Ekklesia zusammenschließt. Dieser die vorgegebenen, im jüdischen Gottesvolk-Verständnis angelegten Differenzen überwindende universal-ekklesiale Aspekt des göttlichen Rechtfertigungshandelns wird von Paulus in V. 28-30 mit dem Motiv von dem *einen* Gott der Juden *und* der Heiden vertieft.

Zu c): „Gerechtfertigt (sind sie) geschenkweise durch seine Gnade, durch die Erlösung in Christus Jesus, den Gott als Sühne dargestellt hat..." (V. 24f.). Die theologisch gewichtigen Begriffe drängen sich hier. Aber für das Verständnis des Textes genügt nicht die Analyse der einzelnen Begriffe — etwa unter Berücksichtigung ihrer alttestamentlich-jüdischen Vorgeschichte, sondern ihre Zuordnung zu dem im ganzen Text angelegten Gedankengang. Daher ist auch hier von dem dominanten Begriff der geoffenbarten Gerechtigkeit Gottes (V. 2lf.) auszugehen, der Anfang V. 24 als „Rechtfertigung aus Gnade" ausgelegt wird. Eben dieses Gnadengeschehen, so wird jetzt weiter ausgeführt, hat seinen Grund und „Ort" in Jesus Christus, dem wir die Gnade Gottes als „Erlösung" zu verdanken haben, d.h. als Erlösung, die sich dank seines Sühnetodes als „Vergebung der Sünden" auswirkt. Daß Paulus auch hierbei, in dieser christologischen Vertiefung, den Glaubensgedanken nicht außer acht lassen kann, obwohl er zum Sühnebegriff in Spannung steht, zeigt die theologische Klammer an, in der er auch die mit der vorgegebenen urchristlichen Glaubensaussage festgehaltene Sühnetat Christi zu einer ganzheitlichen Sicht vom Heilshandeln Gottes verbinden kann. Daß damit dem Sühnegedanken in der Heilsverkündung des Paulus nur ein Nebenakzent zukomme, wird man nicht sagen können, auch wenn er in seinem Sühneverständnis weitgehend dem judenchristlichen Denken verpflichtet ist. Vielmehr zeigt sich hierin noch einmal die integrierende Kraft seines theologischen Denkens, das die Bekenntnisinhalte der Tradition übernimmt und in einer übergreifenden Synthese neu erschließt.

3. Die Bedeutung der paulinischen Rechtfertigungsbotschaft für die Ökumene heute

Hierzu sind folgende Fragen zu stellen:

a) Für die Kirchen der Reformation ist die paulinische Rechtfertigungslehre in der Auslegung Martin Luthers zum articulus stantis et cadentis ecclesiae geworden. Wieweit können die reformatorischen Kirchen heute an dieser These festhalten? Wieweit haftet diese These an dem besonderen theologiegeschichtlichen Standort der Reformation im 16. Jh.? Wieweit ist es möglich, mit Hilfe einer exegetischen Reflexion der paulinischen Rechtfertigungslehre heute die Grundelemente dieser Lehre als gemeinsamen Grund der reformatorischen und nicht-reformatorischen Kirchen zu erweisen und zu bezeugen?

b) Wieweit sind wir für die Bezeugung der paulinischen Rechtfertigungslehre als verbindlicher Ausdruck des uns in Christus geschenkten Heiles auf die Terminologie und Begriffswelt dieser Lehre angewiesen oder gar festgelegt? Bieten die Interpretationen der Exegeten heute Möglichkeiten, traditionelle Engführungen im Verständnis der paulinischen Rechtfertigungslehre zu überwinden und zum Zentrum dieser Lehre vorzustoßen, um von hier aus ein ökumenisches Glaubensbekenntnis zu gewinnen?

c) Die Rechtfertigungslehre des Paulus lehrt, scharf zu unterscheiden zwischen Werk Gottes und Werk des Menschen. Wieweit kann der Rückblick auf Paulus uns heute helfen, das Verhältnis von göttlichem und menschlichem Handeln im Sinne einer Begründung christlicher Ethik deutlich zu sehen, so daß dadurch ein ökumenisches Verständnis der zentralen Begriffe von Glaube und Gnade gefördert würde?

ANMERKUNGEN

[1] E. Lohse, in: Die Einheit des Neuen Testaments, Göttingen 1973, 212.

[2] Zur Textauslegung vgl. besonders die folgenden Kommentare:
E. Gaugler, Der Brief an die Römer. 2 Teile (Prophezei), Zürich 1945/1952; O. Kuss, Der Römerbrief. 1. und 2. Lieferung, Regensburg 1957/1959; E. Käsemann, An die Römer (HNT 8a), Tübingen 1973; H. Schlier, Der Römerbrief (HThK 6), Freiburg 1977; O. Michel, Der Brief an die Römer (KEK IV), Göttingen 5., bearb. Aufl. dieser Auslegung 1978; U. Wilckens, Der Brief an die Römer. I-III (EKK VI, 1-3), Zürich-Neukirchen 1978/1980/1982; außerdem die auf den ökumenisch-theologischen Dialog angelegten beiden Beiträge von U. Wilckens, Was heißt bei Paulus: „Aus Werken des Gesetzes wird niemand gerecht"?, und J. Blank, Warum sagt Paulus: „Aus Werken des Gesetzes wird niemand gerecht"?, in: EKK Vorarbeiten Heft 1, Zürich-Neukirchen 1969, 51-77. 79-95; sowie P. Stuhlmacher, Gerechtigkeit Gottes bei Paulus (FRLANT 87), Göttingen (1965)[2] 1966, 86-91; K. Kertelge, „Rechtfertigung" bei Paulus. Studien zur Struktur und zum Bedeutungsgehalt des paulinischen Rechtfertigungsbegriffs (NTA N.F. 3), Münster (1967)[2] 1971, 71-84.

Rechtfertigung aus Glauben
und Gericht nach den Werken bei Paulus

1. Einführung

a) Wenn evangelische und katholische Theologen heute eine Verständigung über die seit dem 16. Jahrhundert konfessionell umstrittene Lehre von der „Rechtfertigung des Sünders aus dem Glauben" suchen, spielt der Rekurs auf den entsprechenden biblischen Begriff von der „Rechtfertigung" eine führende Rolle. Von der „Rechtfertigung aus Glauben, nicht aus Werken des Gesetzes" spricht in besonders deutlicher Form der Apostel Paulus. Auf ihn berufen sich die Lehräußerungen der Reformatoren wie auch des Trienter Konzils im 16. Jahrhundert. Die theologischen und praktischen Probleme, die durch die unterschiedliche Auslegung der paulinischen Rede von der „Rechtfertigung" auf beiden Seiten sichtbar wurden, scheinen heute, nicht zuletzt aufgrund erneuter, methodisch geleiteter exegetischer Bemühungen, weitgehend entschärft. Auch wenn damit noch nicht alle theologischen Detailfragen, die zum Teil weit in die Praxis des *gelebten* Glaubens der Kirchen hineinreichen, gelöst sind, so zeichnet sich doch in den exegetisch-theologischen Fragen, zumindest in methodischer Hinsicht, ein gewisser Konsens ab, wie ihn etwa das Dokument der Lutherisch/Römisch-katholischen Arbeitsgruppe in den USA „Justification by Faith" (1983)[1] zum Ausdruck gebracht hat. Allerdings bedarf eine solche ökumenisch erarbeitete Übereinkunft, deren exegetische Grundlagen in diesem Dokument in sieben Punkten übersichtlich und überzeugend zusammengestellt sind („The Biblical Data")[2], immer auch noch der weiteren theologischen Bewährung und Anwendung auf die Fragen, die sich im 16. Jahrhun-

---

[1] Siehe H. G. Anderson / T. A. Murphy / J. A. Burgess (Hg.), Justification by Faith. Lutherans and Catholics in Dialogue VII, Minneapolis 1985, 8–74.

[2] Ebd. 58–68 (= Nr. 122–149). Kurz zusammengefaßt wiedergegeben von J. A. Fitzmyer SJ, ebd. 80 f.: „seven areas of common Lutheran and Catholic interpretation that enabled us to transcend the sixteenth-century polemical stances". – Eine zusammenfassende Darstellung der „Biblical Data" des Dokumentes der USA-Arbeitsgruppe füge ich als „Anhang" bei.

dert als Kernfragen des christlichen Selbstverständnisses herausgestellt haben. Eine solche Arbeit ist auch nach der Bejahung erreichter exegetisch-theologischer Gemeinsamkeiten nicht überflüssig. Zudem umfaßt ein solcher exegetisch-theologisch gefundener Konsens in den Grundfragen auch die bestehenden exegetischen Dissense, die die weitere wissenschaftliche Arbeit zur Lösung der Einzelprobleme herausfordern.

Dies gilt in besonderer Weise für das Thema, dem wir uns im folgenden zuwenden und das in der Auslegungsgeschichte seit der Zeit der Kirchenväter (aber in gewisser Hinsicht mit dem Jakobusbrief schon im Neuen Testament selbst) eine recht unterschiedliche Lösung der darin gestellten Problematik gefunden hat. Ohne diese Problematik breit und erschöpfend behandeln zu wollen,[3] seien hier doch einige Grundzüge und mögliche Ansätze zur Lösung aufgewiesen.

b) Einer der wichtigsten Punkte in der Diskussion um das Verständnis der Rechtfertigungslehre ist bis heute die Frage nach dem *Glaubensbegriff,* den der Apostel Paulus bei seiner These von der „Rechtfertigung aus Glauben" zugrunde legt und der bei Formulierung der kontroversen Positionen des 16. Jahrhunderts, nämlich der reformatorischen Theologie einerseits und des Tridentinums andererseits, eine erhebliche Rolle spielte. Paulus hatte mit der scharfen Antithese „nicht aus Werken des Gesetzes, sondern durch den Glauben an Jesus Christus" (Gal 2, 16; vgl. Röm 3, 28) in der Tat das „sola fide" der Reformatoren des 16. Jahrhunderts vorbereitet. Von der Berechtigung eines *sola* fide bei der Interpretation der paulinischen Rechtfertigungsthese sprechen auch katholische Exegeten.[4] Zum Verständnis des „sola" sind allerdings die unterschiedlichen Situationen des Galater- bzw. Römerbriefs des Paulus[5] und der Lehrintention Luthers andererseits zu beachten. Luther zielt mit dem sola fide positiv auf die Begründung der Rechtfertigungsgnade allein in Gott und negativ auf die Verwerfung aller „katholischen Werkerei". Letzteres betrifft den Vorwurf, daß der Mensch

---

[3] Außer auf die neueren Kommentare zum Römerbrief von O. Kuß, O. Michel, E. Käsemann, H. Schlier, U. Wilckens und D. Zeller sei hier zum Sachproblem bes. auf P. Stuhlmacher, Gerechtigkeit Gottes bei Paulus (FRLANT 87), Göttingen 1965, sowie auf meine Dissertation verwiesen: K. Kertelge, „Rechtfertigung" bei Paulus (NTA NF 3), Münster 1967, ²1971, bes. 128–160, 250–285; siehe zudem auch ders., Art. δικαιοσύνη und δικαιόω, in: EWNT I, 784–807.

[4] Vgl. besonders O. Kuß, Der Römerbrief I, Regensburg 1957, 177 (zu Röm 3, 28): „Die Hervorhebung durch die deutsche Übersetzung ‚allein durch den Glauben' ist ganz exakt im Sinne des Paulus (s. auch Bardenhewer, Reithmayr, Sickenberger) ..."

[5] In diesem Sinne ist die Fortsetzung des obigen Zitats von O. Kuß (s. Anm. 4) zu verstehen: „... vorausgesetzt daß man die paulinische Kontraposition ‚allein auf Grund von Werken des mosaischen Gesetzes' nicht aus dem Auge verliert und daß man nicht heimlich ausklammert, was etwa Röm 6–8.12–15 noch gesagt werden wird."

sich durch gute Werke das ewige Heil Gottes zu verdienen suche.[6] Das Tridentinum hat dagegen die Rede von den „guten Werken" und den „Verdiensten" positiv in die Darstellung der Lehre von der Rechtfertigung aus Glauben integriert.[7] Das Trienter Konzil bezieht sich hierzu neben Paulus verständlicherweise – im Sinne eines ganzheitlichen Schriftzeugnisses – auch auf Jak 2, 17: „Ohne Werke ist der Glaube tot."[8] Vorrangig bleibt aber für das Konzil die Berufung auf Paulus, zu diesem Aspekt der Rechtfertigungslehre besonders auf Gal 5, 6: „der Glaube, der in der Liebe wirkt"[9]. Diese Liebe ist nicht ein eigenmächtiges Handeln des Menschen, sondern – zusammen mit dem Glauben und der Hoffnung – Gabe dessen, der nach Röm 5, 5 seine Liebe „durch den Heiligen Geist in die Herzen derer, die gerechtfertigt werden", ausgießt (ebd.).[10] Mit Röm 2, 6 wird schließlich der Verpflichtungscharakter der guten Werke auch für die Gerechtfertigten in Erinnerung gerufen: Im Endgericht wird Gott „einem jeden nach seinen Werken vergelten"[11].

Wenn es möglich erscheint, beide Redeweisen auf Paulus zurückzuführen, die „Rechtfertigung (allein) aus Glauben" und das „Gericht nach den Werken (der Liebe)", stellt sich die Frage nach ihrer *Verbindung* im paulinischen Denken. Von dort aus könnte dann auch eine mögliche Vereinbarkeit zwischen den beiden genannten Positionen der Reformation und des Tridentinums in begründeter Form in den Blick gerückt werden.

2. Exegetische Argumentation zum Rechtfertigungsthema

Das soeben beschriebene Vorgehen entspricht einer Forderung heutiger Exegese für den theologischen Umgang mit der Heiligen Schrift. Die einzelnen Schriftstellen, die schon in der Tradition für ein dogmatisches Verständnis von der „Rechtfertigung des Sünders" in Anspruch genommen wurden, stehen in bestimmten literarischen und konzeptionellen Kontexten, von denen eine theologische Argumentation mit der Schrift nicht absehen darf. Für die Kontroverse des 16. Jahrhunderts um die „Rechtfertigung

---

[6] Siehe hierzu die in „Lehrverurteilungen – kirchentrennend?" S. 38–42 zitierten Texte, besonders Luthers Kritik in seinem Großen Galaterkommentar: „[Die Gerechtigkeitsfanatiker] wollen die Gnade und das ewige Leben nicht umsonst empfangen von ihm [nämlich Gott], sondern beides durch ihre Werke verdienen."
[7] Siehe besonders das 16. Kap. des Rechtfertigungsdekrets: „Die Frucht der Rechtfertigung: das Verdienst der guten Werke, das Wesen des Verdienstes" (DS 1545–1549) und die Canones 31 und 32 (DS 1581 f.). Hierzu auch „Lehrverurteilungen", 42.
[8] DS 1531. Vgl. auch DS 1535, wo noch Jak 2, 22 und 2, 24 zitiert werden.
[9] DS 1531.
[10] DS 1530 f.
[11] DS 1549.

des Sünders" bedeutet dies, daß sich die jeweiligen Positionen bei ihrem dezidierten Interesse an der paulinischen Lehraussage über die Rechtfertigung aus Glauben nach ihrem Verhältnis zum *Ganzen* der theologischen Konzeption des Apostels Paulus befragen lassen müssen. Dem Schriftprinzip der Theologie entspricht es darüber hinaus, auch den Blick auf das (exegetisch gewiß zu differenzierende) Ganze des *Schriftzeugnisses* zu richten, wenn anders nicht die getroffene Auswahl, in diesem Fall die Rechtfertigungsaussagen des Römer- und Galaterbriefes, unvermittelt zum „Kanon im Kanon" werden soll.

Wie ist aber exegetisch das „*Ganze*" der paulinischen Theologie bzw. der paulinischen Rechtfertigungslehre zu bestimmen? Dieses „Ganze" liegt keineswegs von vornherein schon im Blick auf die Briefe des Apostels klar auf der Hand. Paulus hat seine Theologie nicht als ein in sich stimmiges System entworfen. Gewiß ist mit guten Gründen daran festzuhalten, daß die Aussage von der Rechtfertigung aus Glauben besonders im Galater- und Römerbrief eine theologische „Spitzenaussage" des Paulus darstellt. Ihr tatsächlicher Stellenwert innerhalb der gesamten theologischen Gedankenwelt des Apostels ist allerdings in der Paulusexegese, insbesondere des 20. Jahrhunderts bis heute strittig geblieben. Aber nicht nur ihr theologischer Stellenwert, sondern auch ihre inhaltliche Interpretation ist nach wie vor Gegenstand eingehender und zum Teil heftiger exegetischer Diskussionen. Wie exklusiv ist die Antithese von der Rechtfertigung aus Glauben, nicht aus Werken des Gesetzes, im Sinne des *Paulus* zu nehmen? „Das paulinische Evangelium ist in seinem Kern keineswegs Werk-feindlich", stellt Ulrich Wilckens[12] im Anschluß an Stellen wie Röm 2,6ff. und 2,11f. fest. Der Glaube sei nach Paulus „keineswegs ursprüngliche, tiefwirksame Verneinung aller Aktivität des Menschen, dem Guten in der Welt Bahn zu brechen und dem Bösen zu wehren"[13]. Damit widerspricht Wilckens einer verbreiteten Paulusinterpretation, die die Rechtfertigungslehre einseitig nach der reformatorischen Antithese von Gesetz und Evangelium zu verstehen sucht und den „Werken" in diesem Zusammenhang nur eine pejorative Bedeutung beläßt.[13a] Hierin zeigt sich, daß die Auslegung der paulinischen

---

[12] U. Wilckens, der Brief an die Römer I (EKK 6,1), Zürich/Neukirchen 1978, 145.
[13] Ebd.
[13a] Von dieser reformatorisch-hermeneutischen Grundposition einer prinzipiellen Antithese von Gesetz und Evangelium ist auch die scharfe Kritik von Jörg Bauer bestimmt: J. Bauer, Einig in Sachen Rechtfertigung? Zur Prüfung des Rechtfertigungskapitels der Studie des Ökumenischen Arbeitskreises evangelischer und katholischer Theologen: ,Lehrverurteilungen – kirchentrennend?', Tübingen 1989. Trotz mancher verständlicher Einwendungen und Anfragen wird diese Kritik dem Arbeitsergebnis der Studie nicht gerecht, da sie mit ihrer prinzipiellen Sicht möglichen theologischen Vermittlungen aus anderen Ansätzen keinen Raum läßt.

Rechtfertigungsaussage zu einem guten Teil auch eine Sache einer theologischen Hermeneutik ist, die ihre Voraussetzungen nicht allein den paulinischen Texten entnimmt, sondern die immer auch schon ein gut Stück ihrer „Wirkungsgeschichte" in Theologie und Kirche verpflichtet ist.

Im Blick auf derartig unterschiedliche Interpretationsansätze ist es nicht ganz verwunderlich, wenn die Differenzen gelegentlich auf Unausgeglichenheiten und „Widersprüche" in der Gedankenwelt des Paulus selbst zurückgeführt werden.[14] Und es ist dann nur ein kleiner Schritt, diese mit psychologischen Überlegungen begründen zu wollen und damit die Ebene der *theologischen* Argumentation preiszugeben. Dabei wird das Näherliegende zu schnell übersehen: Die Briefe des Paulus sind Gelegenheitsschriften. Die darin enthaltenen theologischen Äußerungen des Apostels erfordern für ihre Interpretation die Berücksichtigung der jeweiligen geschichtlichen Situationen. Das Evangelium, das er verkündet, teilt sich der Sprache mit, die er angesichts der jeweiligen konkreten Herausforderung wählt. Die Aufgabe der Exegese ist es danach, nicht nur die wechselnden Situationen als Hintergrund der Verkündigung des Paulus zu erheben, sondern auch in den verschiedenen Texten die Identität seiner theologischen „Anliegen" und darin auch ein Stück seiner theologischen Reflexion wahrzunehmen, die ja auch mit seinem letzten, großen Brief, dem an die Römer, nicht zu Ende gekommen ist, sich allerdings darin doch in einer besonders prägnanten Gestalt zu erkennen gibt.

Einen Zugang zum „Ganzen" der paulinischen Theologie und darin auch zu seiner Rechtfertigungslehre erwarten wir daher nicht schon von der Wortkonkordanz und auch nicht allein vom Begriffslexikon, sondern von der Beachtung der geschichtlichen Herausforderungen, denen Paulus als Verkünder und Lehrer zu begegnen hatte. Was er in wechselnden geschichtlichen Situationen „entwickelt" hat, findet schließlich in seinem Römerbrief eine theologisch besonders reflektierte und sorgfältig formulierte Gestalt. Daher ist die im Römerbrief thematisierte Rede von der im Evangelium geoffenbarten *Gerechtigkeit Gottes* kein nur zufälliger, austauschbarer Ausdruck seiner Verkündigung, sondern ein besonders verbindlicher, mit dem er die hauptsächlichen „Anliegen" seiner Sendung in theologisch reflektierter Gestalt verbindet. Die „Sache", um die es Paulus geht, läßt sich in seiner geschichtlichen Situation nicht besser vertreten als mit der Rede von der jetzt geoffenbarten „Gerechtigkeit Gottes" und der darauf basie-

---

[14] Der finnische Exeget Heikki Räisänen hat dies in jüngster Zeit besonders am Gesetzesverständnis des Paulus darzustellen gesucht: H. Räisänen, Paul and the Law (WUNT 29), Tübingen 1983.

renden „Rechtfertigung aus Glauben", auch wenn nicht zu übersehen ist, daß er seine Rechtfertigungsverkündigung für Verbindungen mit weiteren soteriologischen Ausdrucksweisen offenhält.[15]

3. Rechtfertigung aus Glauben: Gottes Handeln und menschliche Mit-Wirkung

Der Ansatz der Rechtfertigungslehre ist bei Paulus streng *theo*-logisch. Seine Theo-logie impliziert freilich ganz bestimmte Aussagen anthropologischer Art: über die Berufung und das Versagen der Menschen sowie die Verheißung Gottes für sie. Im Evangelium, mit dessen Verkündigung der Apostel betraut wurde, teilt sich Gott mit als der „Retter" – εἰς σωτηρίαν (Röm 1,16). „Rechtfertigung" als eschatologische Rettung des Menschen vollzieht sich *von Gott her*. Eben dies stellt Paulus mit dem Begriff der „Gerechtigkeit Gottes" dar. Was der Mensch ist und sein soll – als wahrer Mensch –, das ist er von Gott her, nicht von sich selbst her. Von sich selbst her findet sich der Mensch als *Sünder* vor. Daß er nicht Sünder bleibt, sondern ein von Gott Angenommener und Anerkannter und in diesem Sinne einer, der vor Gott bestehen kann, also ein Gerechter wird, das verdankt er nicht sich selber, sondern allein der Gnade Gottes, der den Menschen in seinem Sohn Jesus Christus als den im Glauben Gehorsamen ansieht. Paulus verwendet in diesem Sinne den Glaubensbegriff. In seinem „Glauben", als Glaubender, geht der Mensch auf Gottes Gnade ein. „Glaube" und „Gnade" entsprechen einander, aber so, daß der Glaube die vom Gnadenwirken Gottes vorausgesetzte und hervorgerufene Hinordnung des Menschen auf Gott ist. Dieser Glaube stützt sich nicht auf eigene verdienstvolle Werke, sondern allein auf das Entgegenkommen Gottes. In diesem Sinne schließt er die „Werke des Gesetzes", also die vom Gesetz geforderten Werke, als Selbstqualifizierung des Menschen aus.

Damit wird deutlich: die Rechtfertigung des Menschen ist *ganz* Sache Gottes und nicht etwa *zum Teil* auch Sache des Menschen. Was Gott tut, das tut er aus eigener Kraft. Etwas anderes ist es, daß der Mensch durch das Tun Gottes *angefordert* wird. Der Glaube wird schon als Anfangsglaube des Menschen zum Ausdruck dafür, daß er sich ganz von Gottes Gnade ergreifen und erneuern läßt. Dieser anfängliche Glaube setzt sich im Lebensge-

---

[15] Vgl. Justification by Faith (s. Anm. 1), Nr. 132: „While righteousness/justification is the primary way …, it is complemented by other images which express aspects of God's activity in a non-forensic terminology that to personal and corporate transformation."

horsam des Gerechtfertigten fort,[16] so daß der Gerechtfertigte in Glaube und Liebe das tut, wozu er von Gottes Gnade gerufen ist. Dem ganzheitlichen Rechtfertigungshandeln Gottes entspricht der ganzheitlich gelebte Glaube des Menschen. Der Mensch steht nicht unbeteiligt *neben* seiner eigenen Gerechtsprechung und Gerechtwerdung von Gott her; er ist beteiligt durch den Glauben, der sich in der Liebe auswirkt (Gal 5,6). In diesem Sinne gibt es eine „Mit-Wirkung" von seiten des Menschen. Das paulinische Verständnis von der Unablösbarkeit des Glaubens vom Gnadenhandeln Gottes ist geeignet, die reformatorischen Bedenken gegen eine solche „Kooperation" von Gott und Mensch auszuräumen. Das „Mit-Wirken" des Menschen im Glauben und aufgrund des Glaubens ist selbst zutiefst getragen von der den Menschen zum Hören und zum Gehorsam herausfordernden Selbstoffenbarung Gottes, von seiner zuvorkommenden Gnade. Die Gnade Gottes hat die Struktur des Bundes. Sie ist wie der von Gott angebotene und gestiftete Bund die Grundlage des menschlichen Lebens; sie ermöglicht und fordert das volle Eingehen und Mit-Wirken des Menschen mit Gott, sein bundesgemäßes Handeln.

In diesem Sinne begründet die Gerechtigkeit schaffende Selbstoffenbarung Gottes eine Ethik der „Heiligung". Als solche, die „aus Glauben gerechtfertigt worden sind" (Röm 5,1), die durch Taufe und Glauben „von der (Herrschaft der) Sünde rechtskräftig freigekommen" sind (6,7), sind die Glaubenden „in den Dienst der Gerechtigkeit zur Heiligung" gerufen (6,19). Die „Gerechtigkeit", die wir nach Paulus gut biblisch als das von Gott verliehene Recht zum „neuen Leben" (6,4) verstehen können, wirkt als eine Macht, die den Gerechtfertigten in ihren Dienst nimmt. Sie wirkt als Gegenmacht zur Sünde, von der der Gerechtfertigte losgekommen ist. Sie ruft den Menschen damit nicht in einen aussichtslosen Kampf, in dem er sich als Sünder *vor* der Rechtfertigung befunden hat; vielmehr bewirkt sie seine Fähigkeit, der immer noch anhaltenden Versuchung zur Sünde zu widerstehen und dem rettenden Gott zu dienen, um am Ende als „Frucht" dieses Dienstes das ewige Leben zu erlangen (6,22). Die so verstandene „Heiligung" ist nicht ein zweiter Akt nach der Rechtfertigung des Sünders, sondern die lebensmäßige Verwirklichung der erlangten Rechtfertigungsgnade, eben in einem Leben des Gerechtfertigten aus der Wirklichkeit, die ihm der Glaube an Jesus Christus eröffnet hat. Alles hängt an der *Wirklich-*

---

[16] Die Dimension einer „lebenspraktischen Bedeutung der πίστις" bei Paulus sucht A. von Dobbeler, Glaube als Teilhabe. Historische und semantische Grundlagen der paulinischen Theologie und Ekklesiologie des Glaubens (WUNT II, 22), Tübingen 1987, aufzuweisen, und zwar im Anschluß an A. Schlatters „Ablehnung einer generellen Antithese ‚Glaube – Werke' für die paulinische Theologie" (ebd. 4).

keit der Rechtfertigung, die sich im *Leben* des Glaubenden darstellt. Daraus wird deutlich, wie intensiv der Glaubende mit seinem Leben in dieser seiner von Gott gegründeten Rechtfertigung mit drin steckt – nicht nur als passiv-Empfangender, sondern als aktiv-Handelnder. Es geht nach wie vor um die „Gerechtigkeit *Gottes,* die in der Gerechtigkeit der ihr zugehörigen Menschen ihre Tat-Entsprechung findet"[17]. Es geht um „wirkliche Gerechtigkeit", wie U. Wilckens das 6. Kapitel des Römerbriefs überschreibt. Und die „Wirklichkeit" der Rechtfertigung des Sünders ist Wirklichkeit von Gott her, der „das Nicht-Seiende ins Sein ruft" (4, 17). Zu ihrer Erfassung genügt nicht die Vorstellung von einer bloßen *Geltung* des Sünders als eines Gerechten. Paulus denkt „Rechtfertigung" als „neue Schöpfung"; das ist die ontologische Basis[18], die die Lebenswirklichkeit des Gerechtfertigten durchstimmt und ständig neuschaffend verändert. Die von Gott begründete *Wirklichkeit* der Rechtfertigung impliziert im Leben des Gerechtfertigten einen Prozeß, einen Vorgang, an dem er existentiell, lebensmäßig, beteiligt ist.

4. „Gericht nach den Werken"

Gottes heilschaffende Gerechtigkeit begegnet dem Menschen im Evangelium, zu dessen Verkündigung sich Paulus berufen weiß (Röm 1, 5.15.16 f.). Im „Glaubensgehorsam" (1, 5) gegenüber dem Anspruch Gottes im Evangelium wird der Mensch ein Gerechter – nicht nach „Verdienst", sondern aufgrund der Gnade,[19] die ihm im Rechtfertigungsspruch Gottes mitgeteilt wird. Der forensische Charakter des Rechtfertigungsgeschehens läßt nach Paulus die dem Rechtfertigungsspruch Gottes eigene Kraft des neuschaffenden Handelns am Sünder nicht übersehen. Der Glaubende erlangt ein neues *Sein,* das Leben von Gottes Gnaden. Als Gerechtfertigter *ist* er, was er von Gott her sein soll: eine „neue Schöpfung". „Wenn also jemand in Christus ist, dann ist er eine neue Schöpfung" (2 Kor 5, 17; vgl. Gal 6, 15). Das neue Sein ist für ihn im Glauben gegenwärtige Wirk-

---

[17] Wilckens (s. Anm. 12), II, 4.
[18] Vgl. P. Stuhlmacher, Erwägungen zum ontologischen Charakter der καινὴ κτίσις, in: EvTh 27 (1967) 1–35, hier 2: Für Paulus bedeutet „Rechtfertigung eine ontische Wandlung ..., konkret: die Wiedereinsetzung in den schöpfungsmäßigen Urstand der Gottebenbildlichkeit". Was dieses „in der Rechtfertigung gestiftete ‚Sein' eigentlich (für Paulus) ist", sucht Stuhlmacher aus den vorgegebenen „allgemein-spätantiken ontologischen Aussagen" und den dem Apostel eigenen theologischen Denkansätzen aufzuzeigen: „Das Sein der neuen Kreatur ist ein welthaftes und zugleich doxologisches Sein" (ebd. 35).
[19] So auch unter Berufung auf Röm 3, 22.24 das Rechtfertigungsdekret des Tridentinum, Kap. 8: DS 1532.

lichkeit, aber es wird ihm „auf Bewährung" zuteil. Die tiefe Verflechtung von „Indikativ" und „Imperativ" zeigt sich deutlich in Röm 6, 4: „Wir sind mit ihm (Christus) durch die Taufe begraben in seinen Tod, damit, wie Christus durch die Herrlichkeit des Vaters auferweckt worden ist, so auch wir in der neuen Lebenswirklichkeit wandeln." Was der Glaubende von Gott her geworden ist, das steht auf dem Prüfstand der „Heiligung".

Darum geht es Paulus in Röm 6 und 8 (und auch in Kap. 12–15). Die gnadenhaft mitgeteilte Gerechtigkeit drängt zu ihrer *ethischen* Verwirklichung.[20] Beides darf nicht miteinander verwechselt werden. Die *Rechtfertigung* ist das Ergebnis des Gnadenhandelns Gottes, nicht der Ethik. Die Ethik folgt dagegen mit Notwendigkeit aus dem Gnadengeschehen der Rechtfertigung. Die ethische Realisierung der Rechtfertigungsgnade im Leben der Glaubenden weist diese als geschichtlich wirksam aus.

Dieser Zusammenhang ist gemeint, wenn Paulus in Röm 6, 22 von der *„Heiligung"* spricht: „Jetzt" – als Gerechtfertigte – „habt ihr eure Frucht zur Heiligung". Das ist die „Frucht", die Gottes Gerechtigkeit in den Glaubenden bewirkt und die ihnen zur Heiligung ausschlägt. Und dann fügt Paulus hinzu: „als Endziel aber ewiges Leben". Das „ewige Leben" wächst nicht automatisch aus der Bewährung, die in der Heiligung erreicht wird. Es ist „Endziel" *von Gott her,* eschatologische Gabe Gottes, in der sich die im Glauben empfangene Gerechtigkeit vollendet. Eben dies ist die Weise, in der Gott am Gerechtfertigten vollendend handelt. Nach Paulus geht der Lebensgehorsam der Gerechtfertigten (Röm 6, 13.16 ff.) in die „Heiligung" mit ein, die durch die Rechtfertigung ermöglicht ist (V. 19).

Bleibt so die theo-logische, Gottes Handeln betonende Dimension von „Rechtfertigung" und „Heiligung" gewahrt, dann erscheint es nicht als befremdlich, den von Paulus in Röm 2, 5–11 ausgesprochenen Grundsatz vom „gerechten Gericht Gottes" auch auf die Situation der zur Bewährung gerufenen „Gerechtfertigten" anzuwenden. Das Endgericht Gottes über jeden Menschen ergeht „nach seinen Werken" (V. 6). Das ist gesamtbiblischer Grundsatz, wenn anders überhaupt sachgemäß von Gott als „Richter" gesprochen werden soll. Er wird hier zum Inhalt der Gerichtspredigt des Paulus, die er im Zusammenhang von Röm 2 insbesondere an den Juden gerichtet sein läßt („dem Juden zuerst und auch dem Griechen"). Aus der Verurteilung, die der Mensch sich für seine „Werke" zuzieht, rettet allein

---

[20] Vgl. O. Kuß, Der Römerbrief II, Regensburg 1959, 396–432, wo der Autor in einem umfassenden Exkurs das spannungsvolle Verhältnis von „Heilsbesitz und Bewährung" bei Paulus darstellt (wobei das Wort „Heilsbesitz" gewiß etwas mißverständlich erscheint). Zutreffend ebd. 411: „Die Spannung von Indikativ und Imperativ ist also die Signatur einer Zwischenzeit..."

die im Evangelium geoffenbarte „Gerechtigkeit Gottes". Aber das Prinzip
des „gerechten Gerichtes" Gottes findet auch auf den, der Gottes rettende
Gerechtigkeit im Glauben an Jesus Christus schon erfahren hat, seine adäquate Anwendung – eben im Sinne der Vollendung des in Christus begründeten Heilsgeschehens.[21] Die „Werke", die Gott an seinem Volk, an jedem
Menschen sucht, um ihnen „Vergeltung" zuteil werden zu lassen, sind die
durch seine Gnade ermöglichten und in der Kraft der dem Glaubenden mitgeteilten „Gerechtigkeit" gewirkten; aber es sind die „Werke" des *Glaubenden*, die Gott sucht.

Wenn so von den „Werken" zu sprechen ist, die auch im Leben des Glaubenden ihren Platz haben, damit dieser im Endgericht vor Gott bestehen
könne, dann muß allerdings zugestanden werden, daß der Terminus
„Werke" (ἔργα) für die vom Glaubenden erwartete Bewährung seiner
Rechtfertigung nicht mehr angemessen erscheint. Paulus spricht bezeichnenderweise nicht von „Werken" der Glaubenden, sondern von der „Frucht
des Geistes", so in Gal 5,22. Und er bezeichnet damit „Liebe, Freude,
Friede, Langmut, Freundlichkeit, Güte, Zutrauen, Sanftmut, Enthaltsam-
keit". Schon im Überblick über diesen „Tugendkatalog" wird deutlich, wie
wenig für die aufgezählten Inhalte das Wort „Werke" passend ist. Vorausgesetzt ist vielmehr, daß der Heilige Geist, den die Glaubenden empfangen
haben (Gal 3,2; 4,6), in ihnen die hier aufgezählten guten Grundhaltungen
konstituiert, die zu einem entsprechenden Handeln in concreto führen.

Nimmt man den Geschenkcharakter der vom Heiligen Geist gewirkten
christlichen „Tugenden" ernst, erledigt sich auch jeder Verdacht bezüglich
eines „Synergismus", der ein recht verstandenes „sola fide" und „sola gra-
tia" einschränken würde.[22] Die Gnaden-Wirklichkeit der „Rechtfertigung"
bleibt auch in der „Heiligung" erhalten. Die „Heiligung", zu der der Gerechtfertigte gerufen ist, vollzieht sich nicht in einem Partim-partim-Pro-
zeß zwischen Gott und Mensch. Der Gerechtfertigte muß vielmehr ganz
eingehen in das Werk Gottes und „darunter bleiben". So realisiert er die
ὑπομονή, die zum „guten Werk" gehört (Röm 2,7), mit dem er vor Gottes
Gericht bestehen kann. Die „Werke", nach denen Gott den Glaubenden
richtet, bezeichnen also nicht seine aufrechenbaren Leistungen nach „Soll"

---

[21] Vgl. K. P. Donfried, Justification and last judgment in Paul, in: ZNW 67 (1976) 90–110.

[22] Eben dies ist auch der Sinn von Kap. 8 des tridentinischen Rechtfertigungsdekrets, DS 1532
(hier in der Übersetzung von Neuner/Roos[10], Nr. 803): „ ,Wir werden durch den Glauben gerechtfertigt': so heißt es deshalb, weil der Glaube Beginn des Heils für den Menschen, Grundlage und Wurzel jeder Rechtfertigung (fundamentum et radix omnis justificationis) ist ... Wir
werden ,ohne Verdienst' (gratis) gerechtfertigt: so heißt es deshalb, weil nichts von dem, was
der Rechtfertigung vorausgeht, weder Glaube noch Werke, die Gnade der Rechtfertigung verdient (promereatur)."

und „Haben", sondern seine ständig eingeübte Bereitschaft zur existentiellen Identifizierung mit dem an ihm schon begonnenen Heilswerk Gottes.

Damit erledigt sich auch ein weiterer Vorbehalt gegen die Vereinbarkeit des Gedankens an ein Endgericht mit der paulinischen These von der im Glauben schon wirksam werdenden Rechtfertigung. Paulus verwendet den Gerichtsgedanken nicht nur als bloßen „Hilfsgedanken"[23], dem „kein thematischer Eigenwert" zukomme[24]. Richtig ist, daß Paulus keine in sich geschlossene Lehre vom Endgericht entwirft. Allerdings läßt sich dies auch von der Soteriologie des Paulus insgesamt sagen. Ein geschlossenes, in sich ausgeglichenes System seiner Heilslehre dürfen wir von Paulus nicht erwarten. Etwas anderes ist es, daß die verschiedenen, zum großen Teil auf vorgegebene jüdische und urchristliche Tradition zurückgehenden begrifflichen Zusammenhänge von „Rechtfertigung aus dem Glauben" und „Gericht nach den Werken" (in Röm 2,6 als Zitat aus LXX Ps 61,33[25]) in Denken des Paulus miteinander integriert werden. Darin kommt der Rede vom Gericht auch über die Christen[26] eine nicht nur paränetisch-appellative Bedeutung zu, sondern auch eine eschatologisch-indikativische, nämlich als Anzeige für die futurische Dimension der paulinischen Soteriologie. Wenn Paulus in Röm 8,24 die schon erlangte σωτηρία mit dem Hoffnungsbegriff verbindet und in Gal 5,5 betont von der δικαιοσύνη als einem Hoffnungsgut spricht, dann zeigt sich darin zumindest indirekt, daß der ethischen Bewährung der schon erlangten σωτηρία eine wesentliche Bedeutung für die Erlangung der immer noch erhofften Vollendung zukommt. Damit wird auch deutlich, daß die Erwartung und Einstellung auf das Endgericht auch für den Glaubenden bei Paulus kein „Randphänomen" ist, sondern ihren festen Platz innerhalb der Heilsverkündigung des Apostels hat.

Die Aussagen des Paulus über das Endgericht, das auch der an Christus Glaubende zu bestehen hat, lassen sich nicht leicht systematisieren. Ihre Deutung ist in der Paulusinterpretation oft strittig gewesen. Beachtet man

---

[23] E. Synofzik, Die Gerichts- und Vergeltungsaussagen bei Paulus. Eine traditionsgeschichtliche Untersuchung (Göttinger Theol. Arbeiten 8), Göttingen 1977, 81. Diese Arbeit setzt sich besonders auseinander mit der bekannten älteren These von H. Braun, Gerichtsgedanke und Rechtfertigungslehre bei Paulus (UNT 19), Leipzig 1930. Nach Braun hat nur „der nicht paränetisch gefaßte Gerichtsgedanke durchaus Heimatrecht im Rahmen der paulinischen Theologie" (ebd. 92).
[24] Ebd. 85.
[25] Die Aussage dieser Stelle findet sich in ähnlicher Form auch in Spr 24,12 und Sir 16,14, also bevorzugt in „weisheitlicher Tradition" (D. Zeller, Der Brief an die Römer, Regensburg 1985, 65). Vgl. auch Mt 16,27; Joh 5,29 und 2 Kor 5,10.
[26] Nach 2 Kor 5,10 und Röm 14,10 müssen wir am Ende alle „vor dem Richterstuhl Christi (Röm 14,10: ‚Richterstuhl Gottes') offenbar werden". Vgl. 1 Kor 4,5.

aber ihren theologischen Ernst und ihre theo-logische Gesamtausrichtung, dann zeigen sich ihre Konvergenzen auch mit dem Rechtfertigungskerygma, die insbesondere durch die forensisch-eschatologische Struktur des paulinischen Rechtfertigungsbegriffs ermöglicht werden.

5. Ergebnis

Die von uns behandelte Frage, ob und in welchem Sinne nach Paulus von einem Gericht nach den Werken „noch" gesprochen werden kann, wenn das Heil entscheidend am Glauben hängt und schon in der Rechtfertigung aus dem Glauben besteht, gewirkt durch die Gnade Gottes, hat Bedeutung auch für die theologischen Sachprobleme zum Thema „Rechtfertigung", die seit dem 16. Jahrhundert kontrovers diskutiert wurden. Dies sei in einigen Sätzen zusammenfassend dargestellt.

a) In der Weise der Gerechtsprechung des Sünders aus Gnade und aufgrund des Glaubens an Jesus Christus wird das Gericht Gottes für den Glaubenden schon Gegenwart. Die so verstandene proleptische Wirklichkeit des Gnadenhandelns Gottes soll im Endgericht bei der Parusie Christi endgültig – den Glaubenden vollendend – offenbar werden.

b) Die Rechtfertigung des Sünders beinhaltet seine Neuschaffung durch Gott. Sie bedeutet nach Röm 5, 1–5, daß „wir durch Jesus Christus Frieden haben mit Gott" und „uns der Hoffnung auf die (künftige) Herrlichkeit Gottes rühmen" können, einer Hoffnung, die ihren Grund in der „Liebe Gottes" hat, die „in unseren Herzen ausgegossen ist kraft des Heiligen Geistes, der uns gegeben worden ist". Aus der anhaltenden Kraft des Heiligen Geistes soll das Leben des Gerechtfertigten zu einem Zeugnis für die in Glaube und Taufe empfangene Gnade werden.

c) Der von Paulus in Röm 6, 12–23 geforderte Lebensgehorsam des Gerechtfertigten, der seine „Heiligung" bewirkt, bleibt getragen von der Gnade der Rechtfertigung. Das so verstandene Lebensverhalten des Glaubenden wird selbst nicht zu einem zusätzlichen „Beitrag" zu seiner Rechtfertigung; es versteht sich vielmehr als seine Bewährung, der gegenüber das Endgericht Gottes nicht indifferent ist.

d) Die von Paulus mit der gesamtbiblischen Glaubensüberlieferung festgehaltene Erwartung des Endgerichts Gottes als „Gericht nach den Werken" (Röm 2,6) behält ihre Gültigkeit auch für den Glaubenden. Das Gericht über den Glaubenden besteht im positiven Fall aber nicht in der Anerkennung von „Leistungen" und „Verdiensten", deren er sich im Blick auf eigene Kräfte rühmen könnte, sondern in der Anerkennung der „Ausdauer" (ὑπομονή), mit der er den Heiligen Geist in seinem Leben die

„Frucht" wirken ließ, die sein Leben neu bestimmt (Gal 5, 22). Einem solchen „Mit-Wirken" mit dem Wirken des Heiligen Geistes wird der „Lohn" zuteil, den Paulus Gal 6, 8 andeutet: „... Wer aber im Vertrauen auf den Geist sät, wird vom Geist ewiges Leben ernten." Und dann fährt er fort (V. 9): „Laßt uns nicht müde werden, das Gute zu tun; denn wenn wir darin nicht nachlassen, werden wir ernten zur rechten Zeit."

e) Aus der dargelegten Sicht kann schließlich auch deutlich werden, daß der Glaube bei Paulus nicht ein „Abstractum" ist, sondern ein das *Verhalten* des Glaubenden umfassendes „Concretum". Der Glaube, in dem die Rechtfertigung begründet ist, tendiert immer schon zu der Liebe zu Gott und zum Nächsten, in der er sich nach 1 Kor 13, 13 vollendet.

6. Schluß

Was leistet ein heute möglicher exegetischer Konsens für die Aufarbeitung der seit dem 16. Jahrhundert entstandenen „Unterscheidungslehren"?

Er leistet gewiß nicht die Auflösung aller durch die bibelwissenschaftliche Forschung aufgegebenen Detailprobleme, und er löst auch keineswegs die Ausräumung aller gewachsenen theologischen Differenzen im Bereich der „Unterscheidungslehren".

Aber er eröffnet methodische Möglichkeiten, die dogmatischen Probleme der Theologie in der exegetischen Arbeit nicht zu übersehen, sondern sie vielmehr in einem weiteren interdisziplinären Vorgang differenzierter zu sehen. Ein möglicher exegetischer Konsens *unterstützt* die dogmatischen Klärungen, die die sog. „Unterscheidungslehren" der getrennten Kirchen erfordern; aber die Exegese leistet die dabei erforderliche Arbeit keineswegs schon durch ihre eigenen methodischen Möglichkeiten.

Daher konnte das Ergebnis der Arbeitsgruppe zum Thema „Rechtfertigung" nicht schon in einer Darstellung der Grundzüge der paulinischen Rechtfertigungslehre bestehen, auch nicht in einem wertenden Vergleich der konfessionellen Lehräußerungen des 16. Jahrhunderts mit der „Lehre" des Apostels Paulus über die „Rechtfertigung aus Glauben". Vielmehr bedurfte es der Aufnahme des Gesprächs zwischen den „Partnern" des 16. Jahrhunderts unter den veränderten Bedingungen unserer heutigen kirchlichen und theologischen Situation. Hierzu gehört es auch, ein möglichst differenziertes Bild von der Theologie der biblischen Autoren einerseits und ihrer späteren Wirkungsgeschichte andererseits zu erarbeiten. Darin kann deutlich werden, daß die Wirkungsgeschichte der paulinischen Rechtfertigungslehre mit den Lehräußerungen des 16. Jahrhunderts – bei aller Anerkennung ihrer grundsätzlichen dogmatischen Bedeutung – nicht abgeschlossen, sondern offen ist. In einer solchen wirkungsgeschichtlichen Offenheit können auch neue Impulse für Theologie und Kirche von einem erneuten Rekurs auf die biblischen Schriften mit Hilfe der Exegese erwartet werden.

Anhang

Elemente einer gemeinsamen exegetischen Ausgangsposition
zum Thema „Rechtfertigung aus Glauben"

Es dient einer ersten theologischen Vergewisserung und Orientierung für eine ökumenisch vorgehende Behandlung der Rechtfertigungsthematik, daß es heute einen breiten exegetischen Konsens über das biblische Verständnis von „Gerechtigkeit" und „Rechtfertigung" gibt. Das wichtige Dokument der Lutherisch/Römisch-katholischen Arbeitsgruppe in den USA „Justification by Faith" (1983)[1] faßt den heute weitgehend erreichten exegetischen Konsens („scriptural evidence") zu diesem Thema in sieben Punkten zusammen, die sich in freier Wiedergabe (und mit einigen verstärkenden Akzenten) wie folgt formulieren lassen:

1. Die Rede von der „Rechtfertigung" im Neuen Testament, speziell bei Paulus, setzt für ihr Verständnis den *Hintergrund des Alten Testaments* voraus. Dies läßt sich schon an einzelnen Schriftzitaten erkennen, mit denen Paulus gegenüber seinen Gegnern die Autorität der Schrift in Anspruch nimmt, um dadurch sein Verständnis von „Gerechtigkeit" und „Rechtfertigung" zu unterstreichen: so Hab 2, 4 in Gal 3, 11; Röm 1, 17 und Gen 15, 6 in Gal 3, 6; Röm 4, 3. In Röm 3, 21 beruft sich Paulus für seine Botschaft von der „jetzt, ohne Gesetz" offenbar gewordenen Gerechtigkeit Gottes auf das Zeugnis von „Gesetz und Propheten". Aus der alttestamentlichen Vorgeschichte des Begriffs werden vor allem zwei Aspekte für die neutestamentliche Rede von „Gerechtigkeit" und „Rechtfertigung" bedeutsam:

a) Der alttestamentliche Sprachgebrauch von „Gerechtigkeit" läßt in bezug auf Gott eine forensisch-juridische Bedeutung erkennen: Gott spricht Recht (Ps 9, 5). Im Rechtsstreit mit ihm nach Ps 116, 11 (LXX) muß der Mensch unterliegen, und Gott erweist so im Festhalten an seiner Verheißung („in deinen Worten") sein „Gerecht-Sein" gegenüber der Untreue der

---

[1] Siehe H. G. Anderson / T. A. Murphy / J. A. Burgess (Hg.), Justification by Faith. Lutherans and Catholics in Dialogue VII, Minneapolis 1985, 8–74.

Menschen. In Röm 3, 4 nimmt Paulus mit diesem Zitat zugleich einen zweiten tragenden Aspekt des alttestamentlichen Gerechtigkeitsbegriffs in Anspruch:

b) Die Gerechtigkeit Gottes ist seine *Bundestreue*. Im Bund handelt Gott „gerecht" an seinem Volk; der Mensch erlangt im Bund mit Gott seine Gerechtigkeit, insofern er sich auf den von Gott gestifteten Bund als Grundlage für sein Leben stellt und so – auf Gottes Zusage antwortend – Gott recht gibt. Hiermit wird schon vom Alten Testament her deutlich: „Gerechtigkeit" ist nicht einseitig als Gottes fordernde und verurteilende Gerechtigkeit zu verstehen, sondern als sein Heilshandeln, durch das der Mensch Gerechtigkeit als sein Heil erlangt. In den Grenzerfahrungen des Exils und der Nachexilszeit wird diese Perspektive durchgehalten; sie verdichtet sich zum Ausdruck des von Gott erwarteten eschatologischen Heilshandelns, der auch im zwischentestamentarischen Judentum erhalten bleibt.

2. Im ältesten *Urchristentum* schon vor Paulus dient der vom Alten Testament überkommene und im zeitgenössischen Judentum weiterwirkende Sprachgebrauch von „Gerechtigkeit" und „Rechtfertigung" im Zusammenhang ältester kerygmatischer Überlieferung von Tod und Auferstehung Jesu der Feststellung der Glaubensüberzeugung, daß der Mensch aufgrund der Intervention des „für uns" sterbenden Christus vor Gottes Gericht bestehen kann. Jesus Christus ist in seinem Sühnetod zum „Erweis der Gerechtigkeit Gottes" geworden, und so wurde „uns" die Vergebung der früher im Bundesverhältnis zu Gott begangenen Sünden zuteil (Röm 3, 25; vgl. 2 Kor 5, 21). Paulus setzt in seiner vertiefenden Interpretation dieses Verständnis von „Rechtfertigung" als Sündenvergebung (und damit auch als Bundeserneuerung) voraus; aber er führt auch darüber hinaus.

3. In seiner weiterführenden Interpretation der urchristlichen Rechtfertigungsverkündigung setzt *Paulus* abgrenzende bzw. verschärfende Akzente, um die Botschaft vom Gnadenhandeln Gottes gegen drohende theologische Mißverständnisse zu verdeutlichen:

a) Das Prinzip des in Christus sichtbar gewordenen Gnadenhandelns Gottes fordert als Entsprechung auf seiten des Menschen sein Geständnis, daß aus Werken des Gesetzes kein Mensch vor Gott „gerechtgesprochen wird" (Röm 3, 20 mit Ps 143, 2). Positiv gewendet bedeutet dies, daß der Mensch im *Glauben an Jesus Christus* Zugang zu Gott gewinnt, so daß sich Gottes Heil schaffende Gerechtigkeit „durch den Glauben" an ihm auswirken kann (Röm 1, 17; 3, 21 f. 25). Im Gegenüber zu den „Werken des Gesetzes" wird der „Glaube an Jesus Christus" zum neuen Heilsprinzip.

b) Die „Gerechtigkeit Gottes" erscheint damit – im Gegenüber zu einer von den „Werken des Gesetzes" erwarteten Gerechtigkeit – verstärkt als

„heilsetzende Macht"[2]. Dadurch wird deutlich, daß die Rede von der *Gabe* der Gerechtigkeit, die der Mensch unverdient empfängt, die bleibende Rückbindung dieser Gabe an Gott als „Geber" impliziert. Durch das Rechtfertigungsgeschehen wird der Mensch in ein neues Verhältnis zu Gott versetzt.

c) Für das Verständnis vom Heilshandeln Gottes am Sünder bei Paulus kommt dem Rechtfertigungsbegriff eine leitende Bedeutung zu. Dennoch ist nicht zu übersehen, daß er ergänzt wird durch *andere, nicht-forensische Vorstellungen*, die mehr eine personale und „korporative" Neugestaltung des Menschen anzeigen und in diesem Sinne das als „Rechtfertigung" bezeichnete Heilsgeschehen "verdeutlichen". Hierzu gehören die Termini „Rettung" (Röm 1,16; 10,10; 13,11), „Versöhnung mit Gott" (2 Kor 5,18-20; Röm 5,10-11; 11,15), „Sohnschaft" (Gal 4,5; Röm 8,15.23), „Freiheit" (Gal 5,1.13; Röm 8,1 f.21), „Verwandlung" (2 Kor 3,18; Röm 8,29, vgl. 12,20), „Verherrlichung" (2 Kor 3,10; Röm 8,30), „neue Schöpfung" (Gal 6,15; 2 Kor 5,17; vgl. 1 Kor 15,45). Alle diese Termini erfordern allerdings zu ihrem Verständnis die Beachtung des jeweiligen konkreten Kontextes, von dem her auch deutlich werden mag, wieweit die von Paulus etwa in Röm 5,1 zusammenfassend als „Rechtfertigung" bezeichnete Wirklichkeit darin vorausgesetzt wird bzw. sich darin widerspiegelt. Zugleich läßt die unterschiedliche Beziehung des Rechtfertigungsbegriffs zu anderen soteriologisch relevanten Termini und Konzepten erkennen, daß „Rechtfertigung" bei Paulus nicht ein erschöpfendes dogmatisches „System" bezeichnet.

d) Paulus betont mit dem Glaubensbegriff die „Antwort", zu der der Mensch im Hören auf das Evangelium gelangt (Gal 3,2.8; Röm 10,17). Zugleich tendiert der so begründete Glaube zu einem Gehorsam, der die Existenz des Glaubenden ganz umfaßt. *Zur Wirklichkeit des „Glaubens" gehört die "Liebe",* in der er sich „auswirkt" (Gal 5,6). Solche in den Glauben integrierte Liebe begründet nicht ein „neues" Werk-Verständnis bei Paulus, sondern mag als die der Liebe Gottes zu uns entsprechende Antwort des Glaubenden verstanden werden.

e) Als ein exegetisch nicht ganz einfach zu lösendes Problem stellt sich das Verhältnis von „Rechtfertigung aus Glauben" und „*Gericht nach den Werken*" dar. In Röm 2,6-11 setzt Paulus jedenfalls die Geltung der „Werke" als Kriterium für das gerechte Gericht Gottes voraus. Und aus

---

[2] Hierzu wird besonders auf E. Käsemanns Interpretation verwiesen. Vgl. ders., Gottesgerechtigkeit bei Paulus (1961), in: Exegetische Versuche und Besinnungen II, Göttingen 1964, 181-193.

weiteren Stellen wie 2 Kor 5, 10 geht hervor, daß Paulus von einem vergel-
tenden Gerichtshandeln Gottes auch im Blick auf die durch Glauben Gerechtfertigten spricht. Die Spannungen zwischen den einzelnen Textstellen
bei Paulus zu diesem Thema lassen sich am ehesten im Blick auf das eschatologische Grundverständnis der „Rechtfertigung" bei Paulus erklären:
auch die durch Jesus Christus ein für allemal bewirkte Rechtfertigung des
Sünders bewahrt ihren Charakter als „Hoffnungsgut" (Gal 5, 5). Hierzu
bleiben weitere Fragen. (Vgl. die obigen Ausführungen in unserem Beitrag.)

4. Die weitere „*Entwicklung*"bzw. die „Wirkungsgeschichte" der Rechtfertigungstheologie *nach* Paulus wird zunächst in den „deuteropaulinischen" Briefen erkennbar. In veränderten geschichtlichen Verhältnissen,
die sich in diesen Briefen (Eph, Kol, Past) widerspiegeln, wird das Erbe der
paulinischen Rechtfertigungsverkündigung mit neuen Akzenten weiterge-
geben. Nicht der *Heilsweg* der Rechtfertigung aus Glauben wird weiter reflektiert, sondern die Wirkung der Rechtfertigung im Leben. So ist es zu
verstehen, daß die „Rettung" des Menschen „aus Gnade" und „durch den
Glauben" zwar eine heilsbegründende Bedeutung der „Werke" ausschließt
(Eph 2, 8 f.), zugleich aber zur ständigen Verwirklichung der „guten
Werke" gerufen wird, „die Gott im voraus bereitet hat, damit wir in ihnen
wandeln" (2, 10).

5. Von „Rechtfertigung" wird in den *übrigen Schriften* des Neuen Testaments terminologisch nicht so selbstverständlich wie bei Paulus gesprochen. Dennoch ist beachtenswert, daß Elemente des (biblischen) Sprachge-
brauchs von „Gerechtigkeit" und „Rechtfertigung" erhalten bleiben,
allerdings weitgehend unabhängig von Paulus und konzeptionell verschie-
den von ihm. Dies zeigt sich besonders deutlich im Verständnis von „Gerechtigkeit" im Matthäusevangelium.

6. Als ein besonderes Problem „urchristlicher Ökumenik" erscheint die
Rede von der „Rechtfertigung aus Glauben" bzw. „aus Glauben *und* Werken" im *Jakobusbrief* im Verhältnis zu Paulus. Die dezidierte Abweisung
einer Rechtfertigung *allein* aus Glauben in 2, 14–26 setzt offenbar eine Ka-
rikatur der Lehre des Paulus voraus, gegen die sich dieser schon abgrenzen
mußte, nämlich in der Bekämpfung des Libertinismus, der die Gnadenpre-
digt mißverstand (vgl. Röm 3, 8; 6, 1.15). Andererseits bleibt auch die Ein-
schärfung der Unverzichtbarkeit der guten Werke (Jak 2, 24) in der
Perspektive von Gal 5, 6 verständlich, wenn diese Werke nicht einfach als
„Werke des Gesetzes" und als Begründung von einem falschen Sich-rüh-
men-vor-Gott verstanden werden. Vor allem aber muß zum Verständnis
von Jak 2, 14–26 die eingeschränkte Bedeutung des Glaubensbegriffs an

dieser Stelle berücksichtigt werden: Glaube als bloße Zustimmung zur göttlichen Offenbarung, dem ein entsprechendes Handeln des Glaubenden abgeht. Ein solcher von „Jakobus" kritisierter Glaubensbegriff ist aber gewiß
nicht der des Apostels Paulus.

7. Im Blick auf die Auseinandersetzungen des 16. Jahrhunderts und danach ist schließlich beachtenswert, daß die Rede vom „*Verdienst*" nicht von
vornherein als Eingrenzung des Gnadencharakters der „Rechtfertigung"
verstanden werden muß, wenn der biblische Hintergrund des Lohn-Motivs
beachtet wird. Die neutestamentliche Rede vom „Lohn", mit dem Gott vergilt, setzt das Grundverständnis von der unverdienbaren Gnade Gottes
nicht außer Kraft, sondern bestätigt es. Die Taten der Menschen finden im
Gericht Gottes jene Anerkennung, die ihnen letztlich nicht ihre eigenen
Leistungen verdient haben, sondern die ihnen Gottes Gnade ermöglicht
hat, die allem menschlichen Wirken voraus ist.[3]

---

[3] Vgl. Lehrverurteilungen – kirchentrennend? I, 74, Zeile 7–16.

„Natürliche Theologie"
und Rechtfertigung aus dem Glauben bei Paulus

1. Einführung

Die Frage, ob und inwieweit in den neutestamentlichen Schriften neben und im Zusammenhang mit der zentralen Rede von der Offenbarung Gottes in Jesus Christus von einer »natürlichen Theologie« zu sprechen sei, stellt sich am schärfsten in den Paulusbriefen. Gewiß verwendet Paulus nicht den Terminus, ebensowenig läßt er sich spekulativ auf den Begriff einer expliziten »natürlichen Theologie« ein, vor allem nicht mit den Implikationen, die ihm in der neuzeitlichen Theologiegeschichte zugewachsen sind. Paulus ist in seiner Rede von Gott und der Offenbarung Gottes nur von dem für ihn zentralen »Mysterium Gottes« her zu verstehen, das sich ihm in Jesus Christus erschlossen hat (1 Kor 2,1f). Daran besteht bei aller differenzierten Lektüre und Interpretation seiner Briefe kein Zweifel. Dementsprechend wird man seine zentralen Themen, die sich auf den Glauben und das Handeln aus dem Glauben beziehen, *offenbarungstheologisch* — mit dem Schwerpunkt auf der Christologie — auszulegen haben. Darauf hebt die Exegese der Paulusbriefe heute mit großem Konsens zwischen den konfessionellen Theologien deutlich genug ab.

Das läßt allerdings nicht übersehen, daß Paulus nicht nur nebenbei, sondern durchaus an zentraler Stelle im *Römerbrief*, nämlich im Zusammenhang mit dem programmatischen Satz von der Offenbarung der Gerechtigkeit Gottes in Jesus Christus (Röm 1,17 mit 3,21-26), das Thema der »natürlichen Gotteserkenntnis« berührt, so in 1,19-21. Und in 2,14-15 spricht er — sachlich und argumentativ nicht weit entfernt von 1,19f bzw. 1,17 — den Heiden eine Erfüllung des Gesetzes »von Natur aus« zu. Die theologische Problematik, die mit dem Begriff der »natürlichen Theologie« verbunden ist, reicht damit auch in den Bereich der Paulusexegese herein.

Bei der Auslegung dieser Texte wird das Thema »natürliche Theologie« allerdings vielfach nur mit Vorbehalt angesprochen. Vorbehalte meldet vor allem die protestantische Exegese an, die an den genannten Stellen des Römerbriefes eine auffällige, interpretationsbedürftige Abweichung des Paulus von seinem sonst so eindeutigen rechtfertigungstheologischen Ansatz sieht.[1]

---

[1] E. Käsemann, An die Römer (HNT 8a), Tübingen 1973, 35, spricht von dem »aufs heftigste umstrittenen Problem einer theologia naturalis bei Paulus«. Während er diese Bezeichnung für Texte wie Apg 14,15-17;

Die Schwierigkeiten einer exegetisch-theologischen Verständigung über die Bedeutung und den theologischen Stellenwert der Aussagen des Paulus in diesen Texten stehen in einem deutlichen Zusammenhang mit den kontroverstheologischen Entwicklungen des Glaubensverständnisses zwischen den reformatorischen Bekenntnissen und der römisch-katholischen Tradition. Sie haben in der Konstitution des I. Vatikanischen Konzils von 1869/70 über den Katholischen Glauben einen besonderen Ausdruck gefunden, obwohl die Definition dieses Konzils eigentlich nicht kontroverstheologisch gegen die reformatorische Theologie als solche gerichtet war, sondern vielmehr gegen modernistische Zeitströmungen, die freilich auch in den konfessionellen Theologien eine für die kirchliche Lehre gefährlichen Widerhall gefunden hatten. Unter ausdrücklicher Berufung auf Röm 1,20 erklärt das Konzil: »Gott, aller Dinge Grund und Ziel, kann mit dem natürlichen Licht der menschlichen Vernunft aus den geschaffenen Dingen mit Sicherheit erkannt werden. 'Denn sein unsichtbares Wesen läßt sich seit Erschaffung der Welt durch das, was gemacht ist, deutlich erkennen' (Röm 1,20).«[2]

Evangelischen Theologen erschien dies als eine kontroverstheologische Positionsbestimmung im Gegenüber zum reformatorischen Glaubensprinzip. Dabei konnte freilich nicht übersehen werden, daß auch die Reformatoren mit gewissen Möglichkeiten einer »natürlichen Theologie« rechneten. Die Frage nach dem Verhältnis von rettendem Glauben und reflektierend-erkennender Vernunft ist deshalb innerhalb der evangelischen Theologie auch aus dem eigenen konfessionellen Erbe gestellt. Aber die klare Aussage des Konzils wurde doch als eine Herausforderung angesehen, auf die vor allem *Karl Barth* mit einer eindeutigen Ablehnung der so verstandenen »natürlichen Theologie« einging.[3]

17,22-29 gelten läßt, stellt er ihre Angemessenheit für Paulus in Frage. Nach A. Nygren, Der Römerbrief, Göttingen 1954, der das Problem S. 78-83 eingehend anspricht, ist es so, daß Paulus den Gedanken an eine »natürliche Gotteserkenntnis« nur »streift«, ohne »daß er wirklich auf ihr Gebiet hinüberkommt« (80). Bezeichnend ist auch G. Eichholz, Die Theologie des Paulus im Grundriß, Neukirchen 1972, 69f: Die »ursprüngliche Möglichkeit des Menschen« zur Gotteserkenntnis sei für Paulus »zu einer verlorenen Möglichkeit geworden«. Vgl. auch H.W. Schmidt, Der Brief des Paulus an die Römer (THK 6), Berlin 1963, 33: »Der Begriff › natürliche Theologie ‹ ist aber irreführend. Pls sagt nicht, daß der Mensch von sich aus Gott finden konnte, sondern daß Gott den Menschen finden wollte. Er redet von der Selbstkundmachung Gottes, die immer › übernatürlich ‹ geschieht.«
[2] DS 3004; Übersetzung: Neuner-Roos, Der Glaube der Kirche, Regensburg[10]1979, Nr 27f. Hierzu H.J. Pottmeyer, Der Glaube vor dem Anspruch der Wissenschaft. Die Konstitution über den katholischen Glauben »Dei Filius« des I. Vatikanischen Konzils und die unveröffentlichten theologischen Voten der vorbereitenden Kommission, Freiburg 1968, 168-230.
[3] K. Barth, Kirchliche Dogmatik II/1, Zollikon/Zürich 1948, § 26,1; ders., Nein! Antwort an Emil Brunner (TEH 14), München 1934. Ebd. 11f auch die grundsätzliche Erklärung Barths: »Unter › natürlicher Theologie ‹ verstehe ich jede (positive oder negative) angeblich theologische, d.h. sich als Auslegung göttlicher Offenbarung ausgebende Systembildung, deren Gegenstand ein von der Offenbarung Gottes in Jesus Christus — deren Weg also ein von der Auslegung der hl. Schrift grundsätzlich verschiedener ist.« Zu Barth siehe besonders H.U. von Balthasar, Karl Barth. Darstellung und Deutung seiner Theologie, Einsiedeln[4]1976, 278-372.

Eine von der *einen* Heilsoffenbarung in Jesus Christus unterschiedene und allen Menschen von Natur aus zugängliche Offenbarung Gottes erschien *Barth* als Widerspruch in sich, und eine natürliche Gotteserkenntnis, unabhängig vom Glauben und diesem konditionell vorgegeben, sah er im Horizont der biblisch-reformatorischen Rechtfertigungslehre als »intellektuelle Werkgerechtigkeit«[4] an, als »Domestizierung« des Offenbarungsglaubens zur bloßen Bestätigung natürlicher Plausibilitäten.

Karl Barths Opposition gegen eine »natürliche Theologie« muß auch heute noch ernst genommen werden, nämlich als nachdrückliche Erinnerung an die Gefahr, die eine zur Verselbständigung neigende »natürliche Theologie« für den christlichen Glauben darstellt. Allerdings ist auch zu bedenken, daß die Verwendung des Terminus »natürliche Theologie« im früheren und heutigen Sprachgebrauch keineswegs eindeutig ist. *Barths* Befürchtung muß daher auch nicht als ein absolutes Verdikt über die »natürliche Theologie« verstanden werden, wenn er schreibt: »Der Logik der Sache gemäß müßte es überall da, wo man der natürlichen Theologie auch nur den kleinen Finger gibt, zur Leugnung der Offenbarung Gottes in Jesus Christus kommen.«[5]

Von »natürlicher Theologie« soll im folgenden im Blick auf Röm 1,19-21 und 2,14f und die Kommentare hierzu gesprochen werden. Tatsächlich kann die Behandlung der Frage nach der »natürlichen Theologie« an diesen beiden Stellen und damit im engen Zusammenhang mit der paulinischen Verkündigung von der in Jesus Christus geoffenbarten »Gerechtigkeit Gottes« (1,17; 3,21-26) auch das Verständnis der Rechtfertigungslehre zwischen den Konfessionen klären helfen. *Ulrich Wilckens* hat dieses Problem in seinem Kommentar zum Römerbrief[6] deutlich angesprochen und aufgrund seiner Interpretation von Röm 1,19f zwischen der *Barth*schen Position und dem Dogma des Vaticanum I zu vermitteln gesucht. »Eine christliche Gotteserkenntnis remoto Christo« sei »natürlich unmöglich«; darin stimmt *Wilckens Barth* zu.[7] So stellt sich für ihn die Frage, ob und wieweit das auf der Annahme einer »analogia entis« bestehende Postulat einer allgemeinen Gotteserkenntnis und damit die »allgemeine Ontologie des Vatikanums« einer »Re-Interpretation« im Sinne einer Ontologie des heilsgeschichtlichen *Handelns* Gottes fähig sei. In der Behandlung dieser Frage sieht *Wilckens* ein »dringendes Desiderat« und »eine wichtige Chance gegenwärtiger ökumenischer Theologie«.[8]

Die damit geforderte Diskussion um Voraussetzungen und Argumentationswege einer »natürlichen Theologie« sollte natürlich zwischen Exegeten *und* systematischen Theologen aufgenommen werden. Aus neuerer Zeit gibt es hierzu gute Ansätze in einigen

---

[4] Barth, Nein!, 38.
[5] Kirchliche Dogmatik II/1, 195.
[6] U. Wilckens, Der Brief an die Römer. 1. Teilband: Röm 1-5 (EKK VI,1), Zürich, Neukirchen 1978, 117-121.
[7] Ebd. 120.
[8] Ebd.

systematisch-theologischen Beiträgen.[9] Für die exegetische Erörterung des Themas stehen nach wie vor die neueren Kommentare zum Römerbrief zur Verfügung, die allerdings eine spezielle thematische Behandlung nicht überflüssig machen. Hierfür kann an dieser Stelle nur eine kleine Anregung gegeben werden.[10]

2. Gotteserkenntnis nach Röm 1,19-20

a) Exegetischer Überblick

»Denn das von Gott Erkennbare ist unter ihnen offenbar; Gott selbst nämlich hat es ihnen offenbar gemacht. (20) Denn seine unsichtbare Wirklichkeit wird von der Weltschöpfung her in den geschaffenen Dingen durch vernünftige Einsicht wahrgenommen, das ist: seine ewige Macht und Gottheit, so daß sie unentschuldbar sind.«

Die in diesem kurzen Text verwandten Stichworte lassen keinen Zweifel daran, daß das hier verhandelte Thema die Frage der Erkenntnis Gottes durch menschliche Vernunft betrifft. Es wird positiv von einer Erkennbarkeit Gottes gesprochen, und zwar in Bezug auf das »Offenbarsein« Gottes (V. 19a). Gott selbst hat sich den Menschen zu erkennen gegeben (V. 19b). Diese offenbarende Kundgabe Gottes wird in V. 20 hinsichtlich der Weise ihres Vollzugs und nach ihrem Inhalt näher beschrieben: Seine an sich »unsichtbare Wirklichkeit« wird seit Erschaffung der Welt in seinen Schöpfungswerken »geschaut«, und zwar in verstehender Wahrnehmung durch die vernünftige Kreatur.

Daß dieser Text aus dem Vorstellungsrahmen der in 1,17 verkündeten Offenbarung der Gerechtigkeit Gottes »aus Glauben zum Glauben« fällt, ist deutlich. Aber eben dies gibt der Aussage dieser Textstelle erhöhte Brisanz. Das Thema der »natürlichen« Gotteserkenntnis ist im Sinne des Apostels nicht ohne weiteres aus dem gegebenen Textzusammenhang herauszulösen, wenn seine Aussage nicht mißverstanden werden soll. Die Offenbarung Gottes in seiner Schöpfung, die der Mensch mit seiner Vernunft wahrnehmen kann, tritt damit in ein spannungsvolles Gegenüber zu der Offenbarung der Heil schaffenden Gerechtigkeit Gottes im Evangelium, die auf Glauben zielt und im Glauben wahrgenommen wird.

---

[9] Vgl. besonders H. J. Pottmeyer, Der Glaube vor dem Anspruch der Wissenschaft, 189-204; W. Kasper, Der Gott Jesu Christi, Mainz 1982, 92-150; J. Werbick, Der Streit um die »natürliche Theologie« — Prüfstein für eine ökumenische Theologie? 11 Thesen zur gegenwärtigen Gesprächslage, in: Cath (M) 37 (1983) 119-135; G.L. Müller, Hebt das Sola-fide-Prinzip die Möglichkeit einer natürlichen Theologie auf? Eine Rückfrage bei Thomas von Aquin, in: Cath (M) 40 (1986) 59-96 (mit weiterer Literatur).

[10] Aus katholischer Sicht sind zur Frage der »natürlichen Theologie« im Römerbrief vor allem zu nennen die ältere Studie von J. Quirmbach, Die Lehre des hl. Paulus von der natürlichen Gotteserkenntnis und dem natürlichen Sittengesetz. Eine biblisch-dogmatische Studie (StrThS VII,4), Freiburg 1906, sowie die Exkurse »Die Gotteserkenntnis bei den Heiden« und »Das in die Herzen der Heiden geschriebene Werk des Gesetzes« im Kommentar von O. Kuß, Der Römerbrief. 1. Lieferung, Regensburg 1957, 42-46 und 72-76.

Die Aussage von V. 19f ist allerdings nicht direkt auf V. 17, sondern auf V. 18 zurückbezogen. Mit der im Evangelium geoffenbarten Gerechtigkeit Gottes wird zugleich auch sein Zorngericht über alle Gottlosigkeit und Ungerechtigkeit der Menschen offenbar, »die die Wahrheit in ihrer Ungerechtigkeit niederhalten.« Damit kennzeichnet Paulus die Schuld der Menschen, die das Gericht Gottes auf sich herabzieht, aus dem keine Macht rettet als nur die im Evangelium geoffenbarte, in Jesus Christus in Kraft gesetzte Gerechtigkeit Gottes. Die Abgründigkeit der menschlichen Schuld weist Paulus sodann anhand eines doppelten Sachverhaltes auf:

— der Mensch hat Gott als seinem Schöpfer die geschöpflich geschuldete Danksagung versagt: 1,19-32;

— und der Mensch hat — in der konkreten Gestalt der Geschichte Israels — die Gabe von Bund und Gesetz verkannt und sich damit Gott selbst als Bundesgott versagt: 2,1-3,20.

Das Motiv der natürlichen Gotteserkenntnis hat seinen Ort in dem Sachzusammenhang, in dem Paulus in anklagender Rede die Menschen, insbesondere die Heiden, mit ihrer Schuld konfrontiert. Sie sind schuldig; auch die Heiden können sich nicht herausreden, daß sie Gott nicht gekannt hätten. Das Motiv der allgemeinen Gotteserkenntnis dient hier dem Schulderweis insbesondere der Heiden. Der Allgemeinheit menschlicher Schuld entspricht die Universalität der Heilsoffenbarung, die im Glauben wahrgenommen wird und sich im Glauben »für alle Glaubenden« (3,22) realisiert. Dieser Zusammenhang ist im folgenden weiter zu bedenken. Zunächst noch ein Wort zur Herkunft und zum theologischen Stellenwert »natürlicher Gotteserkenntnis« bei Paulus.

b) Gotteserkenntnis aus der Schöpfung

Paulus bedient sich in 1,19f einer im hellenistischen Judentum geläufigen Vorstellung. Im Hintergrund steht die Anschauung hellenistischer Popularphilosophie, daß der Kosmos in seiner Ordnung auf einen stiftenden und erhaltenden Grund zurückverweist, den zu erkennen und anzuerkennen Ausdruck menschlich-rationalen Vermögens ist. Allerdings erhält dieser »Urgrund« allen Seins in der jüdischen Vermittlung den Namen des *Schöpfers* aus dem Alten Testament. Mehr noch: die hellenistische philosophische Anschauung vom gründenden Prinzip des Seins wird eingeschmolzen in die Schöpfungstheologie des Alten Testaments.[11]

Paulus kann sich diesen Vorgang zunutze machen. Er spricht nicht nur von der *Möglichkeit*, sondern von der *Tatsächlichkeit* der natürlichen Gotteserkenntnis der Heiden

---

[11] Vgl. O. Kuß, Römerbrief 1, 42-44: Aus dem Vergleich insbesondere mit Weish 13 ergibt sich ihm, »daß Paulus mit seiner Beweisführung Röm 1,19.20 in dem Denken dieses hellenistischen Judentums wurzelt.« Vgl. auch G. Bornkamm, Die Offenbarung des Zornes Gottes (Röm 1-3), in: ders., Das Ende des Gesetzes. Ges. Aufsätze. Bd. 1 (BEvTh 16), München 1963, 9-33, bes. 13-18; U. Wilckens, Der Brief an die Römer 1, 100.

(φανερόν ἐστιν, V. 19), (γνόντες τὸν θεόν, V. 21). Ermöglichender Grund für die Gotteserkenntnis, die dem Zusammenhang nach besonders den Heiden zugesprochen wird, ist die Offenbarung, die Gott selbst ihnen »von der Weltschöpfung her« zuteil werden ließ, und zwar in den »geschaffenen Dingen«, in denen sein »unsichtbares Wesen« vermittelst der menschlichen Vernunft (νοούμενα) wahrgenommen wird.[12] Diese Wahrnehmung (καθορᾶται) vollzieht sich nicht notwendigerweise im schlußfolgernden Denken, wie die philosophisch-theologische Tradition des kosmologischen Gottesbeweises nahelegen möchte. Vielmehr ist der Mensch durch den νοῦς instandgesetzt, Gott in seinen Werken zu »erschauen«[13], in der Schöpfung den Schöpfer wahrzunehmen.

Für eine Interpretation, die auf eine *systematische* Auswertung Wert legt, ergeben sich einige Fragen. Wie kann Paulus der menschlichen Vernunft eine solche ihr »von Natur« eigene Gotteserkenntnis zugestehen, wenn doch die Sünde die natürlichen Fähigkeiten der Erkenntnis und des freien Willens in Mitleidenschaft gezogen hat. Spricht die Aussage des Apostels an dieser Stelle für die Lehre der katholischen Tradition, nach der die natürlichen Fähigkeiten des Menschen im Verhältnis zu Gott durch die Sünde nicht gelöscht, wie die reformatorische Theologie annimmt, sondern nur geschwächt sind? Paulus unterscheidet nicht ausdrücklich zwischen den dem Menschen im »Urstand« — *vor* der Sünde — gegebenen Fähigkeiten der Gotteserkenntnis und der Lebensgemeinschaft mit Gott einerseits und dem Verhalten des sündiggewordenen Menschen andererseits. Er spricht aber von dem Gericht Gottes über die Sünde des Menschen, die ihm anzurechnen ist, weil ihm die Möglichkeit zur Erkenntnis Gottes gegeben war. Die Schuld der Heiden aber besteht nicht darin, daß sie Gott nicht erkannt haben — so in Weish 13 — , sondern darin, daß sie zwar zur Erkenntnis Gottes gelangt sind, aber ihm nicht die Ehre erwiesen haben.[14] Gehen wir von diesem in V. 18ff vorliegenden Zusammenhang aus, dann ist im Sinne des Paulus mit einer nach und trotz der Sünde *bleibenden* Fähigkeit des Menschen zur Gotteserkenntnis zu rechnen, die dann im Rückblick auf die ursprüngliche Bestimmung des Menschen als eine eingeschränkte zu erklären wäre.

c) Zusammenhang mit der Glaubensgerechtigkeit

In welchem Verhältnis steht die Offenbarung Gottes in der Schöpfung zur Heilsoffenbarung in Jesus Christus? Nach dem Gefälle des Gesamtkontextes kann es bei dieser Frage nur darum gehen, wie sich das Offenbarwerden Gottes in der Schöpfung in die Offenba-

---

[12] Das Partizip νοούμενα bezieht sich hier auf das vorhergehende τοῖς ποιήμασιν. So dient diese Wendung als erklärende Näherbestimmung zu dem Oxymoron τὰ ἀόρατα ... καθορᾶται, und νοούμενα zeigt darin ein Stück »geistiger Verarbeitung des Gesehenen« an: A. Fridrichsen, Zur Auslegung von Röm 1,19f., in: ZNW 17 (1916) 159-168, hier 165.

[13] G. Bornkamm, Paulus (UB 119), Stuttgart [2] 1970, 142. Vgl. H. Schlier, Der Römerbrief (HThK 6), Freiburg 1977, 53: Nicht schlußfolgerndes Denken — von der Wirkung zur Ursache — ziehe Paulus hier in Betracht. »Sein Denken ist sozusagen ursprünglicher ... Die ursprüngliche Gotteserkenntnis ist eine des Herzens ...«, mit Verweis auf Ps 18: »die Himmel verkünden die Herrlichkeit Gottes ...«

[14] Vgl. J. Dupont, Gnosis. La Connaissance dans les épîtres de saint Paul, Louvain-Paris 1949, 24.

rung der Gerechtigkeit Gottes (V. 17) integriert. Tatsächlich ist mit *Karl Barth*[15] von der *Einheit* der Offenbarung Gottes auszugehen, die freilich aufgrund der Schöpfung von Anfang an die universale Heilsverwirklichung im Blick hatte, die in Jesus Christus in paradoxer Weise — »ohne Werke des Gesetzes«, unabhängig von den auch dem Sünder noch bleibenden begrenzten Möglichkeiten — zum Gelingen kommt. Das Thema der Offenbarung der Gerechtigkeit Gottes aus Glauben bleibt im folgenden Kontext wie im ganzen Römerbrief bestimmend. Der Heilsoffenbarung ist in V. 18 die Zornesoffenbarung Gottes als von ihr abgeleitetes Geschehen zugeordnet. Gott wirkt sein Heil nicht ohne Gericht über die Sünde der Menschen. Ja, das Gericht selbst ist Mittel der Heilsoffenbarung.[16] Die Rechtfertigungsverkündigung des Apostels bedient sich nicht von ungefähr der Gerichtsterminologie: es geht um das Gerechtgesprochenwerden des Sünders, und das geschieht im Gericht, nämlich in der Weise des Gnadenerlasses und endgültig in der Weise der Errettung vor dem Zorngericht Gottes.

Immerhin ist beachtenswert, daß Paulus die Spannung zwischen Heil und Gericht nicht verkürzt, sondern im folgenden Zusammenhang ab V. 18 das Ergehen des Zorngerichtes Gottes über die Sünde recht ausführlich darstellt — nicht als ein noch ausstehendes Endgericht, sondern als eine Wirklichkeit, die im Lichte der Heilsoffenbarung und mit ihr jetzt schon sichtbar wird in der Geschichte des Fehlverhaltens der Menschen selbst. Zum Gerichtsgeschehen gehört auch die Feststellung der Schuld. *Alle* sind schuldig geworden, Juden und Heiden (vgl. 3,9), nämlich aufgrund ihres Versagens gegen den Willen Gottes. Um auch die Heiden in den Prozeß des Schuldiggewordenseins einzubeziehen, bedient sich Paulus des Motivs der allgemeinen Gotteserkenntnis in 1,19-23. Dabei wird deutlich, daß die Erkenntnis Gottes, die auch den Heiden zugänglich war — ohne »Spezialoffenbarung«, nicht eine rein theoretische, sondern vor allen eine praktische Gotteserkenntnis meint: dem Gott, den sie erkannten, der sich ihnen geoffenbart hatte, haben sie nicht als Gott die schuldige Verehrung und Danksagung erwiesen (V. 21). In der Selbstverweigerung gegen Gott besteht ihre Schuld, und sie wird weiter konkret im Götzendienst. Die Verkehrung der natürlichen zwischenmenschlichen Ordnung, die daraus folgt, wird sodann zum geschichtlichen Ausdruck des die Menschen verzehrenden Gerichtes Gottes, aus dem nur Gott retten kann.

---

[15] K. Barth, Kirchliche Dogmatik IV,1, Zollikon/Zürich 1953, 47: »Es gibt nur *eine* Offenbarung. Eben sie ist auch die Offenbarung des Bundes, des göttlichen Ur- und Grundwillens.« Der so betonten Einheit der Offenbarung muß freilich die von Paulus vorausgesetzte Gotteserkenntnis in den Schöpfungswerken, die nicht kategorial durch den allein rechtfertigenden Christusglauben vermittelt ist, nicht entgegenstehen. O. Kuß, Römerbrief 1, 76, spricht dagegen von den »zwei Wegen« der »Erkenntnis Gottes« bzw. der »Offenbarung Gottes« und des von ihm gegebenen Sittengesetzes bei Paulus. Dem paulinischen Gedanken von der zentralen Offenbarung Gottes in Jesus Christus dürfte es eher entsprechen, die Schöpfung als den von der Heilsoffenbarung vorausgesetzten Welt- und Geschehenshorizont zu verstehen und mit ihr zusammenzusehen. Der als Schöpfungswirklichkeit interpretierten »Natur« kommt in dieser Sicht nur eine *relativ* selbständige Bedeutung zu — eben im engen Zusammenhang mit dem in Jesus Christus begründeten Heil.

[16] Hierauf legt E. Käsemann, An die Römer, 86, gegenüber Verkürzungen, die er besonders der »katholischen Interpretation« zuschreibt, mit Recht besonderen Wert: »Nur der Richter (vermag) Heil zu setzen«.

Damit wird deutlich, daß die Weltwirklichkeit, in der sich der Mensch vor Gott vorfindet, negativ qualifiziert ist. Die in V. 19f angezeigte positive Möglichkeit der »natürlichen Gotteserkenntnis«, die dem Menschen auch als Sünder geblieben ist, kommt unter dem Sog der Sündenmacht (πάντας ὑφ᾿ ἁμαρτίαν εἶναι, 3,9) nicht mehr praktisch zum Zuge. Die Sündenherrschaft wirkt desorientierend und lähmend auf den Menschen.

Das Motiv der »natürlichen Gotteserkenntnis« hat also im Rahmen der Gesamtdarstellung von 1,18-3,20 eine untergeordnete Bedeutung. Auf die Hauptaussage von der allumfassenden Erlösungsbedürftigkeit wirkt es verstärkend, nämlich als Begründung für die Unentschuldbarkeit der Menschen, über die der Zorn Gottes ergeht.

Unter dieser Voraussetzung und in diesem Rahmen kommt der Frage Bedeutung zu, ob und wieweit die dem Sünder zugeschriebene Möglichkeit der natürlichen Gotteserkenntnis auch in die von Gott geschenkte Fähigkeit des Glaubens eingeht, durch die Gottes Heilsoffenbarung wahrgenommen wird und zur Wirkung gelangt. Hierzu ist die unterschiedliche Bedeutung von »Glaube« und »Wissen« zu bedenken. »Glaube« als Quelle der Gotteserkenntnis ist von Gott ermöglichter und in diesem Sinne geschenkter Glaube; als solcher ist er Glaube zum Heil, Glaube, durch den der Sünder sein Gerechtgesprochenwerden von Gott wahrnimmt und erlangt. Von »Wissen« ist dabei nicht die Rede; menschliches Wissen, menschliche »Weisheit« (1 Kor 1,22-24) erscheint für den Glauben, der das Heil erlangt, eher hinderlich als förderlich.[17] Und als »menschlich eigenmächtige Gotteserkenntnis«[18], die sich dem Anspruch des Gekreuzigten entzieht, steht solche »Weisheit« (V. 20: σοφία τοῦ κόσμου) im Gegensatz zur »Weisheit Gottes« (V. 21).

Dennoch ist im Begriff des Glaubens, der sich auf das Heilshandeln Gottes in Jesus Christus richtet, die ratio des Menschen nicht einfach auszuklammern; sie ist in bestimmter Weise — nicht als menschliche Leistung, sondern als schöpfungsmäßig gegebenes Ansprechorgan des Menschen — in den Glauben integriert. Die ratio, die im Glauben zu reflektieren beginnt, ist die durch Gottes Gnade erlöste und belebte Vernunft. In diesem Sinne gibt es auch nach Paulus einen »rationalen« Glauben und die Möglichkeit einer Übereinstimmung von ratio und fides.[19]

---

17 Hierzu besonders H. Merklein, Die Weisheit Gottes und die Weisheit der Welt (1 Kor 1,21). Zur Möglichkeit und Hermeneutik einer »natürlichen Theologie« nach Paulus, in: G.W. Hunold — W. Korff (Hg.), Die Welt für morgen. Ethische Herausforderungen im Anspruch der Zukunft (FS F. Böckle), München 1986, 391-403.
18 Ebd. 402.
19 Diese Möglichkeit läßt auch G. Bornkamm, Paulus, 143, erkennen: »Die Vernunft wird auch dem Glaubenden nicht genommen, wohl aber durch die Gnade ›erneuert‹ (Röm 12,2).« U. Wilckens, Der Brief an die Römer 1, 118f, sieht in dieser Frage Luthers Entgegensetzung der Kreuzestheologie zur spätscholastischen Philosophie als situationsbedingt, nicht als Behauptung eines prinzipiellen Widerspruchs von fides und ratio an. »Die Fähigkeit der Vernunft zur Erkenntnis Gottes sowohl im Gewissen als auch aus den Schöpfungswerken hat keiner der Reformatoren bestritten; und in der Abgrenzung der Kompetenz der ratio gegen die fides stimmen sie grundsätzlich mit Thomas überein.«

3. Das den Heiden in die Herzen geschriebene Gesetz, Röm 2,14-15

Die zweite Stelle, an der wir Aussagen begegnen, die elementar von einer »natürlichen Theologie« sprechen lassen, ist Röm 2,14—15.

»Denn wenn Heiden, die das Gesetz nicht haben, von Natur aus das vom Gesetz Geforderte tun, sind sie sich selber Gesetz, obwohl sie das Gesetz nicht haben. (15) Sie erweisen ja das Werk des Gesetzes als in ihre Herzen geschrieben, wobei ihr Gewissen mit als Zeuge auftritt und (dazu) die Gedanken, die sich untereinander verklagen oder auch verteidigen.«

Auch dieser Text steht in einer deutlichen Beziehung zum Thema der Unentschuldbarkeit der Menschen im Verhältnis zu Gott. Es geht um den Aufweis des menschlichen Versagens — in diesem Fall nicht der Heiden, sondern der Juden, wie aus 2,1ff deutlich hervorgeht. Den Juden wird jetzt das Bild der Heiden zur Beschämung vorgehalten. Anders als in 1,19ff sind die Heiden hier nicht die, die trotz besonderen Wissens versagen, sondern die, die das Gesetz erfüllen, obwohl sie es nicht in der Form des mosaischen Gesetzes kennen. Die Verhältnisse sind also merkwürdig umgekehrt. Daraus ergibt sich die Frage nach dem theologischen Stellenwert dieser Aussage. Welche Bedeutung kommt der in diesem Fall positiven Aussage über die Heiden und ihre »natürliche Gesetzeserfüllung« zu, wenn es im Rahmen des Gesamttextes doch um die Auswegslosigkeit der Menschen, der Juden und der Heiden, unter der Herrschaft der Sünde geht?

a) Exegetischer Überblick

Paulus erinnert an das gerechte Gericht Gottes, der jedem vergilt nach seinen *Taten*. Auch die Juden werden nicht als durch Bund und Gesetz Privilegierte behandelt, sondern als »Täter des Gesetzes« (V. 13). Wie ist diese Aussage von den »Tätern des Gesetzes« zu verstehen. Gibt es sie? Rechnet Paulus, der alle unter Anklage stellt (3,9), mit solchen »Tätern des Gesetzes«, die durch ihr Tun und damit »im Gesetz« ihre Rechtfertigung vor Gott finden? Das ist nach dem Gesamtduktus von Röm 1-3 ausgeschlossen. In besonderer Weise die Juden müssen dies einsehen lernen.

Wenn er in 2,14 nun doch von einer Erfüllung des Gesetzes bei den Heiden spricht, dann ist damit nicht einfach an Ausnahmen von der Regel zu denken (solche Ausnahmen müßten in diesem Fall ja gerade unter den Juden gefunden werden), sondern an den Gegensatz von »Hören« und »Tun«. Dieser Gegensatz, der in V. 13 eine tragende Bedeutung für den gesamten Kontext gewinnt, wird von Paulus dadurch verschärft, daß er die Heiden, die ja nicht »Hörer des (mosaischen) Gesetzes« sind, als »Täter des Gesetzes« bezeichnet, und zwar eines Gesetzes, das ihnen ins Herz geschrieben ist. Paulus sagt: »das *Werk* des Gesetzes« ist ihnen ins Herz geschrieben; das heißt, das, was das mosaische Gesetz fordert, das tun sie der *Sache* nach aus »Herzenseinsicht«. Eben dies besagt V. 14 mit dem Wort vom Tun des Gesetzes »von Natur aus«.

Dem mosaischen Gesetz steht damit das ins Herz geschriebene Werk des Gesetzes bzw. das Tun des Gesetzes »von Natur aus« gegenüber. Das Wort »Naturgesetz« vermeidet Paulus hier, aber der Sache nach ist von ihm die Rede. Offenkundig ist Paulus an dieser Stelle von der Vorstellung vom νόμος φύσεως aus der griechischen Umwelt abhängig.

Hellenistische Ethik weiß um die menschliche Natur als Norm für das sittliche Handeln des Menschen. Durch seine Vernunft ist der Mensch in der Lage, das natürlich Gute zu erkennen und danach zu handeln. Die positiven Gesetze der menschlichen Gesellschaft müssen mit den Normen des unveränderbaren Naturgesetzes übereinstimmen, wenn sie Verbindlichkeit beanspruchen wollen. Diesem Denken liegt die Vorstellung von einer für alle vernünftigen Wesen einsehbaren natürlichen Ordnung der Welt und des Menschen, des Makrokosmos und des Mikrokosmos, zugrunde. Eben diese Ordnung ist das »ungeschriebene Gesetz« (νόμος ἄγραφος), dem der Mensch unbedingt zu folgen hat.

Paulus knüpft an den griechisch-hellenistischen Ordnungsgedanken an; er interpretiert die lex naturae allerdings nicht als starre Weltordnung, sondern als die dem Menschen einleuchtende sittliche Sollensnorm, die inhaltlich mit dem mosaischen Gesetz identisch ist.[20]

b) Das paulinische Verständnis von einem »Naturgesetz«

Paulus spricht in unserem Text nicht ausdrücklich vom »Naturgesetz«. Das Wort φύσις ist hier nicht mit νόμος, sondern mit dem Tun des Gesetzes verbunden. Die Heiden tun das vom (mosaischen) Gesetz Geforderte »von Natur aus«. Diese Aussage setzt allerdings die Vorstellung voraus, daß den Heiden die »Sache« des mosaischen Gesetzes »natürlich« erscheint, also vertraut ist. Der Gedanke an ein den Heiden eingegebenes Gesetz, das als »Naturgesetz« bezeichnet werden könnte, wird durch V. 14b nahegelegt: sie sind »sich selbst Gesetz«. Dadurch wird das »von Natur aus« in V. 14a erklärt. Das vom Gesetz Geforderte ist ihnen von Natur aus eigen.

Gewiß kann »Natur« hier nicht in einem abstrakt-philosophischen Sinne verstanden werden, also als Ausdruck griechischer Naturphilosophie. Für Paulus gibt es keine in sich selbst stehende Naturordnung, aus der sich auch das »natürliche« Denken und Verhalten des Menschen erklärte. Die »Natur«, die dem Menschen eigen ist, mit der er lebensmäßig identisch ist, ist schöpfungstheologisch gefaßt. Sie verweist nicht auf einen anonymen und unbegreiflichen Urgrund des Seins, sondern auf den Schöpfer der Welt und des Men-

---

[20] Hierzu besonders G. Bornkamm, Gesetz und Natur. Röm 2,14-16, in: ders., Studien zu Antike und Urchristentum. Ges. Aufsätze II (BevTh 28), München 1963, 93-118, hier 101: Daß Paulus »den griechischen Gedanken der lex naturalis ... aufnimmt, kann trotz aller neueren Bestreitungen von theologischer Seite keinen Augenblick zweifelhaft sein, sowenig man selbstverständlich den Apostel deswegen zum Stoiker machen darf.« Ebd. auch die ältere Literatur zum Thema sowie die einschlägigen Nachweise für die Sprach- und Verstehensvorgaben für den Zusammenhang von νόμος und φύσις in der griechischen Tradition.

schen. »Natur« wird so bei Paulus zu einem Terminus seiner Schöpfungstheologie, die vom alttestamentlichen Verständnis von »Schöpfer« und »Schöpfung« geprägt ist.[21] Das bedeutet allerdings, daß er auch den Heiden ein, wenn nicht theoretisches, so doch praktisches Verhältnis zum Schöpfergott zuschreibt, aus dem heraus ihnen die Kenntnis der sittlichen Normen des im Alten Testament positiv geoffenbarten Gottesgesetzes zukommt. Wenn daher Paulus an dieser Stelle nicht den präzisen Terminus des »Naturgesetzes« aufgreift, wohl aber Gedanken aus dem damit verbundenen Anschauungskreis, dann geschieht das wohl mit Bedacht. Die Identität des den Heiden zugeschriebenen Gesetzes, das sie »sich selber« sind, mit dem mosaischen Gesetz ist nicht durch die »Natur«, sondern durch den *Schöpfer* des Menschen gewährleistet, der auch sein Gesetzgeber ist.

Gewiß kann man versuchen, für die These des Apostels vom »natürlichen Sittengesetz« einen religionsgeschichtlich—phänomenologischen Nachweis zu führen, wonach auch die Völkerkunde ein natürliches Wissen um Gut und Böse selbst bei den primitivsten Völkern bezeugt.[22] Aber an einem solchen Nachweis liegt *theologisch* nicht das Entscheidende. Paulus braucht solche Untersuchungen nicht. Ihm geht es um den wirkungsvollen Kontrast zwischen bloßen »Hörern des Gesetzes« und den — für Juden ärgerlich genug — selbst unter Heiden anzutreffenden »Tätern des Gesetzes«. Wenn Paulus mit solchen »Tätern des Gesetzes« positiv rechnet, kann das nicht bedeuten, daß diese die Gerechtsprechung aus Gnade nicht nötig hätten. Vielmehr gilt nach Röm 3,23: »alle haben gesündigt und entbehren der Herrlichkeit Gottes«, also auch die »Täter des Gesetzes«. Damit bestätigt Paulus allerdings nicht die Interpretation Luthers, daß der Mensch auch, wenn er etwas sittlich Gutes tut, ein Sünder sei, weil er dies eben »total« und »von Natur aus« sei. Vielmehr genügt es für das Verständnis von Röm 2,12-16, daß Paulus mit der (fragmentarischen) Erfüllung des Gesetzes als Ausdruck des Willens Gottes auf die auch im Sünder, in Juden und Heiden, noch wirksame »Schöpfungsordnung« hinweist, die sich auch durch die sündige Geschichte der Menschen hindurch als Gabe Gottes zu erkennen gibt. Dies bringt V. 15 besonders mit dem Motiv von dem »in die Herzen geschriebenen« Werk des Gesetzes zum Ausdruck.[23] Das bedeutet allerdings auch, daß das so verstandene »Werk des Gesetzes« von der in Jesus Christus mitgeteilten Gnade Gottes neu gefaßt und zur Geltung gebracht werden kann. Die Gnade schafft das Gesetz nicht ab, sondern bringt seine eigentliche Intention neu zur Geltung — als »Gesetz Christi« (Gal 6,2).[24]

---

[21] Vgl. O. Kuß, Römerbrief 1, 73f.
[22] So J. Quirmbach, Die Lehre des hl. Paulus, 45-48.
[23] Vgl. H. Schlier, Römerbrief 78: Das »Tun des vom Gesetz Geforderten von Natur aus« (V. 14) läßt sich — mit V. 15 — »als Wirkung und Zeichen verbleibender Geschöpflichkeit erklären«.
[24] Hierzu K. Kertelge, Gesetz und Freiheit im Galaterbrief, in: NTS 30 (1984) 382-394.

4. Der theologische Stellenwert »natürlicher Theologie« bei Paulus

Die Aussagen über die »natürliche Gotteserkenntnis« in Röm 1,19f und über das den Heiden ins Herz geschriebene Gesetz in 2,14f stehen in keinem direkten Zusammenhang miteinander; aber sie sind durch den gemeinsamen Kontext vom Aufweis der allgemeinen Sündhaftigkeit der Menschen miteinander verbunden. Motivmäßig verweisen sie auf einen Anschauungshintergrund, der als hellenistisch inspirierte »natürliche Theologie« bezeichnet werden kann. Die Verwendung einzelner Motive aus diesem vorgegebenen Zusammenhang bei Paulus läßt dennoch nicht ohne weiteres von einer christlichen »natürlichen Theologie« sprechen. Allerdings zeigt Paulus, daß die »natürliche Theologie« des heidnisch-philosophischen Umfeldes des Urchristentums nicht in einem absoluten, ausschließenden Gegensatz zum Evangelium von der offenbarwerdenden Gerechtigkeit Gottes steht. Unter der bestimmenden Maxime des Glaubens an Jesus Christus können einzelne Elemente der »natürlichen Theologie« eine die argumentative Darlegung des Evangeliums unterstützende Bedeutung erhalten. Damit ist eine Richtung gewiesen, in der es möglich erscheint, philosophische Vorgaben nicht-biblischen Ursprungs christlichtheologisch zu integrieren und dadurch neu zur Geltung zu bringen.

Hiervon hat auf besondere Weise das I. Vatikanische Konzil mit seiner Erklärung über die natürliche Gotteserkenntnis Gebrauch gemacht. Dabei kann nicht übersehen werden, daß diese Aussage in einem offenbarungstheologischen Zusammenhang steht, in dem die Möglichkeit der natürlichen ratio des Menschen nicht in ein Konkurrenzverhältnis zum Glauben tritt, sondern vom Glauben als übernatürlich gewirkter Befähigung zur Gotteserkenntnis umgriffen wird.[25] Das spannungsvolle Verhältnis beider Elemente ist schon in der paulinischen Rezeption vorgegebener »natürlicher Theologie« angelegt. Es stellt einen wichtigen Hinweis darauf dar, daß die Heilsoffenbarung Gottes den »natürlichen«, dem Menschen zur Erschließung aufgetragenen Lebensraum der Welt nicht nur voraussetzt, sondern auch neu begründet und ihn durchdringt. »Natur« und »Übernatur« werden dabei nicht miteinander vermischt, noch wird das eine zum Ersatz des anderen. Vielmehr wird die »Natur« durch die »Übernatur« so in Anspruch genommen, daß sich in ihr die Wirk-

---

[25] In diesem Sinne ist von der natürlichen Gotteserkenntnis als einem »praeambulum fidei« zu sprechen. Vgl. H.J. Pottmeyer, Der Glaube vor dem Anspruch der Wissenschaft, 190: »Die Absicht des Konzils geht also darauf zu sagen, daß der Glaube selbst sich die natürliche Gotteserkenntnis voraussetzt.« Zur Fortführung von Vatikanum I in der Dogmatischen Konstitution »Dei Verbum« des Vatikanum II (Nr. 6) bemerkt J. Ratzinger in seinem Kommentar erklärend (LThK: Das Zweite Vatikanische Konzil, Teil II, Freiburg 1967, 515): »1870 hatte man mit der natürlichen Gotteserkenntnis begonnen und war von ihr zur › übernatürlichen ‹ Offenbarung aufgestiegen. Das Vatikanum II hat nicht nur den allzusehr dem Physis-Denken zugehörigen (wenn auch einstweilen wohl noch unentbehrlichen) Fachbegriff supernaturalis vermieden, sondern ist auch den umgekehrten Weg gegangen: Es entfaltet die Offenbarung von ihrer christologischen Mitte her, um dann als eine Dimension des Ganzen die unaufhebbare Verantwortung der menschlichen Vernunft herauszustellen. So wird sichtbar, daß das menschliche Gottesverhältnis nicht aus zwei mehr oder minder selbständigen Stücken zusammengefügt ist, sondern unteilbar ein einziges darstellt; es gibt keine in sich ruhende natürliche Religion ...«

lichkeit des Übernatürlichen, biblisch gesprochen: der »neuen Schöpfung«, zeichenhaft und verheißungsvoll darzustellen beginnt. Die Rechtfertigung des Sünders aus dem Glauben beläßt diesen daher nicht in seiner unerlösten »Natur«, sondern ergreift ihn und wandelt ihn ansatzhaft auch in seiner »natürlichen« Existenz zur »neuen Schöpfung«.

Auch für die Frage des »natürlichen Sittengesetzes« und der dem Menschen zukommenden sittlichen Selbstbestimmung aus vernünftiger Einsicht, wie sie heute unter dem Stichwort des »autonomen Ethos« diskutiert wird, kann Paulus nicht nur eine willkommene Berufungsinstanz, sondern auch ein hilfreicher Lehrer sein.[26] Eine natürliche Erkenntnis des Willens Gottes, wie Paulus sie in Röm 2,14f sogar den Heiden zuschreibt, ist kein Ersatz für die Orientierung am positiv geoffenbarten Willen Gottes im Gesetz des Alten und des Neuen Bundes. Eine solche Erkenntnis ist als schöpfungstheologisch begründete in die Heilsordnung Gottes integriert und vermag daher nicht nur dem Heiden vor und außer Christus eine, wenn auch nur fragmentarische, Orientierung zu geben, sondern auch dem Christen unter der Voraussetzung der den ganzen Menschen bestimmenden Kraft und Autorität des Heilsglaubens verbindliche Wegweisung zu sein. Die *Spannung* zwischen ratio und fides, nicht die völlige Aufhebung dieser Spannung, ist das Kennzeichen christlicher Ethik im Sinne des Apostels Paulus.

---

[26] Auf die »begrenzte« Bedeutung von Röm 2,14f zusammen mit 1,19f zur Begründung einer »autonomen« christlichen Ethik kommt R. Schnackenburg zu sprechen in der neuen Auflage seines Buches: Die sittliche Botschaft des Neuen Testaments. Bd. 1: Von Jesus zur Urkirche (HThK Suppl. I), Freiburg 1986, 18-22. »Autonome christliche Moral verlangt nicht nur einen christlichen Kontext, sondern auch einen vorausliegenden und umgreifenden christlichen Horizont ...« (ebd. 20f).

Adam und Christus

Die Sünde Adams im Lichte der Erlösungstat Christi nach Röm 5, 12-21[1]

I. RÖM 5 UND DAS PROBLEM DER ERBSÜNDE

Röm 5,12-21 hat im Zusammenhang mit dem Thema der Erbsünde eine nicht unerhebliche Bedeutung.[2] Zwar gebraucht dieser Text wie überhaupt das Neue Testament das Wort "Erbsünde" *(peccatum originale)* nicht. Aber die Art und Weise, wie Paulus von der Sünde und ihrer unheilbringenden Wirkung im Menschengeschlecht spricht und wie die Wirkungsgeschichte der Sünde mit dem "Fehltritt" (παράπτωμα, V.15.17.18) des Einen, nämlich Adams, in Verbindung gebracht wird, legt jedenfalls die Vorstellung eines engen, ursächlichen Zusammenhangs zwischen der Sünde Adams und dem Unheil, in dem die Menschen unausweichlich existieren, nahe. Verstärkt wurde diese Vorstellung eines engen, ursächlichen Zusammenhangs zwischen beidem durch die Übersetzung von V.12d in der Vulgata: *in quo (sc. Adam) omnes peccaverunt*, so daß die Sünde Adams auch schon das Sünder-Sein aller Menschen bewirkte und umfaßte.

Von dieser Textfassung ging bekanntlich Augustinus aus,[3] indem er mit Röm 5,12 nicht nur den Unheilszusammenhang zwischen Adam und dem ganzen Menschengeschlecht erklärte, sondern in der Auseinandersetzung mit Pelagius das Unheil der Menschen auch auf die von Adam auf seine Nachkommen übertragene Sünde zurückführte. Die gleiche Textfassung von Röm 5,12d hat auch das *Tridentinum* im Dekret über die Erbsünde übernommen und darin

---

[1] Diesem Aufsatz liegt ein Referat zugrunde, das ich bei einem theologischen Symposion (6.-10.11.1989) über Probleme der Erbsündenlehre in Rom gehalten habe. Die zugleich soteriologische und christologische Dimension des Themas erlaubt es, diesen Beitrag der Festschrift für Ferdinand Hahn einzufügen, den ich hiermit auch im Blick auf vielfache gute Zusammenarbeit an gemeinsamen theologischen Anliegen zu seinem 65. Geburtstag herzlich grüße.

[2] Vgl. K.H. SCHELKLE, Paulus - Lehrer der Väter. Die altkirchliche Auslegung von Römer 1-11, Düsseldorf 1956, 162: "Röm 5,12-21 ist der locus classicus der Erbsündenlehre geworden." Zugleich ist P. STUHLMACHERS Mahnung zu beachten (Der Brief an die Römer [NTD 6], Göttingen 1989, 80): Das Rechtfertigungsevangelium des Paulus ist hier "noch ohne die dogmatische Lehre von Erbsünde und Erbtod zu interpretieren". Dennoch wird auch der Exeget die theologische "Wirkungsgeschichte" dieses Textes nicht übersehen können.

[3] Augustinus, *De peccatorum meritis et remissione et de baptismo parvulorum,*5 1,10,11; *Contra duas epistolas Pelagianorum,* 4,4,7. Zur Erklärung vgl. SCHELKLE, Paulus, 177f.

angezeigt gefunden, daß durch die Ungehorsamstat Adams nicht nur der Tod und die körperlichen Strafen auf das Menschengeschlecht übertragen wurden, sondern auch die Sünde selbst, "die der Tod der Seele ist" (DS 1512). Die Übertragung der Sünde wird vom Tridentinum sodann erklärt als "durch Abstammung, nicht durch Nachahmung" erfolgt (*propagatione, non imitatione transfusum*, DS 1513). Mit dieser Erklärung einer Übertragung der Sünde Adams auf seine Nachkommen hat die dogmatische Theologie heute besonders im Blick auf die vorausgesetzte Einheit der Menschheit aufgrund biologischer Herkunft von einem Menschenpaar ihre Schwierigkeiten.[4] Es müßte dabei untersucht werden, ob und wieweit eine bestimmte *naturwissenschaftliche* Vorstellung von der Einheit der Menschheit für die theologische Aussage des Tridentinums zu fordern ist. Die Richtigkeit und Tragweite einer solchen Vorstellung von der Abstammung aller Menschen von Adam dürfte nicht schon dadurch gewährleistet sein, daß Paulus sie mit einer gewissen Selbstverständlichkeit voraussetzt. Dazu ist jedenfalls zu bedenken, daß bei Paulus auf einer biologischen Erklärung der Einheit der Menschheit kein Gewicht liegt. Von vornherein steht die Rede von Adam und der von ihm betroffenen Menschheit in einem *heils-theologischen* Kontext, der in diesem Abschnitt deutlich und durchgehend durch die überbietende Gegenüberstellung von Adam und Christus angezeigt ist.[5]

Für den Exegeten kann allerdings bei der Behandlung des Themas der Erbsünde nicht im gleichen Maß wie bei Augustinus und im Dekret des Tridentinums der umstrittene Teilvers Röm 5,12d, näherhin die Übersetzung *"in quo"* und eine entsprechende Texterklärung, der Ausgangspunkt sein, sondern die im griechischen Originaltext vorgegebene Formulierung ἐφ᾽ ᾧ (πάντες ἥμαρτον) und ihre Wiedergabe als Konjunktion[6] mit der Bedeutung einer allgemeinen Kausalbestimmung: *"weil* alle gesündigt haben". Diese Aussage bezieht sich dann freilich nicht unmittelbar auf den "einen Menschen" (=Adam) in V.12a zurück, sondern sie begründet die vorhergehende Aussage in V.12c: "und so der Tod zu allen Menschen gelangte (wörtlich: hindurchkam), weil..." Die Aussage von V.12d erklärt damit die *allgemeine* Herrschaft des Todes über die Menschen. Daß die allgemeine Todesherr-

---

[4] Hierzu besonders K.-H. WEGER, Theologie der Erbsünde (QD 44), Freiburg 1970, 42-75; ebd. 176-223 auch der Exkurs von K. RAHNER: "Erbsünde und Monogenismus".

[5] Zur Bedeutung der Adam-Christus-Parallele in diesem Zusammenhang siehe ausführlich E. BRANDENBURGER, Adam und Christus. Exegetisch-religionsgeschichtliche Untersuchung zu Röm 5,12-21 (1. Kor. 15) (WMANT 7), Neukirchen 1962; vgl. auch P. LENGSFELD, Adam und Christus. Die Adam-Christus-Typologie im Neuen Testament und ihre dogmatische Verwendung bei M.J. Scheeben und K. Barth (Koinonia 9), Essen 1965.

[6] Im Sinne von ἐπὶ τούτῳ ὅτι = daraufhin, daß alle sündigten. Vgl. O. KUSS, Der Römerbrief I, Regensburg 1957, 228f; H. SCHLIER, Der Römerbrief (HThK VI), Freiburg (1977) ²1979, 162.

schaft dabei auch mit *der* Sünde zu tun hat, die aufgrund des Sündenfalls Adams in die Welt kam und in ihr ihren Siegeszug antrat, ist dabei nicht übersehen. Es stellt sich damit die Frage nach dem Verhältnis dieser beiden Aussagen: die Herrschaft des Todes über die Menschen geht auf die Sünde zurück, die mit Adam ihren Anfang in der Welt genommen hat, und: die Allgemeinheit des Todes entspricht der Allgemeinheit des Sündigens der Menschen. Der springende Punkt ist die Frage: Wie wirkt sich die Sündentat Adams auf das *Sündigen* aller Menschen aus? Der eigentliche Schwerpunkt des ganzen Verses ist allerdings nicht diese Frage, sondern die von Adam her in Gang gekommene Unheilsgeschichte von Sünde und Tod in der Welt, der überbietend die erlösende Tat Christi und die Herrschaft der Gnade entgegengestellt werden. Dies geschieht freilich erst nach der Unterbrechung des in V.12 begonnenen Gedankens durch V.13 und 14. Die nachgetragene Begründung in V.12d erhält damit allerdings einen stärkeren Akzent, als im Gesamtduktus der Adam-Christus-Parallele zunächst erwartet werden konnte. Hierauf haben wir bei der Exegese des Textes zu achten.

Um vom Zusammenhang zwischen Adam und "allen Menschen", der durch die Sünde gestiftet wurde, richtig sprechen zu können, ist die Bedeutung und der Stellenwert des Begriffs der Sünde in diesem Text (wie überhaupt bei Paulus) herauszuarbeiten. Zugleich ist zu beachten, daß die Rede von der Sünde an dieser Stelle und auch sonst bei Paulus übergriffen und begrenzt wird durch den für den Apostel dominanten Gedanken von der Erlösung in Jesus Christus.[7] Es stellt sich daher die Frage, welchen besonderen Aspekt das Evangelium von der Erlösung durch die Gegenüberstellung von Adam und Christus und durch die Erinnerung an die schon in Röm 1-3 dargestellte Sündengeschichte der ganzen Menschheit erhält.[8]

II. RÖM 5,12-21 IM ZUSAMMENHANG MIT DEM VORHERGEHENDEN KONTEXT

Die Gegenüberstellung von Adam und Christus in Röm 5,12-21 darf nicht isoliert betrachtet werden. Sie begegnet im Verhältnis zum vorhergehenden

---

[7] S. LYONNET, Das Problem der Erbsünde im Neuen Testament, in: StdZ 180 (1967) 33-39, hier 34f.
[8] Zum Zusammenhang von Röm 1,18-3,20 und 5,12-21 vgl. besonders E. RUCKSTUHL, Die Unheilslast der unerlösten Menschheit im Blick des Neuen Testaments, in: R. SCHMID, E. RUCKSTUHL, H. VORGRIMLER, Unheilslast und Erbschuld der Menschheit. Das Problem der Erbsünde, Luzern-München 1969, 45-113, hier 53-58.79f.

Kontext nicht unvermittelt.[9] Das zeigt schon am Anfang von V.12 das überleitende διὰ τοῦτο. "Deswegen", d.h.: weil es sich so verhält, wie im Vorhergehenden dargelegt. Paulus hatte in den vorhergehenden Versen von dem Versöhnungswirken Gottes im Tod seines Sohnes gesprochen. Das Versöhnungsthema entspricht dem, was in 5,1 als erste Wirkung des Rechtfertigungsgeschehens genannt wurde: "Da wir nun gerecht gesprochen worden sind aus Glauben, haben wir Frieden mit Gott durch unseren Herrn Jesus Christus." Hiermit wird deutlich, was in der Rechtfertigungsbotschaft des Paulus seit 3,21[10] durchgehend sichtbar geworden ist: In der Gerechtsprechung des Sünders handelt Gott erlösend am erlösungsbedürftigen Menschen, und zwar so, daß Person und Geschichte Jesu Christi, näherhin der gekreuzigte Christus, zum geschichtlichen Ort und Angelpunkt des göttlichen Erlösungsgeschehens wird. So sehr vom Alten Testament her deutlich bleibt, daß der Mensch ein Sünder ist und Gott als sein Schöpfer auch sein Erlöser ist, so sehr hebt Paulus zusammen mit der theozentrischen Perspektive der Erlösungsgeschichte betont den geschichtlichen Vermittlungsdienst Jesu Christi hervor. Um der übergeordneten Theozentrik willen, um richtig von Gott als Schöpfer und Erlöser sprechen zu können,[11] wird der Tod Jesu als "vermittelndes" Heilsgeschehen in den Blick gerückt. Am Kreuz des Sohnes offenbart sich die Liebe Gottes zu den erlösungsbedürftigen Sündern (5,6-8). Das Erlösungshandeln Gottes zeigt in Jesus Christus seine geschichtliche Wirkung. Es durchbricht in Jesus Christus die Unheilsgeschichte und eröffnet in ihm eine neue Geschichte, die gekennzeichnet ist vom Gegensatz zur Unheilsgeschichte Adams und von ihrer Aufhebung in der Herrschaft der Gnade, der Jesus Christus in seiner Gehorsamstat Raum gegeben hat.
Um die weitreichende Wirkung des erlösenden Handelns Gottes in dieser von ihm geschaffenen Welt darzustellen, dazu stellt Paulus die grundlegende Bedeutung der Christustat am Kreuz der unheilwirkenden Tat Adams gegenüber und läßt so Jesus Christus als den "neuen Adam" erscheinen, zu dem die von Gott Gerechtfertigten im Glauben den neuen Lebenszusammenhang gewinnen.

---

[9] Die Schwierigkeiten der Einordnung in den Kontext unterstreicht W. SCHMITHALS, Der Römerbrief. Ein Kommentar, Gütersloh 1988, 168f, mit U. LUZ (Zum Aufbau von Röm 1-8, in: ThZ 25 (1969) 161-181). Nach Luz (a.a.O., 179) wäre die Frage der Einordnung von 5,1-12 "wohl die schwierigste aller Fragen, die uns der Aufbau des Römerbriefs stellt". Einfacher M. WOLTER, Rechtfertigung und zukünftiges Heil. Untersuchungen zu Röm 5,1-11 (BZNW 43), Berlin 1978, 215: "Die Typologie ist eigentlich als Ergänzung zu 5,1-11 verstanden und empfängt von daher ihren Sinn..."

[10] Treffend bezeichnet RUCKSTUHL, Unheilslast 51, Röm 3,21-26 als "die Achse des paulinischen Glaubensdenkens".

[11] Vgl. besonders E. KÄSEMANN, An die Römer (HNT 8a), Tübingen (1973) [4]1980, 128f (zu Röm 5,6-8).

Für die theologisch-konzeptionelle Einschätzung des Abschnitts Röm 5,12-21 ist danach folgendes festzuhalten:

(a) Die leitende theologische Perspektive der Rede von der Sünde Adams und der Sündenverfallenheit der ganzen Menschheit ergibt sich aus dem Zusammenhang dieses Textes mit dem in Röm 1-5 behandelten Thema von der *Rechtfertigung des Sünders* aus Gnade und durch den Glauben. Auch wenn Paulus in Kap. 5-8 verstärkt die Auswirkung der Rechtfertigungsgnade im Menschen aufzeigt, so bleibt für das Sprechen vom gerechtfertigten Menschen doch die theologisch-heilsgeschichtliche Perspektive von dem rettenden Handeln Gottes (= "Gerechtigkeit Gottes") bestimmend.

(b) Daher ergibt sich für Röm 5,12-21 als das eigentliche Thema die *Macht*, die die *Gnade Gottes* in Jesus Christus über die Sünden- und Todverfallenheit der Menschen gewinnt. Durch die Gegenüberstellung von Adam und Christus wird die universale Dimension der Gnadenherrschaft gegenüber der Sündenherrschaft wirkungsvoll hervorgehoben.

(c) Dennoch läßt das dominante Thema der Gnadenmacht Gottes nicht übersehen, daß Paulus mit der *Sünde* als einer noch anhaltenden Wirklichkeit rechnet, die auch das neue Leben des Gerechtfertigten immer noch bedroht. Dies wird besonders in den Appellen an die Glaubenden in Kap. 6-8 erkennbar, den versucherischen Einwirkungen der Sünde (ἐπιθυμίαι, 6,12; 7,7f; vgl. 13,14) zu widerstehen. Dies ist nur möglich, wenn sie sich in ihrem Handeln von dem Wirken des Heiligen Geistes bestimmen lassen, "der uns gegeben worden ist" (5,5; vgl. 8,1-17).

(d) Der Abschnitt Röm 5,12-21 nimmt somit innerhalb der Kap. 1-8 eine gewisse Mittelstellung ein.[12] Er verdeutlicht nachdrücklich die universale Wirkung des Erlösungshandelns Gottes in Jesus Christus und zeigt damit den Grund auf, von dem her die in Jesus Christus überwundene Sündenherrschaft hinsichtlich ihrer noch anhaltenden versucherischen Macht auch im Leben des gerechtfertigten Menschen abgewehrt werden kann.

---

[12] Vgl. U. WILCKENS, Der Brief an die Römer I (EKK VI/1), Zürich ²1987, 307.

III. DIE UNIVERSALITÄT VON SÜNDE UND GNADE
NACH RÖM 5,12-21

1. Grundzüge der Auslegung

Auch wenn Paulus in Röm 5,12 mit der überleitenden Konjunktion διὰ τοῦτο einen gewissen Zusammenhang mit dem Vorhergehenden anzeigt, so bleibt die Verbindung im Kontext doch nur lose auf das Thema der Rechtfertigung und Versöhnung in 5,1-11 bezogen.[13] Allerdings nimmt der in V.12 intendierte Adam-Christus-Vergleich mit seiner christologischen Intention deutlich genug den in V. 6-11 betonten Grund des Versöhnungshandelns Gottes im Tod seines Sohnes (V.10) auf und entfaltet diesen jetzt hinsichtlich seiner universalen Bedeutung. Die Adam-Christus-Parallele gibt dem ganzen Abschnitt V.12-21 sein besonderes Gepräge. Auch wenn Paulus sich bei der Darlegung des mit dieser Parallele intendierten theologischen Gedankens selbst unterbricht - so in V.13-14 und in V.20a mit dem Gedanken von der Rolle des mosaischen Gesetzes -, ergibt sich insgesamt doch ein klarer Gedankengang, der wie folgt zu gliedern ist:

V.12 ist stilistisch ein Anakoluth: Der intendierte Vergleich zwischen Adam und Christus bleibt unvollendet, so daß umso größeres Gewicht auf die durch Adam initiierte Unheilsgeschichte der gesamten Menschheit fällt.
V.13-14 ist ein Exkurs zur Allgemeinheit der Todesherrschaft: Auch die Zeit, in der das mosaische Gesetz noch nicht gegeben war, ist von dem Unheilszusammenhang von Sünde und Tod nicht ausgenommen.
V.15-17 führt zu V.12 zurück und betont zugleich: Verglichen wird Unvergleichliches.

V.15a nimmt den in V.12 intendierten Vergleich wieder auf mit einer doppelten Veränderung: (a) Die personale Parallele von Adam und Christus wird durch die Sachparallele von Sündenfall und Gnadentat ersetzt. (b) Die beiden gegenübergestellten Sachverhalte werden zugleich als unvergleichlich bewertet.
V.15b erklärt die Unvergleichlichkeit durch das πολλῷ μᾶλλον der Wirkung der Gnade Gottes. Diesem Skopus wird die Adam-Christus-Parallele untergeordnet.
V.16 dient zur Verstärkung des Motivs der Unvergleichlichkeit: Adams Sünde bewirkte wie von *einem* her Gericht und Verurteilung; die Gnade aber setzt die "vielen Übertretungen" aller Menschen voraus (und erweist an ihnen ihre überströmende Kraft zur Rechtfertigung).
V.17 ist Wiederholung des überbietenden Vergleichs aus V.15b in derselben Satzstruktur, wobei jetzt die Glaubenden stärker hervorgehoben werden, und zwar als solche, die die Heilsgabe in der Gegenwart empfangen und damit (zum Zeichen der endgültigen Überwindung

---

[13] Vgl. SCHLIER, Römerbrief, 158f: "eine unprägnante Übergangspartikel".

der Todesherrschaft) die zukünftige Herrschaft im ewigen Leben erlangen. Betont wird dieser Heilsstand auf die Vermittlung "durch den einen Jesus Christus" zurückgeführt (Schlußstellung im Satz).

V.18-21 bietet die weitere Ausführung des Adam-Christus-Vergleichs (unter der Voraussetzung von V.15-17):

V.18-19: Die initiierende Bedeutung beider für das Schicksal der ganzen Menschheit.
V.18: Dem Fehltritt Adams und seinen unheilvollen Folgen wird die Rechttat (δικαίωμα) Christi gegenübergestellt, die zur lebenschaffenden Rechtfertigung (δικαίωσις) führt.
V.19: Dem Ungehorsam Adams wird der Gehorsam Christi gegenübergestellt: durch den Ungehorsam Adams "wurden die Vielen als Sünder konstituiert", durch die Gehorsamstat Christi "werden die Vielen zu Gerechten gemacht werden".
V.20-21: Das "Übermaß" der Gnade weist sich aus in der Herrschaft der Gnade, die Leben stiftet und durch die die todbringende Herrschaft der Sünde Vergangenheit geworden ist.
V.20a: Erinnerung an die Funktion des Gesetzes im Blick auf die Wirklichkeit der Sünde.
V.20b-21: Die die Sündenherrschaft überwindende Kraft der Gnadenherrschaft als Zielaussage des ganzen Abschnitts.

Für die *Interpretation* verdient im Rahmen unseres Themas V.12 besondere Aufmerksamkeit. Näherhin geht es hierbei um das Verhältnis der Sünde aller (12d) zur Sünde, die durch Adam in die Welt kam (12a). (Siehe hierzu Teil 3.3). V.12 eröffnet jedenfalls mit dem beabsichtigten Vergleich des durch Adam initiierten Sünde-Tod-Verhängnisses und des durch Jesus Christus vermittelten Gnadenwirkens Gottes (vgl. V.15) die durchgehende Perspektive, in der das alle Menschen betreffende eschatologische Heil dargestellt werden soll. Zu dem oben skizzierten Gedankengang des Apostels seien zur Verdeutlichung dieser Perspektive hier noch einige Anmerkungen angefügt. Wie gesagt, stellen die *Verse 13 und 14* einen Exkurs oder eine Zwischenüberlegung dar, durch die die umfassende Unheilsfolge der Sünde Adams gegen einen möglichen Einwand erklärt und gesichert wird. Wenn es Sünde doch nur gibt, wo das Gesetz gilt und übertreten wird (so ausdrücklich nach 4,15b), wie steht es dann mit der in V.12 vorgestellten allgemeinen Unheilssituation in der Zeit *vor* der Gesetzgebung vom Sinai? Die Antwort des Paulus ist: Sünde gab es als einflußnehmende Macht in der Welt auch damals schon, wenngleich die Sünde nicht als Gesetzesübertretung "angerechnet wurde". V.14 bestätigt diesen Befund aufgrund der *tatsächlichen* Herrschaft des Todes auch in der Zeit von Adam bis Moses. Die Todesherrschaft über alle Menschen erklärt sich daher nicht, wie eine isolierte Betrachtung von V.12c und d nahelegen könnte, aufgrund der Ursächlichkeit des Sündigens der Menschen nach Art der Gebotsübertretung Adams, sondern, wie nach V.12a-b zu lesen ist, aufgrund der Unheilsgeschichte, die die Sünde Adams in der Folge von Sünde und Tod über die ganze Menschheit gebracht hat, also aus dem Motiv der Verflochtenheit aller Menschen in der Folgegeschichte der Tat Adams.

Die Aussage von V.13 und 14 läßt so noch einmal die Beziehung von *V.12a und d* erkennen: Die Allgemeinheit des Todes ist ein Zeichen für die Allgemeinheit der Sünde, die durch Adam in die Welt kam. In dieses von Adam herkommende Sünde-Tod-Geschick ist jeder Mensch aber ausweislich seiner persönlichen Tatsünden verflochten, in denen sich die unheilvolle Herrschaft der Sünde auswirkt. Von V.13 und 14 her wird daher deutlich, daß die bestehende Spannung zwischen V.12a und 12d nicht im Sinne eines ausschließenden Gegensatzes überzogen werden darf.[14] Die Sünde ist für Paulus nicht einfach nur eine anonyme Macht in der Welt (oder gar ein "Verhängnis"); sie wird vielmehr konkret in den "vielen Übertretungen" (V.16) der sündigen Menschheit.

Zu V.15-17: Bevor Paulus nun nach dieser Klarstellung den in V.12 begonnenen Vergleich weiterführt, wird ihm bewußt, daß der Vergleich zwischen Adam und Christus im Grunde nur die größere Ungleichheit zwischen beiden hervortreten läßt. Dies entspricht durchaus dem Thema des ganzen Abschnitts. Letztlich geht es um die überragende Kraft der Gnade Gottes, die in Jesus Christus zur Herrschaft gekommen ist. Dies wirkt sich auch auf die Gegenüberstellung der beiden Seiten, der Adam-Seite und der Christus-Seite, aus. Der "zukünftige Adam" (V.14b) "ist nicht die Kompensation des ersten Adam und dessen, was dieser brachte, sondern unvergleichlich und unerschöpflich mehr."[15] Der Schluß a minori ad maius in V.15 und 17 (implizit auch in V.16) bringt die Unvergleichlichkeit der Wirkung der Gnadentat Christi hinsichtlich ihres Übermaßes, aber auch ihrer Unverdienbarkeit gegenüber dem Sünde-Tod-Verhängnis der Adamsgeschichte zur Geltung. In V.16b dient auch die Zuordnung der Gnadentat zu den "vielen Übertretungen" dem gleichen Ziel, obwohl bei der Gegenüberstellung der sündigen Tat des einen (V.16) und der Gnadentat, die sich auf die "vielen Übertretungen" bezieht, der Wirkzusammenhang zwischen der Sünde des einen und den zahlreichen Übertretungen aller nicht übersehen werden darf und jedenfalls von Paulus auch an dieser Stelle nicht aufgehoben wird.

Zu V.18-19: Wenn Paulus jetzt noch zu dem Vergleich zwischen Adam und Christus hinsichtlich ihrer initiativen Bedeutung für die Menschheit kommt, obwohl es ihm im Grunde um die überragende Wirkkraft der Gnade geht, dann soll in V.18 und 19 in der Relation des einen zu allen bzw. des einen zu

---

[14] So mit guten Gründen WILCKENS, Römer, 316f (gegen BULTMANN und BRANDENBURGER). Vgl. auch RUCKSTUHL, Unheilslast, 65-68, und D. ZELLER, Der Brief an die Römer (RNT), Regensburg 1985, 116f.

[15] SCHLIER, Römerbrief, 166. Vgl. hierzu besonders auch M. THEOBALD, Die überströmende Gnade. Studien zu einem paulinischen Motivfeld (fzb 22), Würzburg 1982, 63-127.

den vielen vor allem die *universale* Dimension nicht nur des Unheils, sondern auch der Heilstat Gottes deutlich werden. An letzterem liegt dem Apostel besonders. Die universale Geltung des Heilsgeschehens als alle Menschen betreffend wird in seiner Beziehung zur Allgemeinheit von Sünde und Tod (die auch im Judentum vor und zur Zeit des Paulus bewußt war) verständlich gemacht. Zugleich wird deutlich, daß Gottes Gnade in Jesus Christus tatsächlich in diese Unheilsgeschichte der Menschheit eingreift und sie radikal verändert.[16]

2. Die theologische Tragweite der Adam-Christus-Parallele

Zweifellos setzt Paulus bei der Gegenüberstellung von Adam und Christus in Röm 5,12-21 die Geschichte vom Sündenfall in Gen 3 voraus. Grundlegend für die Adam-Reflexion des Apostels ist der Folgezusammenhang von Sünde und Tod. Der Sündenfall Adams hat der Sünde Eingang in die Welt verschafft und ihr zur allgemeinen Herrschaft verholfen. Dies ist nicht mehr unmittelbar aus Gen 3 abzuleiten, sondern allenfalls aus der unheilvollen Urgeschichte des Menschen in Gen 1-11 zu erschließen, insofern die Geschichte der Menschen den Folgezusammenhang von Sünde und Tod ständig von neuem realisiert. Zu einer ausdrücklichen Reflexion über die Ursächlichkeit der Sünde Adams im Verhältnis zur Sündigkeit aller Menschen kommt es dabei nicht. Noch weniger bietet die im Alten Testament beschriebene Urgeschichte der Menschheit eine Perspektive im Sinne der paulinischen Adam-Christus-Parallele. (Von einer impliziten Messianologie des als "Protoevangelium" gedeuteten Gotteswortes in Gen 3,15[17] wird hier wegen der methodischen und hermeneutischen Schwierigkeit dieser Deutung abgesehen, zumal sie auch nicht die Relation Sünder-Erlöser betrifft.)
Um Adam als Urheber des Sünde-Tod-Zusammenhangs anzusehen, der auf seine Nachkommen übergegangen ist, hat Paulus sich auf eine entsprechende Interpretation im Frühjudentum stützen können, die zum Teil in der Weisheitsliteratur vorbereitet war.[18] So die Klage in 4 Esr 7,118: "Ach Adam, was hast du getan! Als du sündigtest, kam dein Fall nicht nur auf dich, sondern auch auf uns, deine Nachkommen."[19] Vorausgesetzt ist also ein Wirkzu-

---

[16] W. SCHMITHALS, Römerbrief, 169, schätzt V.18-19 (wie überhaupt den ganzen Abschnitt 5,12-21) recht hoch ein: "In V.18-19 begegnet... die zentrale Aussage von 5,12-21 und damit zugleich der sachliche Höhepunkt des ganzen Schreibens."

[17] Vgl. J. SCHARBERT, Genesis 1-11 (Die Neue Echter Bibel), Würzburg 1983, 57f.

[18] Hierzu ist auf Weish 2,23f und Sir 25,24 hinzuweisen. An letzterer Stelle wird das Sünde-Tod-Verhängnis der Menschheit allerdings auf Eva zurückgeführt (vgl. auch ApkMos 14).

[19] Vgl. auch 4 Esr 3,21.26; 7,116.

sammenhang zwischen Adam und seinen Nachkommen, der nicht näher beschrieben wird. Aber es liegt nahe, zur Erklärung dieses Zusammenhangs an die im biblisch-jüdischen Denken verbreitete Vorstellung von der "korporativen Persönlichkeit" zu denken.[20] Der Stammvater bestimmt immer auch das Geschick der von ihm abstammenden Nachkommenschaft. Die sachliche Berechtigung dieser Vorstellung hängt im biblisch-christlichen Denken allerdings nicht von der naturwissenschaftlichen Nachweisbarkeit einer so vorausgesetzten biologischen Abstammung ab, sondern von der Intention dieser Überlieferung, ein Volk bzw. auch die ganze Menschheit aufgrund der nicht zu leugnenden Heils- und Unheilsgeschichte, in die die einzelnen verflochten sind, als eine *geschöpfliche* Einheit zu denken, die sich in einer vom biblischen Schöpfungsgedanken bestimmten "Urgeschichte" konkretisiert.

Auch *Paulus* rechnet mit Adam als einer zugleich geschichtlichen und schöpfungstheologisch repräsentativen Ur-Persönlichkeit, deren Handeln sich aufgrund des Schöpfungswerkes Gottes für alle Menschen und in allen Menschen auswirkt. Durch das Fehlhandeln des "Einen" ist die positive Zielsetzung der ganzen Schöpfung in Frage gestellt. Paulus kann diese weitreichende Konsequenz allerdings erst aufgrund der Einsicht in die äonenwendende Tat Gottes in Tod und Auferweckung Christi ziehen. Von hier aus, von der Konstituierung der "neuen Schöpfung" in Christus, wird das Unheil der ganzen Schöpfung, das sich im Schicksal des Menschen und in seiner tiefen Erlösungsbedürftigkeit konzentriert, erst ansichtig und aussprechbar.

Während sich für die Schicksalsgemeinschaft Adams und der Adamiten religionsgeschichtlich relevante Vorgaben vor allem im frühjüdischen Schrifttum finden,[21] läßt sich die *Aufhebung* der Unheilsgeschichte durch einen "zweiten Adam", der dem ersten Adam antitypisch entspricht und selbst die Perspektive einer neuen, erlösten Menschheit begründet, nicht im religionsgeschichtlichen Umfeld des Paulus nachweisen.[22] Offenkundig hat Paulus die Adam-Christus-Parallele gezielt in soteriologisch-heilsgeschichtlicher Absicht entwickelt, um die Tragweite des in Tod und Auferweckung Christi begründeten Heilswerkes Gottes zu verdeutlichen. Die Parallelisierung des christologisch begründeten Heilswerkes mit der Unheilsgeschichte Adams und seiner Nachkommen sollte also dazu dienen, die durchgreifende und neu-

---

[20] Hierzu J. DE FRAINE, Adam und seine Nachkommen. Der Begriff der "Korporativen Persönlichkeit" in der Heiligen Schrift, Köln 1962, passim. J. SCHARBERT, Prolegomena eines Alttestamentlers zur Erbsündenlehre (QD 37), Freiburg 1968, verweist dafür auf das Solidaritätsbewußtsein im altisraelitischen "Clandenken".

[21] Vgl. bes. ZELLER, Römer, 115f: "Adams Sünde und die Folgen nach jüdischer Überlieferung". Vgl. auch SCHLIER, Römerbrief, 183-189, zum religionsgeschichtlichen Hintergrund der paulinischen Adam-Vorstellung; P. SCHÄFER, Art. Adam. II. Im Judentum, in: TRE I (1977) 424-427, und SCHMITHALS, Römerbrief, 171-173.

[22] O. BETZ, Art. Adam I, in: TRE I (1977) 414-424, hier 416.

schaffende Kraft der Gnade Gottes hervorzugeben und damit auch die unheil-
wirkende Sünde der Menschen als den eigentlichen Bezugspunkt des Er-
lösungswerkes Christi zu beleuchten. Diese indirekte Absicht der paulinischen
Interpretation, die Mächtigkeit der Sünde hervortreten zu lassen, sollte unter
dem Eindruck der eigentlichen soteriologischen Ausrichtung der Verkündigung und Lehre des Apostels nicht übersehen werden.

3. Sünde und "Erbsünde" in Röm 5,12-21

Offenkundig hat Röm 5,12-21 für das Verständnis von "Sünde" eine
fundamentale Bedeutung. Paulus gebraucht das Wort ἁμαρτία im Singular, in
unserem Text sechsmal, davon betont gleich in V.12 zweimal; zudem
verwendet er weitere Derivate vom gleichen Stamm (ἁμαρτάνειν V.12d.
14.16a, ἁμαρτωλός V.19) sowie als weitere Termini παράβασις (V.14),
παράπτωμα (V.15.16.17.18.20) und παρακοή (V.19), die durchweg (mit
Ausnahme von V.16b) den Fehltritt Adams bezeichnen. Die Verwendung von
ἁμαρτία bleibt dabei allerdings leitend. Es fällt auf, daß dieses Wort (im
Singular) vorher im Römerbrief nur dreimal begegnet (3,9.20 und 4,8 in einem
AT-Zitat, zudem einmal im Plural in 4,7 - ebenfalls in einem AT-Zitat). Umso
mehr überrascht das sehr häufige Vorkommen des Wortes in Kap. 6-8: 36mal
(mit Ausnahme von 7,5 regelmäßig im Singular). Dieser Befund ist umso
bedeutsamer, als das Wortvorkommen in den anderen Paulusbriefen, die
hierzu vergleichbar wären, relativ spärlich bleibt (1 Kor; 2 Kor; Gal; 1 Thess
insgesamt neunmal).
Es zeigt sich also, daß Paulus von der Sünde mit besonderem Nachdruck in
Röm 6 und 8 spricht, um die Glaubenden vor dem *Rückfall* unter die alte
Sünde zu warnen und sie an die Macht der Gnade zu erinnern, die sie den
Kampf gegen die Sünde bestehen läßt. (Röm 7 nimmt zwischen den Kapiteln 6
und 8 eine besondere Stellung ein, da Paulus hier gleichsam die "Psychologie"
der Sünde im Zusammenhang mit dem Versagen des Gesetzes und der
Schwäche der menschlichen Natur beschreibt, und zwar im Rückblick auf die
Situation der Unerlöstheit.) So sehr Sünde durch die Erlösungstat Jesu Christi
eine in ihrem Anspruch und in ihrer endgültigen Erfolgsaussicht überwundene
Wirklichkeit ist, so wenig läßt Paulus die noch anhaltende Widerständigkeit
der Sünde aus dem Auge. Sie ist immer noch stark genug, um die Hinwendung
zu Christus und die Lebensorientierung der Glaubenden an ihm zu hindern.
Daher ist es nicht überraschend, daß Paulus in Röm 5,12-21 noch einmal an
die mit Adam begonnene Unheilsgeschichte der Sünde erinnert, nachdem er
zuvor bereits die neuschöpferische Wirklichkeit der Rechtfertigungsgnade
beschrieben hat, deren universal durchgreifende Macht er jetzt in diesem

Abschnitt ausdrücklich herauszustellen sucht. Daß er dabei die Sünde als die die Menschen beherrschende Unheilsmacht in den Vordergrund stellt, läßt nicht übersehen, daß diese mit der Sündentat Adams ursächlich in einen Zusammenhang gebracht wird. Die durchgehende Verbindung der πάντες (V.12.18) bzw. der πολλοί (V.15.16.19) mit Adam (wie andererseits in V.15-19 auch mit Christus) zielt darauf, das Sünder-Sein der Menschen bei aller Eigenverantwortlichkeit des Sünders für seine Sünden in einem überindividuellen, menschheitsgeschichtlichen Zusammenhang zu verankern, dessen geschichtlicher Anfang mit der Sünde Adams bezeichnet wird.

Über diese heils- und universalgeschichtliche Gesamtsicht von der erlösungsbedürftigen Situation der Menschheit *vor* und ohne Christus hinaus stellt sich die Frage, ob und wieweit der von Paulus festgestellte überindividuelle Unheilszusammenhang zwischen Adam und der ganzen Menschheit auch anthropologisch weiter aufzuschlüsseln ist. Wie wird der einzelne Mensch zum Sünder? Nur aufgrund seines eigenen Sündigens gegen das Gebot Gottes oder nicht auch schon im voraus zu seiner eigenen Fehltat von Geburt her, also dadurch, daß er naturnotwendig und mit seiner geschöpflichen Konstitution an der Folgegeschichte der Sünde des ersten Menschen mitträgt? Paulus gibt hierzu in Röm 5,12-21 und auch sonst keine direkte Auskunft. Wenn diese Frage aber nun doch an unseren Text herangetragen wird, und zwar besonders an V.12, ist dazu sicher die theologische Tragweite dieses Textes zu beachten. Aus dem Zusammenhang der vier Teilsätze in diesem Vers ergibt sich zunächst, daß die durch die Fehltat Adams begründete Macht der Sünde in der Welt sich an allen Menschen in der Weise der Todverfallenheit auswirkt. Die allgemeine Todverfallenheit wird in V.12d auf das Sündigen aller Menschen zurückgeführt. Daß der Mensch sündigt, ist gewiß ein von ihm zu verantwortendes Fehlverhalten und nicht einfach Schicksal. Zugleich bleibt aber der Rückbezug der persönlichen Sünde jedes einzelnen auf die Einwirkung der von Adam her agierenden Sündenmacht bei allen Menschen erhalten. Als Glied der ganzen Menschheit wird der einzelne daher zum Sünder, weil er sich aus der Solidarität mit allen Menschen von sich aus nicht ausschalten kann, sondern diese sogar positiv in seinem eigenen Fehlverhalten bestätigt. Zwischen der Aussage von V.12a und V.12d besteht also kein direkter Gegensatz. Vielmehr bleibt das für alle Menschen konstatierte Sündigen zutiefst ermöglicht und getragen von der Sündenmacht, die durch Adam in die Welt kam.

Dieser Zusammenhang wird auch in V.19 bestätigt: "durch den Ungehorsam des einen (Adam) wurden die Vielen zu Sündern gemacht..." Diese Aussage faßt die beiden Teilaussagen von V.12a und 12d in einem zusammen. Das "Wie" dieses "Gemacht-werdens" (κατεστάθησαν) bleibt ungeklärt. Vom geschichtlichen Denken des Paulus her ist hierfür allerdings eher an ein

Eingebunden-Sein jedes einzelnen in eine gesamtmenschliche Geschichte zu denken, die von ihrem "Einheitspunkt" in Adam her als Heils- bzw. Unheilsgeschichte bestimmt wird.

IV. FOLGERUNGEN FÜR DIE LEHRE VON DER SÜNDE UND ERLÖSUNG

Eine systematisch-theologische Reflexion zum Thema Sünde und Erlösung, die das biblische Zeugnis zur Begründung ihrer positiven Aussagen einzuholen bemüht ist, hat die unterschiedlichen hermeneutischen Ausgangspositionen im biblischen Zeugnis einerseits und in der kirchlichen Lehrüberlieferung andererseits zu berücksichtigen. Daher wird man auch zur Erbsündenlehre die Bedeutung und theologische Tragweite des hierzu gewiß einschlägigen paulinischen Zeugnisses in Röm 5 nicht schon dadurch nachgeholt finden, daß dieses Zeugnis mit einer wichtigen Teilaussage, nämlich von Röm 5,12, in der vom Tridentinum definierten Lehre der Kirche zitiert und zur Erklärung herangezogen wird. Mit dieser Stelle und ihrem Kontext kann auch der theologische "Überschuß" dieser Stelle, die im Konzilsdekret ja nur unter einem ganz bestimmten Gesichtspunkt berücksichtigt wurde, für eine weitere Behandlung theologischer Detailfragen wichtig werden. Stärker, als im Konzilsdekret erkennbar wird, spricht Paulus von einer abgründigen Verlorenheit des Menschen an die Macht der Sünde vor und ohne Christus, die gewiß in seiner Solidarität mit der ganzen erlösungsbedürftigen Menschheit ihren Grund hat, die aber als solche nicht schon von Natur her, sondern von Christus her ansichtig wird, in dem zugleich auch ihre Aufhebung wirksam wird. Als von Christus überwundene Sünde offenbart sie ihre tiefe Unheilsdimension.

Daher ist es auch die Aufgabe der Kirche, nicht die Sünde zu predigen, sondern die durch Christus überwundene Sünde. Glaubensgegenstand ist die Sünde, auch die sog. "Erbsünde", nur als in der Gnade Gottes aufgehobene Sündenschuld. *"Confiteor unum baptisma in remissionem peccatorum."* Dieser Zusammenhang von Sünde und Erlösung bleibt auch im Dekret des Tridentinum über die "Erbsünde" gewahrt; denn es erhält seine volle Bedeutung erst durch das folgende Dekret über die Rechtfertigung des Sünders.

Exegetische Überlegungen zum Verständnis der paulinischen Anthropologie nach Römer 7*

Röm 7 gehört zu den exegetisch am meisten gequälten Kapiteln des Neuen Testaments. Die exegetische Problematik dieses Kapitels konzentriert sich vor allem auf die Frage nach der Bedeutung des »Ich« in den vv. 7-25[1]. Diese fast unlösbar erscheinende Frage hat

---

* Habilitationsvortrag, gehalten am 1. 2. 1969 vor der Kath.-theol. Fakultät in Münster.
[1] Vgl. W. G. Kümmel, Römer 7 und die Bekehrung des Paulus (UNT 17), Leipzig 1929, 74. An weiterer Literatur seien nur die wichtigsten Beiträge zum Thema nach dem Erscheinen von Kümmels Buch genannt: R. Bultmann, Römer 7 und die Anthropologie des Paulus, in: Imago Dei. Beiträge zur theologischen Anthropologie. G. Krüger zum 70. Geburtstag, Gießen 1932, 53—62; P. Althaus, Paulus und Luther über den Menschen. Ein Vergleich (Studien der Luther-Akademie, 14), Gütersloh (1938) ²1951 (besonders 31—67: vom Menschen ohne Christus); P. Benoit, La Loi et la Croix d'après Saint Paul (Rom. VII, 7 — VIII, 4), in: RevBibl 47 (1938) 481 bis 509; H. Möller, Röm 7 ist und bleibt das Bild des Christen, in: Deutsche Theologie 6 (1939) 5—27. 68—79; G. Bornkamm, Sünde, Gesetz und Tod. Exegetische Studie zu Röm 7, in: Das Ende des Gesetzes. Ges. Aufsätze I (BEvTh 16), München 1952, 51 bis 69 (vgl. auch sein Paulus-Buch 1969, S. 136 ff. = Urbanbücher 119); E. Ellwein, Das Rätsel von Römer VII, in: KuD 1 (1955) 247—268; H. Braun, Römer 7 7-25 und das Selbstverständnis des Qumran-Frommen, in: ZThK 56 (1959) 1—18; E. Giese, Römer 7 neu gesehen im Zusammenhang des gesamten Briefes. Dissertation, Marburg 1959; W. Keuck, Dienst des Geistes und des Fleisches. Zur Auslegungsgeschichte von Röm 7 25b, in: ThQ 142 (1961) 257—286; H. Hommel, Das 7. Kapitel des Römerbriefes im Licht antiker Überlieferung, in: ThViat 8 (1961/62) 90—116; E. Fuchs, Existentiale Interpretation von Römer 7 7-12 und 21-23, in: ZThK 59 (1962) 285—314; S. Lyonnet, L'histoire du salut selon le chapitre VII de l'épître aux Romains, in: Bibl 43 (1962) 117—151; J. Kürzinger, Der Schlüssel zum Verständnis von Röm 7, in: BZ NF 7 (1963) 270—274; H. Jonas, Philosophische Meditation über Paulus, Römerbrief, Kapitel 7, in: Zeit und Geschichte. Dankesgabe an R. Bultmann, Tübingen 1964, 557—570; J. Packer, The 'Wretched Man' in Romans 7, in: Studia Evangelica II (TU 87), Berlin 1964, 621—627; O. Modalsli, Gal. 2 19-21; 5 16-18 und Röm. 7 7-25, in: ThZ 21 (1965) 22—37; J. Blank, Der gespaltene Mensch. Zur Exegese von Röm 7 7-25, in: BibLeb 9 (1968) 10—20; U. Luz, Das Geschichtsverständnis des Paulus (BEvTh 49), München 1968, 158—168 (»Heilsgeschichte und Ich in R. 7 7ff.«). Vgl. auch O. Kuß, Der Römerbrief, Regensburg 1959, 462—485 (Exkurs: Zur Geschichte der Auslegung von Röm 7 7-25), und

sich für die Theologie immer wieder von neuem als fruchtbar erwiesen. Das zeigt die Geschichte der Auslegung von Röm 7. So hat z. B. Martin Luther, um eine besonders markante Position zu nennen, unter Berufung auf die antipelagianisch orientierte Auslegung des späteren Augustinus[2] die Schilderung des Ich in Röm 7 entschieden auf den Christen als homo simul iustus et peccator bezogen. Dagegen haben zuletzt noch evangelische Theologen wie Paul Althaus[3] und Wilfried Joest[4] die theologisch interessierte Einseitigkeit dieser Interpretation und damit den Unterschied von Luthers Verständnis vom Menschen und der paulinischen Anthropologie festgestellt.

Die Exegeten stimmen heute weitgehend[5] darin überein, daß Röm 7 7-25 die Situation des unerlösten Menschen unter dem Gesetz darstelle, freilich, wie etwa Kuß[6] hinzufügt, die Situation des Unerlösten, wie sie in dieser Schärfe erst der Glaubende sieht. Weitgehende Einigkeit besteht auch darüber, daß das »Ich« in Röm 7 nicht eine biographische Selbstaussage des Paulus intendiert. Dies hat vor allem W. G. Kümmel aufzuzeigen gesucht[7]. Schwieriger fällt es allerdings zu sagen, wer das »Ich« in Röm 7 in concreto sei. Man wird sich nicht damit begnügen können, das »Ich« als eine bloße »Stilform« zu erklären, die auch sonst bei Paulus geläufig sei, wie z. B. am Anfang von 1 Kor 13 (»Wenn ich mit Zungen von Menschen oder Engeln redete ...«)[8]. Zum Teil hatten schon die Väter den überindividuellen Charakter der Ich-Aussagen in Röm 7 festgestellt[9]. Aber wie vermag ein »generelles« Ich, etwa die Menschheit oder der »adamitische Mensch«[10] unter dem Gesetz, Aussagen von anscheinend individuell-persönlich empfundenen subjektiven Strebungen zu machen wie die von einem

---

O. Michel, Der Brief an die Römer (MeyerK 4), Göttingen [12]1963, 181—187 (Geschichtliche und theologische Probleme zu Röm 7).

[2] Vgl. K. H. Schelkle, Paulus Lehrer der Väter. Die altkirchliche Auslegung von Römer 1—11, Düsseldorf 1956, 248.

[3] P. Althaus, a. a. O.

[4] W. Joest, Paulus und das Luthersche Simul Justus et Peccator, in: KuD 1 (1955), 269—320.

[5] Mit Ausnahme etwa von A. Nygren, Der Römerbrief, Göttingen [4]1965. Vgl. auch D. W. Oostendorp, Another Jesus. A Gospel of Jewish-Christian Superiority in II Corinthians, Kampen 1967, 86: In Röm 7 14ff. »Paul is talking about a post-conversion experience«.

[6] Römerbrief, 482. Ebenso W. G. Kümmel, a. a. O. 138; R. Bultmann, a. a. O. 53; P. Althaus, a. a. O. 39; G. Bornkamm, a. a. O. 53.

[7] W. G. Kümmel, a. a. O. Gegen W. G. Kümmel vertritt allerdings M. Buber, Zwei Glaubensweisen, Zürich 1950, 150f., wiederum die »autobiographische« Deutung von Röm 7.

[8] Vgl. W. G. Kümmel, a. a. O. 118—132.

[9] Vgl. W. G. Kümmel, a. a. O. 119f., und K. H. Schelkle, a. a. O. 242.

[10] G. Bornkamm, a. a. O. 59.

Wollen des Guten bzw. einem Nicht-Wollen des Bösen (v. 18-21) und einer freudigen Übereinstimmung mit dem Gesetz (v. 16-22)? Die These R. Bultmanns[11], wonach es sich in Röm 7 durchgehend um »transsubjektive Vorgänge« handle, scheint eine Lösung anzubieten, die die Gefahr einer psychologisierenden Interpretation zwar umgeht, die aber der Verwendung psychologisch-anthropologischer Kategorien in Röm 7 und dem damit gegebenen Hinweis auf einen »ethischen Konflikt«[12] des Subjekts nicht ganz gerecht wird.

Ohne die um das Verständnis des Ich in Röm 7 entstandene Diskussion im einzelnen zu wiederholen, wie sie etwa in dem Exkurs zu Röm 7 von O. Kuß ausführlich dargestellt ist, soll die soeben skizzierte allgemeine Stellungnahme heutiger Exegeten zur Frage nach dem Verständnis des Ich in Röm 7 durch die Auslegung einiger zentraler Verse überprüft und ggf. präzisiert werden. Dabei soll vor allem überlegt weiden, ob die theologische Beschreibung der Situation des Menschen unter dem Gesetz nur eine theoretische Reflexion über seine inzwischen zurückliegende und überwundene Existenz als Sünder darstellt, eine Reflexion, die Paulus aus der sicheren Distanz des grundsätzlich schon geretteten Menschen anstellt, oder ob und wieweit die Überlegungen bezüglich der in Christus grundsätzlich überholten Gesetzessituation nicht auch noch aktuelle Bedeutung für den Erlösten selbst haben. Letzteres legt sich nahe aufgrund bestimmter Beobachtungen am Text selbst und an seinem Verhältnis zum Kontext.

I.

Welche Möglichkeiten ergeben sich, die Verwendung der »Ich«-Form in Röm 7 7-25 zunächst einmal *aus dem Text dieses Abschnittes* selbst zu verstehen? Daß die Ich-Rede als »Stilform« auch an anderen Stellen der Paulusbriefe vorkommt, muß noch nicht bedeuten, daß das Ich in Röm 7 in gleicher Weise zu verstehen sei. Am ehesten läßt sich eine Stelle wie Gal 2 18-21 vergleichen, wo Paulus plötzlich von der 1. Pers. Plur. zur 1. Pers. Sing. übergeht und dabei in v. 20 die sehr pointierte Aussage macht: ζῶ δὲ οὐκέτι ἐγώ, ζῇ δὲ ἐν ἐμοὶ Χριστός. Aber aus dieser Stelle spricht offenkundig auch die Glaubenserfahrung des Apostels selbst[13]. Auch in Röm 7 ist nicht von vorn-

---

[11] Vgl. auch G. Bornkamm, a. a. O. 55: »Das Geschehen, das Paulus im Blick hat, transzendiert den Bereich meiner eigenen Entscheidungen und Erfahrungen«.

[12] J. Blank, a. a. O. 13—18.

[13] Daß er sich selbst hierbei mit der 1. Pers. Sing. persönlich identifiziert, zeigt v. 21: οὐκ ἀθετῶ τὴν χάριν τοῦ θεοῦ, womit er sich ähnlich wie in Röm 3 8 und 3 31 gegen einen gegnerischen Vorwurf verwahrt. Vgl. H. Schlier, Der Brief an die Galater (MeyerK 7), Göttingen [13]1965, 104.

herein die persönliche Identifizierung des Paulus mit dem berichtenden ἐγώ abzustreiten, wenngleich die überindividuelle Bedeutung des »Ich« grundsätzlich festzuhalten ist.

Einen ersten Anhalt zur Beurteilung der Ich-Aussagen in Röm 7 gibt uns die Beobachtung, daß Paulus in den vv. 7-13 seine Schilderung in der Zeitform des Präteritums und im Stil einer »Confessio«[14] beginnt. »Ich hätte die Sünde nicht kennengelernt außer durch das Gesetz« (v. 7). »Ich lebte einst ohne das Gesetz. Als aber die Gebotsforderung kam, lebte die Sünde auf« (v. 9). »Ich aber starb, und es erwies sich mir das Gebot, das zum Leben gegeben war, eben dieses erwies sich als Gebot zum Tode« (v. 10). »Denn die Sünde . . . täuschte mich durch das Gebot, und eben durch dieses tötete sie mich« (v. 11). Die hier gebrauchten Zeitformen weisen hin auf ein vergangenes Geschehen. Die Zeit, die damit vorgestellt wird, ist die Zeit der Mächte von Sünde und Tod, also der »alte Äon«, der in Christus grundsätzlich überwunden ist. In dieser Zeit stand das Ich unter dem Gesetz, dem die Christen nach 7 4 abgestorben sind durch das σῶμα Christi, so daß sie jetzt nicht mehr unter dem Gesetz dienen. Eben mit dieser Zeit, die vergangen ist, wird das Ich in 7 7-13 konfrontiert als mit seiner eigenen Herkunft. Auf diese Vergangenheit blickt das Ich der Gegenwart zurück, also das Ich des Christen, der nicht mehr dem Gesetz dient. Im Gebrauch der präteritalen Zeitform drückt sich also offenkundig eine Distanzierung des glaubenden Ich gegenüber dem alten Äon aus. Wenn nun ab v. 14 das Präteritum in die Zeitform des Präsens überwechselt, bedeutet das nicht auch schon einen realen Wechsel der Zeit und der Szene. Vielmehr wird die Schilderung von v. 7-13 in den folgenden Versen thematisch weitergeführt. Eher könnte man die Lebhaftigkeit der Schilderung für diesen Zeitwechsel verantwortlich machen[15]. Ihren eigentlichen Grund findet der Wechsel der Zeitform aber wohl in der Feststellung, daß Paulus in den vv. 14-25 einen Zustand schildert, der sich als das Ergebnis der »Geschichte« von v. 7-13 darstellt. V. 14 schließt mit οἴδαμεν γάρ direkt an das Vorhergehende an. Für den inneren Zusammenhang von v. 14-25 mit v. 7-13 spricht zudem, daß das gleiche Anschauungsmaterial benutzt wird, nämlich die Vorstellung von den Mächten des alten Äons, Sünde und Tod, und mit der Sünde zwangsweise verbündet,

---

[14] Vgl. G. Bornkamm, a. a. O. 54: »Der confessio-Charakter der paulinischen Sätze nimmt dem, was er über Gesetz, Sünde und Tod sagt, nicht seine sachliche Stringenz, ersetzt also nicht die sachliche Argumentation durch eine Ausbreitung zufälliger, individueller Erfahrungen, vielmehr wird in der Confessio deutlich, daß von Gesetz, Sünde und Tod nur als von einer an mir geschehenen Geschichte recht geredet werden kann«.

[15] So schon J. A. Bengel, Gnomon z. St. Vgl. auch O. Kuß, a. a. O. 463: ». . . eindringliche Beschreibung des Zustandes«.

das Gesetz. Allerdings ergibt sich in v. 14 gegenüber v. 7-13 eine bemerkenswerte Verschiebung des Themas. Jetzt tritt das Ich stärker in den Vordergrund. Wurde mit der Frage in v. 7 deutlich eine »Apologie des Gesetzes«[16] eingeleitet, so ist auch in v. 14 die Frage nach dem Gesetz, die in v. 12 und 13 schon im positiven Sinne entschieden ist, zwar noch relevant, aber eher als Überleitung zu der weiteren Frage nach der Verfaßtheit des Ich unter dem Gesetz. »Denn wir wissen ja, daß das Gesetz von Geistesart ist, ich hingegen bin fleischlich, verkauft unter die Macht der Sünde« (v. 14).

Das Ich findet sich also in der Gesellschaft der Mächte des alten Äons, und zwar jetzt nicht mehr wie auf seine eigene Vergangenheit zurückblickend, sondern mit diesen Mächten gleichzeitig und geradezu gleichrangig. Hier erscheint das Ich im Grunde gar nicht mehr als das Ich, das sich in v. 7-13 noch von seiner eigenen Vergangenheit zu unterscheiden vermochte. Das Ich ist nach v. 14 ganz »verkauft« unter die Gewalt der Sünde. Es gehört nicht mehr sich selbst. Gleichbedeutend und diese Aussage noch steigernd heißt es sodann in v. 17: Es wirkt in meinem Tun nicht mehr das Ich, sondern »die in mir wohnende Sünde«. Diese Stelle ist für die zugrundeliegende Vorstellung vom Ich aufschlußreich. Das Ich ist nicht mehr Ich. Dieses Ich, das sich nicht mehr als Ich verhält, ist nur noch ein Gehäuse, in dem die Sünde haust. Die Sünde hat das Ich »enteignet«, so daß es ein Nicht-Ich geworden ist. V. 18 entfaltet die Aussage von der Nicht-Identität des Ich unter der Sünde weiter in einer neuen Wendung. Es wird festgestellt, »daß in mir nicht das Gute wohnt«. Das Gute ist das Gegenteil von Sünde; es ist das, was eigentlich sein sollte, was hier also zur Identität des Ich gehört. Wiederum wird das Ich in geradezu mythologischer Sprechweise als ein von der Sünde enteignetes Objekt vorgestellt. In einem erklärenden Zusatz präzisiert Paulus die Ich-Aussage als »meine σάρξ«[17]. Dieser Zusatz verdeutlicht die eigentliche Schwäche des Ich, die unter dem Andrang der Sünde das Ich ständig in ein Nicht-Ich umschlagen läßt.

Nun ist aber nicht zu übersehen, daß vom Ich nicht nur das Fehlen der Identität, sondern immer auch Positives ausgesagt wird, so daß die Beschreibung des Ich als Nicht-Ich im Sinne einer absoluten Negation nicht sachgerecht wäre. So heißt es in v. 18b: »Das Wollen nämlich ist bei mir vorhanden, das Vollbringen des Rechten aber nicht.« Ähnlich wurde auch schon in v. 15f. ein Wollen des Guten vorausgesetzt, ebenso wiederum in v. 19-21. In v. 16 wird vom Ich eine Zustimmung zum Gesetz ausgesagt, und in v. 22 heißt es gleich-

---

[16] W. G. Kümmel, a. a. O. 9. 74. 89. R. Bultmann, a. a. O. 58. G. Bornkamm, a. a. O. 53.

[17] Vgl. A. Sand, Der Begriff »Fleisch« in den paulinischen Hauptbriefen (Bibl. Unters. 2), Regensburg 1967, 190. Anders W. G. Kümmel, a. a. O. 61, und P. Althaus, a. a. O. 57: Der Zusatz sei einschränkend gemeint.

bedeutend hiermit: »Denn ich stimme dem Gesetz Gottes freudig zu, dem inneren Menschen nach.« Allerdings korrespondiert diesen Aussagen jedesmal sofort die Feststellung eines Nicht-Vollbringens des Guten. Von diesen zugleich positiven und negativen Feststellungen aus gewinnt man den Eindruck eines grundsätzlich gespaltenen Daseins des Ich. Vielfach wird bei der Auslegung von Röm 7 das Gespaltensein des menschlichen Wesens unter dem Gesetz als die eigentliche Aussage und damit aber auch als das eigentliche Problem dieses Kapitels hingestellt[18]. So sagt P. Althaus: »Der Mensch unter dem Gesetze ist . . . gespalten in ‚Vernunft‘ (νοῦς) und ‚Glieder‘, in Wollen und Nichtkönnen (!), in Freude am Gesetz und unüberwindliches Widerstreben gegen eben dieses Gesetz.« Der Mensch unter dem Gesetz mache also die Erfahrung eines »doppelten Selbst«, nämlich als »Vernunft« oder »inwendiger Mensch« und als »Fleisch«, »Glieder«[19]. Paulus anerkenne auch das Gute am »natürlichen Menschen« vor Christus. Er »bringt zu Ehren, daß der Mensch auch als Sünder nicht aufhört, Gottes Geschöpf zu sein«[20]. Diese Auslegung sucht den positiven Aussagen von Röm 7 gerecht zu werden. Durch eine Reflexion auf die nicht verlierbare geschöpfliche Qualität des Menschen vermeidet Althaus eine moralisch-psychologische Erklärung der subjektbezogenen Aussagen von Röm 7. Aber zugleich gerät diese Deutung doch auch in die Nähe einer dualistischen Interpretation des Menschen, der danach vorchristlich gleichsam von zwei Prinzipien bestimmt wird: νοῦς und σάρξ. Darum verwundert es nicht, wenn eine dieser Auslegung nahestehende Erklärung das Wort Jesu glaubt heranziehen zu dürfen: »Der Geist ist zwar willig, aber das Fleisch ist schwach« (Mk 14 38)[21]. Anders verfährt R. Bultmann, wenn er den Menschen selbst als den Zwiespalt erklärt und die Aussagen vom zwiespältigen Verhalten des Ich in Röm 7 nicht auf die innersubjektive Verfaßtheit des Menschen deutet, sondern auf einen »existentialen Strukturverhalt« (H. Jonas). So bedeute das »Wollen« des Ich hier nicht die bewußte Bejahung des ethisch Guten, sondern die »transsubjektive Tendenz der menschlichen Existenz überhaupt«[22], den hinter jeder subjektiven Strebung des Menschen liegenden »Willen« als »die Bedingung der Möglichkeit« zum Wollen[23]. Grundsätzlich sei der Mensch nach Röm 7 aber nicht gut, auch nicht teilweise gut, son-

---

[18] Vgl. zuletzt noch J. Blank, a. a. O.
[19] So P. Althaus, a. a. O. 41.   [20] A. a. O. 57.
[21] So H. Hommel, a. a. O. 97. Vgl. auch H. Lietzmann, An die Römer (HandbNT 8), Tübingen ⁴1933, 74: »Der Mensch besteht aus zwei Teilen, dem ἔσω ἄνθρωπος (v. 22), dem denkenden und wollenden Subjekt, . . . und dem ἔξω ἄνθρωπος (vgl. 2 Kor 4 16), der σάρξ, welche durch eine in ihr herrschende Naturmacht, die ἁμαρτία, nach ihrem widergöttlichen Willen gelenkt wird.«.
[22] R. Bultmann, a. a. O. 56.   [23] Vgl. H. Jonas, a. a. O. 561.

dern ganz böse, sündig, fleischlich verfaßt[24]. Man gewinnt allerdings
den Eindruck, daß solche Interpretation nicht ganz frei ist von
Gewaltsamkeit, da die entsprechenden von Bultmann vorausgesetzten
Bedeutungen der paulinischen Worte in Röm 7 ganz singulär verwandt
sein müßten. Man wird hingegen wohl kaum leugnen können, daß der
in Röm 7 beschriebene Zwiespalt des Menschen wenigstens teilweise
auch im allgemeinen Sinne subjektiv-psychologisch erfahrbar ist und
daß Paulus, wie er es auch sonst tut, hier von anderswoher vorgegebene menschliche Erfahrungskategorien übernimmt und sie zum
Zweck einer neuen Aussage in Dienst nimmt. Denn offenkundig geht
es ihm hier nicht um eine theoretische Beschreibung des menschlichen
Wesens an sich, sondern um den Menschen, »von dem nur in der
ersten Person, genauer gesagt der 1. Pers. sing. . . ., geredet werden
kann«[25]. In der von Paulus beschriebenen Zwiespältigkeit des menschlichen Verhaltens — Wollen und Tun entsprechen sich nicht —
kommt nur die »Entfremdung« des Ich unter der Gewalt der Sünde
zum Ausdruck. Das Ich ist, insofern es um das Wollen des Guten
geht, zwar da; aber es steht gleichsam neben sich selbst, da die Sünde
Besitz von ihm ergriffen hat. Es ist ein von der Sünde »besessenes«
Ich. Das Ziel der paulinischen Formulierungen ist daher nicht eigentlich die Beschreibung des Menschen als eines psychologisch vielleicht
auch sonst konstatierbaren fortwährend in sich gespaltenen Wesens,
sondern die Aufdeckung der bösartigen Gewalt der Sünde im Menschen. Der Sünde verhilft, merkwürdig genug, nicht nur das Gesetz,
sondern auch das dem Gesetz zustimmende Ich zur Macht. Wie
Paulus am Anfang in den vv. 7-11 sagen kann, daß die Sünde nicht
ohne das Gesetz gekommen ist, so gilt ebenso, daß es die Sünde
nicht gibt ohne das Ich. Das Ich kooperiert also mit den Mächten
des alten Äons, es wird unter dem in sich widersprüchigen Zusammenwirken mit diesen Mächten zur geschichtlichen »Inkarnation« der
Sünde, die die Anführerin der Mächte ist. Das Ich wird damit aber,
obwohl es auf das Gute aus ist, unter der Macht der Sünde zum
Nicht-Ich, d. h. zu einer hoffnungslos verlorenen Existenz, deren
Hoffnungslosigkeit sich schließlich in dem Unglücksschrei von v. 24
Luft verschafft.

　　Fassen wir diesen Teil unserer Interpretation kurz in einer *ersten*
These zusammen: Das Ich von Röm 7 steht in engstem Zusammenhang
mit den Mächten des alten Äons, denen es ausgeliefert ist, mit denen
es in sich widersprüchig kooperiert. Von diesem Zusammenhang aus
ergibt sich die Bedeutung des ἐγώ als des Ausdrucks seiner eigenen

---

[24] Vgl. ders., Christus des Gesetzes Ende, in: GV II, Tübingen 1952, 32—58, hier 45 bis
　　48; ders., Theologie des Neuen Testaments, Tübingen ³1958, 248f. Vgl. auch W. G.
　　Kümmel, a. a. O. 136.
[25] G. Bornkamm, a. a. O. 51.

Ohnmacht. Aus dem Nebeneinander der Aussagen vom Wollen des Guten und dem tatsächlichen Wirken des Bösen erhellt der Verlust der Identität des Ich vor und ohne Christus. Wir haben es in Röm 7 also mit dem vorchristlichen Ich des Glaubenden zu tun, das unter dem Zwang der Situation im alten Äon »dämonische« Züge annimmt, d. h. mit sich selbst nicht mehr übereinstimmt.

II.

Nun ergibt sich uns in einem weiteren Schritt, bei dem wir den *Kontext von Röm 7* zu berücksichtigen suchen, daß die Aussagen dieses Kapitels in einem bestimmten Interpretationszusammenhang stehen. Röm 5 und 6 stellen theologische Entfaltungen des Rechtfertigungsgeschehens hinsichtlich seiner Konsequenzen für den Gerechtfertigten selbst dar. Besonders deutlich spricht Kap. 6 von den Anforderungen des neu geschenkten Lebens. Röm 8 nimmt nach der exkursartigen Unterbrechung durch Röm 7 diesen Zusammenhang wieder auf und schärft die Konsequenz eines Lebens nach dem Geiste erneut ein. Bei näheiem Zusehen läßt sich nun aber erkennen, daß Röm 7 nicht ganz und gar aus diesem Rahmen herausfällt, sondern daß auch die Ausführungen über das unter der Sünde versklavte Ich dazu dienen, die Verbindlichkeit des neuen Lebens nach dem Geiste und nicht nach dem Fleische einzuschärfen. Auch wenn man mit einem gewissen Recht wegen der Eigenart der Darstellung in Röm 7 von einem Exkurs sprechen kann, so zeigt sich doch, daß dieser Exkurs nicht in sich selbst ruht, sondern einen Beitrag zur Begründung des neuen Gehorsams des Gerechtfertigten darstellt. Das Spezifische dieses Beitrags liegt in der nachträglichen Bewußtmachung des vergangenen unerlösten Zustandes des Ich. Gerade der Abschnitt 7 14-25 hat deutlich gezeigt, daß Paulus diese Vergangenheit nicht schlechthin als vergangen vorstellt, sondern daß sie ihm als sündige Vergangenheit jetzt bewußtseinsmäßig gegenwärtig ist. Ein kurzer Blick auf die Fortsetzung in Kap. 8 soll zeigen, wie Paulus diesen Beitrag theologisch-anthropologisch auswertet.

Nachdem Paulus am Anfang von Kap. 8 die befreiende Wirkung des Christusgeschehens bereits mit dem Begriff des πνεῦμα geschildert hat, stellt er in den vv. 4-13 mit Hilfe desselben Begriffs die neue Situation des Erlösten dar. Und zwar geschieht dies in ständiger Gegenüberstellung von πνεῦμα und σάρξ (bzw. in v. 10, hier fast gleichbedeutend[26], auch von πνεῦμα und σῶμα). Hiermit wird gesagt:

---

[26] Vgl. R. Bultmann, Theologie, 201. 209. Vgl. auch A. Sand, a. a. O. 206: »Für σάρξ gebraucht er nun σῶμα, um den Auferstehungsgedanken von v. 11 vorzubereiten.«

Der Christ hat das πνεῦμα Christi, so daß er jetzt nicht nach dem Fleische, sondern nach dem Geiste lebt und zu leben hat. Die in den vv. 4-13 laufend wiederholte Gegenüberstellung von Geist und Fleisch[27] läßt aber erkennen, daß Paulus nicht nur die vom Geist bestimmte Gegenwart von der Vergangenheit abgrenzen will, die nach Röm 7 durch die Mächte des alten Äons bestimmt wird. Vielmehr wird hier deutlich, daß er mit der in Röm 7 geschilderten Vergangenheit des Erlösten als seiner negativen Möglichkeit auch in der Gegenwart rechnet. Das bedeutet aber, daß der Christ nach Paulus seine sündige Vergangenheit nie so von sich distanziert hat, daß sie nicht auch immer noch als seine negative Möglichkeit erneut vor ihm aufstehen kann.

Von hier aus fällt noch einmal Licht auf das Verständnis des Ich in Röm 7, insofern Paulus dieses Kapitel auch schon unter der Absicht von Röm 8 verfaßt hat. Was er in Röm 7 als Situation des vorchristlichen Ich darstellt, ist in dieser Form nicht oder nicht schlechthin bewußt erlebt und als bewußt Erlebtes aufgeschrieben. Aber Paulus ist dennoch davon überzeugt, daß dies genau die Situation ist, die der unerlöste Mensch, wenn auch nicht immer in den gleichen Erlebniskategorien, tatsächlich so erfahren hat. Nur vermag dieser seine vorchristliche Situation eigentlich erst aus christlicher Erfahrung sich selbst bewußt zu machen, so daß der Zustand des Ich hinsichtlich seines unerlösten Daseins in der Vergangenheit als ein *vorbewußter* zu bezeichnen ist. Indem sich der Christ seiner früheren Situation bewußt wird, gewinnt sein Bewußtsein als Ich in der vom πνεῦμα Christi bestimmten Gegenwart Klarheit über seine neue Existenz. Die Besinnung des Glaubenden auf sein vorchristliches Ich dient also der Bewußtwerdung eben dieses Ich als eines dank der Erlösung durch Jesus Christus zu sich selbst kommenden Ich. Sprach Paulus in 7 17-20 von der im Ich hausenden Sünde als der eigentlichen Urheberin des Ich-Zerfalls, so kontrastiert er diese Aussage in 8 9 durch die Feststellung, daß das πνεῦμα Gottes jetzt »in euch wohnt« (ähnlich auch 8 11). Die gleiche mythologische Sprechweise wie in 7 17. 18. 20 kehrt also auch bei der πνεῦμα-Aussage wieder, jetzt zu dem Zweck, um die Unabdingbarkeit des Geistbesitzes für das christliche Verhalten des Ich auszudrücken. Freilich kehrt die Ich-Rede in Kap. 8 in der Wir- bzw. in der Ihr-Rede wieder, worin man wohl die ekklesiologische Implikation der paulinischen Anthropologie angedeutet finden darf.

Wir fassen diese Ausführungen abschließend in einer *zweiten These* zusammen. Paulus hat in Röm 7 den Menschen unter Gesetz und Sünde vor Augen. Er zeichnet die dieser Situation entsprechen-

---

[27] Vgl. v. 4. 5. 6. 9. 13. Vgl. auch v. 10.

den Erfahrungen des Menschen mit Linien und Strichen, die gleichsam dem Negativ der christlichen Glaubenserfahrung in der Gegenwart entnommen sind. Er bedient sich des so gezeichneten Bildes zu dem Zweck, um den Christen in der Gegenwart ihre neue Situation bewußt zu machen und ihnen zugleich ihre eigene Vergangenheit als ihre jetzt noch bestehende und ernst zu nehmende negative Möglichkeit vorzuhalten. Dabei ergibt sich, daß der Mensch vor und ohne Christus eine mit Gott und mit sich selbst entzweite Existenz ist, daß er dagegen in Christus durch den Geist erst zu sich selbst kommt, da er jetzt für Gott zu leben vermag.

Hieraus ergibt sich eine *Konsequenz* bezüglich des Verständnisses der paulinischen Anthropologie. Die in Kap. 7 und auch im Kontext von Kap. 7 benutzten anthropologischen Begriffe und Vorstellungen wie σάρξ, νοῦς, ἔσω ἄνθρωπος und die von ihnen ausgesagten Aktivitäten dürfen nicht für sich interpretiert und ausgewertet werden, sondern im Sinne des Paulus nur auf die Konfrontierung des Christen mit seiner vorchristlichen Vergangenheit hin. Im einzelnen ergibt sich so nicht eine psychologische, aber auch nicht eine schlechthin transpsychologische, sondern eine geschichtlich-theologische Anthropologie des Paulus, auch wenn er sich verschiedener in seiner Zeit und Umwelt gebräuchlicher psychologisch-anthropologischer Schemata bedient. Die Tatsache, daß er diese Schemata nicht systematisch auswertet, zeigt, daß ihm nicht an einer theoretischen Anthropologie liegt, sondern an einer praktisch verkündbaren. Dies entspricht dem sonstigen Befund in den Paulusbriefen, daß es dem Apostel zwar immer um den Menschen und sein Heil geht, aber nicht um den Menschen an sich, sondern um den Menschen als integrierenden Bezugspunkt seiner Heilsbotschaft.

Gesetz und Freiheit im Galaterbrief*

EINFÜHRUNG

Das Thema 'Gesetz und Freiheit' ist zweifellos einschlägig für die paulinische Theologie. Besonders die Beschäftigung mit den Briefen des Paulus an die Galater und an die Römer stellt den Exegeten vor die Frage, wie Paulus als gebürtiger Jude zu einer solchen Einschätzung des Gesetzes kommen konnte, so daß er es eindeutig in ein Gegenüber zur befreienden Kraft des Evangeliums von der Rechtfertigung des Sünders stellt. Gesetz und Evangelium, Gesetz und Glaube an Christus, Gesetz und Freiheit, das ist in der Tat das Problem, das den Apostel in seinen theologischen Bemühungen um die Erhellung des Kreuzesgeschehens und um die Erschließung des λόγος τοῦ σταυροῦ (1 Kor. 1. 18) am meisten beschäftigt hat und das dem Exegeten zu erforschen aufgegeben ist, wenn er die Konstituenten der paulinischen Theologie zu ermitteln und zu systematisieren sucht. In neuerer Zeit sind zahlreiche Artikel, Monographien und Kommentar-Exkurse erschienen, die sich um das Problem des Gesetzes bemühen und die bei der Vielfalt ihrer Ansätze zugleich auch zeigen, daß die Interpretation des Gesetzes bei Paulus zu immer neuen Fragen führt. Dennoch erweist sich die Beschäftigung mit ihnen als sehr fruchtbar – sowohl für eine neutestamentlich-christliche als auch für eine gesamtbiblische, jüdisch-christliche Theologie.

Mit dem Thema 'Gesetz und Freiheit' greifen wir einen in der Forschung vielfach behandelten Gegenstand auf. Eine erneute Behandlung der Thematik erscheint uns möglich und zulässig, nicht um die bekannten Positionen zu wiederholen, sondern um zu zeigen, daß der Exeget in seiner theologischen Arbeit gegenüber allen vorgegebenen Fragestellungen und Lösungsangeboten auf den Text des Neuen Testaments selbst hören muß und dies immer wieder von neuem. Das gilt bezüglich dieser Frage besonders auch gegenüber der reformatorischen Entdeckung des Paulus und ihrer neuzeitlichen Wirkungsgeschichte. Das soll nicht heißen, daß es uns um eine prinzipielle Ausblendung der reformatorisch-theologischen Position gehen muß. Im Gegenteil, die heuristische Bedeutung besonders auch der Paulusexegese Martin Luthers nehmen wir dankbar wahr und bringen sie in dieser Bedeutung auch bewußt zur Geltung, wenn wir uns dezidiert dem *paulinischen* Text und seinen Verstehensvoraussetzungen zuwenden. Auch in

*Main paper, vorgetragen am 23. August 1983 auf dem 38. General Meeting der SNTS in Canterbury, England.

dieser Form kann unser Thema den Reformator Martin Luther in seinem Jubiläumsjahr ehren und vielleicht zu einer ökumenischen Theologie aus dem Geist des Apostels Paulus beitragen.

'Gesetz und Freiheit', so will uns scheinen, ist insbesondere das Thema des Galaterbriefes. Durch den erinnernden Ruf zur Freiheit und die Infragestellung der traditionell-jüdischen Geltung des mosaischen Gesetzes erhält der Galaterbrief den Charakter einer engagierten Kampfschrift. 'Nirgends hat Paulus sich so radikal über das alttestamentliche Gesetz ausgesprochen, wie in unserem Brief. Während er im Römerbrief den Ausdruck νόμος vieldeutig hin- und herwendet, braucht er ihn im Galaterbrief beinahe starr gegensätzlich zum Evangelium . . .'[1] In der Tat lassen sich trotz grundsätzlicher Übereinstimmung in der Rechtfertigungsaussage des Galater- und des Römerbriefes Unterschiede in der Interpretation des Gesetzes zwischen diesen beiden Briefen nicht übersehen. Die Beobachtung dieser Unterschiede hat in neuerer Zeit zu einem gewissen Wandel in der Interpretation des Gesetzes bei Paulus geführt, wie besonders die Aufsätze von Ferdinand Hahn[2] und Ulrich Wilckens[3] sowie die Monographie von Hans Hübner[4] zum Thema Gesetz belegen. Allerdings bleiben die aufgezeigten Unterschiede im paulinischen Gesetzesverständnis im Galater- und Römerbrief graduell; sie verweisen von den jeweiligen unterschiedlichen Briefsituationen her auf den gleichen Ansatz der paulinischen Theologie, nämlich auf den Ansatz bei der christologischen Erkenntnis, daß Gott sich am Gesetz vorbei in Jesus Christus zum Heil der Menschen geoffenbart hat, und zwar zum Heil aller, Juden und Heiden. Eben diese grundlegende Erkenntnis hat sich in dem Spitzensatz des Römerbriefes, 3. 21, Ausdruck verschafft: νυνὶ δὲ χωρὶς νόμου δικαιοσύνη θεοῦ πεφανέρωται, (allerdings) μαρτυρουμένη ὑπὸ τοῦ νόμου καὶ τῶν προφητῶν. Hier wird deutlich: Paulus spricht in differenzierender Weise vom νόμος, und die Beachtung dieser Differenzierung ist die Seele des Studiums der paulinischen Theologie.

Die christologische Erkenntnis, die der Beurteilung des Gesetzes bei Paulus zugrunde liegt, hat im Galaterbrief ihren stärksten Ausdruck in den Befreiungsaussagen gefunden: 'Zur Freiheit hat Christus uns befreit. Stehet also fest (in ihr) und laßt euch nicht wieder unter das Joch der Knechtschaft zwingen' (5. 1). Aus dem Kontext dieses summativ formulierten Freiheitsrufes wird klar, daß 'Freiheit' hier fundamental die Freiheit vom Gesetz ist, natürlich immer auch eingeschlossen die in der Befreiungstat Christi bewirkte Erlösung von der Macht der Sünde (vgl. 3. 22) und die darin mitgesetzte Distanzierung von den 'Werken des Fleisches' (5. 19). Das Gesetz erweist sich als eine Macht, die den Menschen 'gefangenhält' (Gal. 3. 23), als 'Zuchtmeister' (3. 24 f.). In diesem Zusammenhang signalisiert das Gesetz Unfreiheit und 'Fluch' (3. 10, 13). Von solcher Unfreiheit sieht Paulus die galatischen Christen bedroht, wenn sie den Versprechungen seiner Gegner nachgeben. Daher spricht er von der 'Freiheit, die wir in

Christus Jesus haben' (2. 4), für die er bislang gekämpft hat und auch jetzt zugunsten der Galater zu kämpfen bereit ist. Die Freiheit der an Christus Glaubenden erscheint dem Apostel durch die Beschneidungsforderung bedroht, wie in der Situation des 'Apostelkonzils' so jetzt wiederum aufgrund der Agitation der judaistischen Gegner in den Gemeinden von Galatien.[5] Mit der Beschneidungsforderung tritt das *ganze* Gesetz als bedrohende Größe aufs Feld. So sieht es Paulus jedenfalls. Auch wenn er damit die Position seiner Gegner schärfer zeichnet, als sie sich selbst verstanden haben, so bringt er im Gegenüber zum mosaischen Gesetz die christliche Freiheit als den umstrittenen Ausdruck der 'Wahrheit des Evangeliums' deutlich zur Geltung. Das 'andere Evangelium', zu dem die Galater im Begriff sind abzufallen (1. 6), besteht gerade in dem Widerspruch, in den das Gesetz die Glaubenden zu der in Christus erlangten Freiheit bringt. Die Verheißung zusätzlicher Heilssicherheit und größerer Vollkommenheit des Geistbesitzes, die offenkundig mit der gegnerischen Verkündigung verbunden war, kann Paulus nur ironisch als 'Vollendung im Fleische' (ἐπιτελεῖσθαι σαρκί, 3. 3) interpretieren. Die 'Wahrheit des Evangeliums', in der Paulus die Galater erhalten will, muß sich dagegen im Glauben an Jesus Christus und im Feststehen in der durch ihn gewonnenen Freiheit bewähren.

Um die Freiheitsbotschaft des Paulus im Galaterbrief zu verstehen, ist zweifellos der situative Hintergrund dieses Briefes zu bedenken. Hierzu hat Hans-Dieter Betz[6] sich in seiner Auslegung um die 'story' der Galater bemüht und diese mit großem Geschick und mit guter Begründung anhand der Geistaussagen des Galaterbriefes zu rekonstruieren unternommen. Betz hat damit einen geschlossenen geschichtlichen Hintergrund für seine Kommentierung des Galaterbriefes erstellt, die in vielen Teilen zu neuen Erkenntnissen und Bewertungen der inhaltlichen Aussagen dieses Briefes geführt hat. Für eine situationsbezogene Analyse und Interpretation des Galaterbriefes erscheint mir der Kommentar von Betz in der Tat beispielhaft. Dennoch dürfte es nicht überflüssig sein, unter Beachtung der Grenzen einer situationsgeschichtlichen Analyse nach den tieferen theologischen Zusammenhängen zu fragen, von denen aus der Geistbegriff[7] wie auch das Gesetzes- und Freiheitsverständnis des Paulus zu erhellen ist.

Eben um eine solche verstärkte Beachtung des theologischen Bezugsrahmens der im Galaterbrief begegnenden Begriffe von Gesetz und Freiheit soll unsere Interpretation bei aller notwendigen Berücksichtigung der Situationsgebundenheit des Briefes und seiner Aussagen bemüht sein.[8]

Dabei beschränken wir uns hier auf einige theologische Hauptfragen:

- Wieweit bestimmt der konkrete Anlaß des Briefes auch die Sicht des Paulus vom Gesetz?
- Was heißt im Sinne der paulinischen Botschaft Freiheit vom Gesetz?
- Welchen Sinn hat die Rede vom Gesetz Christi?

1. DER ANLASS DES BRIEFES UND DIE FRAGE NACH DEM GESETZ

Paulus schreibt seinen Brief an die Gemeinden Galatiens, die er bei seinem unfreiwilligen Aufenthalt in Galatien auf der zweiten Missionsreise um 49/50 n.Chr. gegründet hatte.[9] In Gal. 4. 13–16 erinnert Paulus selbst an diese Anfänge. Vgl. Apg. 16. 6. Auf der dritten Missionsreise besuchte er die von ihm gegründeten galatischen Gemeinden (vgl. Apg. 18. 23). Darauf dürfte das πρότερον in Gal. 4. 13 verweisen. Nach 1 Kor. 16. 1 ist anzunehmen, daß er dabei die erforderlichen Anordnungen für das Kollektenwerk in diesen Gemeinden traf. Beunruhigende Nachrichten erreichten ihn aus diesen Gemeinden kurze Zeit darauf, als er sich noch in Ephesus aufhielt (vgl. Apg. 19) oder schon auf dem Weg nach Mazedonien war (vgl. Apg. 20. 1). Paulus fand keine Zeit, um sogleich selbst nach Galatien zu reisen, da er seine Pläne schon anderweitig festgelegt hatte. Die Situation der galatischen Gemeinden schien ihm aber so ernst, daß er sogleich einen Brief an sie schrieb, um sie vor den Eindringlingen zu warnen, die seine Missionsarbeit an einer entscheidenden Stelle in Gefahr brachten. Er spricht in diesem Sinne von dem 'anderen Evangelium', zu dem die galatischen Christen im Begriff sind sich hinzuwenden. Damit aber wenden sie sich ab von dem, der sie 'durch die Gnade Christi berufen hat' (Gal. 1. 6). Das ist für Paulus um so schmerzlicher, da sie 'so schnell', so bald nach ihrer Bekehrung zu Christus, abzufallen drohen. Freilich, für Paulus gibt es kein 'anderes Evangelium', das dem entgegensteht, das er den Galatern verkündet hat. Nur gibt es da 'einige Leute, die euch verwirren und die das Evangelium Christi verdrehen' (1. 7). Das Evangelium ist für Paulus die Botschaft von Jesus Christus, 'der sich für unsere Sünden dahingab, damit er uns herausreiße aus dem gegenwärtigen bösen Äon nach dem Willen Gottes' (1. 4). Die Gegner aber verkehren diese Botschaft, und aus dem Grundduktus des ganzen Briefes läßt sich leicht erkennen, daß Paulus die zentrale Wahrheit des Evangeliums vom befreienden Tod Christi in Frage gestellt sieht, nämlich durch das, was er als 'Werke des Gesetzes' kennzeichnet. Die Verfälschung des Evangeliums, mit die Gegner die galatische Mission bedrohen, besteht also darin, daß sie die *Christologie* des Paulus in Frage stellen. Was die Christen Christus zu verdanken haben, ist nicht nur die Erneuerung einer vorgegebenen heilsgeschichtlichen Struktur, die entsprechend der jüdischen Tradition im Bund mit Israel grundgelegt ist und von daher ihre Gültigkeit bewahrt. Vielmehr: Christus hat uns 'herausgerissen aus dem gegenwärtigen bösen Äon', er hat uns befreit zur 'Freiheit', die etwas unableitbar Neues, von Gott Geschenktes ist, das sich unter den an Christus Glaubenden als 'neue Schöpfung' (6. 15) ankündigt und zu realisieren beginnt.

Von hier aus wird nun auch die Pointierung der Gesetzesfrage im Galaterbrief verständlich. Die Ausleger dieses Briefes beschäftigt immer wieder die

Frage: 'Wie kommt Paulus dazu, in der Auseinandersetzung mit den Galatern das Gesetz als den eigentlich strittigen Punkt zu thematisieren...?'[10]
Der Brief des Apostels bietet keinen Anhalt für die Annahme, den Galatern
bzw. den Gegnern sei es um das Gesetz *als solches* gegangen. So sehr Paulus
den christologischen Inhalt des Evangeliums als Befreiung thematisiert,
und das heißt vor allem Befreiung vom 'Fluch des Gesetzes' (3. 13), so
wenig ist damit gefordert, daß die Gegner das Gesetz als solches in die heidenchristlichen Gemeinden einzuführen suchten. Woran ihnen gelegen war,
wird an verschiedenen Stellen mit dem Stichwort Beschneidung (2. 3; 5. 2,
6, 11; 6. 13, 15) und in 4. 10 mit dem Interesse an 'heiligen Zeiten' erkennbar. Man wird hieraus nicht leicht eine judaistische Position im Sinne einer
rigoristischen Torahobservanz rekonstruieren können, aber auch nicht einfach auf einen gnostischen Synkretismus schließen dürfen. Gewiß weist die
Beschneidungsforderung, die den Galatern gegenüber erhoben wurde, in
die Richtung 'mosaisches Gesetz und Leben nach dem Gesetz'. Aber es ist
Paulus selbst, der dem religiösen Interesse der Galater an einer gewissen
Vervollkommnung ihres 'anfanghaften' Christentums (3. 3) das eindeutige
Schild 'Werke des Gesetzes' anhängt und so der Gesetzesfrage im Gegenüber zum Christusglauben eine prinzipielle Bedeutung gibt. Er tut dies aus
seinem Verständnis des Heilswerkes Jesu Christi. Zur Pointierung der Gesetzesfrage im Galaterbrief kommt es also aufgrund der Beschneidungsforderung der Gegner einerseits und der christologischen Grunderkenntnis
des Apostels als des zentralen Inhalts seines Evangeliums andererseits. In
der scharfen Gegenüberstellung von 'Werken des Gesetzes' und Befreiungstat Christi kommt es zu dem *sola* fide, das zweifellos in 2. 16 von Paulus
prinzipiell gemeint ist, das aber nach 5. 6 und 5. 14 stets mit dem Gebot
der Liebe vermittelt ist.

Aus diesem prinzipiellen Gegenüber von Gesetzeswerken und Glauben
an Christus versteht sich nun auch die paulinische Sicht vom Gesetz in
Kap. 3 und 4.

2. BEFREIUNG ZUR FREIHEIT VOM GESETZ

Zwischen dem von Christus gewirkten Heil der Rechtfertigung und der
Erwartung der Gerechtigkeit aus dem Gesetz besteht also ein fundamen-
taler Gegensatz. So schließt Paulus seine erste Ausführung zum Thema
'Rechtfertigung' in Gal. 2. 21 mit unmißverständlicher Deutlichkeit, die
er den galatischen Christen schuldig zu sein glaubte: εἰ γὰρ διὰ νόμου δικαιοσύνη, ἄρα Χριστὸς δωρεὰν ἀπέθανεν.

Daß Christus nicht umsonst gestorben ist, daß sie ihm vielmehr die Gabe
des Geistes verdanken und damit auch ihr Gerechtsein vor Gott, daran
erinnert Paulus die Galater im vorwurfsvollen Ton am Anfang von Kap. 3.
'Ist es aus Gesetzeswerken, daß ihr den Geist empfangen habt, oder aus

der Glaubenspredigt?' Mit der betont alternativen Formulierung drängt er den Galatern die einzig mögliche Antwort auf. Das Gesetz und die Werke des Gesetzes haben das nicht bewirkt, was sie als Christen auszeichnet. Wenn es jetzt bei ihnen ein Verlangen nach dem Gesetz und den Gesetzeswerken gibt, dann stellen sie den Anfang des Heils, den sie im Glauben an Christus gefunden haben, erneut in Frage. Der Geistbesitz wird also zum Zeichen dafür, daß sich in Christus die Verheißung am Gesetz vorbei erfüllt hat und daß die Verheißung so in gleicher Weise Juden und Heiden gilt, sofern sie zum Glauben an Christus gelangen. Paulus zielt hiermit auf die Universalität des Heils, die er in 3. 6–9 mit dem Schriftzeugnis aus Gen. 15. 6 und 12. 3 (vgl. auch 18. 18) unterstützt. Aus der Schrift selbst ergibt sich: 'Also werden die aus Glauben gesegnet mit dem glaubenden Abraham' (V. 9). Diese Schlußfolgerung bildet den durchgehenden Refrain im weiteren Verlauf des Kapitels.

Aber Paulus kann es nicht bei diesem positiven Ergebnis seiner Argumentation bewenden lassen. Es bleibt die Frage nach dem Sinn des mosaischen Gesetzes. Den Galatern schien gerade das Gesetz die Erfüllung der Verheißung Gottes zu versprechen. Paulus verwendet nun alle Mühe darauf, zu zeigen, daß das Gesetz mit der Verheißung nichts zu tun hat. Letzteres zeigt sich für ihn schon an den Phänomenen von Verheißung und mosaischem Gesetz selbst. Die Verheißung hat die freie Gabe Gottes zum Gegenstand. Das Gesetz verpflichtet den Menschen zu einer restlosen Erfüllung seiner Forderungen. So stellt Paulus in 3. 10 mit Dtn. 27. 26 fest: ἐπικατάρατος πᾶς ὃς οὐκ ἐμμένει πᾶσιν τοῖς γεγραμμένοις ἐν τῷ βιβλίῳ τοῦ νόμου τοῦ ποιῆσαι αὐτά. Und in V. 12 vertieft er mit Lev. 18. 5 den Grundsatz, daß das Gesetz die Verheißung des Lebens an das *Tun* des im Gesetz Geforderten bindet.[11] Bemerkenswert ist nun, daß Paulus hier nicht die tatsächliche Nichterfüllung des Gesetzes für alle Menschen konstatiert, sondern in V. 11 führt er ein Evidenzargument ein, das er wiederum mit einem Schriftzitat stützt: 'Daß im Gesetz niemand gerechtfertigt wird, ist offenkundig: denn 'der Gerechte wird aus Glauben leben' (Hab. 2. 4).' Hiernach bleibt ihm nur noch die Konstatierung des prinzipiellen Gegensatzes von Gesetz und Glaube. Zwischen Gesetz und Glaube gibt es keine Kontinuität.[12] In der Fluchtlinie von Gal. 3. 12 ist dann auch Röm. 10. 4 zu verstehen: 'Christus ist das *Ende* des Gesetzes.'[13]

Auf dem Hintergrund der scharfen Gegenüberstellung von νόμος und πίστις führt Paulus sodann in Gal. 3. 13, etwas unvermittelt, die Interpretation des Todes Jesu als befreiendes Handeln ein: 'Christus hat uns losgekauft vom Fluch des Gesetzes, indem er für uns zum Fluch geworden ist.' Vom 'Fluch des Gesetzes' wird nach V. 10 in dem Sinn gesprochen, daß das Gesetz den Fluch über diejenigen bringt, die die Forderungen des Gesetzes nicht erfüllen. Indem Christus stellvertretend 'für uns' den Fluch auf sich nimmt, kommt uns durch ihn die Befreiung vom Fluch zu.

Ohne die Vorstellungen vom 'Loskauf' und vom stellvertreten Tod Jesu hier weiter diskutieren zu können,[14] ist im Blick auf die scharfe Formulierung des Paulus jedenfalls festzustellen, daß dem Kreuzestod Jesu eine universale Heilswirkung zugeschrieben wird und daß das Heil in der Befreiung vom Gesetz als dem fluchbringenden Faktor besteht.

Ist das Gesetz als fluchbringender Faktor entlarvt, so gibt es für die Galater keine Berufung mehr auf das Gesetz, um ausgerechnet von einer bestimmten Torahpraxis die Vervollkommnung ihres Christentums zu erwarten. Alles liegt also daran, das mosaische Gesetz im Verhältnis zur Verheißung als einen Faktor der Unheilsförderung zu kennzeichnen. Allerdings verwendet Paulus im folgenden nicht wieder solch ein schwerwiegendes Wort wie das vom Fluch des Gesetzes. Er begnügt sich, das Gesetz als sekundär gegenüber der Verheißung zu kennzeichnen, als einen Faktor, der das Leben zwar denjenigen, die es befolgen, in Aussicht stellt, es aber nicht geben kann (vgl. V. 21 mit V. 12). Im gleichen Sinn sind auch die Bilder vom Gefängnisaufseher (V. 23) und vom Zuchtmeister (V. 24 f.) gebraucht. Das Gesetz hat im Blick auf das Heil der Sohnschaft eine zeitlich begrenzte Funktion. Mit der Ankunft des Glaubens bzw. Christi selbst ist seine Funktion beendet. Jetzt gilt: Christen gehören Christus an, sie sind 'Söhne Gottes' und 'Erben' (3. 29), und als solche sind sie frei vom Gesetz.

Der Gedanke der Freiheit vom Gesetz, der sich in Gal. 3 als Konsequenz aus der verheißungsgeschichtlichen Interpretation des Christusglaubens ergibt, wird nun in Gal. 4 mit dem Bild von der Beendigung der Zeit der Unmündigkeit des erbberechtigten Sohnes weitergeführt. Dabei ist bemerkenswert, daß die Unfreiheit unter dem Gesetz in V. 3 mit der heidnischen Vergangenheit der Galater synchronisiert wird. 'Unmündig' waren die Galater, insofern sie unter die στοιχεῖα τοῦ κόσμου versklavt waren. Aus diesem Zustand hat Christus sie befreit, so V. 4 f., wobei mit der Wiederaufnahme des Gesetzesbegriffs in V. 5 die Gleichstellung von Unfreiheit unter dem Gesetz und Unfreiheit unter den Weltelementen deutlich wird. Die Beschneidungsforderung der Gegner zwingt Paulus zwar zu einer theologischen Auseinandersetzung mit der traditionell jüdischen Einschätzung des mosaischen Gesetzes. Aber er führt diese Auseinandersetzung im Blick auf die Heidenchristen Galatiens. In seinen Augen ist es ebenso widersinnig, den galatischen Christen Gesetzesforderungen aufzuerlegen, wie es für sie widersinnig ist, zu den alten heidnischen Göttern zurückzukehren. Die Position des Apostels ist damit klar: Für den Christen gibt es keine heilsmittlerische Bindung an das mosaische Gesetz. Und doch kann es für Paulus keinen Heilszustand geben, der durch Gesetzlosigkeit gekennzeichnet wäre.[15] Das Heil besteht nicht in der Gesetzlosigkeit, sondern darin, daß die Lebensverheißung Gottes, die auch vom Gesetz bestätigt wird, in Christus und so 'ohne Gesetz', realisiert wird.

Wieweit ist damit von einer *Aufhebung* des Gesetzes, von einer 'abrogatio legis', zu sprechen? Auf diese Formel bringt die Theologie seit der Reformation die paulinische Interpretation des Gesetzes. Freiheit vom Gesetz, das bedeutet: das mosaische Gesetz ist von Christus her überholt (so mit besonderer Berufung auf Röm. 10. 4), und es ist seitdem durch eine christliche Ordnung ersetzt. In dem bekannten Römerbriefkommentar von Père Lagrange wird dieser Sachverhalt so wiedergegeben: 'L'oeuvre propre de Paul, celle qui le mit en butte à la haine des Juifs et même des Judéochrétiens, mais aussi sa gloire au sein du christianisme, c'est d'avoir proclamé l'abrogation de la loi mosaïque, pour les Juifs comme pour les gentils. Sur ce point tout le monde est d'accord.'[16] Wenn hier aus der Perspektive der Wirkungsgeschichte des Galaterbriefs von einer Abschaffung des mosaischen Gesetzes als *Ergebnis* des antijudaistischen Kampfes des Paulus gesprochen wird, dann bleibt zu fragen, ob damit die Absicht des *Paulus* wirklich hinreichend erfaßt wird. Hierzu erinnern manche Exegeten an den Gedanken von der 'Torah der messianischen Zeit'. Der paulinischen These von der Freiheit vom Gesetz entspreche als Kehrseite die Bejahung des Gesetzes als der Torah des Messias Jesus.[17] F. Hahn spricht in etwas anderer Wendung dieses Gedankens von dem 'erneuerten' Gesetz,[18] H. Hübner von einer 'Freiheit zum Gesetz als inhaltlichem Gebot'.[19] Hierzu dienen vor allem die Aussagen in Gal. 5 und 6 als Berufungsinstanz.

3. CHRISTLICHE FREIHEIT UND DAS 'GESETZ CHRISTI' (6. 2)

Kap. 5 beginnt mit einem begeisterten Ausruf, der die durch Christus erwirkte Freiheit noch einmal feststellt. Mag dieser Ruf auch als enthusiastischer Ausdruck der urchristlichen Glaubensgewißheit gelten,[20] so wird er von Paulus an dieser Stelle doch in einem streng sachlichen Sinne verstanden, nämlich als Summe seiner schriftgelehrten Argumentation in Kap. 3 und 4. Als Grundaussage ist hieraus festzuhalten: Der Glaubende verdankt Christus seine Freiheit, und diese Freiheit versteht sich als Freiheit vom Gesetz und seinen Werken. Die Trennungslinie zwischen Beschneidung und Christus (V. 2), zwischen Gesetz und Gnade (V. 5), wird in V. 2-12 noch einmal mit aller wünschenswerten Schärfe gezogen.

Aber Paulus läßt es nicht bei dieser Feststellung. Mit dem Indikativ der Freiheitsaussage ist der Imperativ einer neuen Verpflichtung verbunden. Bleibt der Imperativ in V. 1 noch recht grundsätzlich, so konkretisiert er sich in V. 13. Mit einer erneuten Erinnerung an den Freiheitsstand ist ein zweigliedriger Imperativ verbunden: Der Warnung vor Pervertierung der Freiheit folgt die Mahnung zur Liebe, die sich im gegenseitigen Untertan-Sein vollzieht. Für den Christen gibt es eine δουλεία, die nicht durch das Gesetz, sondern durch die Liebe bestimmt ist. Freiheit und durch die Liebe bestimmte δουλεία schließen einander nicht aus; vielmehr zeigt

Paulus, daß die von Christus gewährte Freiheit eine Freiheit zur Liebe ist und sich in der dienenden Liebe realisiert.

Diese Liebe versteht Paulus als Erfüllung des Liebesgebotes, als das Tun, mit dem der Christ zum eigentlichen Ziel des Gesetzes gelangt. In überraschender Weise spricht Paulus jetzt doch von einer Erfüllung des Gesetzes im positiven Sinne, V. 14: 'denn das ganze Gesetz ist in dem einen Wort erfüllt: "du sollst deinen Nächsten lieben wie dich selbst".' Es ist verständlich, wenn sich Exegeten darüber Gedanken machen, ob ὁ πᾶς νόμος hier das mosaische Gesetz bezeichne, nachdem Paulus zuvor an eben diesem Gesetz kein gutes Haar gelassen habe. ὁ πᾶς νόμος πεπλήρωται steht in einer gewissen Spannung zu der Aussage vom ὅλον τὸν νόμον ποιῆσαι in V. 3: 'Ich bezeuge aber wiederum jedem Menschen, der sich beschneiden läßt, daß er schuldig ist, das ganze Gesetz zu tun.' Beschneidung begründet die Schuld, das ganze Gesetz – entsprechend der verurteilenden Umschreibung von 3. 10: 'alles, was im Buch des Gesetzes geschrieben ist' – zu tun. Die 'Erfüllung des ganzen Gesetzes' in der Liebe in V. 14 könne sich nicht direkt auf die Schuldforderung von V. 3 beziehen, erklärt Hans Hübner[21] richtig. Ob ὁ πᾶς νόμος in V. 14 als 'kritisch-ironische Wendung' im Rückblick auf V. 3 gemeint ist, wie Hübner annimmt, mag dahingestellt bleiben.[22] Es dürfte genügen, die Erfüllung des ganzen Gesetzes in dem einen Wort des Gebotes der Nächstenliebe wie in Röm. 13. 8-10 als zusammenfassenden Ausdruck für den Sinn des mosaischen Gesetzes als Rechtsforderung Gottes zu verstehen. Dieser Sinn vom mosaischen Gesetz als Rechtsforderung Gottes, die in Christus in der Weise des Liebesgebotes erfüllt wird, bestimmt an dieser Stelle den Übergang zur Paränese. Das Liebesgebot als Erfüllung des ganzen Gesetzes ist die Seele der christlichen Ethik. Ging es seit 2. 15 f., besonders in Kap. 3, um den Ausschluß der Gesetzeswerke durch den Glauben und in diesem Sinne um das 'sola fide', so entspricht diesem in 5. 13 f., in pointierender Formulierung, ein *sola caritate*. Nur in der Erfüllung des Liebesgebotes bewahrt der Christ die in Christus erworbene Freiheit. In 5. 6 zeigt Paulus selbst die notwendige Vermittlung zwischen dem 'Prinzip' des Glaubens und dem 'Prinzip' der Liebe an.

Damit stellt sich die Frage nach dem paulinischen Gesetzesverständnis in verschärfter Form. Wenn hier in positiver Weise von dem Gesetz gesprochen werden kann, so daß es vom Glaubenden erfüllt wird, dann ist in der Tat mit dem Gesetz etwas geschehen. Das Gesetz, für das im Galaterbrief als besonderer Ausdruck die Beschneidungsforderung steht, ist für den Christen *passé*; es hat keine Rechtsforderung mehr an ihn, die nicht schon abgegolten wäre, eben durch Christus. Insofern das Gesetz seinen Ausdruck im Liebesgebot findet, wird es in dieser Gestalt des Liebesgebotes für den Christen zum Maßstab seines Lebens, in dem sich der Glaube verwirklicht. In der Gestalt des Liebesgebotes ist das Gesetz für den Christen verbindlich. Da Christus selbst in seiner Lebenshingabe das Gesetz 'erfüllt' hat und so die Liebe zur gültigen Norm für die, die an ihn glauben, gemacht hat, wird eben dieses umfassende und alle Forderungen des alten Gesetzes erfüllende Liebesgebot zum νόμος τοῦ Χριστοῦ (6. 2).

Damit läßt Paulus die Galater das Gesetz neu entdecken, nicht mehr als verführende Macht, die zur Selbsterlösung anstiftet, sondern als erinnernder Ausdruck des Willens Gottes, der freilich nicht in diesem und jenem Einzelgebot erkannt wird, sondern allein im Liebesgebot, das nach Röm. 13. 8 die bleibende Schuld des Christen ist. In diesem Sinne ist das 'Gesetz des Christus' in Gal. 6. 2 nicht der paradoxe Ausdruck für die weitere Geltung des 'alten' Gesetzes für die Christen, sondern der Verbindlichkeit anzeigende Ausdruck des christlich gewendeten und interpretierten Gesetzes. Auf dem hiermit eröffneten Weg einer *interpretatio christiana* des mosaischen Gesetzes ist dann auch Röm. 3. 31 eine wichtige Station: 'Heben wir also das Gesetz durch den Glauben auf? Ganz und gar nicht! Vielmehr richten wir das Gesetz auf.'

Die paulinische Ethik kennt also den Begriff des Gesetzes in einem positiven Sinne. Das darf nicht dazu verleiten, die alten Erwartungen an das Gesetz jetzt mit dem Gesetz im Bereich des Glaubens zu verbinden. Vielmehr gilt: Nicht das Gesetz bewirkt seine Erfüllung, sondern der Geist, der uns im Glauben geschenkt ist; 5. 18: 'Wenn ihr euch vom Geist leiten laßt, seid ihr nicht unter dem Gesetz.'

Paulus darf also nicht als Antinomist abgestempelt werden. Das Gesetz, das in der Beschneidung und in anderen ἔργα seinen Ausdruck gewinnt, das als solches nur der Herrschaft der ἁμαρτία Vorschub leistet und den Sünder verurteilt, ist durch Christus und in Christus abrogiert. Das Gesetz gelangt jedoch in Christus zu seiner von Gott gewollten Erfüllung. Es ersteht in Christus neu,[23] wie der Bund in Christus neu ersteht – nicht in nationalistischer Verengung im Sinne eines bestimmten jüdischen Erwählungsbewußtseins,[24] sondern in universaler Transzendierung des Alten, die das Kennzeichen eschatologischer Neuheit ist.[25]

SCHLUSS

Gerade im Blick auf das Problem von Gesetz und Freiheit erscheint uns der Galaterbrief als ein Grunddokument der paulinischen Theologie. Dieser Brief zeigt, wie Paulus sich in seiner theologischen Reflexion von den Herausforderungen der konkreten Gemeindeprobleme bestimmten läßt. Im Verhältnis zu seinen Gemeinden, denen er in ihrer Entwicklung zu genuin christlichen Lebensformen eine gewisse 'Entwicklungshilfe' zu geben sucht, beläßt er es nicht bei Mahnungen und Warnungen. Er sucht seine Gemeinden auf dem Weg der Argumentation zu gewinnen und erspart ihnen nicht die theologische Argumentation mit der Heiligen Schrift. Tatsächlich wissen

wir nicht, ob die Erfolge, die sich Paulus auch für die Lösung der praktischen Probleme hiervon versprochen hat, auch eingetreten sind. Hinsichtlich des Galaterbriefes könnte man eher skeptisch sein, da die galatischen
Gemeinden von der weiteren Kirchengeschichte vernachlässigt werden.
Vor allem haben wir in der 'Apologie' in 2 Kor. 2. 14–7. 4 ein anderes
Beispiel für eine theologisch-argumentative Bemühung des Apostels um
seine Gemeinde, deren Erfolg nach dem sog. 'Kampf-' oder 'Tränenbrief'
2 Kor. 10–13 höchst zweifelhaft erscheint. Theologische Argumentationen
allein reichen in der Regel nicht aus, um praktische Probleme zu lösen. Die
Freiheit, die Paulus den Galatern uneingeschränkt zugestanden hatte,
konnte zu schnell in Unfreiheit umschlagen, wenn sie nicht durch entschiedene Wegweisungen geleitet und geschützt wurde. Das dürfte auch
Paulus gespürt haben, wenn er in Gal. 5. 13 davor warnt: μόνον μὴ τὴν
ἐλευθερίαν εἰς ἀφορμὴν τῇ σαρκί.

/Uns als späte Nachfolgegeneration der urchristlichen Gemeinde ist mit
dem Galaterbrief die Frage gestellt: Wie halten wir es mit der 'Freiheit, die
wir in Christus Jesus haben' (Gal. 2. 4)? Ist uns die Freiheit vom Gesetz
noch das Problem, das es für Paulus darstellte und das wir möglicherweise
mit der Formel von der 'abrogatio legis' schon erledigt haben? Hierzu ist
mit Otto Kuss[26] festzustellen: 'Für den Epigonen, für den Glaubenden der
zweiten und jeder folgenden Generation ist das speziell paulinische Problem
des mosaischen Gesetzes abgetan, in seiner konkreten Welt existiert es einfach nicht mehr, es hat nur noch historischen – genauer: "heilsgeschichtlichen" – Bedeutungswert . . . Dagegen ist das Problem des sittlichen Wan-
dels, das für Paulus . . . zurücktritt, für den Epigonen ein Problem erster
Ordnung geworden.' Diese etwas holzschnittartige Kennzeichnung der
verschobenen Situationen kann uns im Rückblick auf den Galaterbrief
noch einmal darauf aufmerksam machen, daß es im Sinne des von Paulus
verkündeten Evangeliums zu einfach ist, wenn die Freiheit vom Gesetz
als *das* Merkmal des Christlichen ausgegeben wird, wenn nicht zugleich der
im Evangelium ergehende Ruf der Freiheit als Ruf in die Verantwortung
verstanden wird, nicht zuletzt: in die Verantwortung für die Erhaltung der
Freiheit. Eben diese Verantwortung vollzieht sich nach Paulus in der Liebe
nach dem Vorbild Jesu Christi, die hellsichtig macht für den Willen Gottes
hier und heute.

ANMERKUNGEN

[1] A. Oepke, *Der Brief des Paulus an die Galater* (ThHK 9) (Berlin, ²1960), S. 98.

[2] F. Hahn, 'Das Gesetzesverständnis im Römer- und Galaterbrief', *ZNW* 67 (1976), S. 29–63.

[3] U. Wilckens, 'Zur Entwicklung des paulinischen Gesetzesverständnisses', *NTS* 28 (1982),
S. 154–90.

[4] H. Hübner, *Das Gesetz bei Paulus. Ein Beitrag zum Werden der paulinischen Theologie* (FRLANT
119), (Göttingen, 1978).

[5] Zur Frage der Gegner des Paulus in Galatien vgl. jetzt G. Lüdemann, *Paulus, der Apostel der Heiden. Bd. II: Antipaulinismus im frühen Christentum* (FRLANT 130) (Göttingen, 1983), S. 144–52, ebd. 149: 'Die . . . Beobachtungen legen die Annahme nahe, die galatische Kontroverse sei eine Fortsetzung des jerusalemischen Streits.' Vgl. auch W. Schmithals, 'Judaisten in Galatien?', *ZNW* 74 (1983), S. 27–58, mit erneuter Verteidigung seiner bekannten Position.

[6] H. D. Betz, 'Geist, Freiheit und Gesetz', *ZThK* 71 (1974), S. 78–93; ders., *Galatians. A Commentary on Paul's Letter to the Churches in Galatia* (Hermeneia) (Philadelphia, 1979).

[7] Vgl. hierzu auch U. Schnelle, *Gerechtigkeit und Christusgegenwart. Vorpaulinische und paulinische Tauftheologie* (Göttinger Theol. Arbeiten 24) (Göttingen, 1982), S. 196 Anm. 279: 'Betz . . . betont zwar völlig richtig die Bedeutung des Geistes für die Interpretation des Gal, will aber dennoch die Taufe als Argumentationsbasis des Apostels nicht anerkennen. Dabei ist gerade im Gal der Zusammenhang zwischen Geistempfang und Taufe offensichtlich. Vgl. Gal 2,19.20 mit 3,2–5; 3,26–28 mit 4,6.'

[8] Die offene und pastoral bestimmte Argumentation des Apostels verbietet es, den 'theologischen Bezugsrahmen' zur Bestimmung der von ihm verwandten Begriffe zu eng zu fassen. Allerdings muß unsere Skepsis nicht soweit gehen, wie sie etwa von H. Räisänen, 'Paul's theological difficulties with the Law', *Studia Biblica* 1978, Vol. III, ed. by E. A. Livingstone (JSNT, Supp. 3) (Sheffield, 1980), S. 301–20: 'In this paper I wish to argue that Paul's thought is the real problem, rather than being the obvious solution to theological problems concerning the law.'

[9] Dem etwas eigenwilligen Ansatz von G. Lüdemann, *Paulus, der Heidenapostel. Bd. I: Studien zur Chronologie* (FRLANT 123) (Göttingen, 1980), S. 136–51, 272 f., zur Frühdatierung der paulinischen Mission in Griechenland und Galatien (36–47 n.Chr.) kann ich nicht folgen.

[10] H. Hübner, *Das Gesetz bei Paulus*, S. 21.

[11] Hier liegt der Ansatz von H. Schlier, *Der Brief an die Galater* (KEK 7) (Göttingen, ¹⁴1971), S. 134 f., wenn er 'Tun' und 'Glauben' als die zwei einander ausschließenden Prinzipien herausstellt: 'Das Gesetz gibt es nicht 'aus Glaube', es hat den Glauben nicht als Grundprinzip seines Lebens . . . Das Gesetz hat es mit dem ποιεῖν zu tun. Stellt man das Leben auf das Gesetz, so wird es nur durch dessen Grundprinzip, das Tun, erlangt.

[12] Vgl. U. Wilckens, a.a.O. S. 179: 'Paulus treibt so die Exklusivität des Glaubens gegen die Gesetzesobservanz und die Exklusivität der – vor allem in den Heidenchristen repräsentierten – Kirche gegenüber dem Judentum . . . bis an die äußerste Grenze vor . . .' Vgl. auch J. Eckert, *Die urchristliche Verkündigung im Streit zwischen Paulus und seinen Gegnern nach dem Galaterbrief* (BU 6) (Regensburg, 1971), S. 40 f.: 'Paulus . . . kennt keine mittlere Position zwischen Judentum und Christentum . . .'

[13] Von diesem Befund aus kann E. P. Sanders, *Paul and Palestinian Judaism: A Comparison of Patterns of Religion* (London, 1977), S. 550–2, die entschiedene Hinwendung des Paulus zu Jesus Christus als 'change of "entire systems" ' interpretieren: vom 'covenantal nomism' des zeitgenössischen Judentums hin zu 'the real righteousness' des christlichen Glaubens. Ein 'Wechsel', den Sanders sehr prinzipiell faßt: 'In short, this is what Paul finds wrong in Judaism: it is not Christianity.' Hierzu positiv und kritisch zugleich J. D. G. Dunn, 'The New Perspective on Paul', *BJRL* 65 (1983), S. 95–122, bes. 100 f.

[14] Hierzu sei in Kürze nur verwiesen auf M. Hengel, 'Der stellvertretende Sühnetod Jesu. Ein Beitrag zur Entstehung des urchristlichen Kerygmas', *IKaZ* 9 (1980), S. 1–25, 135–47, und K. Kertelge, *'Rechtfertigung' bei Paulus. Studien zur Struktur und zum Bedeutungsgehalt des paulinischen Rechtfertigungsbegriffs* (NTA N.F.3) (Münster, ²1971), S. 209–12.

[15] Vgl. besonders F. Hahn, a.a.O. S. 48: 'Ein Sein des Menschen außerhalb des göttlichen Gesetzes ist für Paulus undenkbar.

[16] J.-M. Lagrange, *Saint Paul. Epitre aux Romains* (Paris, 1950), S. 180.

[17] Vgl. besonders W. D. Davies, *Torah in the Messianic Age and/or in the Age of Come* (JBL. MS 7) (Philadelphia, 1952). Hierzu kritisch U. Wilckens, a.a.O. S. 189 Anm. 69. Vgl. auch F. Mußner, *Der Galaterbrief* (HThK 9) (Freiburg, 1974), S. 284–8: 'Das Evangelium als "nova lex" '.

[18] F. Hahn, a.a.O. S. 57: 'Entscheidend ist für das paulinische Verständnis des Gesetzes in beiden Briefen (Röm. und Gal.) der Zusammenhang mit der Sünde einerseits und die im Glauben begründete Kritik und Erneuerung des Gesetzes andererseits.'

[19] H. Hübner, a.a.O. S. 23.

[20] Vgl. E. Käsemann, 'Zum Thema der urchristlichen Apokalyptik', ders., *Exegetische Versuche*

und Besinnungen II (Göttingen, ²1965), S. 105-31, bes. 122 f. zu Gal. 3. 28; H. Schürmann, 'Die Freiheitsbotschaft des Paulus – Mitte des Evangeliums?', *Cath* 25 (1981), S. 22-62, hier 25.

[21] H. Hübner, a.a.O. S. 38.

[22] Anders U. Wilckens, a.a.O. S. 174: ὁ πᾶς νόμος bezeichne 'das Gesetz als ganzes, als einheitliche Größe'. Die Torahgebote im einzelnen wie 'das der Beschneidung, aber auch z.b. die kultischen (4,10) und rituellen Gebote (2,14)' haben '– jedenfalls für die Heidenchristen – als abrogiert zu gelten, *ohne* daß damit die Tora als solche und ganze abrogiert ist' (ebd. S. 175).

[23] Vgl. U. Luz, in: R. Smend und U. Luz, *Gesetz* (Kohlhammer Taschenbücher. Biblische Konfrontationen 1015) (Stuttgart, 1981), S. 108: 'Die Wirklichkeit in Christus führt nicht einfach direkt zur Restitution des alttestamentlichen Gesetzes. Sie bedeutet die Aufrichtung einer neuen, eschatologischen Richtschnur, die jenseits von Gesetz und Gesetzesfreiheit liegt.'

[24] So richtig J. D. G. Dunn, a.a.O. passim, dessen Bemerkung S. 115 ich weitgehend zustimmen kann: 'To continue to insist on such works of the law was to ignore the central fact for Christians, that with Christ's coming God's covenant purpose had reached its intended final stage in which the more fundamental identity marker (Abraham's faith) reasserts its primacy over against the too narrowly nationalistic identity markers of circumcision, food laws and sabbath.'

[25] Vgl. H. Schürmann, a.a.O. S. 43 f.: '"Befreit zur Freiheit" heißt darum auch: "befreit zum Gesetz Christi (Gal 6,2)", d.h. vor allem zur Nächstenliebe . . . Die Forderung zur Nächstenliebe ist für Paulus so zentral, daß er sie an die Stelle der Thora setzen kann als das "Gesetz Christi" . . .' Anders O. Hofius, 'Das Gesetz des Mose und das Gesetz Christi', *ZThK* 80 (1983), S. 262-86. Er bestimmt das 'Gesetz Christi' in Gal. 6. 2 sehr dezidiert von der paulinischen Kreuzestheologie her. 'Mit dem "Gesetz Christi" ist weder die durch Christus aufgerichtete und für den Christen verbindlich gemachte Sinai-Tora noch auch das Liebesgebot von Lev. 19. 18 als Quintessenz der Tora gemeint. Das 'Gesetz Christi' ist vielmehr *die Weisung des Gekreuzigten*, die verbindliche, die Gemeinde im Gehorsam an ihren Herrn bindende Proklamation seines Herr-Seins *als* des Gekreuzigten' (ebd. S. 283 f.).

[26] O. Kuss, 'Nomos bei Paulus', *MThZ* 17 (1966), S. 173-227, hier 226.

Freiheitsbotschaft und Liebesgebot im Galaterbrief

1. Einführung

Der Galaterbrief wird mit Recht als die Magna Charta der christlichen Freiheit gepriesen. Der Apostel führt in engagiertester Weise einen Kampf um die Bewahrung der christlichen Gemeinden in der Freiheit, die das Evangelium Christi gewährt. Seine Rede wird beschwörend, wenn er auf die von Christus geschenkte Freiheit zu sprechen kommt. „Zur Freiheit hat Christus uns befreit. Steht also fest und laßt euch nicht wieder unter das Joch der Knechtschaft zwingen" (5, 1).

Eben diese Freiheit hatte Paulus nach 2, 4f im Sinn gehabt, als er auf dem „Apostelkonzil" für sie eintrat und sie gegen die „Falschbrüder" verteidigte. Die Freiheit, die „wir in Christus Jesus haben", wird dabei zum eigentlichen Kerngehalt des Evangeliums, zum Ausdruck seiner „Wahrheit" (V 5), von der Christen letztlich leben. Zu leicht wird das „Evangelium Christi" (1, 7) um seine Wahrheit gebracht, wenn man es unter der verführerischen Erwartung einer angeblich größeren pneumatischen Vollkommenheit (vgl. 3, 1–5) mit den Forderungen des alten Gesetzes zu „ergänzen" sucht, so daß Paulus beides, Gesetzeswerke und Christusglaube, in 2, 16 und weiter durchgehend in eine scharfe Antithese setzen muß. Die „Werke des Gesetzes" bewirken die Rechtfertigung vor Gott nicht, sondern allein der Glaube, durch den sich der Hörer des Evangeliums an Jesus Christus und sein Werk der Befreiung bindet. „Gesetzeswerke" verhindern im Gegenteil die von Christus geschenkte neue Lebensform der „Söhne Gottes" (3, 26; 4, 6), wenn sie alternativ oder korrektiv zum Christusglauben zum Prinzip der Rechtfertigung gemacht werden. Die Freiheit, zu der Christus „uns befreit hat", ist daher im Verständnis des Apostels Freiheit von dem „Joch der Knechtschaft", das bei einer erneuten Forderung von „Gesetzeswerken", näherhin der Beschneidungsforderung (5, 2f; 6, 12f), den Glaubenden auferlegt würde.

Diese Freiheit vom Gesetz, die Paulus in Röm 8, 2 umfassend als Frei-

heit vom „Gesetz der Sünde und des Todes" interpretiert, sucht er im Galaterbrief als die „Wahrheit des Evangeliums" zu erweisen. Durch die
Erkenntnis dieser Wahrheit, durch die Einsicht in ihren „wahren" Freiheitsstand sollten die galatischen Christen vor dem Rückfall unter die
versklavende Macht des mosaischen Gesetzes bewahrt werden. Als
„Rückfall"[1] sieht Paulus die Hinwendung zum mosaischen Gesetz, insbesondere zur Forderung der Beschneidung (5,2), deswegen an, weil die
Unfreiheit unter dem mosaischen Gesetz im Lichte des Evangeliums der
früheren Situation der Galater gleichkommt, in der sie unter den heidnischen „Göttern, die in Wirklichkeit keine sind, versklavt waren" (4,8).

Aufgrund der dezidierten Verwendung des Freiheitsbegriffs wird der
Galaterbrief sozusagen zu einem Dokument „theologischer Aufklärung"
im frühen Christentum, eben als eindringliche Erinnerung an die von
Gott gewollte und in Christus erlangte Freiheit der „Söhne". In Kap. 4
stellt Paulus den Galatern ihren im Glauben an Jesus Christus gewonnenen neuen Rechtsstand dar: als Glaubende sind sie nicht mehr νήπιοι –
„Unmündige" (4,3), nicht mehr den unfreien Sklaven gleichgestellt (4,1);
sie sind jetzt durch „den Sohn" zu freien „Söhnen" geworden (vgl. 4,4–7).
Diesen neuen Rechtsstand als Freie sollen sie positiv und aktiv wahrnehmen.

Freiheit, die „wir" in Christus haben, will verteidigt und geschützt werden. Dies wahrzunehmen, dazu ruft Paulus die Galater in 5,1 auf. Allerdings beläßt er es nicht bei der Mahnung zum „Feststehen" und der
Warnung vor dem Rückfall unter das „Joch der Knechtschaft". Sosehr
die Galater dieser Warnung vor den Verführungen durch die Gegner bedürfen und Paulus sie daher über die Folgen eines solchen Schrittes, wie
er ihn in 5,2 mit dem Stichwort der Beschneidung konkret anspricht, in
Kenntnis setzt, so wenig übersieht er, daß die Freiheit der Realisierung im
christlichen _Tun_ bedarf. Eben dieses notwendige „Tun der Freiheit"
bringt er in 5,13f mit dem Liebesgebot zur Sprache. Dabei ist es bemerkenswert, daß er zugleich auch vor einem Fehlverhalten im Verständnis
und im Umgang mit der Freiheit warnt. Die Liebe, zu der Paulus mahnt,
ist so nicht nur die adäquate Form der Realisierung geschenkter Freiheit
in Christus; sie ist dieses gerade im Blick auf die naheliegende Möglichkeit, die Freiheit „zum Vorwand für das Fleisch" zu machen (V 13b). Im
Tun der Liebe erweisen die Christen, daß sie zu gegenseitigem Dienen befreit sind. Und solches Dienen in Liebe bewahrt vor dem Mißverständnis

---

[1] πάλιν, 5,1 „entspricht 4,9" (_A. Oepke,_ Der Brief des Paulus an die Galater [= ThHK 9]
[Berlin ²1960], 118.)

und dem Mißbrauch der Freiheit als einer bloßen Möglichkeit zur Selbst-
erfüllung und Selbsterbauung.

Es verdient Beachtung, daß Paulus in diesem Zusammenhang begründend von der „Erfüllung des Gesetzes" spricht, und zwar in einem positiven Sinn: „Denn das ganze Gesetz ist in dem einen Wort erfüllt, in dem:
‚du sollst deinen Nächsten lieben wie dich selbst' (Lev 19,18)." Dasselbe
Gesetz, das den Menschen zur Werkgerechtigkeit und zu Selbstruhm ver-
leitet hat, das statt zum Leben tatsächlich zum Fluch geführt hat
(3,10–13) und das deswegen durch den Christusglauben überholt und als
„Heilsprinzip" außer Kraft gesetzt ist, bewahrt seine Dignität als Ausdruck des den Menschen anfordernden Willens Gottes. Ihm entspricht
der Christ allerdings nicht mit seinen „Werken", sondern durch den
Glauben, und das heißt für Paulus auch: durch die Liebe, in der sich der
Glaube als tätig und „wirksam" erweist (5,6).

Es ist ein und derselbe Gott, der seine „Söhne" zur Freiheit vom Gesetz
beruft und der sie um der Freiheit willen auf sein Gebot verpflichtet, in
dem das „ganze Gesetz" zur Erfüllung kommt. Diese Einheit von befrei-
endem Rechtfertigungshandeln Gottes und Liebesgebot, von Glaube und
Liebe, ist nach dem Galaterbrief der tragende Grund für die christliche
Ethik. Die Zusammengehörigkeit beider Aspekte, wie Paulus sie im Galaterbrief sieht und expliziert, soll im folgenden in der gebotenen Kürze er-
läutert werden.

Mit diesem Beitrag beteilige ich mich gerne an der Ehrung des Meisters
der Schriftauslegung, Rudolf Schnackenburg, dem ja die Darlegung und
Begründung des christlichen Ethos aus der Botschaft des Neuen Testaments nach wie vor ein besonderes Anliegen ist und der damit auf die innere Einheit von neuem Sein der Christen und Tun der Liebe immer
besonderen Wert legte[2].

2. Die Freiheit, zu der Christus befreit

Mit dem Wort „Freiheit" erinnert Paulus zu Beginn seiner Mahnrede in
5,13[3] noch einmal an den neuen Stand, zu dem die Glaubenden von Gott

---

[2] Hierzu besonders *R. Schnackenburg,* Die sittliche Botschaft des Neuen Testaments, I.
Völlige Neubearbeitung (= HThK Suppl. I) (Freiburg 1986), 27.213–224.
[3] Hierzu besonders *O. Merk,* Der Beginn der Paränese im Galaterbrief, in: ZNW 60 (1969)
83–104, hier 104: „… so ist der Beginn des ethischen Abschnitts in 5,13 die wahrscheinlich-
ste Annahme". So mit den meisten neueren Kommentaren (J. Becker, U. Borse, D. Lührmann, F. Mußner, H. Schlier). Anders *H. D. Betz,* Der Galaterbrief. Ein Kommentar zum
Brief des Apostels Paulus an die Gemeinden in Galatien (München 1988), 433, der die „Ex-
hortatio" mit 5,1 beginnen läßt.

durch das Evangelium gerufen sind. Das Wort „Freiheit" hatte er in 5,1 betont als zusammenfassenden Ausdruck der in Christus begründeten Existenz der Glaubenden gesetzt, gleichsam als Quintessenz des in den vorhergehenden Kapiteln dargestellten und reflektierten Heilshandelns Gottes in Jesus Christus. Was Paulus als „Freiheit" inhaltlich bezeichnet, ist daher weitgehend dem vorhergehenden Zusammenhang zu entnehmen. Zugleich gewinnt das, was er unter „Freiheit" versteht, eine zusätzliche Spezifizierung durch 5,2–12, also durch den Text, zu dem 5,1 und 5,13 die Inklusion bilden. „Freiheit" ist für Paulus im Galaterbrief insbesondere Freiheit vom „Fluch des Gesetzes" (3,13), näherhin von der Forderung der Beschneidung (5,2–6)[4].

Sosehr Paulus im Galaterbrief die Freiheit als ein Frei-geworden-Sein *von*... versteht, so wenig ist zu übersehen, daß er die *positive* Bestimmung der durch Christus erworbenen Freiheit im Auge hat, und zwar nicht erst mit der expliziten Wendung seiner Freiheitsbotschaft zum Liebesgebot in 5,13f, sondern von Anfang an, wenn er von der „Freiheit, die wir in Christus Jesus haben" (2,4), spricht. Die von Paulus verteidigte Freiheit der Christen hat ihren „Ort" und ihren Bestand „in Christus", und dies deswegen, weil sie ihren Grund in der *Tat* Christi hat. Von Christus als ihrem Autor ist die Freiheit der Glaubenden bleibend bestimmt. Dies hat Paulus im Auge, wenn er die Tat Christi mehrfach als ein *befreiendes* Handeln kennzeichnet.

Hierzu ist schon im Präskript die dem Paulus bereits vorgegebene Formulierung zu zählen, wenn er in 1,3–4 den Friedensgruß christologisch mit dem Ausdruck der Selbsthingabe Christi vertieft: „... und von dem Kyrios Jesus Christus, der sich selbst dahingegeben hat für unsere Sünden, damit er uns *herausreiße* aus dem gegenwärtigen bösen Äon nach dem Willen unseres Gottes und Vaters." Die an dieser Stelle auffällige Charakterisierung des Herr-Seins Jesu Christi durch seine Selbsthingabe zielt schon auf den verpflichtenden *Grund* der Freiheit, an den Paulus die Galater, gleichsam im Vorgriff auf die weiteren Ausführungen[5], erinnert. Das befreiende Handeln Christi selbst wird als ein „Herausreißen" aus

[4] Zu Wort und Begriff von ἐλευθερία im NT und bei Paulus insbesondere vgl. *K. Niederwimmer*, Der Begriff der Freiheit im Neuen Testament (Berlin 1966); *ders.*, Art. ἐλεύθερος κτλ., in: EWNT I, 1052–1058; *R. Schnackenburg*, Christliche Freiheit nach Paulus, in: *ders.*, Christliche Existenz nach dem Neuen Testament II (München 1968), 33–49.
[5] Vgl. *H. Schlier*, Der Brief an die Galater (= KEK 7) (Göttingen ¹²1962), 32; *J. Eckert*, Die urchristliche Verkündigung im Streit zwischen Paulus und seinen Gegnern nach dem Galaterbrief (= BU 6) (Regensburg 1971), 167: „Der Zusatz zum Segenswunsch bietet eine Kurzfassung des Evangeliums..."

der „uns" umgebenden bösen Weltzeit vorgestellt. Dabei ist vorausgesetzt, daß es einen Sachzusammenhang zwischen „unseren Sünden" in V 4 a und der von der Macht des Bösen bestimmten „gegenwärtigen Weltzeit" in V 4 b gibt. Der Tod Jesu erfolgt „für unsere Sünden" und zur Vergebung der Sünden; und zugleich gilt, daß die Heilstat Christi „nach dem Willen Gottes" kosmische Ausmaße annimmt, da sein Tod die Macht des Bösen in der Welt überwindet und aus ihr herausführt[6].

Mit der Hingabeaussage in 1,4 ist die in 2,20 vergleichbar. Noch stärker als im Präskript wird an dieser Stelle die bindende Kraft der Selbsthingabe des Gottessohnes für den, der davon im Glauben betroffen wird, deutlich. Sie wird durch das vorangestellte Motiv der Liebe Christi zu „mir" wirkungsvoll unterstrichen. Der im Glauben an den Sohn Gottes Gerechtfertigte lebt aufgrund des einmaligen Liebeserweises Christi in engster Verbindung mit ihm. Das Motiv der liebenden Selbsthingabe Christi bleibt bis in den Indikativ der Befreiungstat Christi in 5,1.13 hinein virulent, durch den die Forderung der Nächstenliebe begründet wird.

Von besonderer Bedeutung ist 3,13, wo die befreiende Tat Christi ausdrücklich mit der ins Unheil führenden Macht des Gesetzes in Verbindung gebracht wird: „Christus hat uns *losgekauft* aus dem Fluch des Gesetzes, indem er für uns zum Fluch geworden ist ..." Zum Fluch wird das Gesetz denen, die es nicht halten, die dem ihm immanenten Werke-Prinzip tatsächlich nicht zu entsprechen vermögen und ihm so zu ihrem Verderben erliegen. Die befreiende Tat Christi faßt Paulus hier im Bild des „Loskaufs", eines Vorgangs, der in der Antike besonders im Zusammenhang mit dem Sklavenrecht bekannt war und als „sakraler Sklavenloskauf" (manumissio) bezeichnet wurde[7]. Durch Erlegung eines Kaufpreises konnten Sklaven freikommen. Allerdings erscheint es als zweifelhaft, ob dieser Vorgang *unmittelbar* als Verstehensmodell für Gal 3,13 dienen kann[8]. Jedenfalls sind die Einzelheiten eines solchen Brauches nicht ohne weiteres und insgesamt als metaphorische Elemente für die Interpretation der befreienden Tat Christi heranzuziehen. Zu beach-

---

[6] Eine mehr situationsbezogene Auslegung bietet *H. Hübner*, Das Gesetz bei Paulus. Ein Beitrag zum Werden der paulinischen Theologie (= FRLANT 119) (Göttingen 1978), 35: „Vielleicht klingt in 1,4 ‚Christus hat uns aus der gegenwärtigen bösen Welt herausgerissen' jenes Motiv an, das einst die paulinische Missionspredigt in Galatien erfolgreich gemacht hatte", da die Galater „die Christusverkündigung als Befreiung von der Furcht vor den Weltelementen verstanden" hätten.

[7] Nach *A. Deissmann*, Licht vom Osten. Das Neue Testament und die neuentdeckten Texte der hellenistisch-römischen Welt (Tübingen [4]1923), 274f.

[8] Vgl. besonders *F. Mußner*, Der Galaterbrief (= HThK 9) (Freiburg 1974), 232f.

ten ist vielmehr, daß betont Christus als der Befreier dargestellt wird, der aus der Sklaverei unter dem Gesetz befreit. Und dies geschah, indem er den Fluch „für uns", „an unserer Stelle" getragen und so von „uns" genommen hat, indem er selbst am Kreuz „für uns zum Fluch (= zum Verfluchten) geworden ist". Mit dem Bild vom Loskauf verbindet sich hier nicht ganz organisch, aber theologisch gezielt, der in der biblischen Tradition vorbereitete Gedanke von der stellvertretenden Sühne des einen für die vielen. In seinem stellvertretenden Tod machte Christus den Weg dafür frei, daß Gottes Verheißung ihre Adressaten erreicht, als welche sich in der Gegenwart diejenigen erweisen, die sich im Glauben an Jesus Christus halten (V 22).

Das gleiche Wort vom „Loskaufen" (ἐξαγοράζειν) begegnet noch einmal in 4, 5 zur Bezeichnung des befreienden Handelns Christi, allerdings in einem etwas anderen Zusammenhang, aus dem der Ort der Tat Christi in der gesamten Heilsökonomie des Handelns *Gottes* deutlich werden soll (V 4): „Als aber die Fülle der Zeit kam, sandte Gott seinen Sohn, geboren von einer Frau, gestellt unter das Gesetz, damit er die, die unter dem Gesetz (versklavt) sind, loskaufe, damit wir die Sohnschaft erlangen." Mit dem Stichwort „Loskaufen" wird hier gewiß an die einmalige erlösende Tat Christi in 3, 13 erinnert; zugleich wird die Verheißung, auf die hin die Befreiung erfolgt, mit dem Wort der „Sohnschaft" inhaltlich als die von Christus geschenkte Freiheit verkündet. Diese Freiheit der „Söhne" steht in einem unvereinbaren Gegensatz zu der Unfreiheit der „Sklaven". Die eindringlichen Vorhaltungen, die Paulus den Galatern im folgenden (4, 8–20) macht, sollen dazu dienen, vor dem Rückfall in die „alte Sklaverei" (vgl. V 9) zu warnen.

Der neue Stand der Freiheit beansprucht den Glaubenden ganz; eine Teilung mit anderen Ansprüchen würde die in Christus erlangte Freiheit in Frage stellen. Christus ist daher auch der einzige Garant der Freiheit. Die Galater bleiben bei aller Gefährdung, der sie standzuhalten haben, freie „Söhne", wenn sie sich von dem neuen Lebensprinzip des von Gott ihnen in die Herzen gesandten „Geistes seines Sohnes" (4,6) bestimmen lassen, m.a.W.: wenn sie den Geist als Gabe der „Verheißung" (3,14) durch den Glauben annehmen und sein Werk tun lassen. Die Bewährung der Freiheit, zu der Paulus sie in Kap. 5 aufruft, ist daher nicht die Sache einer moralischen Anstrengung aufgrund eines ernstgenommenen Appells, sondern Wirkung des Geistes Christi, der uns die Vollendung der im Glauben schon erlangten Gerechtigkeit geduldig erwarten läßt (5,5). Wie die *Grundlegung* der Freiheit, so ist auch ihre *Entfaltung* und *Bewahrung* ein Erfolg der Gnade, in der Christus „uns" erhält (5,4).

3. Die Bewahrung und Bewährung der Freiheit in der Liebe

„Freiheit" und „Liebe" sind in 5, 13–14 eng miteinander verbunden:
„Denn ihr wurdet zur Freiheit berufen, Brüder; nur (nehmt) die Freiheit nicht zum Anlaß für das Fleisch, sondern dienet einander durch die Liebe! Denn das ganze Gesetz ist in einem Wort erfüllt, in dem: ‚du sollst deinen Nächsten lieben wie dich selbst' (Lev 19,18)."

Paulus nimmt das Wort von der Freiheit aus V 1 betont wieder auf. Die Freiheit, zu der Christus uns befreit hat, wird hier nicht nur als das in Christus realisierte Heilsgut vorgestellt, sondern stärker noch als *Herausforderung* für die Adressaten des Briefes. Die Galater sind durch Christus „befreit" (V 1), bestimmt zu einem Leben in Freiheit, die er bewirkt hat; in Glaube und Taufe haben sie die „Berufung" zur Freiheit (V 13) angenommen. Im Glauben ist diese Freiheit schon Wirklichkeit. Zugleich wird der Glaubende dazu aufgefordert, den *Anspruch* der geschenkten Freiheit wahrzunehmen und ihm im Leben zu entsprechen, also die Freiheit seinerseits zu „realisieren".

Wir haben es hier mit der „klassischen" Form der ethischen Argumentation bei Paulus zu tun, nämlich mit der Folge der im Indikativ verkündigten Heilswirklichkeit und der im Imperativ daraus abgeleiteten Anforderung an den Glaubenden zu einem entsprechenden ethischen Handeln[9]. Sowohl in V 1[10] als auch in V 13 folgt dem Indikativ der Freiheitsverkündigung der Imperativ als Mahnung zur Bewährung der erlangten Freiheit. Dabei ist nicht zweifelhaft, daß es Paulus auf die *Bewahrung* und *Bewährung* der Freiheit bei aller Erinnerung an die schon erfolgte Befreiung durch Christus ankommt. In der so angelegten Beziehung von Indikativ und Imperativ wird der Indikativ der in Christus schon bestehenden Freiheit damit nicht als eine defizitäre, noch ergänzungsbedürftige Wirklichkeit angesehen[11], sondern als der tragende Grund für einen Lebensvollzug der Glaubenden, durch den die Tragfä-

---

[9] Vgl. besonders *H. Schlier*, Gal (s. Anm. 5) 264–267; *K. Kertelge*, „Rechtfertigung" bei Paulus. Studien zur Struktur und zum Bedeutungsgehalt des paulinischen Rechtfertigungsbegriffs (= NTA N. F. 3) (Münster ²1971), 251–263; *J. Eckert*, Indikativ und Imperativ bei Paulus, in: K. Kertelge (Hg.), Ethik im Neuen Testament (= QD 102) (Freiburg 1984), 168–189.

[10] *H. D. Betz*, Gal (s. Anm. 3) 437, sieht in der Folge von Indikativ und Imperativ in V 1 die Begründung dafür, hier den ethisch-paränetischen Teil des Briefes beginnen zu lassen. „So faßt der Satz die ‚Logik' zusammen, durch die der argumentierende Abschnitt des Briefes (im Prinzip 1,6 – 4,31) mit dem paränetischen Abschnitt (5,1 – 6,10) verbunden ist."

[11] So auch *D. Zeller*, Wie imperativ ist der Indikativ? in: K. Kertelge (Hg.), Ethik im Neuen Testament (= QD 102) (Freiburg 1984), 190–196, hier 192.

higkeit und die Tragweite des Heilshandelns Gottes in Jesus Christus *bezeugt* wird. Die Ethik soll also die schon bestehende Wirklichkeit des Heiles, das Paulus hier betont als „Freiheit" bezeichnet, bezeugen. Dies ist der Sinn auch des gesamten ethischen Teils des Galaterbriefes in 5, 13 – 6, 10. Paulus mahnt zu einem konsequenten christlichen Freiheitsverständnis, das seine „Wahrheit" im praktischen Gemeindeleben erweisen muß.

Nicht von ungefähr bezeugt sich die durch Christus erlangte Freiheit der Glaubenden nach 5, 13 c im „gegenseitigen Dienen durch die Liebe". Paulus spricht von einem δουλεύειν ἀλλήλοις („tut einander Sklavendienste"), wohl um das falsche Freiheitsverständnis aus V 13 b wirkungsvoll zu kontrastieren[12]. Die christliche Freiheit bedeutet gewiß Freiheit vom Gesetz und seinem Herrschaftsanspruch. Aber sie bedeutet damit nicht Gesetzlosigkeit und Ungebundenheit. Vielmehr wirkt sich die Zugehörigkeit der Befreiten zu ihrem Befreier als Bindung an ihn und sein „Gesetz" aus. Ausdrücklich spricht Paulus in diesem Sinne von dem „Gesetz Christi" in 6, 2, das dadurch erfüllt wird, daß einer des anderen Last trägt. Der Zusammenhang des Imperativs von 6, 2 mit dem von 5, 13 c (und mit 5, 14) ist überdeutlich. Die Bindung an Christus wirkt sich im Dienst der Glieder seiner Gemeinde aneinander aus. Solches Dienen ist ermöglicht durch das befreiende Werk Christi, und es muß sich daher auch aus den Motiven vollziehen, die das Werk Christi bestimmt haben. Durch ihr Einander-dienen-in-der-Liebe entsprechen die Glaubenden der Liebe, die nach 2, 20 die Selbsthingabe Christi beseelt hat. Die Liebe ist daher auch das eigentliche *Motiv* des Dienens, das der Freiheit ihren ethischen Ausweis gibt.

Zur Bekräftigung des Imperativs von V 13 zitiert Paulus in V 14 das Liebesgebot aus Lev 19, 18 – gewiß schon aus seiner Rezeption in der urchristlichen Überlieferung[13] –, und zwar als Ausdruck des Willens Gottes, der, auch bei aller Betonung der Freiheit vom Gesetz, *im Gesetz* seinen verbindlichen Ausdruck hat. In dieser scharfen Entgegenstellung von „Gesetz" und „Gesetz", der Freiheit vom Gesetz und der bleibenden Geltung des Gesetzes, zeigt sich die Dialektik des paulinischen Denkens, durch die ein für Paulus wesentlicher Sachverhalt seiner Theologie zum Ausdruck kommt: Die Freiheit vom Gesetz bedeutet nicht schlechthin die Abschaffung des mosaischen Gesetzes („abrogatio legis"), sondern

---

[12] Vgl. *H. Schlier*, Gal (s. Anm. 5) 243: δουλεύειν ist hier „Oxymoron zur Bezeichnung des Christenstandes".
[13] Vgl. auch *H. D. Betz*, Gal (s. Anm. 3) 470f.

die Überwindung seiner den Menschen zu Selbstruhm und Selbsttäu-
schung verführenden Macht, die in Christus an ihr Ende gekommen ist.
Also: Befreit sind die Glaubenden vom „ *Fluch* des Gesetzes" (3, 13) –
eben durch Jesus Christus. Daß Christus nach Röm 10, 4 damit „das Ende
des Gesetzes" ist, läßt nicht übersehen, daß er „den Rechtsanspruch des
Gesetzes *erfüllt*" hat (Röm 8, 4). Solche „Erfüllung" wird zur Maßgabe
für die Glaubenden, wie Gal 5, 14 (und Röm 13, 8–10) voraussetzt, wenn
von der Erfüllung des „ganzen Gesetzes in dem einen Wort" die Rede ist,
„nämlich in dem: du sollst deinen Nächsten lieben wie dich selbst". Daß
Paulus hierbei das Gesetz ausdrücklich nennt und es als verbindliche
Größe vorstellt, zeigt, daß er sich gegen ein naheliegendes Mißverständnis von „Freiheit" wendet, in dem die unaufgebbare Bindung an Gott und
sein wegweisendes Gebot übersehen oder gar negiert wird. Mit seiner
Botschaft von der Freiheit der Glaubenden gegenüber dem Gesetz will
Paulus nicht als „Antinomist" verstanden werden, der mit seiner Kritik
an der verführerischen Macht des Gesetzes und mit seiner Warnung vor
dem Irrweg, „Rechtfertigung im Gesetz" (5, 4) zu suchen, das Gesetz
selbst preisgeben würde[14]. Gal 3, 19–25 und Röm 3, 19; 5, 20 zeigen, daß
er dem Gesetz immer auch noch in heilsgeschichtlicher Sicht eine bestimmte Funktion zuspricht. Hier in Gal 5, 14 setzt er allerdings mit der
positiven Rede von der Erfüllung des Gesetzes einen starken theologischen Kontrapunkt.

Es kann daher mit Recht gefragt werden, ob Paulus damit nur seine
These von der Freiheit in Christus gegen naheliegende Mißverständnisse
oder auch gegen absichtliche Unterstellungen schützt oder ob er damit
nicht auch und vor allem einen möglichen „Antinomismus" seiner Gegner treffen will, der freilich besser als „Libertinismus" zu bezeichnen
wäre. Hierauf könnte auch schon die Warnung in V 13 b verweisen: „Nur,
laßt die Freiheit nicht zum Vorwand für das Fleisch werden". Dem würde
auch entsprechen, daß Paulus die Galater in 6, 1 ironisch als „Pneumatiker", die sie sein wollen, anspricht[15]. Ein solcher Libertinismus, der auch
nach 1 Kor 8 und 10, 23–33 leicht zum Ausdruck der „Überlegenheit"
pneumatischer Enthusiasten wird, konnte sich offenkundig bei den Gegnern des Paulus mit ihrem Insistieren auf die Forderungen des Gesetzes,
näherhin auf die Beschneidungsforderung, verbinden[16]. Dies geht auch

---

[14] *J. Eckert*, Verkündigung (s. Anm. 5) 134, erklärt in diesem Sinne die Mahnung in V. 13:
Sie „muß ... in erster Linie als eine auf die bisherige prononciert einseitige Verneinung des
Gesetzes zu erwartende Aussage des Seelsorgers Paulus begriffen werden".
[15] Vgl. *F. Mußner*, Gal (s. Anm. 8) 367.
[16] Mit einer „zweiten Front" im Konflikt des Apostels mit den Galatern (so W. Lütgert) ist

schon aus 5,3 hervor, wenn Paulus eigens daran erinnern muß, daß die Beschneidungsforderung die Unterwerfung unter den Anspruch des Gesetzes in seiner *Gänze* impliziert. Vor diesem Hintergrund ist es für ihn kennzeichnend, daß er in 5,14 *so* von der Erfüllung des Gesetzes sprechen kann, daß die durch Christus gewonnene Freiheit dadurch nicht in Frage gestellt, sondern im Gegenteil erst recht „realisiert" wird. Eben dies wird dadurch möglich, daß er das „ganze Gesetz" im Liebesgebot aufgehoben sein läßt.

ὁ πᾶς νόμος nimmt in etwas abgewandelter Formulierung ὅλον τὸν νόμον aus V 3 wieder auf. Der Ausdruck bezeichnet an beiden Stellen das Gesetz in seiner Ganzheit. Darin ist gewiß die Vielzahl der Einzelgebote eingeschlossen, die im „ganzen Gesetz" ihre Zusammenfassung und Einheit haben. Dies sagt Paulus hier allerdings nicht so ausdrücklich wie in Röm 13,9[17]. Dennoch ist nicht zu übersehen, daß er in Gal 5,14 „das *ganze* Gesetz" als zusammenfassende „Einheit" versteht, die in dem „einen Wort", dem Liebesgebot, ihren verbindlichen Ausdruck findet[18]. Durch das Liebesgebot definiert er die Einheit des Gesetzes von innen her neu[19], so daß sich im Liebesgebot der Wille Gottes gültig darstellt, nämlich als seine sittliche Forderung, die ihren ermöglichenden Grund im Entgegenkommen Gottes, in seinem Gnadenruf (1,6; 5,4.13), hat. Die neue „Geltung" des Gesetzes im Liebesgebot setzt also die Unterscheidung zwischen dem „Gesetz, von dem wir fortgerufen sind", und dem „Gesetz, zu dem wir hingerufen sind"[20], voraus. In diesem Sinne läßt sich mit Rudolf Schnackenburg auch zu Gal 5,14 sagen: „In einer neuen

---

nicht zu rechnen. Vielmehr wird hier die in den Augen des Paulus „inkonsequente" Gesetzesposition der Gegner sichtbar.

[17] Hierzu besonders O. *Wischmeyer*, Das Gebot der Nächstenliebe bei Paulus. Eine traditionsgeschichtliche Untersuchung, in: BZ 30 (1986) 153–187

[18] In dieser Auslegung ist „das ,ganze' Gesetz", insofern es in der Zusammenfassung des Liebesgebotes „für den Christen gilt", natürlich „nicht identisch" mit dem „ganzen Gesetz des Mose", das von Paulus kritisiert wird. So H. *Hübner*, Gesetz (s. Anm. 6) 38. Fraglich erscheint jedoch, ob Paulus diese Unterscheidung auch durch die sprachliche Nuancierung in 5,3 und 5,14 anzeigen wollte, wie Hübner meint. Hierzu bereits in meinem Aufsatz „Gesetz und Freiheit im Galaterbrief", in: NTS 30 (1984) 382–394, bes. 390.

[19] Von einer Neu-Interpretation ist hier auch dann zu sprechen, wenn mit Recht auf vergleichbare Zusammenfassungen des „ganzen Gesetzes" in einem Wort verwiesen wird wie besonders auf die dem Rabbi Hillel zugeschriebene Form der „Goldenen Regel": „Was dir nicht lieb ist, tu auch deinem Gefährten nicht an. Das ist die ganze Torah, das übrige ist Auslegung." Selbst die Rabbi Aqiba zugeschriebene Formulierung mit Lev 19,18: „Du sollst deinen Nächsten lieben wie dich selbst, das ist ein großer allgemeiner Grundsatz in der Torah" (Bill. I 907) stellt das christliche Proprium der „Reduzierung" in Gal 5,14 und Röm 13,8–10 nicht in Frage.

[20] H. *Schlier*, Gal (s. Anm. 5) 245.

Weise wollte er (Paulus) das ‚Gesetz' in der Freiheitsbotschaft des Evangeliums für die Glaubenden ‚in Geltung setzen' (Röm 3,31)."[21]

Der Mahnung zum gegenseitigen Dienen in der Liebe kommt in Gal 5,13-14 programmatische Bedeutung für die paulinische Ethik zu. In dieser Hinsicht ist Röm 12,1-2 als thematische Überschrift über den ethisch-paränetischen Teil des Briefes vergleichbar. Hierin kommt das Motiv des Dienens in Liebe zwar nicht ausdrücklich vor, aber es ist zweifellos in der angemahnten „Selbstdarbringung" der Glaubenden mit angelegt. Sowohl die Gegenseitigkeit des Dienens, die ein wesentliches Strukturelement der christlichen Gemeinde ist, als auch das Motiv der Liebe insbesondere kommen in den folgenden Texten in Röm 12 zur Sprache, nämlich in der ethisch gewendeten Charismenlehre V 3-8 wie auch in den Einzelmahnungen, die hinsichtlich des Liebesmotivs bis hin zur Feindesliebe in V 19-21 reichen. Was damit an bewegender Inspiration für die christliche Ethik erkennbar wird, faßt Paulus in 13,8-10 nachdrücklich mit dem Gebot der Nächstenliebe zusammen.

Paulus geht es in seinen Mahnungen zu einem dem Glauben entsprechenden Verhalten um das Einander-dienen-in-Liebe. Dadurch erlangt seine Ethik einen starken *ekklesialen* Aspekt. Der Aufbau der Gemeinde, die Paulus durch die Verkündigung des Evangeliums gegründet hat, erfolgt nach dem Gesetz des gegenseitigen Dienens in Liebe. Die Liebe bewahrt die Gemeinde in der Einheit. Daher versteht sich, daß Paulus in Gal 5,15 das vorher zitierte Liebesgebot mit dem gemeindezerstörenden Verhalten der Galater kontrastiert: „Wenn ihr aber einander beißt und freßt, dann seht zu, daß ihr nicht voneinander verschlungen werdet." Mit dieser „bissigen" Bemerkung dürfte Paulus durchaus auf die schlimme Situation der galatischen Gemeinden Bezug nehmen[22]. Der Verwirrung der Gemeinde im Glauben entspricht eine gewisse sittliche Verwirrung. Damit folgt Paulus nicht nur einem geläufigen Denkschema, das ihm insbesondere aus der jüdischen Polemik gegen die Heiden bekannt gewesen sein dürfte (vgl. Röm 1,19ff); vielmehr ist das Bild, das er von der gegenwärtigen Situation der Gemeinden in Galatien gewonnen hat, der unmittelbare Anlaß für die Mahnungen, die er nun folgen läßt. Sowohl in der Warnung vor den „Werken des Fleisches" (V 19-21) als auch in der darauf folgenden positiven Darstellung der „Frucht des Geistes" (V 22-23) sind Verhaltensweisen genannt, die das Gemeindeleben entweder negativ oder positiv bestimmen (sollen).

---

[21] *R. Schnackenburg*, Sittliche Botschaft (s. Anm. 2) 195.
[22] Zurückhaltender *J. Eckert*, Verkündigung (s. Anm. 5) 135f.

4. Schluß

In einem Aufsatz von 1980 hat Sigfred Pedersen, ausgehend von 1 Kor 13, die Agape als „den eschatologischen Hauptbegriff des Paulus" bezeichnet[23]. Das scheint, zumindest auf den ersten Blick, nicht ganz einsichtig. Pedersen interpretiert die in 1 Kor 13 absolut stehende Vokabel ἀγάπη als Ausdruck der eschatologischen Gabe Gottes. Nun dürfte, abgesehen von 1 Kor 13 und seinen besonderen exegetischen Problemen, nicht zweifelhaft sein, daß Paulus bei der Verwendung des Substantivs ἀγάπη bzw. des Verbs ἀγαπᾶν vielfach die Liebe Gottes bzw. Christi zu „uns" im Auge hat, so ausdrücklich in Röm 5,5.8; 8,35.39; 2 Kor 5,14; Gal 2,20. Das Motiv der Agape spielt in der Tat in der paulinischen Christologie, Soteriologie und Theo-logie eine erhebliche Rolle. Das läßt allerdings nicht übersehen, daß das Motiv der Liebe vor allem die *Ethik* des Paulus bestimmt, und zwar gerade in einer Weise, daß ein Gegensatz von „eschatologischer Ethik" und „Alltagsethik"[24] nicht in Sicht kommt.

Das wird in Gal 5,13–15 besonders deutlich. Paulus läßt die Mahnung zu einem dem Glauben entsprechenden „Dienen durch die Liebe" in seiner Freiheitsbotschaft begründet sein. Die Freiheit, zu der „Christus uns befreit hat", ist das eschatologische Heilsgut, das in einem *konsequenten* Glauben an Jesus Christus *Gegenwart* wird. Die den Glaubenden zugesprochene Freiheit soll „sichtbar" werden im gegenseitigen Dienen der Befreiten. Daß Paulus hierzu das Motiv der Liebe einführt, dürfte seinen Grund darin haben, daß er die „Freiheit" christlich nicht ohne die liebende Tat *Christi* und letztlich *Gottes* selbst denken kann. Einen wesentlichen Anstoß zur *Formulierung* des Motivs der ἀγάπη als Grundgesetz christlicher Ethik dürfte er allerdings aus der Vorgabe des Gebotes der Nächstenliebe und seiner hohen Einschätzung als tragendes Strukturelement im urchristlichen Gemeindeleben erhalten haben. Die Agape wird so aus einem doppelten Zusammenhang heraus, aus dem begründenden Zusammenhang mit dem liebenden Handeln Gottes und Jesu Christi und der Rezeption des Liebesgebotes im urchristlichen Gemeindeleben, zum *Hauptbegriff paulinischer Ethik*.

---

[23] *S. Pedersen*, Agape – der eschatologische Hauptbegriff bei Paulus, in: *ders.* (Hg.), Die paulinische Literatur und Theologie (Skandinavische Beiträge) (Göttingen 1980), 159–186.
[24] Ebd. 181.

Glaube und Werke

1. Aktuelle Fragen

Das Thema „Glaube und Werke" hat bis heute die kritische Brisanz bewahrt, die ihm aufgrund des reformatorischen „sola fide" (allein durch den Glauben wird der Mensch gerechtfertigt) anhaftet. Die neuesten ökumenischen Gespräche haben dazu beigetragen[1], eine lange geltende Polarität von einem katholischen „et" („und") im Verhältnis von Glaube und Werken und dem protestantischen „sola" („allein") zu entschärfen und die kontroversen Positionen theologisch einander anzunähern. Aber für beide Seiten bleibt noch vieles zu lernen, vor allem durch ein gemeinsames Hinhören auf das Zeugnis der Heiligen Schrift.

Im Neuen Testament erscheint der konfessionelle Streit der Neuzeit geradezu vorweggenommen, nämlich in den beiden Weisen, wie Paulus und Jakobus (besser: der Verfasser des Jakobusbriefes)[2] über das Thema „Rechtfertigung aus Glauben" denken und sprechen. Aber dabei handelt es sich nicht um einen Konfessionsstreit im Neuen Testament, sondern um notwendige Pointierungen aus verschiedenen Situationen, die allerdings um des grundlegend christlichen Glaubensbekenntnisses willen zueinander in Beziehung gesetzt werden müssen. Daß dies ohne eine Vergewaltigung der Texte möglich ist, haben evangelische und katholische Bibelwissenschaftler in neuerer Zeit wiederholt gezeigt.[3]

Die Frage nach „Glaube und Werke" hat über die ökumenische Relevanz hinaus für uns heute aber auch eine aktuelle „praktisch"-theo-

---

[1] Siehe besonders *K. Lehmann – W. Pannenberg* (Hrsg.), Lehrverurteilungen – kirchentrennend? I. Rechtfertigung, Sakramente und Amt im Zeitalter der Reformation und heute (Dialog der Kirchen 4), Freiburg–Göttingen 1986.

[2] Vgl. die Einleitung zum Jakobusbrief, in: Einheitsübersetzung der Heiligen Schrift: Das Neue Testament, Stuttgart 1980, 539f; *E. Ruckstuhl*, Jakobusbrief, 1.–3. Johannesbrief (Die Neue Echter Bibel), Würzburg 1985, S. 8f.

[3] Vgl. besonders *J. Reumann*, „Righteousness" in the New Testament, „Justification" in the United States Lutheran-Roman Catholic Dialogue (with responses by *J. A. Fitzmyer, J. D. Quinn*), Philadelphia, New York 1982.

logische Bedeutung. Das Thema signalisiert in seinen beiden Leitbegriffen die in verschiedener Hinsicht uns angehende Frage: Wieviel an „Werk"-Praxis soll und darf in den Glauben eingehen, damit so die eigentliche Intention des christlichen Glaubens erreicht wird, der ja nicht nur dem einzelnen Glaubenden zur individuellen „Seligkeit" gereichen soll, sondern sich auch im Lebenszeugnis der Glaubenden vor und in der Welt mitteilen will und muß? Im Grunde haben wir heute als Christen ein besonders selbstkritisches Empfinden für den Satz aus Jak 2,26: „Ohne Werke ist der Glaube tot." Muß sich der Glaubende nicht um des Glaubens willen aktiv dafür einsetzen, daß Gottes Reich in der Welt Wirklichkeit wird?

Aber hören wir zunächst einmal auf das Zeugnis der Heiligen Schrift über den Glauben als die unverzichtbare Grundeinstellung des Menschen zu Gott.

2. „Abraham glaubte Gott ..." (Gen 15,6; Röm 4,3)

Glauben lernen Christen schon in einem grundsätzlichen Sinne bei Abraham als dem Stammvater Israels im Alten Testament. Nach dem Zeugnis von Gen 15,1–6 richtet sich der Glaube Abrahams auf den lebendigen Gott, der ihn „aus Ur in Chaldäa geführt hat" (V. 7). Gott verheißt ihm den Nachkommen, den er nach rein menschlichen Maßstäben nicht mehr erwarten konnte. Der Apostel Paulus interpretiert diesen Sachverhalt in der übergreifenden Sicht der heilsgeschichtlichen Wirkung des Eingreifens Gottes: „Gegen alle Hoffnung hat er (Abraham) voll Hoffnung geglaubt, daß er der Vater vieler Völker werde ... Er zweifelte nicht im Unglauben an der Verheißung Gottes, sondern wurde stark im Glauben, und er erwies Gott die Ehre, fest davon überzeugt: Was er verheißen hat, hat er die Macht, auch zu tun" (Röm 4,18-21).

Abraham wird so zum „Vater aller", die wie er den Weg des Glaubens gehen (4,11 f). Am „Vorbild" Abrahams hebt Paulus die auch für den christlichen Glauben wesentlichen Merkmale deutlich hervor:

☐ Abraham glaubte an den Gott der Verheißung, der wirkmächtig in die Geschichte der Menschen eingreift und ihnen Zukunft gibt. Der Glaube richtet sich also auf das *verheißungsvolle* Wort Gottes und antwortet vertrauensvoll darauf. Martin Buber verdeutlicht *in diesem Sinne* in seiner Übersetzung von Gen 15,6 den Glauben Abrahams als sein Vertrauen zu dem Gott, der ihn anspricht, ihn führt und auf die Probe stellt: „Er aber vertraute Ihm, das achtete er ihm als Bewährung."[4]

---

[4] *M. Buber* (in Gemeinschaft mit *F. Rosenzweig*), Die fünf Bücher der Weisung, Köln/Olten 1954, S. 41.

□ Abraham glaubte an den Gott, der *Neues schafft*, „der die Toten lebendig macht und das, was nicht ist, ins Dasein ruft" (Röm 4,17). Eben diese neuschaffende Kraft Gottes sieht der Apostel Paulus über die Nachkommenverheißung an Abraham hinaus (bzw. nach Gal 3,16: *vermittelt* durch diese) in Jesus Christus am Werk. Jesus Christus selbst wird als der Gekreuzigte und Auferweckte zum Zeichen der *erfüllten* und damit auch zum Grund der an den Glaubenden *sich erfüllenden* Verheißung Gottes. Eben dies bringt Paulus in der für ihn so wichtigen Rechtfertigungsverkündigung zum Ausdruck. Paulus versteht die von ihm verkündigte Rechtfertigung des „Gottlosen" (Röm 4,5) als das neuschaffende Handeln Gottes am Menschen, für das dieser keine eigenen „Werke", die Gott belohnen müßte, einbringen kann, sondern nur den Glauben.

3. „Nicht aufgrund von Werken, sondern aus Glauben"
So formuliert es Paulus wiederholt im Philipper-, Galater- und Römerbrief: Der Glaube an den Gott, der Neues schafft, schließt die Werke, die der fromme Mensch in Erfüllung des Gesetzes tut, *grundsätzlich* aus. „Denn wir sind der Überzeugung, daß der Mensch gerechtfertigt wird durch Glauben, unabhängig von Werken des Gesetzes" (Röm 3,28).[5] Im Glauben verzichtet der Mensch auf die Anerkennung seiner Werke als „Verdienste", die ihn dazu verleiten könnten, sich vor Gott zu rühmen.[6] Im Glauben wird er vor Gott ganz „leer", ganz Empfangender.

Diesen Glauben gewinnt der Mensch im Gegenüber zum gekreuzigten und auferweckten Christus. Sein Weg ist im Geschick Jesu vorgezeichnet, in seiner „Selbstentleerung"; so nach Phil 2,7f: „Er entäußerte sich und wurde wie ein Sklave ..., er erniedrigte sich und war gehorsam bis zum Tod, bis zum Tod am Kreuz." Der Glaubende hat im Glauben gelernt, diesen Weg Jesu nachzugehen, ihn als seinen Weg anzunehmen und so Gott an sich handeln zu lassen, wie er an Jesus gehandelt hat. „Darum hat Gott ihn über alle erhöht ..." (V. 9). Das Handeln Gottes an uns Menschen geschieht in der Weise der Erweckung aus dem Tode, nämlich aus dem Tod der Sünde, der Selbstverfallenheit, der hoffnungslosen Verlorenheit. Der Glaube läßt den Menschen als erstes seiner erlösungsbedürftigen Situation innewerden, und er läßt ihn hoffen „wider alle Hoffnung".

---

[5] Zur Erklärung vgl. *H. Schlier*, Der Römerbrief (HThK 6), Freiburg 1977, S. 116f; *K. Kertelge*, Der Brief an die Römer (Geistliche Schriftlesung. Erläuterungen zum NT, 6), Düsseldorf 1971, S. 79f.
[6] Ausdrücklich schließt Paulus ein solches „Rühmen" aus, Röm 3,27: „Wo bleibt nun das Rühmen? Es wurde ausgeschlossen. Durch welches Gesetz? Durch das der Werke? Nein, sondern durch das Gesetz des Glaubens."

Dieses Grundverständnis von der wahren Situation des Menschen vor Gott und die Einsicht in das offenbargewordene Heilshandeln Gottes in und durch Jesus Christus führen Paulus zu der scharfen Antithese: „Nicht durch Werke des Gesetzes, sondern durch den Glauben an Jesus Christus"; und: „Aus Glauben, damit auch gilt: aus Gnade" (Röm 4,16). Daß diese Rede auch grob mißverstanden werden konnte, hat Paulus schon selbst als Vorwurf gegenüber seiner Verkündigung erfahren müssen. Dagegen wehrt er sich etwa Röm 3,8: „Gilt am Ende das, womit man uns verleumdet und was einige uns in den Mund legen: ‚Laßt uns das Böse tun, damit das Gute entsteht?' Diese Leute werden mit Recht verurteilt."[7] Wogegen Paulus mit seiner scharfen Antithese von Glauben und Werken Stellung bezieht, ist das gefährliche Sich-Verlassen von Menschen auf sich selbst, um so aus „eigener Gerechtigkeit"[8] vor Gott bestehen zu können. Dazu Paulus: Die Menschen verstellen sich mit ihrem eigenen „guten Willen" und „guten Werken" den Blick auf das, was einzig vor Gott bestehen läßt, das ist: die aufrichtige Umkehr und die Aufmerksamkeit für Gottes Entgegenkommen.

4. Jedoch: „Ohne Werke ist der Glaube tot" (Jak 2,26)
Der von ihrem theologisch-christologischen Ansatz so konsequent durchdachten Rechtfertigungslehre des Paulus wird, wie es scheint, innerhalb des Neuen Testaments am schärfsten vom Autor des Jakobusbriefes widersprochen: „Was nützt es, meine Brüder, wenn einer sagt, er habe Glauben, aber es fehlen die Werke? Kann etwa der Glaube ihn retten?" (2,14). Diese Einlassung des „Jakobus" auf die „Rechtfertigung aus Glauben" kommt mit ihrer kontroversen Spitze sodann in den Versen 21–24 auf den Höhepunkt, wo ganz anders als bei Paulus in Gal 3 und Röm 4 Abraham als Beispiel dafür herangezogen wird, daß Glaube und Werke *zusammenwirken*. „Wurde unser Vater Abraham nicht aufgrund seiner Werke als gerecht anerkannt? Denn er hat seinen Sohn Isaak als Opfer auf den Altar gelegt (Gen 22,9) ..." Diese Opferbereitschaft Abrahams wird für „Jakobus" zum wahren Ausdruck seines Glaubens, so daß sich gerade darin der für Paulus so wichtige Satz aus Gen 15,6 erfüllt: „Abraham glaubte Gott, und das wurde ihm als Gerechtigkeit angerechnet."

„Jakobus" kritisiert also einen Glauben, der sich darin erschöpft, Gottes Existenz anzuerkennen, ohne sich von Gott auch ganz, nämlich

---

[7] Weitere vergleichbare Stellen: Röm 6,1 f.15 f.
[8] Röm 10,3: „Da sie die Gerechtigkeit Gottes verkannten und ihre eigene aufrichten wollten, haben sie sich der Gerechtigkeit Gottes nicht unterworfen." – Zum Begriff der „Gerechtigkeit (Gottes)" und der „Rechtfertigung" vgl. bes. K. *Kertelge*, art. δικαιοσύνη (Gerechtigkeit) und art. δικαιόω (rechtfertigen), in: Exegetisches Wörterbuch zum NT, Bd. I, Stuttgart 1979, S. 784–807.

in einem tätig gelebten Glauben, in Pflicht nehmen zu lassen. „Auch die Dämonen glauben, und sie zittern" (V. 19). Er kritisiert einen folgenlosen Glauben, und er mahnt, nach dem Vorbild Abrahams den Glauben durch die Werke zu „vollenden" (V. 22).

Damit wird allerdings deutlich, daß „Jakobus" nicht schlechthin der Botschaft des Paulus von der Rechtfertigung aus Glauben widerspricht, sondern gegen ein falsches Verständnis der paulinischen Lehre, näherhin gegen einen ausgehöhlten Glaubensbegriff zu Felde zieht. Der Glaube an Gott, der durch Jesus Christus zum Heil der Menschen handelt und der dieses Heil allein – ohne anderweitige Unterstützung – wirkt (sonst wäre er nicht mehr „Gott"!), erfordert das „Leer-Werden" des Menschen vor Gott (s. o.), damit aber auch die mit ganzem Herzen vollzogene Hinwendung zu ihm. Mit anderen Worten: Der Glaube muß zu einer ganzheitlich personalen Antwort des Menschen auf die gnädige Zuwendung Gottes werden. Und dazu gehört sowohl die Liebe zu Gott als auch das liebende Teilen mit den Armen (V. 15 f). Genau an dieser Stelle hat „Jakobus" an denen, die gläubig geworden sind, etwas auszusetzen. Das Fehlen einer ganzheitlichen Umkehr und Neuorientierung im Verhältnis zu Gott und zum Nächsten veranlaßte ihn zu seiner Warnung davor, den Glauben „kalt" werden zu lassen.

Aber davor hat, recht besehen, auch *Paulus* gewarnt. Wenn er sich im Galaterbrief entschieden gegen die Vermischung von Glaube und Gesetzeswerken wendet und aus dem Glauben an Jesus Christus die Freiheit der Glaubenden begründet (so besonders 3,29; 4,1–7; 5,1), dann ist darin nicht die Mahnung zu übersehen, die im Glauben gewonnene Freiheit in der Liebe zum Nächsten zu bewähren: 5,13–14. Die Liebe ist für ihn allerdings nicht ein bloßes „Werk", mit dem sich der Glaubende vor Gott seine Rechtfertigung „verdienen" könnte. Sie entsteht vielmehr aus der Umkehr des Glaubens und aus dem Wirken des Heiligen Geistes in einem bekehrten Herzen. Es ist daher bemerkenswert, daß er in Gal 5,22 die Liebe an erster Stelle als die „*Frucht* des Geistes*" (im Gegensatz zu den „*Werken* des Fleisches", 5,19) nennt. Die Liebe wird so für ihn zum „leiblichen" Ausdruck des Glaubens. „Denn in Christus Jesus gilt nicht Beschneidung oder Unbeschnittenheit, sondern der Glaube, der in der Liebe wirksam ist" (5,6).[9]

---

[9] Diese „Liebe" entsteht nicht „aus rein natürlichen Kräften" des Menschen; dagegen hat Luther den Satz des Apostels in Schutz zu nehmen gesucht. Vgl. Lehrverurteilungen (Anm. 1) 58. Sie ist vielmehr entsprechend Röm 5,5 die von Gott selbst gewirkte Antwort auf seine „in unsere Herzen ausgegossene Liebe – (ausgegossen) durch den Heiligen Geist, der uns gegeben ist". Vgl. auch die aufschlußreiche Sicht vom Glauben bei *A. von Dobbeler*, Glaube als Teilhabe. Historische und semantische Grundlagen der paulinischen Theologie und Ekklesiologie des Glaubens (WUNT II,22), Tübingen 1987, 4 (in Wiedergabe einer Interpretation von *A. Schlatter*): „Der Glaube ist ... die Größe, durch die der Mensch wollend und wirkend am Werk Gottes beteiligt ist."

Was damit für beide, Paulus und „Jakobus", prinzipiell gilt, nämlich: vor Gott zählt nur der *lebendige* Glaube, das kann allerdings in
unterschiedlichen Situationen im Hinblick auf die Gefahr eines theologischen Irrtums (die Situation des Paulus) oder auf eine pastorale Sorge
(die Situation des Jakobusbriefs) mit jeweils besonderen, ja sogar kon-
trär erscheinenden Akzenten versehen werden. Dies erfordert die jeweilige Situation. Aber damit wird die Grundbotschaft von der Rechtfertigung des Menschen aus Glauben nicht einfach situationsabhängig gemacht bzw. als Ergebnis einer bestimmten Situation erklärt. Vielmehr
bleibt sie die notwendige Grundlage für jede weitere (paränetisch-
pastorale) Aktualisierung. Darauf müssen auch die späteren aktuali-
sierten Formen zurückgeführt werden können.

5. Die Botschaft Jesu
Der biblische Befund zum Thema „Glaube und Werke" läßt sich über
Paulus und „Jakobus" hinaus noch verbreitern. So ist es nicht unwich-
tig, die Frage nach dem Verhältnis von Glaube und Werken im Zusammenhang der Botschaft Jesu zu erörtern. Hierzu müßte vor allem das
Matthäusevangelium gehört werden. So spricht Jesus in der Bergpredigt
nachdrücklich von dem *Tun* der Gerechtigkeit, die „weit größer" sein
soll als die der Schriftgelehrten und Pharisäer (5,20). Und es genügt
nicht, Jesus als den Herrn anzurufen und sich darauf allein schon zu
verlassen; es gilt vielmehr, „den Willen des Vaters im Himmel zu *tun*"
(7,21). Damit ist auch die Gerichtsrede Jesu in Mt 25 zu vergleichen:
„Was ihr einem meiner geringsten Brüder *getan* habt, das habt ihr mir
getan" (25,40). Auch nach dem Lukasevangelium geht es um das Tun:
„Geh hin und tue desgleichen" (Lk 10,37). Mit dem alttestamentlichen
Gebot betont Jesus das *Tun der Liebe.* Alles Tun aber, zu dem die Jünger von Jesus ermahnt werden, ruht auf der Grundbotschaft von der na-
hegekommenen Gottesherrschaft. Mit ihr ruft Jesus zunächst und vor
allem zu Umkehr und Glaube: Mk 1,15! Dem entspricht es, daß Jesus
vor einem vermessenen Sich-Verlassen auf vollbrachte Werke warnt,
mit denen sich der Mensch vor Gott aufbauen will, so im Gleichnis
vom Pharisäer und Zöllner. Dem, der sich schuldbewußt an die Brust
schlägt und vor Gott klein macht, gilt das Wort: „Dieser ging gerechtfertigt nach Hause, jener nicht" (Lk 18,14).

6. Konsequenzen

a) Für den ökumenischen Dialog
Die unterschiedliche Einschätzung des Verhältnisses von Glaube und
Werken für die Rechtfertigung des Sünders stellt einen Hauptpunkt in
den sogenannten „Unterscheidungslehren" zur Markierung der katholischen und der protestantischen Position dar. Das eingangs schon er-

wähnte[10] neue Dokument aus der ökumenischen Dialoggruppe zeigt, daß eine Verständigung zwischen den traditionell festgeschriebenen Positionen möglich ist, wenn deutlicher zwischen den geschichtlichen Situationen unterschieden wird. Das gilt, wie schon innerhalb des Neuen Testaments zwischen Paulus und dem Jakobusbrief, so auch zwischen der Situation der reformatorisch-katholischen Kontroverse des 16. Jh. und der urchristlich-neutestamentlichen andererseits. Der exegetisch mögliche und geforderte differenzierte Rekurs vor allem auf die grundlegende, theologisch bedeutsame Verkündigung des Paulus, aber auch auf Paulus *und* „Jakobus" ermöglicht es, mit dem genannten Dokument das Verhältnis von Glaube und Liebe nicht exklusiv zu bestimmen und solche im Glauben an Gottes Gnade begründete Liebe auch in den „guten Werken" wahrzunehmen, mit denen der Glaubende auf Gottes Gnade dankbar antwortet.[11]

b) Für die Ethik einer christlichen Weltverantwortung

Der *lebendige* Glaube, zu dem die neutestamentlichen Autoren im Anschluß an Jesus rufen, äußert sich nicht nur in einem mehr privaten Vollzug von „guten Werken" der Nächstenliebe, sondern vor allem auch in einem Glaubenszeugnis in und vor der Welt. Die „Welt", das ist zunächst die Menschenwelt, also die mannigfaltigen gesellschaftlichen Beziehungen, in denen Menschen miteinander leben. Diese Welt kann uns Christen um des Glaubens willen nicht gleichgültig sein. Das ist nicht von vornherein die gottfeindliche, eher die gottvergessene, die zutiefst auf Erlösung angewiesene Welt. Wenn in und durch Jesus Christus das Erlösungswerk Gottes in der Welt schon seinen Anfang genommen hat, sind die, die an Christus gläubig geworden sind, dazu berufen, das Werk Gottes in Wort und Tat der Welt zu bezeugen. Solches Zeugnis läßt sich inspirieren von dem Geist Jesu Christi, der der Geist der Liebe ist. Wenn Christen sich daher darum kümmern, daß die in Christus grundgelegte Erlösung in der Welt weiterwirkt, daß sie von allen Menschen gehört und gesehen wird – bis hinein in den Bereich der gesellschaftlichen Beziehungen der Menschen zueinander –, dann erfüllt sich darin in der Tat der von Paulus verkündigte Glaube, der in der Liebe wirksam wird. Ein von diesem Glauben bestimmtes Engagement für eine Welt nach dem Herzen Gottes bedeutet nicht einen anmaßenden Vorgriff auf die von Gott erwartete Vollendung seines begonnenen Werkes. Es ist in diesem Sinne nicht selbstmächtiges Werk des Mensche, sondern Ausdruck der Einstimmung in die Hoffnung, die Jesus Christus der Welt geschenkt hat.

---

[10] Siehe Anm. 1.
[11] Ebd. S. 56–59 und 73 f.

Der Ort des Amtes in der Ekklesiologie des Paulus

Einführung

In diesem Thema sind zwei Probleme miteinander verbunden, die jeweils ihr eigenes Gewicht in historischer und theologischer Hinsicht haben. Gefragt wird nach dem «Ort des Amtes» in der «Ekklesiologie des Paulus». In welchem Sinne ist aber von einer paulinischen Ekklesiologie zu sprechen? Und wieweit können wir andererseits von einem geprägten Begriff des kirchlichen Amtes bei Paulus ausgehen? Wie läßt sich dann beides zueinander in Beziehung setzen? Soll die Behandlung des Themas nicht unter der Hand zu einer «Rechnung mit zwei Unbekannten» werden, müssen wir die methodoschen Möglichkeiten und Grenzen dazu möglichst klar ins Auge fassen.

Paulus spricht verhältnismäßig oft von ἐκκλησία — sowohl im Singular als auch im Plural[1]. Er verwendet den Terminus in der Regel im Blick auf die konkreten Christengemeinden seiner Zeit[2]. So stellt er in dem uns erhaltenen ältesten Brief der ἐκκλησία der Thessalonicher das Schicksal der ἐκκλησίαι τοῦ θεοῦ in Judäa vor Augen, das ihnen zum Vorbild geworden sei (1 Thess 2,14). Er spricht die *Einzelgemeinden* an, ohne ihre Zusammengehörigkeit als Glaubens- und Leidensgemeinschaft zu übersehen. Ihre Zusammengehörigkeit gründet nicht allein in der Vergleichbarkeit ihrer Schicksale und gewisser organischer Grundstrukturen, sondern in ihrem ἐκκλησία-Sein. «Kirche» sind die Einzelgemeinden nicht nur als Ausgliederungen aus einer vorausgesetzten Gesamtkirche, sondern als Lebensgemeinschaften an einem Ort, die aus dem gemeinsamen Glauben an das Evangelium Gottes entstanden sind.

Von diesem Sachverhalt ausgehend hat Josef Hainz[3] in seiner Dissertation versucht, die Grundzüge der paulinischen Ekklesiologie zu entwickeln, wobei er betont die Einzelgemeinden zum Angelpunkt der theologischen Konzeption macht und den Gedanken einer «Gesamtkirche» für Paulus ausschließt[4]. Es versteht sich, daß Hainz seine Interpretation besonders durch das Wort von der ἐκκλησία als «Leib Christi» in 1 Kor 12,27 — im Zusammenhang mit V. 28 — zu stützen

---

1. In den «echten» Paulusbriefen insgesamt 44mal.
2. Hierfür ist besonders auf die Verwendung der Bezeichnung ἐκκλησία in der Adresse der Briefe des Apostels Paulus zu verweisen: 1 Kor 1,2; 2 Kor 1,1; Gal 1,2; 1 Thess 1,1; Phm 2.
3. J. Hainz, *Ekklesia. Strukturen paulinischer Gemeinde-Theologie und Gemeinde-Ordnung* (BU 9), Regensburg, 1972.
4. Ebd., S. 251.

sucht[5], als welche hier zweifellos die Gemeinde der korinthischen Christen bezeichnet wird. Aber es fragt sich, ob wir mit der titularen Bezeichnung der Einzelgemeinden als ἐκκλησίαι und der auf sie angewendeten metaphorischen Rede vom σῶμα Χριστοῦ und anderen Bildaussagen und damit überhaupt in den expliziten ekklesiologischen Kennzeichnungen schon die Konzeption von «Kirche» bei Paulus in den Blick bekommen. Die Frage nach der Vorstellung einer die Einzelgemeinden übergreifenden Gesamtkirche bei Paulus ist nur *ein* Aspekt des gesamten Problemfeldes.

Ein anderer und wohl wichtigerer Punkt betrifft die Frage, ob Paulus bei aller Rede von ἐκκλησία und bei seinen ständigen Beziehungen zu den Einzelgemeinden überhaupt an einer umfassenden, theologisch reflektierten *Ekklesiologie* gelegen war. Inhalte seiner Verkündigung und theologischen Reflexion sind der Glaube an Jesus Christus und die Rechtfertigung des Sünders, also christologisch-soteriologische Themen, aber nicht eine Lehre von der Kirche. Walter Klaiber spricht daher von einem «ekklesiologischen Defizit im Werk des Paulus», das bereits der Verfasser des Epheserbriefes erkannt und dem er mit seiner betont ekklesiologischen Konzeption abgeholfen habe[6].

Von einem ekklesiologischen Defizit bei Paulus mag man im Lichte der späteren theologischen Entwicklungen sprechen. Zu fragen bleibt aber, aus welchen umfassenderen theologischen Zusammenhängen bei Paulus selbst seine Rede von der ἐκκλησία zu verstehen ist. Wenn die Ekklesiologie in den uns bekannten authentischen Briefen des Paulus aus bestimmten Gründen nicht explizit wird, ist damit nicht ausgeschlossen, ja sogar verstärkt zu vermuten, daß seine Ekklesiologie aus den größeren Zusammenhängen seiner Verkündigung und seiner theologischen Reflexion zu erheben ist. Zu fragen ist in diesem Sinne nach der *impliziten* Ekklesiologie des Paulus.

Diese herauszuarbeiten ist zwar nicht die eigentliche Aufgabe dieses Vortrags. Aber wir haben zumindest die Grundlinien des paulinischen Verständnisses von «Kirche» zu skizzieren, die wir für die Frage nach dem kirchlichen «Amt» bei Paulus voraussetzen. Dabei ist davon auszugehen, daß die Frage nach dem «Amt» ein Teilaspekt des Kirchenverständnisses ist und daß das Phänomen des kirchlichen Amtes, soweit es bei Paulus begegnet, mit dem der ἐκκλησία bzw. der ἐκκλησίαι eng verbunden ist. Das gilt auf den ersten Blick für die «charismatischen Ämter» in 1 Kor 12,28, von denen Paulus sagt, daß sie durch «Setzung» Gottes (ἔθετο ὁ θεός) ihren Ort in der ἐκκλησία haben. Das

---

5. Ebd., S. 82-88.261-264.
6. W. KLAIBER, *Rechtfertigung und Gemeinde. Eine Untersuchung zum paulinischen Kirchenverständnis* (FRLANT 127), Göttingen, 1982, S. 9: «Schon der Verfasser des Epheserbriefs hat in der Ekklesiologie den Punkt der Theologie des Apostels gesehen, der am ergänzungsbedürftigsten war».

gilt in bestimmter Weise auch und vielleicht noch mehr von dem Selbstverständnis des Paulus als Apostel, der seine Berufung zum Apostel
in Gal 1,13-16 und 1 Kor 15,8-10 betont zur ἐκκλησία τοῦ θεοῦ in Beziehung setzt, die er verfolgt hat.

Aus den genannten Texten geht hervor, daß das «Amt» in der einen
oder anderen Gestalt — als «Apostelamt» und als «charismatisches
Amt» — seinen «Ort» in der ἐκκλησία hat und daß es zur Wirklichkeit
der ἐκκλησία in einer Beziehung steht, die dieses Amt als «kirchliches
Amt» qualifiziert. In den Konkretionen dieser Beziehung erweist sich
die Wirklichkeit der ἐκκλησία nicht nur als eine soziologische Gege-
benheit, sondern als theologische Realität, die ihre Existenz entsprechend
dem terminus technicus von ἐκκλησία τοῦ θεοῦ Gott verdankt und
nicht nur dem eigenen Erhaltungswillen der Glaubenden oder dem
Führungswillen des «Amtes».

Vom «Amt» ist also in Beziehung zur ἐκκλησία zu sprechen. Und
es ist zu erwarten, daß sich gerade an den Stellen der Briefe des Paulus,
an denen er sein eigenes Apostelsein aus gegebenem Anlaß theologisch
reflektiert wie im Galaterbrief und im 2. Korintherbrief, auch wesentliche Elemente seines Kirchenverständnisses zeigen. In der Beziehung
von Apostel und ἐκκλησία und auf diesem Hintergrund auch in der
Zuordnung der in 1 Kor 12 und anderswo genannten «Dienste» zur
Wirklichkeit der ἐκκλησία dürfte eine Behandlung des Themas möglich
sein. Dabei muß die Frage nach einer angemessenen Definition dieser
Dienste und des Apostolats als «Ämter» die Behandlung des Themas
nicht von vornherein belasten, wenn klar ist, daß dieser Terminus
im Blick auf die Inhalte dieser Dienste zumindest in analoger Weise
gebraucht werden kann und Paulus seinen Apostolat in 1 Kor 4,1f und
9,17 als Betrauung mit einer οἰκονομία interpretieren kann, für die
er Gott Rechenschaft schuldet. Auszugehen ist damit nicht von einer
festgelegten Amtsstruktur der urchristlichen Kirche, wohl aber von
Diensten und Verantwortungen, die sich als «Präfigurationen»
der späteren kirchlichen Ämter zu erkennen geben[7].

I. DAS APOSTELAMT
ALS STRUKTURELEMENT DER PAULINISCHEN EKKLESIOLOGIE

Um eine genuin paulinische Ekklesiologie zu entwickeln, die nicht

---

7. Zu diesem Thema kann ich auf einige Vorarbeiten verweisen, die z.T. auch in
diesem Beitrag vorausgesetzt werden: K. KERTELGE, *Gemeinde und Amt im Neuen
Testament*, München, 1972; ders., *Das Apostelamt des Paulus*, in BZ 14 (1970) 161-
181; ders., *Offene Fragen zum Thema «Geistliches Amt» und das neutestamentliche
Verständnis der «repraesentatio Christi»*, in *Die Kirche des Anfangs (FS H. Schürmann)*, Freiburg, 1977, S. 583-606; ders. (Hrsg.), *Das kirchliche Amt im Neuen Testament* (WdF 439), Darmstadt, 1977.

nur am Sprachgebrauch von ἐκκλησία[8] orientiert sein sollte, gehen die einschlägigen Untersuchungen vielfach von den beiden Leitvorstellungen des «Volkes Gottes» und des «Leibes Christi» aus. In der Tat ist die Verwendung dieser beiden Vorstellungen bei Paulus besonders zu beachten, da sich darin wesentliche Elemente zeigen, die auch beim paulinischen Sprachgebrauch von ἐκκλησία eine Rolle spielen. Lucien Cerfaux[9] setzt in seiner Darstellung der paulinischen Ekklesiologie betont beim Volk-Gottes-Gedanken an, mit dem er den anderen Gedanken vom «Leib Christi» zu verbinden sucht. Die Kirche ist danach das neue Volk Gottes, das an die Stelle des alten Israel trete. Der damit als heilsgeschichtlich gekennzeichnete Kirchengedanke des Apostels Paulus erreiche allerdings erst seinen Tiefgang in der Idee vom «Leib Christi», in der sich die spezifisch urchristliche Glaubenserfahrung niedergeschlagen habe[10].

Cerfaux hat damit etwas Richtiges gesehen, auch wenn die beiden Konzeptionen vom «Volk Gottes» und «Leib Christi» nicht ohne weiteres zu einer einheitlichen Kirchenvorstellung bei Paulus zu vereinen sind. Sie zeigen jeweils eine besondere Struktur im Kirchenverständnis des Paulus an, die ihre Erklärung einerseits in seinem mehr heilsgeschichtlich-eschatologischen Denkansatz und andererseits in der Gemeindeparänese seiner Briefe findet. Vom «Volk Gottes» ist im Sinne des Paulus aufgrund der Einheit des Heilswillens Gottes im Alten und Neuen Bund zu sprechen, ein Gedanke, der sich besonders in den Spannungen zwischen zeitgenössischem Judentum und urchristlicher Gemeinde zu bewähren hatte. Dagegen ruft Paulus mit der Rede vom «Leib Christi» in 1 Kor 12,27 die durch Spaltung bedrohte Gemeinde zur Besinnung auf ihren Einheitsgrund im «Geist», durch den Christus die Glaubenden zusammenhält.

Erkennen wir die unterschiedliche Struktur und Verwendung der beiden Ausdrücke, die als Interpretamente des Kirchengedankens bei Paulus gelten können, werden wir den einen nicht gegen den anderen als bedeutsamer ausspielen dürfen[11], sondern sie als besondere Hin-

---

8. Siehe hierzu den guten Überblick von J. Roloff, Art. ἐκκλησία, in *Exegetisches Wörterbuch zum Neuen Testament*, hrsg. von H. Balz und G. Schneider, Bd. I, Stuttgart, 1980, S. 998-1011. Von den neueren Beiträgen zum paulinischen Verständnis von ἐκκλησία sei besonders erwähnt H. Merklein, *Die Ekklesia Gottes. Der Kirchenbegriff bei Paulus und in Jerusalem*, in BZ 23 (1979) 48-70.

9. L. Cerfaux, *La Théologie de l'Église suivant saint Paul* (Unam Sanctam, 10), Paris, ²1948.

10. Ebd., S. 218: «L'idée de peuple de Dieu reste, mais elle s'intériorise et se spiritualise. Au lieu d'être simplement son peuple, la communauté chrétienne est aussi 'le corps' du Christ; son unité vient de la vie du Christ...».

11. Vielfach wird dem Leib-Christi-Gedanken die stärkere christliche bzw. christologische Spezifizierung im paulinischen Sprachgebrauch von der «Kirche» zugeschrieben. Vgl. N.A. Dahl, *Das Volk Gottes. Eine Untersuchung zum Kirchenbewußtsein des Urchristentums*, Oslo, 1941 (Neudruck: Darmstadt, 1962), S. 228; R. Schnackenburg,

weise auf die *theologische Wirklichkeit* der Kirche nehmen, von der Paulus eigentlich sprechen will. Jedem dieser beiden Gedanken kommt im jeweiligen konkreten Kontext eine spezifische theologische Bedeutung zu, durch die das Kirchenverständnis des Paulus akzentuiert wird. Systematische Gründe legen nahe, den Volk-Gottes-Gedanken zuerst in den Blick zu nehmen.

Für die ekklesiologische Verwendung des *Volk-Gottes-Motivs* bei Paulus ist vor allem auf Röm 9,25f hinzuweisen. Weitere Stellen, an denen der Terminus λαὸς θεοῦ (bzw. λαὸς αὐτοῦ) begegnet, sind Röm 11,1f (= Ps 94,14); 15,10 (= Dt 32,43) und 2 Kor 6,16 (= Lev 26,11 f) [12]. Hinzu kommen Stellen, an denen das Wort λαός ohne die Genitiv-Apposition θεοῦ, in anderen Verbindungen bzw. in anderer Verwendung, begegnet [13]. Allen Stellen ist gemeinsam, daß λαὸς θεοῦ bzw. λαός nur in alttestamentlichen Zitaten vorkommt. Das hindert freilich nicht, den Ausdruck «Volk Gottes» besonders im Römerbrief als ein Signal für einen umfassenden theologischen Sachverhalt zu verstehen, in dem das Thema «Kirche» bei Paulus aktuell reflektiert wird. Dies gilt vorzugsweise für Röm 9,25f, wo Paulus im Zusammenhang der Israelfrage zwei Stellen aus Hosea zitiert:

V. 25 καλέσω τὸν οὐ λαόν μου λαόν μου
καὶ τὴν οὐκ ἠγαπημένην ἠγαπημένην (Hos 2,25).

V. 26 καὶ ἔσται ἐν τῷ τόπῳ οὗ ἐρρέθη αὐτοῖς· οὐ λαός μου ὑμεῖς, ἐκεῖ κληθήσονται υἱοὶ θεοῦ ζῶντος (Hos 2,1).

Mit diesem Doppelzitat gibt Paulus dem Israelproblem eine deutliche ekklesiologische Wendung. Dies ist einleitend schon in V. 24 mit dem Satz angezeigt: «Als solche (sc. Gefäße des Erbarmens) hat Gott uns auch berufen nicht nur aus Juden, sondern auch aus Heiden». Das an dieser Stelle überraschend eingeführte ἡμᾶς in Verbindung mit dem καλεῖν Gottes und der doppelten Bestimmung von ἐξ Ἰουδαίων und ἐξ ἐθνῶν hat starke ekklesiologische Relevanz. Nicht weniger wichtig für das ekklesiologische Verständnis des Volk-Gottes-Motivs an dieser Stelle ist die israel-kritische Verwendung des Rechtfertigungsgedankens in den nachfolgenden Versen 9,30 - 10,4. Durch die Rede von der «Gerechtigkeit aus Glauben» (9,30.32; 10,6) bzw. der «Gerechtigkeit Gottes» (10,3), die Israel verkannt hat, verbindet Paulus das Israelproblem von Kap. 9-11 ausdrücklich mit dem Hauptthema des Briefes, das in 1,16f mit dem Evangelium von der δικαιοσύνη θεοῦ

Die Kirche im Neuen Testament (QD 14), Freiburg, ³1966, S. 127; P. Stuhlmacher, *Gerechtigkeit Gottes bei Paulus* (FRLANT 87), Göttingen, 1965, S. 210; H.-F. Weiss, *« Volk Gottes» und «Leib Christi». Überlegungen zur paulinischen Ekklesiologie*, in ThLZ 102 (1977) 411-420, bes. 418f.

12. Bei 2 Kor 6,16 ist allerdings zu beachten, daß diese Stelle zu dem Abschnitt 6,14-7,1 gehört, der nach verbreiteter Einschätzung als nicht-paulinisch gilt.

13. Röm 10,21 (= Jes 65,2); 15,11 (= Ps 117,1); 1 Kor 10,7 (= Ex 32,6); 14,21 (= Jes 28,11f).

angegeben ist. M.E. lassen diese knappen Beobachtungen zu Röm 9,25f den Schluß zu, daß der Kirchengedanke des Paulus, der in Kap. 9-11 fundamental mit dem Israelproblem verbunden ist, im engen Zusammenhang mit dem theologischen Hauptgedanken des Römerbriefes, dem der «Gerechtigkeit Gottes» als zentraler Inhaltsangabe seines Evangeliums, gesehen und aus diesem Zusammenhang auch erklärt werden muß.

Die Wendung δικαιοσύνη θεοῦ steht im Römerbrief als zusammenfassender, thematischer Ausdruck für das heilschaffende Handeln Gottes in Jesus Christus[14]. Im Evangelium, das Paulus verkündet, ist Gottes Heilswille offenbar geworden, und so erweist sich dieses Evangelium als Rettung für «jeden, der zum Glauben gelangt», Juden und Heiden (1,16f; vgl. 3,22). Im Evangelium ergeht der zum Leben erweckende Ruf Gottes (vgl. Röm 4,17 mit 4,5), der sich in denen, die diesen Ruf im Glauben hören und befolgen, «sein Volk» schafft. Auch wenn der Terminus λαός oder ἐκκλησία in Röm 1-8 nicht begegnet, so besteht kein Zweifel, daß der Kirchengedanke in der soteriologischen Grundaussage vom gerechtsprechenden Handeln Gottes am Sünder (Röm 4,5) angelegt und latent vorhanden ist. Den beiden von Paulus gebrauchten Ausdrücken δικαιοσύνη τοῦ θεοῦ und der ἐκκλησία τοῦ θεοῦ liegt der gemeinsame Gedanke vom *Recht Gottes* über sein Volk zugrunde. Von diesem Ansatz aus läßt sich die δικαιοσύνη θεοῦ mit P. Stuhlmacher[15] als «die theologische Mitte auch des paulinischen Kirchengedankens» verstehen.

Bei diesem Ansatz ist nicht zu übersehen, daß die Rechtfertigungstheologie für Paulus ihre besondere Bedeutung in der Auseinandersetzung mit der Frage der Geltung des mosaischen Gesetzes im Urchristentum hatte. Nach der dezidierten These des Apostels hat Gott seine Gerechtigkeit am Gesetz vorbei (χωρὶς νόμου, Röm 3,21) geoffenbart, so daß nicht mehr die Erfüllung des überlieferten Gesetzes die Bedingung für die Erlangung der Gnade der Rechtfertigung ist, sondern der Glaube an Jesus Christus (3,22). Der Glaube ist aber nicht eine Ersatzleistung für die nichterreichte Gesetzeserfüllung, sondern die von Gottes Handeln ermöglichte Antwort des Menschen auf seine Offenbarung. Im Glauben gewinnt der Mensch Zugang zur δικαιοσύνη θεοῦ. Im Glauben antwortet der Mensch auf Gottes Ruf im Evangelium.

---

14. Vgl. besonders S. LYONNET, *De «Justitia Dei» in Epistola ad Romanos*, in *VD* 25 (1947) 23-34; 118-121; 129-144; 173-203; 257-263; O. KUSS, *Der Römerbrief, übersetzt und erklärt*. I, Regensburg, 1957, S. 115-121; P. STUHLMACHER, *Gerechtigkeit Gottes bei Paulus* (a.a.O.); K. KERTELGE, *«Rechtfertigung» bei Paulus. Studien zur Struktur und zum Bedeutungsgehalt des paulinischen Rechtfertigungsbegriffs* (NTA N.F. 3), Münster, (1967) ²1971; ders., Art. δικαιοσύνη, in *Exegetisches Wörterbuch zum Neuen Testament* I, Stuttgart, 1980, S. 784-796.

15. P. STUHLMACHER, a.a.O., S. 215. Dieser Ansatz ist von W. KLAIBER in seiner Dissertation: *Rechtfertigung und Gemeinde*, aufgegriffen und weiter entwickelt worden.

Der Glaube hat daher Entscheidungscharakter. Das bedeutet nicht, daß der Mensch im Vollzug der Glaubensantwort ein isoliertes Individuum im Gegenüber zu Gott bleibt. Vielmehr repräsentiert er die Antwort, die die Schöpfung ihrem Schöpfer schuldet, und zwar im Lebenszusammenhang mit allen, an die Gottes Ruf ergeht.

Mit Recht erinnert Ernst Käsemann gegenüber einer individualistischen Verkürzung der paulinischen Rechtfertigungslehre an die «kosmischen Horizonte von Röm 1,18-3,20; 5,12ff; 8,18ff» und an das im paulinischen Rechtfertigungsgedanken zur Geltung gebrachte «königliche Recht des Schöpfers auf seine gesamte Schöpfung»[16]. Die damit angesprochene «transsubjektive» Intention der paulinischen Rechtfertigungsbotschaft zielt auf die «neue Schöpfung», die im Glauben schon anbricht und im intersubjektiven Vollzug des Glaubens, eben in der Gemeinde der Glaubenden, auch schon konkret wird. Durch den Ruf Gottes im Evangelium wird daher nicht nur der einzelne Glaubende als «neue Schöpfung» kreiert (2 Kor 5,17), sondern auch die Gemeinde der Glaubenden, in der die geschenkte καινότης ζωῆς (Röm 6,4) bzw. die καινότης πνεύματος (7,6) gelebt wird.

Es gehört zur Konkretheit des Glaubens, daß er das «neue Leben» der Glaubenden in der Gemeinde ermöglicht und erhält. Der Glaube ist daher nicht nur das «Mittel» der Rechtfertigung für den Sünder, sondern Lebensgrund für den Glaubenden (ἐκ πίστεως ζήσεται, Röm 1,17). Das heißt für Paulus aber immer auch: der Glaube wird zum Lebensgrund für die Glaubenden aus dem Judentum und dem Heidentum. «Oder ist Gott nur der Gott der Juden? Nicht auch der Heiden? Ja, auch der Heiden, wenn anders Gott *einer* ist, der gerechtspricht die Beschnittenen aus Glauben und die Unbeschnittenen durch denselben Glauben» (Röm 3,29f). Dem *einen* Gott entspricht die *eine* Heilsgemeinde aus Juden und Heiden. Der anschließende «Schriftbeweis» in Röm 4 bringt sodann mit der Gestalt des Abraham die universale und neuschöpferische Bedeutung des Glaubens zum Ausdruck. Abraham als Vater aller, die glauben (4,11f), repräsentiert so die neue Nachkommenschaft, die Gott aufgrund des Glaubens neuschöpferisch ins Dasein ruft (4,16f).

Sehen wir so den Kirchengedanken bei Paulus im engen Zusammenhang mit seinem Verständnis vom Evangelium der «Gerechtigkeit Gottes», wird damit auch die Zuordnung des *Apostels* als berufener Verkündiger des Evangeliums zur *Kirche* deutlich. Weil die Kirche als das neue, universale «Volk Gottes» aus der Glaubenspredigt existiert (ἐξ ἀκοῆς, Röm 10,17) und auf diesem Grund erhalten wird, deswegen ist sie nicht nur an das Evangelium als Inhalt der ἀκοή verwiesen, sondern mit dem Evangelium zugleich auch an den Apostel, der das

---

16. E. Käsemann, *Paulinische Perspektiven*, Tübingen, 1969, S. 132f.

Evangelium verkündigt und dazu «gesandt» ist, überall unter den
Völkern Glaubensgehorsam zu wecken (Röm 1,5). Eben dieses aposto-
lische Selbstverständnis des Paulus liegt auch dem Kettenschluß in
Röm 10,14f zugrunde:

πῶς οὖν ἐπικαλέσωνται εἰς ὃν οὐκ ἐπίστευσαν;
πῶς δὲ πιστεύσωσιν οὗ οὐκ ἤκουσαν;
πῶς δὲ ἀκούσωσιν χωρὶς κηρύσσοντος;
πῶς δὲ κηρύξωσιν ἐὰν μὴ ἀποσταλῶσιν;

Paulus ist Diener des Evangeliums aufgrund von Sendung, aufgrund
der Beauftragung durch Gott. Aufgrund dieser Bestimmung hat er
Autorität in der Kirche. Es erscheint dabei müßig, über das Verhältnis
der Autorität des Apostels zur Autorität des Evangeliums zu streiten.
Beides ist miteinander verbunden. Gewiß ist die Autorität des Evangeliums primäre Autorität[17]. Dies wird besonders von evangelischen
Theologen mit Recht betont. Aber es dürfte wohl nicht genügen, für
das Evangelium eine Autorität über die Gemeinde zu behaupten, wenn
diese Autorität nicht zugleich auch «materialisiert» wird und damit
gegen den Mißbrauch einer bloß formalen Autoritätsausübung geschützt wird. «Materialisiert» erscheint die Autorität des Evangeliums
aber im Dienst des Apostels. Indem er das Evangelium verkündigt und
auslegt, auch und gerade gegenüber seinen Gemeinden *und* seinen
Gegnern, bringt er das Evangelium zur autoritativen Geltung. Es ist
daher zu wenig, wenn Walter Klaiber unter Berufung auf Hans von
Campenhausen das Bestehen-bleiben der «Wahrheit des Evangeliums
in der Gemeinde» «allein vom gehorsamen Hören auf sein Wort, der
Botschaft vom Kreuz» abhängig macht «und davon, ob sie (die Gemeinde) dieser Botschaft in all ihren Konsequenzen Raum gibt»[18].
Zweifellos gehört das gehorsame «Hören» des Evangeliums in der
Gemeinde wesentlich zum Erweis seiner Wahrheit. Aber dieses Hören
setzt die Verkündigung und die verantwortliche Auslegung des Evange-
liums durch den Apostel voraus. Der Apostel beansprucht eine Autorität
in der Gemeinde, die sich auch kritisch gegen das fehlerhafte Hören und
Überhören des Evangeliums wendet. Hiervon geben die Briefe des
Apostels Zeugnis.

Die Autorität der Apostel wird auch von Peter Stuhlmacher[19] in

17. Einer mißverständlichen Verhältnisbestimmung von Evangelium und kirchlicher
Autorität ist das II. Vaticanum mit der Erklärung entgegengetreten: «Das Lehramt
ist nicht über dem Wort Gottes, sondern dient ihm, indem es nichts lehrt, als was
überliefert ist» (*Dei Verbum* Nr. 10). Freilich bedarf hier auch der Begriff der «Überlieferung» im Verhältnis zum «Wort Gottes» einer am «Wort Gottes» orientierten
Interpretation.

18. W. KLAIBER, *Rechtfertigung und Gemeinde*, S. 212. Ebd. das Zitat von H. v.
Campenhausen: «Die Wahrheit muß ihr Recht erweisen...» Dies schließt freilich nicht
aus, daß Paulus als Apostel die «Wahrheit des Evangeliums» in Schutz nimmt (Gal 2,5)
und bei ihrem Erweis verantwortlich mitgewirkt hat.

19. P. STUHLMACHER, *Evangelium — Apostolat — Gemeinde*, in *KuD* 17 (1971) 28-45,
hier S. 33.

ihrer Bedeutung für die urchristliche Gemeinde herausgestellt, wenn er sagt: «Schon an den für uns historisch leider nur in Umrissen bekannten Verhältnissen der ersten Gemeinde in Jerusalem wird deutlich, daß das entscheidende und unverwechselbare Gegenüber von Evangelium und der durch dieses Evangelium begründeten und zusammengehaltenen Gemeinde wohl des geschichtlich unverwechselbaren und historisch einmaligen Vermittelungsdienstes der vom auferstandenen Christus berufenen Apostel bedurfte». Damit betont er allerdings besonders die «Einmaligkeit» der Apostel der ersten Generation. An eine «institutionalisierte Nachfolge dieser Apostel» sei nicht gedacht. Ihr geschichtlich einmaliger Vermittlungsdienst habe sich «ursprünglich gerade nicht in der Bildung eines der Gemeinde gegenüberstehenden apostolischen Amtes ausgewirkt». Das damit angesprochene Problem der *Nachfolge der Apostel* bleibt uns aus historischen und fundamentaltheologischen Gründen auch heute erhalten. Für Stuhlmacher[20] löst sich dieses Problem im Ansatz dadurch, daß die «apostolische Vollmacht... an die Gesamtgemeinde unter dem Evangelium» übergehe. Gewiß läßt sich dieses Problem nicht schon durch die Annahme einer direkten Vollmachtübertragung der Apostel an «Nachfolger» erledigen. Aber auch die «Gesamtkirche» als Trägerin von Vollmacht ist kein amorphes Kollektiv. Die nachapostolische Kirche hat ihre eigenen Wege gefunden, um die «Nachfolge der Apostel» auch in der Gestalt eines «Nachfolgeamtes» zu regeln. Die Brücke von den «Aposteln» zur «Nachfolge der Apostel» ist in historisch deskriptiver Weise nicht leicht zu schlagen, wenngleich Texte wie Eph 4,7-11 (mit 2,20; 3,5) in *theologischer* Hinsicht für eine Lösung des Problems hilfreich sind. Aber hier bleiben weiterhin exegetische Teilfragen, auf die besonders A. Vögtle[21] aufmerksam gemacht hat. Für die heutige ökumenische Diskussion zu diesem Thema enthält freilich die Erklärung des «Lima-Dokumentes» mit dem Titel «Taufe, Eucharistie und Amt»[22] einige beachtliche Thesen zur «Sukzession des apostolischen Amtes», die die neutestamentlichen Zeugnisse in einen umfassenderen kirchengeschichtlichen Rahmen stellen.

II. Der Apostel und die Gemeindedienste

Folgen wir der Interpretation des Paulus, so ist der Apostel der beauftragte Verkünder des Evangeliums, der durch seine Verkündigung

20. A.a.O.
21. A. Vögtle, *Exegetische Reflexionen zur Apostolizität des Amtes und zur Amtssukzession*, in *Die Kirche des Anfangs (FS H. Schürmann)*, Leipzig, 1977, S. 529-582 (Auseinandersetzung vor allem mit den Thesen von J. Hainz und H. Merklein).
22. *Taufe, Eucharistie und Amt. Konvergenzerklärungen der Kommission für Glauben und Kirchenverfassung des Ökumenischen Rates der Kirchen*, Frankfurt, Paderborn, 1982.

den Ruf Gottes an die Menschen ergehen läßt und so den Glauben an Jesus Christus in der Welt begründet [23]. Das «Amt des Apostels» repräsentiert die Universalität des Rufes Gottes im Evangelium, ein Anspruch, der auch in der Selbstbezeichnung des Paulus als ἐθνῶν ἀπόστολος (Röm 11,13) mitschwingt. Daher ist sein Amt primär der Kirche als dem neuen Volk Gottes zugeordnet und erst sekundär den einzelnen Gemeinden, so sehr er mit den von ihm gegründeten Gemeinden verbunden bleibt. Durch die Kennzeichnung als Dienst der universalen Verkündigung des Evangeliums ist das «Amt des Apostels» deutlich von den Diensten abgehoben, die etwa in 1 Kor 12,28 und Phil 1,1 genannt sind und die das Leben der Ortsgemeinden strukturieren. Diese Unterscheidung wird dadurch nicht in Frage gestellt, daß die «Apostel» in 1 Kor 12,28 zusammen mit den Propheten und Lehrern und weiteren Diensten und Charismen genannt werden, worauf noch einzugehen ist. Gewiß zeigt sich an dieser Stelle die fundamentale Verbundenheit des Apostolats mit den übrigen Diensten aufgrund ihrer «Einsetzung» durch Gott (ἔθετο ὁ θεός). Aber hieraus läßt sich nicht schließen, daß der Apostolat sich seiner theologischen Bestimmung nach im Dienst an den Einzelgemeinden erschöpft. Das Apostelamt hat in der Konzeption des Paulus eine gesamtkirchliche Ausrichtung. Anders wäre die pragmatische Aufteilung der Arbeitsfelder zwischen Jakobus, Kephas und Johannes einerseits und Paulus und Barnabas andererseits in Gal 2,9 nicht zu verstehen. Diese Aufteilung soll die «Koinonia» gewährleisten, die nicht nur das Verhältnis der Apostel, sondern auch der judenchristlichen und heidenchristlichen Gemeinden zueinander bestimmen soll. Paulus geht es bei seinem Einverständnis mit dieser Lösung nicht zuletzt um die Einheit der Kirche, der er sich als Apostel verpflichtet weiß.

Dieser gesamtkirchlichen Orientierung des Apostolats steht die Sorge des Apostels für die Einzelgemeinden nicht entgegen. Im Gegenteil: Den Einzelgemeinden gegenüber vertritt der Apostel immer auch ein gut Stück gesamtkirchlicher Verantwortung. Das zeigt sich in der den heidenchristlichen Gemeinden aufgetragenen Kollekte für die Jerusalemer Urgemeinde [24], aber auch in der selbstverständlichen Verwendung vorgegebener katechetischer Traditionen des Urchristentums. So sehr Paulus auf seiner Unmittelbarkeit zum Evangelium und zu Jesus Christus, der ihn berufen hat, und auf Unabhängigkeit seines Apostolats gegenüber den Jerusalemer Aposteln insistiert, so wenig ist zu übersehen, daß er kein neues Credo einführt, sondern den *einen* verbindlichen Glauben an Jesus Christus, das *eine* Evangelium (1 Kor 15,1-2), in der Vielzahl vorgegebener katechetischer Glaubensformeln

---

23. Vgl. bes. Gal 1,15f; 2 Kor 5,18-6,2.
24. Vgl. Gal 2,10; 1 Kor 16,1-4; 2 Kor 8-9; Röm 15,25-28.

aufzeigt und zu präzisieren sucht[25]. Der Dienst des Apostels an der
einen Kirche ist weniger in einer institutionellen Struktur kirchenrecht-
licher Art zu greifen als vielmehr in der theologisch-katechetischen
Arbeit, die er seinen Gemeinden angedeihen läßt.

Paulus hat seinen apostolischen Dienst im Verhältnis zu seinen Gemeinden nicht verabsolutiert. Gewiß, er hat den Gemeinden die Hilfen
zukommen lassen, auf die sie vor allem in der Anfangszeit ihrer Entwicklung angewiesen waren. Dabei setzte er zugleich auf die «Selbsthilfen», die in den zahlenmäßig noch kleinen Gemeinden gleichsam von
innen her entstehen sollten. Für diese von den Gemeinden zu entwik-
kelnden Selbsthilfen verweist er in 1 Thess 5,12f auf die κοπιῶντας
ἐν ὑμῖν καὶ προϊσταμένους ὑμῶν ἐν κυρίῳ. Der Dienst der *Vorstehen-*
den besteht vor allem darin, daß sie «euch zurechtweisen». Damit ist
nicht nur ein disziplinarisches Vorgehen angezeigt, sondern Unterweisung und Mahnung zum rechten christlichen Leben. In der Tat ist
diese Aufgabe in den Gemeinden der Anfangszeit besonders dringlich
gewesen: Einführung in das christliche Leben, Entwicklung von Krite-
rien zur Unterscheidung dessen, was dem Geist des Herrn entspricht
und widerspricht (vgl. 1 Thess 5,19-21). Paulus hält diesen Dienst
der Vorstehenden für besonders wichtig und fordert in 1 Kor 16,15f
von der Gemeinde deswegen Unterordnung unter diejenigen, die «sich
dem Dienst an den Heiligen gewidmet haben». Ausdrücklich nennt er
hier Stephanas und sein Haus, die «Erstlingsgabe (ἀπαρχή) Achaijas».
Offenkundig haben die «Erstlinge» der neugegründeten Gemeinden
auch besondere Verantwortung für den Zusammenhalt und das Ge-
meinschaftsleben der Glaubenden wahrgenommen, so daß sich dadurch
auch für die Anfangszeit die Frage der «amtlichen» Zuständigkeit
einzelner zur Regelung der Gemeindeorganisation erledigte.

Dennoch ist festzustellen, daß dem Vorsteheramt in den Einzelgemeinden der Anfangszeit weitgehend noch das Profil eines «kirchlichen
Amtes» fehlte[26]. Paulus hat die Probleme, die durch das Defizit inner-

---

25. K. WENGST, *Der Apostel und die Tradition. Zur theologischen Bedeutung ur-*
christlicher Formeln bei Paulus, in *ZThK* 69 (1972) 145-162, akzentuiert diesen Sachverhalt m.E. zu scharf, wenn er die Bedeutung der vorgegebenen Formeln für Paulus einseitig an die paulinische Auslegung bindet: «Sie haben ihre Norm also nicht in sich
selbst, sondern erhalten sie vom paulinischen Evangelium der Rechtfertigung des Gottlosen» (S. 160).

26. W.H. OLLROG, *Paulus und seine Mitarbeiter. Untersuchungen zu Theorie und*
Praxis der paulinischen Mission (WMANT 50), Neukirchen, 1979, sucht S. 84-91 die
Funktionen und die Autorität der in 1 Thess 5,12f und 1 Kor 16,15f genannten «Mitarbeiter» zu klären. «Aufgrund und im Zuge ihrer jeweiligen (missionarischen) Funktion, die sie über die anderen Gemeindeglieder hinaushob, konnten die Mitarbeiter...
zu besonderen Autoritätspersonen werden. Aber Autorität ausüben, gemeindeordnende
Funktionen wahrnehmen war keine für sich existierende Tätigkeit» (S. 87). In der
Tat dürfte an den genannten Stellen die Rede vom «Dienst», vom «Sich-abmühen»
und vom «Vorstehen» erst ein Vorstadium der Entwicklung eines «Vorsteher-*Amtes*»
anzeigen.

gemeindlicher Ordnungsstrukturen entstanden, deutlich erkannt. Aber er hat daraus nicht die Konsequenz gezogen, in den einzelnen Gemeinden das Presbyteramt nach dem Vorbild der älteren judenchristlichen Gemeinden einzuführen. Dieses Bild ergibt sich erst für Lukas in der Retrospektive von Apg 14,23. Die Presbyterialverfassung wird hier zur Regelverfassung der urchristlichen Gemeinden, so wie es in der Zeit der Abfassung der Apostelgeschichte um 90 n.Chr. weitgehend gewesen sein dürfte. Paulus setzt nicht von vornherein auf eine innergemeindliche einheitliche Amtsstruktur, sondern auf das freie Spiel der Kräfte, das allerdings geregelt sein will. 1 Kor 12 und 14 lassen erkennen, daß er die «Spielregeln» in dem Neben- und Miteinander der *Charismen*, der vom Heiligen Geist gewirkten Kräfte, in der Gemeinde verletzt und mißachtet sieht. Er reagiert darauf in doppelter Weise.

1) Er bestätigt das Modell der christlichen Gemeinde, in der die Glaubenden ihre vom Geist gewirkten Fähigkeiten mit einbringen. Indem er diese Fähigkeiten zugleich als «Gaben» (= χαρίσματα) und als «Dienste» (= διακονίαι) interpretiert (12,4f)[27], verweist er auf die Schuld, die jeder Geistbegabte in einem Leben nach dem Maß des Zugeteilten abzutragen hat. Charismen sind Gaben, die bestimmte Dienste begründen, und der sachgemäße[28] Vollzug dieser Dienste wehrt der Gefahr eines exzentrischen Individualismus und einer religiösen Selbsterbauung, die dem Ziel der «Erbauung der Gemeinde» (14,5.12. 26) entgegensteht. Paulus sieht gerade im Dienstcharakter der Charismen das einheitsstiftende Regulativ ihres Vollzugs. Mit einem Minimum an äußeren Regelungen sollte in den Charismen ein Maximum an geistlicher Qualität für das Gemeindeleben erschlossen werden.

2) In die so verstandene «geistliche» Grundstruktur der Gemeinde werden von Paulus auch die Dienste einbezogen, die nicht einfach mit der persönlichen Tüchtigkeit des einzelnen gegeben sind, sondern die für die Führung und die Förderung des geistlichen Lebens der Gemeinde unverzichtbar sind. Hierzu zählt Paulus die kerygmatisch-katechetischen und die kybernetischen Dienste, die in der zweiten Charismenliste von 1 Kor 12 — in V. 28 — betont und in kritischer Absicht herausgestellt werden[29]. Die einführende Formulierung in V. 28, καὶ οὓς μὲν ἔθετο ὁ θεὸς ἐν τῇ ἐκκλησίᾳ..., läßt für die ersten drei Glieder der Liste auf eine vorgegebene Tradition schließen, in der

---

27. Vgl. U. BROCKHAUS, *Charisma und Amt. Die paulinische Charismenlehre auf dem Hintergrund der frühchristlichen Gemeindefunktionen*, Wuppertal, 1972; F. HAHN, *Charisma und Amt. Die Diskussion über das kirchliche Amt im Lichte der neutestamentlichen Charismenlehre*, in ZThK 76 (1979) 419-449, bes. S. 424-427.
28. Hierauf zielt offenkundig die Mahnrede in Röm 12,3-8.
29. Zu einer möglichen Systematisierung der Charismen vgl. H. SCHÜRMANN, *Die geistlichen Gnadengaben in den paulinischen Gemeinden*, in K. KERTELGE (Hrsg.), *Das kirchliche Amt im Neuen Testament* (WdF 439), Darmstadt, 1977, S. 362-412.

Apostel, Propheten und Lehrer eine feste Trias mit «kirchenamtlicher» Valenz bilden[30]. Paulus trägt mit dieser Trias in die Charismenliste ein Strukturelement ein, das in Spannung zum Grundcharakter der freigewirkten Gnadengaben zu stehen scheint. Dadurch werden einerseits die freien Charismen der Gemeindeglieder an die mit ausdrücklicher Stufung vorausgestellten Dienste der Apostel, Propheten und Lehrer gebunden. Diesen Diensten kommt eine besondere Verantwortung für das Gemeindeleben zu[31]. Andererseits werden diese Dienste durch die Einbindung in die Charismen der Gemeinde geistlich qualifiziert. «Geistliche» Qualität kommt ihnen gewiß schon aufgrund ihrer Einsetzung durch Gott zu, der ihnen «in der Ekklesia» einen bestimmten Platz zuweist. Sie nehmen in besonderer Weise teil an der Würde der Berufung, die der gesamten Ekklesia als «Volk Gottes» zukommt. Die charismatische Qualifizierung unterstreicht dagegen ihren Ort und ihren Dienst in der Einzelgemeinde.

Mit dieser Interpretation geben wir in bestimmter Weise der Erklärung von Adolf von Harnack[32] recht, auch wenn methodisch anders vorzugehen ist[33]. Harnack setzt für die Kirche der Anfangszeit eine doppelte Amtsstruktur voraus: der Gesamtkirche seien die Apostel, Propheten und Lehrer zuzuordnen, den Einzelgemeinden die (charismatisch gewirkten) kerygmatischen, kybernetischen und diakonischen Dienste einschließlich der Episkopen und Diakone von Phil 1,1. Letztere Amtsstruktur hat ihre repräsentativste Ausprägung in der Presbyterialverfassung der judenchristlichen Gemeinden gefunden.

Eine doppelte Amtsstruktur ist m.E. auch für Paulus anzunehmen. Dabei ergibt sich für ihn allerdings eine andere Unterscheidung. Der Apostel ist als Verkünder des Evangeliums und als Repräsentant des Universalanspruchs Gottes über seine Schöpfung der Gesamtkirche als Volk Gottes zugeordnet. Unter denen, die in den einzelnen Ortsgemeinden pastorale Verantwortung tragen, sind in besonderer Weise die Propheten und Lehrer zu nennen. Aus ihren Reihen dürften sich auch die Vorsteher der Gemeinden rekrutieren.

In 1 Kor 12,28 hat Paulus zweifellos die Einzelgemeinde im Auge. Daß er in die Charismenliste auch die Apostel einbeziehen kann,

---

30. Vgl. F. HAHN, a.a.O., S. 437; W. KLAIBER, *Rechtfertigung und Gemeinde*, S. 217, Anm. 97.

31. Vgl. H. GREEVEN, *Propheten, Lehrer, Vorsteher*, in K. KERTELGE (Hrsg.), *Das kirchliche Amt im Neuen Testament*, S. 305-361.

32. A. VON HARNACK, *Entstehung und Entwickelung der Kirchenverfassung und des Kirchenrechts in den zwei ersten Jahrhunderten*, Leipzig, 1910, S. 18f. 31-45. (Kritisch dazu KLAIBER, S. 20.217, Anm. 97). Vgl. auch J. ROHDE, *Urchristliche und frühkatholische Ämter*, Berlin, 1976, S. 46, 48f.

33. Vgl. H. MERKLEIN, *Das kirchliche Amt nach dem Epheserbrief* (StANT 33), München, 1973, S. 249.

ist nicht nur aus ihrer festen Verbindung mit den Propheten und Lehrern zu erklären, sondern auch dadurch, daß er als Apostel Verantwortung für die von ihm gegründeten Gemeinden trägt. Dies tut er jedoch nicht mit dem Anspruch der Alleinzuständigkeit, sondern eher in *subsidiärer* Gestalt. Dies ergibt sich aus den Gemeindebriefen des Paulus und seinem gelegentlichen Tadel an den Defiziten der Selbstregelungsstrukturen der Gemeinden[34].

III. DAS PAULINISCHE AMTSVERSTÄNDNIS IM SPIEGEL SEINER WIRKUNGSGESCHICHTE

Das Verständnis des Paulus vom Apostelamt und den Gemeindediensten läßt nach der zugrunde liegenden Ekklesiologie fragen. Gegenüber einem vielfach vermuteten «ekklesiologischen Defizit» bei Paulus ergibt sich uns eine für die urchristliche Anfangszeit verhältnismäßig stark ausgeprägte Ekklesiologie. Zwar kennt Paulus keinen eigenen Lehrtopos «Ekklesiologie», wie ein solcher eher im Bereich der Christologie und Soteriologie gegeben ist. Aber die Grundzüge einer ekklesiologischen Konzeption ergeben sich aus der verhältnismäßig reichen Verwendung der Vokabel ἐκκλησία in seinen Briefen sowie aus der theologischen Interpretation, die er zumeist aus Gründen der Selbstverteidigung seinem eigenen Apostolat zuteil werden läßt. Hierzu sind vor allem der Galaterbrief und der 2. Korintherbrief zu nennen. Paulus versteht sich als bevollmächtigter Apostel, als λειτουργὸς Χριστοῦ Ἰησοῦ für die Heiden, und er erfüllt seinen Auftrag, indem er am Evangelium Gottes «Priesterdienste» tut, «damit die Heiden als Opfergabe wohlgefällig werden, geheiligt im Heiligen Geist» (Röm 15,16). Innerhalb des Römerbriefes, der nicht an eine von Paulus gegründete Gemeinde gerichtet ist, hat diese Bestimmung des Apostelamtes unmißverständlich universalen Charakter. Im Blick auf diese Stelle, aber auch im Blick auf den in Gal 1-2 und 2 Kor 2,14-7,4 erkennbaren Zusammenhang von Apostolat, Evangelium und ἐκκλησία läßt sich nicht bezweifeln, daß Paulus sein Apostelamt primär universalkirchlich verstanden hat, es also der Kirche als universalem Gottesvolk zugeordnet hat und in diesem Horizont auch die Einzelgemeinden[35]. In

---

34. Vgl. bes. 1 Kor 4,14-16.17-20; 5,1-13; 6,5.

35. Anders J. HAINZ, *Ekklesia*, S. 267-294 («Die Gemeinde und ihr Apostel»), der die «grundlegende Bedeutung des Apostels für die Gemeinde» zum Ausgangspunkt seiner Interpretation nimmt: «Der paulinische Apostolatsbegriff ist aber ganz an den Gemeinden orientiert, deren Gründung die wesentlichste Funktion des Apostolats bedeutet» (S. 272). Diese Interpretation konvergiert mit seiner dezidiert vorgetragenen ekklesiologischen These: «Paulus kennt keine Gesamt-'Kirche'» (S. 251). Hier dürften richtige Einzelbeobachtungen an den paulinischen Texten übertrieben streng vereinheitlicht und systematisiert sein, um — im Anschluß an K. HOLL, *Der Kirchenbegriff des Paulus in seinem Verhältnis zu dem der Urgemeinde*, in *SAB* 1921, S. 920-947 — mit

diesem Sinne ist die Theologie des Apostolats bei Paulus ein Aspekt seiner Ekklesiologie. Beides muß zusammengesehen und von den für Paulus zentralen theo-logischen, christologischen und missiologischen Ansätzen her entwickelt werden.

Paulus hat zwar keine systematische Theologie des Amtes entwickelt, wohl aber wesentliche Grundelemente dazu, die in seiner Nachfolge ekklesiologisch weitergewirkt haben. Hierzu ist im Neuen Testament selbst zunächst auf die Deuteropaulinen, insbesondere auf den Epheserbrief, sodann auch auf die Apostelgeschichte des Lukas zu verweisen. Dem Epheserbrief und den lukanischen Schriften kommt in der nachpaulinischen Entwicklung des kirchlichen Amtes Brückenfunktion zu.

a) *Zum Amtsverständnis des Epheserbriefes* [36]

Der Epheserbrief läßt in zweifacher Hinsicht eine Weiterführung des paulinischen Amtsverständnisses erkennen.

Eine erste Beobachtung gilt dem Verständnis des Apostelamtes. Nach Eph 2,20 sind die Glaubenden aufgebaut auf dem «Grund» (ἐπὶ τῷ θεμελίῳ), den die *Apostel und Propheten* bilden. Den Aposteln und Propheten, im Epheserbrief repräsentiert durch den Apostel Paulus, ist nach Eph 3,5 das «Mysterium Christi» geoffenbart, und Paulus weiß sich dazu berufen, die ihm gegebene Einsicht in das Geheimnis Christi den Heiden kundzutun. Die Apostel stehen aufgrund ihrer Unmittelbarkeit zum Geheimnis Christi der Gemeinschaft der Glaubenden gegenüber und tragen sie mit ihrem Zeugnis. Im Vergleich zu 1 Kor 3,9-11 fällt hier die Verschiebung in dem gebrauchten Bild vom Errichten eines Baues auf dem Grund auf, der nach 1 Kor 3,11 Christus ist. Das Bild vom Fundament kann in Eph 2,20 gebraucht werden, nicht um die tragende Bedeutung Christi zu relativieren oder gar zu ersetzen, sondern um den Apostel als Offenbarungsträger und Interpreten des Geheimnisses Christi in eine besondere Nähe zu Christus zu rücken. Wer es mit dem «Geheimnis Christi», mit seinem Evangelium und seinem Heil zu tun haben will, der ist auf die «tragende» Bedeutung der Apostel und ihres Dienstes verwiesen. Es ist klar, daß diese Rede von den Aposteln und Propheten eine Vorordnung der Apostel vor der Kirche impliziert, auch wenn sie von dem anderen Bild

---

Paulus einen angeblich «zentralistischen, statischen» Kirchenbegriff der «Jerusalemer» zugunsten eines «zentripetalen, dynamischen» abzuwehren (S. 250f). Aber auch Hainz kann schließlich nicht umhin, von «gesamtkirchlichen Implikationen» und von Momenten, die die Einzelgemeinde «transzendieren», zu sprechen (S. 265f).

36. Hierzu vgl. besonders H. MERKLEIN, *Das kirchliche Amt nach dem Epheserbrief*; ders., *Paulinische Theologie in der Rezeption des Kolosser- und Epheserbriefes*, in K. KERTELGE (Hrsg.), *Paulus in den neutestamentlichen Spätschriften* (QD 89), Freiburg, 1981, S. 25-69.

von der Kirche als «Leib» und Christus als «Haupt»[37] umfaßt bleibt. Diese Vorordnung ist nicht einfach die Vorordnung des Amtes vor der Gemeinde, sondern Ausdruck für die Begründung der apostolischen Tradition und der apostolischen Autorität der Kirche, die nach dieser Sicht in der Anfangszeit von den Aposteln und Propheten repräsentiert wurde.

Die zweite Beobachtung zum Amtsverständnis des Epheserbriefes betrifft die Neuinterpretation der paulinischen *Charismenlehre* in Eph 4,7-16. Miteinander konkurrieren hierin zwei Aussagen:

— «Jedem einzelnen von uns ist die Gnade nach dem Maß der Gabe Christi zuteil geworden» (V. 7).

— «Er (Christus) hat die einen zu Aposteln bestellt, andere zu Propheten, andere zu Evangelisten, andere zu Hirten und Lehrern, um die Heiligen für das Werk des Dienstes zu bereiten, zur Auferbauung des Leibes Christi» (V. 11f).

Einerseits wird an der Zuteilung der Gnadengabe für «jeden einzelnen» in der Gemeinde festgehalten[38]. Andererseits erfolgt die Zuteilung durch Christus zunächst in der Weise der Bestellung bestimmter Amtsträger, die selbst wiederum dazu bestimmt sind, die «Heiligen», also die Gläubigen, für ihren Dienst in der Gemeinde, «für den Aufbau des Leibes Christi» (V. 12), zuzubereiten. Im Hintergrund der Liste der Dienste in V. 11 ist wohl das Vorbild der Charismentafel von 1 Kor 12,28 zu erkennen, auch wenn die Charismen hier auf die besonderen Dienste eingeschränkt werden. Die Diskrepanz, die zwischen V. 7 und V. 11 einerseits und zwischen der Aufzählung der Dienste in V. 11 und der Charismenliste in 1 Kor 12,28 andererseits zu bestehen scheint, läßt sich im Ansatz dadurch lösen, daß auch schon in 1 Kor 12,28 bestimmte Charismen im Blick auf ihre pastorale Bedeutung für die Gemeinde besonders hervorgehoben werden. Hier, in Eph 4, werden die Ämter der Apostel, Propheten, Lehrer, Hirten und Evangelisten ebenfalls als Dienste am Ganzen erkennbar. Allerdings werden sie zugleich von den «einfachen» Gläubigen deutlicher abgehoben und diesen gleichsam als den «Objekten» ihrer Tätigkeit gegenübergestellt. Dadurch entsteht der Eindruck einer doppelten Ordnung der Charismen. In Wirklichkeit treten hier die Amtsstrukturen der Dienste, die in 1 Kor 12,28 noch in die eine Ordnung der Charismen einbezogen waren, als selbständige «Organe» im Ganzen der Kirche deutlicher in Erscheinung, wobei die Ämter der Kirche als ganzer zugeordnet sind, die freilich in den Einzelgemeinden konkret wird.

---

37. Eph 1,22f; 4,15f.
38. Hierzu jetzt R. SCHNACKENBURG, *Der Brief an die Epheser* (EKK X), Zürich, Einsiedeln, Köln, Neukirchen, 1982, S. 177-179.

b) *Gemeinde und Amt in der Apostelgeschichte*[39]

Daß Paulus auf das Kirchenverständnis der nachapostolischen Zeit nachhaltig eingewirkt hat, läßt sich auch an der lukanischen Darstellung von Gemeinde und Amt in der Apostelgeschichte nachweisen. Dies kann hier allerdings nur in wenigen Hinweisen geschehen.

Wie Paulus sieht Lukas die Kirche als eine geistliche Wirklichkeit in enger Bindung an Jesus Christus, und zwar sowohl an das geschichtliche Wirken des irdischen Jesus als auch an sein Weiterwirken als erhöhter Kyrios. Die Kirche existiert und lebt aus der Geistmitteilung durch den erhöhten Herrn. Anders als Paulus reflektiert Lukas die geschichtliche Wirklichkeit der Kirche unter dem Gesichtspunkt ihrer Sendung in Zeit und Raum. Die Kirche ist *Volk Gottes*, aber nicht nur als eschatologische Wirklichkeit inmitten der vergehenden alten Welt, sondern als Träger einer heilsgeschichtlichen Sendung im Gegenüber zur Welt. Dieser Ansicht dient die *Israelperspektive* im lukanischen Kirchenverständnis[40]. Die 12 Apostel repräsentieren die Kirche der Anfangszeit und begründen in ihrem Zeugnis das Wachstum der Kirche. An dem begründenden Wirken der 12 Apostel nehmen auf ihre Weise auch Männer wie Stephanus, Barnabas und Paulus teil. Aber sie sind weniger Amtsträger der Kirche, sondern berufen zu einer besonderen Aufgabe. Insbesondere für Paulus gilt, daß er nicht als Apostel, sondern als «auserwähltes Werkzeug» (9,15) der Kirche dienen sollte, nämlich in der Weise, daß er ihr zur Gestalt der «Weltkirche» verhelfen sollte. Als Kirchenämter im eigentlichen Sinne der Beauftragung mit dem Dienst an der Kirche tritt dagegen das Institut der *Presbyter* in Erscheinung. In der Presbyterialverfassung sind die innergemeindlichen Dienste zusammengefaßt, die in der Struktur der Charismen bei Paulus noch in pluraler Form begegnen.

Es ist deutlich, daß Lukas mit seiner Interpretation der Anfänge der Kirche und des kirchlichen Amtes den veränderten Verhältnissen seiner Zeit gerecht werden will. Kirche gibt es nicht nur als eine Hilfskonstruktion, durch die den Glaubenden vorübergehend Heimat geboten und in der die Parusie Christi erwartet wird. Kirche ist vielmehr ein Stück Verwirklichung der heilsgeschichtlichen Absichten Gottes. Sie ist Kirche im Wachsen, die sich bereit macht, den Anspruch des Kyrios Jesus in

---

39. Vgl. besonders F. PRAST, *Presbyter und Evangelium in nachapostolischer Zeit. Die Abschiedsrede des Paulus in Milet (Apg 20,17-38) im Rahmen der lukanischen Konzeption der Evangeliumsverkündigung* (FzB 29), Stuttgart, 1979; A. WEISER, *Gemeinde und Amt nach dem Zeugnis der Apostelgeschichte,* in Dynamik im Wort (FS Kath. Bibelwerk), Stuttgart, 1983, S. 201-215; ders., *Die Apostelgeschichte Kap. 13-28* (ÖTK, 52), Gütersloh, 1985, S. 581-585.
40. Hierzu besonders G. LOHFINK, *Die Sammlung Israels. Eine Untersuchung zur lukanischen Ekklesiologie* (StANT 39), München, 1975; ders., *Hat Jesus eine Kirche gestiftet?,* in ThQ 161 (1981) 81-97.

der Welt durchzusetzen. Das Amt ist nicht mehr nur Verkündigungs-
dienst, sondern Wächteramt gegenüber den Gefahren, die der Kirche
nicht nur von außen, sondern noch mehr von innen drohen (vgl. Apg
20,30).

Insbesondere in der protestantischen Theologie hat man in dem
veränderten Kirchenbild des Lukas ein deutliches Zeichen zur Entwicklung zur «katholischen Kirche» des Altertums gesehen und vom
«Frühkatholizismus» im Neuen Testament gesprochen. Insofern sowohl
die Deuteropaulinen als auch die heilsgeschichtliche Konzeption des
Lukas paulinische Tradition voraussetzen und diese in unterschiedlicher Form weiterentwickelt haben, bezieht Ernst Käsemann[41] auch
schon Paulus in die Genese des «Frühkatholizismus» mit ein. Im Blick
auf die theologiegeschichtliche Entwicklung über Paulus hinaus läßt
sich in der Tat von einer Präformierung des späteren Kirchen- und Amtsverständnisses durch Paulus sprechen. Allerdings sind die Stufen der
Entwicklung deutlich voneinander zu unterscheiden. Dann wird man
nicht einfach aufgrund einer abstrakten Fassung der paulinischen Lehre
von «frühkatholischer Deformierung» sprechen müssen, sondern erkennen, daß das paulinische Erbe anders, als Paulus selbst es erwarten konnte, Geschichte gemacht hat. Im Blick auf diese geschichtliche Entwicklung ist dann aber auch kritisch danach zu fragen, ob
die ur-christlichen Elemente des paulinischen Kirchenverständnisses
entgegen einer erklärbaren Abschleifung ihrer ursprünglichen harten
Kanten nicht in bestimmten Situationen der späteren Geschichte erneut daran erinnern können und müssen, worauf es in der Realisierung
der Kirche Gottes und Jesu Christi eigentlich ankommt. Die Reformation einerseits und das II. Vaticanum andererseits sind je auf besondere Weise Belege dafür.

SCHLUSS

Die Fragestellung dieses Vortrags hat uns dazu geführt, die Begriffe
«Amt» und «Ekklesiologie» im Zusammenhang der paulinischen Verkündigung und Theologie zu präzisieren und sie im Rahmen der
theologischen Gesamtkonzeption des Paulus zueinander in Beziehung
zu setzen. Läßt sich eine christliche Ekklesiologie grundsätzlich, auch
und gerade aufgrund des neutestamentlichen Zeugnisses, nur im Zusammenhang mit der Christologie und einer eschatologisch-heilsge-
schichtlich orientierten Theologie erheben, so gilt dies im verstärkten
Maß für Paulus. Die «Kirche» hat einen festen Platz im Heilsplan
Gottes. Sie repräsentiert das eschatologische Gottesvolk in vorweg-
nehmender Weise. Sie ist der Raum, in dem Christus seine eschatologische

---

41. E. KÄSEMANN, *Paulus und der Frühkatholizismus*, in: ders., *Exegetische Versuche und Besinnungen II*, Göttingen, ²1965, S. 239-252.

Herrschaft jetzt schon aufrichtet. Damit wird ihre irdische Gestalt in den einzelnen Gemeinden und im Kommunikationsverbund dieser Gemeinden ständig auf die Realisierung der Herrschaft Christi im gesamten Kosmos hin transzendiert. Die Kirche ist in diesem Sinne die zeichenhafte Realisierung des Herrschaftsanspruchs des Kyrios Jesus. Das endzeitliche Heil hängt daher am Glauben an Jesus Christus, dem die Kirche in der Welt den Raum eröffnet.

Ein «Amt» kommt in dieser universalen Konzeption von Kirche zunächst und eigentlich nur dem Apostel bzw. *den* Aposteln zu, insofern der Apostel den Anspruch des Kyrios Jesus in der Welt verkündigt und Gottes Ruf zur Sammlung seines Volkes vermittelt. In diesem Sinne ist der Apostel der Kirche «voraus». Aber er steht zugleich *in* dieser Kirche als der Erinnerer an den Heilswillen Gottes; er übt diesen Dienst «an Stelle Christi» aus (2 Kor 5,20). Dieser Dienst der «Erinnerung» wird ergänzt und zum Teil ersetzt durch die innergemeindlichen Dienste verschiedener Charismenträger, die in einzelnen Funktionen auch schon die Gestalt fester Ämter annehmen.

Das hiermit skizzierte Verständnis des Paulus von Gemeinde und Amt läßt sich einerseits als Vorstadium zu einer entfalteten und umfassenden Ekklesiologie der Folgezeit kennzeichnen. Andererseits bietet es in der Unmittelbarkeit des Amtes zum Evangelium und in der eschatologisch-prophetischen Ausrichtung von «Kirche» ursprüngliche Elemente, die von der nachfolgenden Kirche zwar nicht immer in der gleichen Ursprünglichkeit und Konkretheit rezipiert, aber auch nicht einfach abgeschafft wurden, die ihr vielmehr als kritisch-wirksame Erinnerung an ihre ursprüngliche Berufung erhalten geblieben sind und so auch für die Kirche in Gegenwart und Zukunft ihre Wirkung tun können.

Nachweise

Paulus – Die Berufung des Apostels und sein Werk, in: Lexikon missionstheologischer Grundbegriffe, hg. von K. Müller und Th. Sundermeier, Berlin 1987, 369-375

„Durch die Gnade Gottes bin ich, was ich bin" (1 Kor 15,10) – Die Bekehrung des Apostels Paulus und der Heilsweg der Christen, in: Bibel und Kirche 13 (1968) 1-5

Das Apostelamt des Paulus, sein Ursprung und seine Bedeutung, in: Biblische Zeitschrift N. F. 14 (1970) 161-181

Apokalypsis Jesou Christou (Gal 1,12), in: Neues Testament und Kirche. FS Rudolf Schnackenburg, hg. von J. Gnilka, Freiburg i. Br. 1974, 266-281

Das Verständnis des Todes Jesu bei Paulus, in: K. Kertelge (Hg.), Der Tod Jesu. Deutungen im Neuen Testament (QD 74), Freiburg i. Br. 1976, 114-136

Jesus Christus verkündigen als den Herrn (2 Kor 4,5), in: K. Kertelge, T. Holtz, C.-P. März (Hg.), Christus bezeugen. FS Wolfgang Trilling (Erfurter Theologische Studien 19), Leipzig 1989, 227-236

Autorität des Gesetzes und Autorität Jesu bei Paulus, in: H. Frankemölle – K. Kertelge (Hg.), Vom Urchristentum zu Jesus. FS Joachim Gnilka, Freiburg i. Br. 1989, 358-376

Zur Deutung des Rechtfertigungsbegriffs im Galaterbrief, in: Biblische Zeitschrift 12 (1968) 211-222

Die paulinische Rechtfertigungsthese nach Röm 3,21-26, in: K. Kertelge (Hg.), Die Autorität der Schrift im ökumenischen Gespräch (ÖR. B 50), Frankfurt 1985, 70-76

Rechtfertigung aus Glauben und Gericht nach den Werken bei Paulus, in: K. Lehmann (Hg.), Lehrverurteilungen – kirchentrennend? – II. Materialien zu den Lehrverurteilungen und zur Theologie der Rechtfertigung (Dialog der Kirchen 5), Freiburg i. Br. – Göttingen 1989, 173-190

„Natürliche Theologie" und Rechtfertigung aus dem Glauben bei Paulus, in: W. Baier u. a. (Hg.), Weisheit Gottes – Weisheit der Welt. FS Joseph Kardinal Ratzinger, Bd. I, St. Ottilien 1987, 83-95

Adam und Christus – Die Sünde Adams im Lichte der Erlösungstat Christi nach Röm 5,12-21, in: C. Breytenbach – H. Paulsen (Hg.), Anfänge der Christologie. FS Ferdinand Hahn, Göttingen 1991, 141-154

Exegetische Überlegungen zum Verständnis der paulinischen Anthropologie nach Römer 7, in: Zeitschrift für die Neutestamentliche Wissenschaft 62 (1971) 105-114

Gesetz und Freiheit im Galaterbrief, in: New Testament Studies 30 (1984) 382-394

Freiheitsbotschaft und Liebesgebot im Galaterbrief, in: H. Merklein (Hg.), Neues Testament und Ethik. FS Rudolf Schnackenburg, Freiburg i. Br. 1989, 326-337

Glaube und Werke, in: Gottes Volk. Bibel und Liturgie im Leben der Gemeinde. Lesejahr B. Bd. 7, Stuttgart 1988, 5-11

Der Ort des Amtes in der Ekklesiologie des Paulus, in: A. Vanhoye (Hg.), L'Apôtre Paul. Personnalité, style et conception du ministère (Bibliotheca Ephemeridum Theologicarum Lovaniensium 73), Leuven 1986, 184-202

Stellenregister

Autorenregister